岩木山を
科学する
2

「岩木山を科学する」刊行会 編

北方新社

岩木山十二景

五所川原市脇元・靄山山頂より（2014年8月）

竹内恭一※

※は青森県写真連盟所属

弘前大学金木農場より（2014年8月）　　　　　　　　　　　　　　　　　原 田 和 夫※

鰺ヶ沢町・山田野地区(建石町大曲)より (2015年4月)　　　　　　　　　　　　　　　木村　司[※]

深浦町・天狗峠より（2013年10月）　　　　　　　　　　　　　　原田和夫※

深浦町沖合より（2014年11月）　　　　　　　　　　　　　古川 広志

中津軽郡西目屋村大秋より（2014年10月） 山口和男※

岩木山中より（2012年2月・大黒沢の頭と岩木山頂）　　　　　　　　　　神　秀次郎[※]

弘前市宮地より（2013年9月・お山参詣）　　　　　　　　　　　　山上敏昭※

弘前市清水富田・りんご公園より（2014年2月）　　　　　　　　　　　　西澤一治[※]

弘前公園本丸より (1993年頃)　　　　　　　　　　　　　　　坪谷 昭夫

弘前市亀甲町濠端より (2015年4月)　　　　　　　　　　　　　木村克己[※]

青森市三内丸山遺跡・大型掘立柱建物上より（2015年6月）

岡田康博
（執筆者）

はじめに

　　　　　　　　　　　　　　　「岩木山を科学する」刊行会　代表　豊川 好司

　前刊「岩木山を科学する」を読んでくれた友人から、次号はいつ出すのと言われました。さらに広範囲な内容が求められていると気づかされたことが、2集目出版のきっかけになりました。

　街を出て、瑞穂の津軽平野の中を走るローカル線の車窓からの眺め。ぐるりと360度見渡すと、岩木山を望むように点在する村々。春から冬へと移ろう季節によって変わる姿。見る人の心によって雰囲気も変わりますが、皆さんは"おらほ"から見える岩木山が一番良い姿だと言っています。岩木山はこの地域に住んでいる人々にとって、それぞれが地理的想像力を高めることができる気高い象徴となっていますから、さらにさまざまな角度から検討を加えることが求められたと思っています。

　去る9月16日（2015年）、雲一つない晴天にくっきりと映えた岩木山の姿に誘われて、8合目までリフトの力を借り、30数年ぶりに岩木山の頂上に立つことができました。頂上では真っ青な空が開放され、村々や町が眼下一杯に広がりました。まだ緑の葉に覆われたりんご園、黄金色に実った稲穂、そちこちの小高い森、日本海、遠くは陸奥湾、八甲田連峰、北海道など、広大な津軽平野に立つ岩木山の俯瞰図に出会えました。

　岩木山風景には空間的広がりを伴うローカリズムがあります。身近な自然と人との深いかかわり、人々の生業、自然の価値と文化の展開など、私たちはそのような知識を創出共有していると言えます。岩木山に抱かれた地理的スケールが津軽の風土を作っていると思われました。

　日本列島は地理的に非常に多様です。その結果、生物も私たちの生活も多様であり、日本人の生活を一様に見ようとすることはできないことは明らかです。同じ日本人でも異なった環境にいるために異なった郷土や多様な生活様式を持っていると思います。

　前刊の巻頭言で述べているように、最初に出版企画を思いついたのは、岩木山についてもっと知りたいという欲求からです。そして岩木山を科学している人たちが少なくなく、知識的にかなりの興味深いことを知ることができると思われたことからでした。

　「岩木山を科学する2」では、紙面に限りあった前刊の内容を少しでも補うことができるように、多岐にわたるように務めました。

　巻頭には孤立峰岩木山の姿をぐるっと見渡す12景を掲載できました。青森県写真連盟事務局長地主道生氏のご紹介会員による9景の他、津軽藩ねぷた村理事長中村元彦氏、執筆者の岡田康博氏、北方新社のご協力によるものです。それぞれのカメラ・アイを楽しんで頂きたいと思います。

　なお、この出版経費の一部はむつ小川原地域・産業振興プロジェクト支援助成金のご支援によりましたので、ここに謝意を表します。

目 次

津軽領国絵図にみる岩木山の表現とその変遷	本田　伸	1
下居宮と百沢寺	福井敏隆	12
―岩木山神社はいつからこう呼ばれるようになったか―		
高照神社をめぐって	瀧本壽史	23
岩木山をめぐる寺々	篠村正雄	39
弘前市岩木地区の人生儀礼と人びとの絆	長谷川方子	50
岩木山麓の古代製鉄遺跡群	岡田康博	62
岩木山の地震活動	小菅正裕	70
岩石から見た岩木山	佐々木　実	84
岩木山の周辺から発見された化石	島口　天	99
岩木山の希少な生きものたち	齋藤信夫・小原良孝 小山信行・須摩靖彦 工藤　忠・佐藤隆志 櫛田俊明・横山裕正	109
岩木山の鳥類	小山信行	134
岩木山の植生を理解する	石川幸男	148
お山を登る人里植物や外来植物	齋藤信夫	167
岩木山のコケ植物	太田正文	180
岩木山周辺の微小菌類について	田中和明・原田幸雄	193
岩木山の淡水棲プラナリア	石田幸子	200
岩木山に関わる農業水利施設と農道	船越和幸	214
―"自然"と"ひと"とのかかわりの視点から―		
岩木川流域水田の土地改良事業と米づくり	鳴海勇蔵	227
岩木山麓開発の歩み	宮本利行	239
―昭和期の農牧場開拓から観光開発へ―		
岩木山麓の戦後開拓のあゆみ	髙瀬雅弘	253
―「開拓者たち」の70年―		
岩木山麓山菜における生産・流通の現段階と課題	石塚哉史	269
―木村食品工業の事例を中心に―		
執筆者一覧		

津軽領国絵図にみる岩木山の表現とその変遷

本田　伸

　江戸幕府の国絵図調製事業は17世紀前半に始まり、19世紀半ばまで断続的に行われました。その主な目的は、各地の大名に作らせた領内絵図を幕府が保管・管理することにより、将軍及び幕府の権威を示すことにありました。この事業については、川村博忠氏による一連の研究や、国絵図研究会による『国絵図の世界』の刊行などを通じて、その概要が知られるようになりました[1]。

　江戸時代の日本地図というと、伊能忠敬による全国測量の成果をまとめた「大日本沿海輿地全図」をイメージする方が多いでしょう。しかし、忠敬の測量は18世紀末から19世紀初頭のごく一時期に行われたもので、その目的も、国土の正確なかたちを描き出す、緯度一度の長さを計測するという2点に限定されていました。ですから、情報の正確さを追求した忠敬の地図と、大名領の概要把握を主題とした国絵図とを、同じ「地図製作」という括りで見ることは、必ずしも適当ではありません。国絵図はあくまでも、幕府の大名統制策上のツールの一つとして作られ続けたのでした。

　国絵図には、作成された時期や作成者、残存形態などの違いから、さまざまなものがあります。すべての大名が関わったものとしては正保国絵図、元禄国絵図、天保国絵図があり、ほかに西日本の大名から徴収したとされる慶長国絵図、必要に応じて大名を指名し修正・提出させたとされる寛永国絵図などがあります。また、これらを集大成して全国図（日本総図）に仕立てた正保日本図、元禄日本図、享保日本図なども、国絵図に含まれます。

　青森県の関係では、

【南部領】　正保国絵図＝「南部領内総絵図」（もりおか歴史文化館）　　　　423×740cm
　　　　　　元禄国絵図＝「南部領元禄国絵図」[2]（もりおか歴史文化館）　　423×840cm
　　　　　　天保国絵図＝「天保国絵図陸奥国南部」（国立公文書館）　　　　416×776cm
【津軽領】　正保国絵図＝「陸奥国津軽郡之絵図」（青森県立郷土館）　　　　393×488cm
　　　　　　　　　　　　「御郡中絵図」（弘前市立弘前図書館）　　　　　　360×433cm
　　　　　　元禄国絵図＝「津軽領元禄国絵図写」（弘前大学附属図書館）　　338×396cm
　　　　　　天保国絵図＝「天保国絵図陸奥国津軽」（国立公文書館）　　　　371×440cm

などが現存しています。本稿では、津軽領国絵図の作成過程をたどりつつ、国絵図に描かれた岩木山の姿を追ってみることにしましょう（以下、国絵図の表記は「正保図」「元禄図」「天保図」のように省略します）。

1．約400年前の津軽領を描いた「陸奥国津軽郡之絵図」〜津軽領正保図と岩木山

　諸大名が幕府に提出した正保図の正本（清絵図）は、江戸城内の御文庫（のち紅葉山文庫）に収蔵されましたが、大半は、明治6年（1873）の皇城（皇居）火災により焼失してしまいました。しかし、国元には控えや写しが残っている場合があり、それらによって、正保図

がどのようなものだったかを知ることができます。

青森県立郷土館所蔵の「陸奥国津軽郡之絵図」(図1、2)は、弘前藩が正保2年(1645)12月28日に幕府へ提出した津軽領正保図の写本と考えられています(裏に貞享2年3月の年紀があります)。現存する津軽領全体図では最古級で、約400年前の津軽領の様子を伝えるものとして、平成23年、青森県重宝に指定されました。

国絵図の作成は費用も手間もかかる大事業ですから、その作成記録を残している藩は多々あります。しかし、津軽領正保図についてはそうした記録が発見されておらず、なかなか研究しづらい状況です。江戸時代の弘前藩政を知る上で重要な「弘前藩庁日記」も、国元での記録(＝御国日記)が始まったのは寛文元年(1661)なので、公的な資料から津軽領正保図の作成過程を追うことは、かなり難しいのです。弘前藩が記録を一つも残さなかったとは考えにくいのですが、後発の元禄図や天保図でさえ、まとまった作成記録が見つかっていないので、津軽領国絵図の研究は、この「陸奥国津軽郡之絵図」から出発するしかないのです。

図1　陸奥国津軽郡之絵図 (青森県立郷土館蔵)

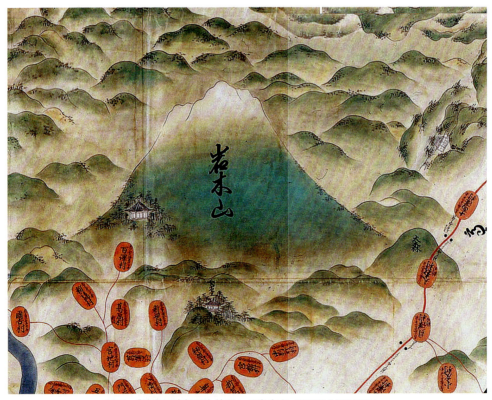

図2　「陸奥国津軽郡之絵図」の岩木山 (青森県立郷土館蔵)

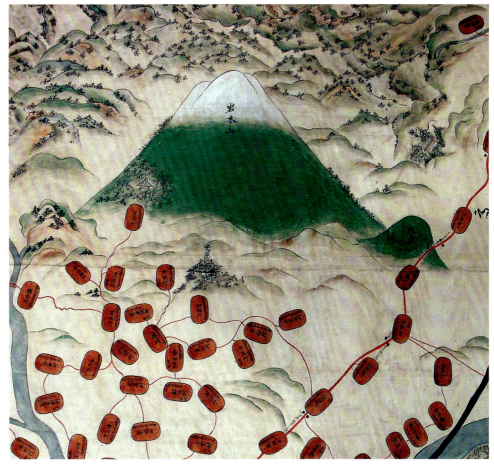

図3 「御郡中絵図」の岩木山（弘前市立弘前図書館蔵）

　隣接する南部領の場合、正保図の関連絵図はかなりの数が残っていて、比較・対照が可能です。しかし、津軽領正保図の場合は、この「陸奥国津軽郡之絵図」と「御郡中絵図」（図3、通称は「慶安の御郡中絵図」）の2点しかありません。江戸時代中期に弘前藩が作成した絵図目録により、この2点の絵図は元禄16年（1703）以前から一か所で管理されていたことが分かっていますから[3]、ごく近い関係にあるのは疑いないのですが、体裁や内容は少しずつ違っているようです。

　図2と図3は、それぞれの絵図から岩木山の部分を取り出したものです。いずれも山頂が白く塗られていますが、これは冠雪を表現したものです。岩木山頂は7月に入るとほとんど雪が消え、10月下旬には再び雪に覆われます。

　山頂は岩木山の特徴の一つで、図2・3でも分かるように、右（実際は北）から巌鬼山、岩木山、鳥海山と呼ばれる3つの峰で構成されています。「陸奥国津軽郡之絵図」の山頂は凹凸のある非対称なかたちになっていますが、「御郡中絵図」の方は、対称性を意識した滑らかなかたちに描かれています。稜線の表現も同様で、「御郡中絵図」の岩木山は凹凸がない錐形をしています。「陸奥国津軽郡之絵図」にくらべ、山全体が模式的に描かれていると言って良いでしょう。ちなみに、後述する津軽領の元禄図や天保図の岩木山の表現は、「陸奥国

津軽郡之絵図」よりも「御郡中絵図」の方に近いように思われます。なお、周辺の植物については「御郡中絵図」の方が細かく描き分けているようです。

山の手前（実際は東）に広がる裾野の中の小高い丘にある「愛宕堂」は、橋雲寺（真言宗智山派）です。津軽地方には、自分の生れた年の干支を守り神とする「一代様」の信仰がありますが、同寺は辰年・巳年生まれの人々の守り本尊として「愛宕様」と呼ばれ、親しまれてきました。明治初年に神社は廃され、山号は愛宕山から正光山に変わりましたが、のちに神社は再興され、山号も愛宕山に復しました。

山の左側（実際は南）中腹部の建物は名前がありませんが、百沢寺です。岩木三所権現の別当寺で、橋雲寺とともに津軽真言五山の一つに挙げられていました。永正14年（1517）にはすでに堂社が存在しており、天正17年（1589）に焼失したものの、津軽為信によって慶長6年（1601）に再建され、以後、津軽氏によって厚く庇護されてきました。本堂や拝殿など複数の建物があったはずですが、ここでは省かれています。明治初年に廃寺となり、現在は岩木山神社と名を変えています。

山の右側（実際は北東）の「大森」は、旧石器時代後期・縄文時代前期・縄文時代晩期の遺物が出土した大森勝山遺跡がある所です。直径約50ｍのストーンサークル（環状列石）が発見されて有名になりました。少し離れた森の中に建物がありますが、「御郡中絵図」や後述する津軽領の元禄図・天保図に「観音堂」とあることから大森観音堂、すなわち、現在の大石神社です。

図中の小判型の枠は「村形」と呼ばれ、領内の村の位置と石高を示しています。津軽領正保図と同時に作られた正保郷帳「津軽郡高之帳」（弘前市立弘前図書館蔵）の村数は336ですが、絵図の村形は332しかありません。絵図では平賀郡の村を黄、田舎郡の村を橙、鼻和郡の村を桃と色分けし、3郡の高の合計を45000石と記しています。これは、津軽家の領知高47000石から上野国勢多郡の飛地領分2000石を引いたものですが、郷帳に記された新田分57468石余は計上されておらず、実際の生産高を反映した数字ではありません。

2．正保図と天保図をつなぐ「津軽領元禄国絵図写」～津軽領元禄図と岩木山

平成20年（2008）8月、弘前大学附属図書館で巨大な津軽領の絵図が発見されました。長谷川成一館長（当時）の依頼で同館に出向いた筆者は、これまで知られていなかった津軽領元禄図の関係資料であることを確認し、「津軽領元禄国絵図写」の名で専門誌に紹介しました（図4）[4]。同館ＨＰでデジタル精細版が公開されていますので、是非ご覧ください。

幕府は正保図で初めて国絵図の作成基準を示し、諸大名が提出してくる絵図が規格に沿ったものであることを期待しましたが、実際に上がってきた絵図をみると、

図4　「津軽領元禄国絵図写」（弘前大学附属図書館蔵）

縮尺や細部の表現にかなりバラツキがあり、不満の残る結果となりました。正保図の調製から約50年後の元禄10年（1697）、元禄図の作成を発令した幕府は、作成基準を遵守するよう強調し、改めて規格や絵図表現の統一を図りました。その際、正保図との相違点を書き上げた「変地帳（かいちちょう）」を提出させるなど、細かくチェックして精度を上げようとしています。

「津軽領元禄国絵図写」の村形は331ですが、郡分けはされていません。実は、寛文4年（1664）に「津軽領には津軽郡しかない」との見解が幕府から出され、平賀・田舎・鼻和の3郡呼称は使えなくなったのです。元禄図に「津軽郡」とだけあるのは、そのためです。ただし、文字の見やすさを考えて1色だけは付けることにしたようで、弘前藩が享保年間に元禄図をベースにした大型絵図（未発見）を作成した際、担当者が「村形を腥臙脂色（＝濃紅色）ではなく肉色（＝ピンク色）にして良いか」と申し出ています[5]。のちの天保図の村形がピンク色なのは、その辺りも関係しているのでしょう。なお、「津軽領元禄国絵図写」の総石高は10万3097石余ですが、これは正保図の総石高45000石に、正保郷帳の新田分57468石余と、上野国勢多郡の飛地領を整理して生じた629石余を加えたものです。これでも、30万石強と言われた実際の生産高とはかなりかけ離れています。

幕府は国絵図を活用して日本総図を作る構想を持っていたため、境目の接合がスムースに

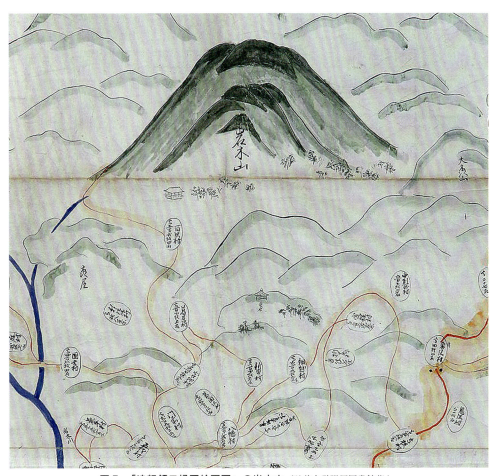

図5　「津軽領元禄国絵図写」の岩木山（弘前大学附属図書館蔵）

行くよう、領境・国境については関係諸藩でよく話し合って定めよ、と申し渡しました。しかし、南部家と津軽家のように、領地が隣り合っていても平素はほとんど付き合いがない藩(両者の疎遠な関係を「代々不通」と記したものもあります)もありましたから、幕府が求めるような話し合いが必ずなされたというわけではなかったでしょうし、話し合いそのものがうまくいかないケースもあったでしょう。実際に、南部家と津軽家の場合は話がこじれて藩境争論に発展してしまい、正徳4年(1714)の幕府裁定により一応の決着を見るまで、20年ほど費やしています。

図6　岩木山の裏(鰺ヶ沢方面)からみた百沢道
(「津軽一円山沢之図」国立公文書館つくば分館蔵)

　津軽領元禄図は元禄14年(1701)に提出されました。正保図にくらべ、元禄図については「弘前藩庁日記」にかなりの分量の記事がありますし、南部家との藩境争論のやりとりを記した「石高叢録付記」からも、ある程度は作成過程が読み取れます[6]。

　岩木山の表現については前項で述べた通りで、「陸奥国津軽郡之絵図」と「津軽領元禄国絵図写」の内容は、岩木山周辺に関してはほとんど変わりません。目につく違いと言えば、百沢寺の参詣ルートである百沢道が、「陸奥国津軽郡之絵図」では百沢村止まりになっていたのに、「津軽領元禄国絵図写」ではさらに南西へ向かい、山裾を回り込んで山裏へ抜けるように描かれている点が挙げられるでしょう。百沢村から鰺ヶ沢へ出るこの道筋は、古くから間道として使われてきました(国絵図には山の裏側は描かれていないので、江戸後期の「津軽一円山沢之図」(図6)を参考に掲げました)。

　一見して分かるとおり、「津軽領元禄国絵図写」は描写の精密さという点ではかなり荒い、と言わざるを得ません。必要な情報を急いで、大まかに写したという印象です。しかし、津軽領全体のかたちについては後掲の天保図とくらべてもほとんど遜色なく、写しを取る際に底本とした元禄図の姿を、正しく伝えているように思います。天保図は元禄図をベースとして作成されているので、その関係絵図から津軽領元禄図の姿を復元できるのではないか、と言われてきました(その作業をしたものが、次項の図8〜10です)。しかし、「津軽領元禄国絵図写」の発見によってその手間が省けることになったのですから、津軽領の国絵図研究はこれから進展するのでは、と期待されます。

図7　「天保国絵図陸奥国津軽」(国立公文書館蔵)

図8 「陸奥国津軽領絵図」(M19 弘前市立弘前図書館蔵)の接合図

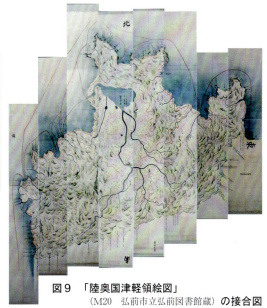

図9 「陸奥国津軽領絵図」(M20 弘前市立弘前図書館蔵)の接合図

図10 「陸奥国津軽領絵図」(M21 弘前市立弘前図書館蔵)

図11 「陸奥国津軽領絵図」(M19 弘前市立弘前図書館蔵) の岩木山

図12 「陸奥国津軽領絵図」(M20 弘前市立弘前図書館蔵) の岩木山

図13 「陸奥国津軽領絵図」(M21 弘前市立弘前図書館蔵) の岩木山

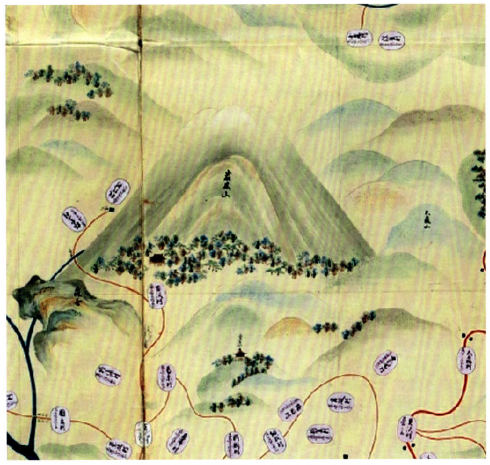

図14 「天保国絵図陸奥国津軽」の岩木山（国立公文書館蔵）

3．複雑な過程を経て作成された天保国絵図 〜津軽領天保図と岩木山

　天保7年（1836）、幕府は諸大名に国絵図改訂を発令しました。元禄図の調製から、約140年ぶりの大事業です。弘前藩は幕府の指示に従って関係資料を提出し、天保9年、津軽領天保図は完成しました。

　天保図の清絵図は弘前藩ではなく、幕府が作成しました。これまでの国絵図は、発令から提出までかなり時間がかかっていたため、幕府は最後の仕立てを自前ですることにしてスピードアップを図ったのです。

　そのため、作業手順に大きな変更がありました。幕府はまず、所蔵する元禄図の清絵図の写しを取り、これを数本に切り分けて諸大名に渡しました。こうすれば、元禄図以降の相違点を書き込むだけで済むはずだ、と考えたのです。ところが諸大名は、この写しから作業用の写しを取り、さらに提出用の図を作り、その後でまた写しを取って控えに残しておきましたから、さほど手間が省かれたとは言えませんでした。

　津軽領天保図の関係では、弘前市立弘前図書館に「陸奥国津軽領絵図」が3セット、残っています（津軽家文書M19・M20・M21）。いずれも軸装8巻仕立てですが、くらべてみると、M19が幕府から渡された作業絵図、M20が作業絵図の写し、M21が提出図の控えとして

写したもの、ではないかと考えられます（なお、本稿では省略しましたが、国文学研究資料館の津軽家文書に「御国絵図写」という軸装された絵図があり、おそらく、提出前の最終図を写したものでしょう[7]。同館にはほかに、345×426cmの一枚物「陸奥国津軽郡絵図」という天保図系の絵図があります）。

図8・図9は、「陸奥国津軽領絵図」M19・M20をデジタル接合したものです。図10はM21を軸装のまま展開したものです。山体の描き込みが追加されたり、彩色が施されたりしていくので、図が変わっていく様子が視覚的にたどれると思います。大きな所では、十三湖に流れ込む河川の流路の変化が目につくでしょう。なお、M19〜21と「天保国絵図陸奥国津軽」から、岩木山の部分を拾ってみました。山頂の表現が少しずつ変わっていく点に注目してください。

図15　「陸奥国津軽領絵図」(M19　弘前市立弘前図書館蔵）の村形

最後に、「陸奥国津軽領絵図」と「天保国絵図陸奥国津軽」の大きな違いを挙げておきます。図15はM19の村形ですが、枠内の右半分に村名を書き、左半分の石高を書く部分を空けてあるのが分かります。正保図や元禄図では村形に郷帳に記載された領知高を書いてあったのですが、天保図では実高（実際の生産高）を書くよう変更することになっていたので、あえて石高を記入しなかったのです。

幕府は天保図の作成を発令する直前の天保5年（1834）、諸大名から郷帳を出させていますが、この郷帳は、それまでの表高（公式の領知高）表記ではなく、実高表記に変更されています。天保図の村形もこれに従ったわけで、天保図における津軽領の石高は、実高で317262石余と記されています。

津軽平野の独立峰である岩木山は、津軽領のどこからでもよく見えます。国絵図の中の岩木山は弘前方面から見た姿で描かれていますが、それこそが、津軽の人々が共有した岩木山のイメージと言うことができるでしょう。岩木山は江戸時代全期を通じて津軽領のランドマークとして機能し、描かれ続けたのでした。

【参考文献・論文・その他】
1) 川村博忠（1984）：『江戸幕府撰国絵図の研究』古今書院、川村博忠（1990）：『国絵図』吉川弘文館、国絵図研究会編（2005）：『国絵図の世界』柏書房　ほか。
2) 同館での登録名は「南部領高都合并郡色分目録」ですが、これは絵図中にある領知高の書き込み部分のタイトルをそのまま資料名としてしまったものです。本稿では内容を表す必要があるため、このように記しました。
3) 本田　伸（2001）：弘前藩『御絵図目録』の発見とその意義『弘前大学國史研究』110　弘前大学國史研究会

4）本田　伸（2010）：津軽領国絵図に関する新資料の発見－弘前大学附属図書館所蔵「津軽領元禄国絵図写」『日本歴史』745　吉川弘文館
5）本田　伸（2008）：消えた松前－未発見の津軽領元禄国絵図に関する小考　浪川健治・佐々木馨編『北方社会史の視座』第2巻　清文堂
6）本田　伸（2014）：近世北奥の藩領域－南部・津軽境と烏帽子山争論の発生　長谷川成一編『北奥地域史の新地平』　岩田書院
7）尾﨑久美子（2003）：天保陸奥国津軽領絵図の表現内容と郷帳　『歴史地理学』45-3　歴史地理学会

下居宮と百沢寺
―岩木山神社はいつからこう呼ばれるようになったか―

福井敏隆

　岩木山は標高1,625m、それほど高い山ではありませんが、津軽地方のどこからでも眺める事ができる独立峰です。津軽地方各地から眺める山の形はそれぞれの趣があり、そのため、「お山」「お岩木様」とよばれ、古くから津軽地方では信仰されて来ました。その麓、百沢に鎮座する岩木山神社は、津軽地方はもとより、古くから県内外の人々によって厚く信仰されています。この根底には岩木山そのものを信仰する考え方があるからです。

　日本では古くから、山や、巨石、木など自然そのものを信仰の対象とする考え方があり、山そのものが信仰の対象となってきたところが沢山あります。大和地方の大神神社は奈良盆地の三輪山がご神体で、古くから信仰を集めています。2013年に世界文化遺産に登録された富士山もそうです。東北地方では、修験の山として知られている出羽三山の羽黒山・月山・湯殿山が有名です。

　現在、岩木山神社は、顕國魂神・多都比姫神・宇賀能賣神・大山祇神・坂上刈田麿命の五柱を祭神として祀っています。第二次世界大戦以前は国幣小社として位置づけられ、神社の例祭などに県から幣帛料（お供え金とも言うべきもの）が支出されていました。毎年、旧暦八月朔日には、お山参詣が行われており、現在は「岩木山の登拝行事」として国の重要無形民俗文化財に指定されています。この行事は、江戸時代には確実に行われており、津軽地方の各村々から村人が集団を組み、幟や御幣、供物を持ち、岩木山神社に参拝したあと、夜中に岩木山に登り、御来光を拝むことが行われました。寛政年間（1789〜1800）に、弘前藩士比良野貞彦によって書かれた「奥民図彙」[1)]には、当時のお山参詣の様子が描かれています（図1）。

図1　18世紀末のお山参詣
（「奥民図彙」より）

　それでは、岩木山神社の歴史をたどってみることにします。

1. 岩木大明神　―古代から中世―

　岩木山神社は、今から1200年以前の宝亀3年（772）もしくは同11年（780）に岩木山の山頂に磐椅宮の社殿を創建したのが始まりとされています。中央に国常立命、北峰に大己貴命、南峰に国安瓊姫命を祀ったと言われています。延暦15年（796）に征夷大将軍坂上田村麻呂がこれを再建し、岩木山北麓に下居宮、山頂に奥宮本宮を建てました。社伝で

はこの年を延暦19年（800）のことし、宝亀11年（780）を創建としているようです。しかし、寛治5年（1091）に神託により、百の沢を越えて南麓に下居宮を移したので、現在の岩木山神社がある地名は「百沢」と呼ばれることになりました。

　その後、院政期には歴代の上皇・天皇による熊野参詣が頻繁に行われるようになると、これを契機に、熊野信仰の全国的な広がりが見られるようになります。その影響のもとに熊野三山の信仰形式を岩木山の三峰にあて、中央の国常立命を阿弥陀如来として百沢の岩木山百沢寺に、左峰の国安瓊姫命を十一面観音として十腰内の巌鬼山西方寺に、右峰の大己貴命を薬師如来として松代の鳥海山永平寺に配置し、岩木山三所大権現とする信仰形式が生まれてくるようになります。恐らく鎌倉時代以降にこの形式が取られたものと思われ、江戸時代まで続いていきます。現在岩木山神社に残る永正14年（1517）8月1日の年月日銘を持つ釣燈籠（県重宝）には、『弘前の文化財』[2)]によると「岩木山宝殿」の文字が刻まれており、三上盛介なる人物が施主となり、西勝院の弘信法師が願を立てて奉納したことがわかります（写真1）。このことから、当時何らかの社殿が存

写真1　岩木山神社に残る釣燈籠
（写真提供　弘前市教育委員会）

在したことは間違いないと思われます。なお、弘信法師は、天文元年（1532）に弘前市の堀越城外に最勝院を建て、開山となった人物と言われています。

　一方、元禄14年（1701）に書かれた「岩木山百沢寺光明院（縁起）」[3)]という史料によれば、天台寺（現岩手県二戸市浄法寺町）との関係も伺われます。この史料では「古記に曰く、当山の別当職は、南部の観音院に司る事あり」と言う記述が見られ、南部の観音院＝桂清水観音＝天台寺が、百沢寺の別当を務めていたことを示唆しています。『天台寺』[4)]・『青森県の地名』[5)]・『岩手県の地名』[6)]に載っている天台寺の縁起書などには、永享4年（1433）に「鼻和郡目谷内目谷川・田代二ケ村（現中津軽郡西目屋村内）」（寄進者は源家行）・「田舎郡平内郷内五千刈（現東津軽郡平内町内）」（寄進者は前伊勢守親経）、同5年に「平賀郡日照田（現弘前市薬師堂日照田）」（寄進者は修理亮家行）と三ケ所の所領が天台寺に寄進され、その結果天台寺は津軽地方に所領を持っていた事が書かれており、室町時代には、百沢寺が天台寺の支配下のあった可能性が高いと思われます。

　また、岩木山神社には19点の舞楽面や能面、神楽面が伝来しています。うち、5点の舞楽面は鎌倉時代から南北朝時代に制作されたものと考えられ、「二の舞腫面」「散手」「抜頭」の3面が県重宝に指定されています。材質はヒバと考えられていますので、地元で制作された可能性が高いものです。舞楽面の存在は、下居宮の拝殿もしくは境内で、舞楽が舞われていたことを物語っています。以上、現存する物的資料から、岩木山神社の存在を辿ってきました。

　ところで、建造物の建立を正確に裏付けるものは、棟札です。岩木山神社に関わる中世の棟札は残念ながら現存しません。しかし、明治43年（1910）から大正6年（1917）まで宮司を務めた藤井秀任氏が書き残した「棟札集成」（『岩木町誌』[7)]に所収のものを利用）には、①応仁3年（1469）のものと、②永禄3年（1560）のものの写しが載っています。それを

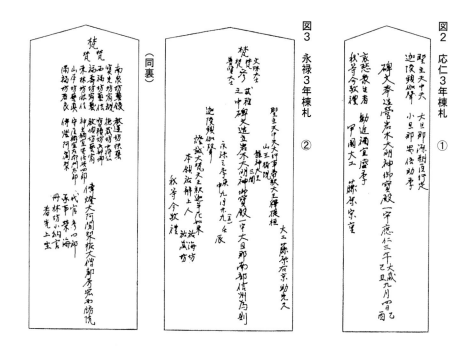

参考にして、中世の堂社の存在を改めて考えて見ることにします（図2・3）。①は応仁の乱が始まって3年目のもので、室町幕府は8代将軍足利義政の時代にあたります。「岩木大明神御宝殿」の造営に関わる棟札ですが、この年は4月28日から改元されて文明と年号が変わりました。しかし、応仁の年号がそのまま使われており、改元が伝わらなかったものか、それともあえてそのままの年号を使用したのか、興味があるところです。干支の「己丑」は間違ってはいません。ここで、注目されるのは造営のスポンサーにあたる大旦那が「源朝臣行定」という人物になっていることです。南部氏なのか、浪岡北畠氏なのかは解りませんが、この地方を治める領主であったと推定されます。小旦那の「安倍助季」はこの岩木大明神の神主だと思われます。勧進祢宜として「（安倍）盛季」の名前が見えますが、これは資金集めに動いた人物でしょう。また、大工として「藤原宗重」の名前がありますが、「甲国」とあるのは「甲斐国」を示しているのでしょうか？ そうすれば、「行定」は南部氏の一族である可能性が高くなる気がします。裏面には文字はないとあります。

②は①から約100年後のものになります。これも「岩木大明神御宝殿」の造営に関わる棟札ですが、表には、大旦那は「南部信州為則」とあって、弘前藩初代藩主津軽為信の養父（妻の父）にあたる人物になります。大工は「藤原右京助光久」とあって、出身国名が書かれていないところをみると、地元の人間かもしれません。良く解らないのが「本願裕辨上人」「裕海坊」「裕蔵坊」の部分です。裏面には「伝燈大阿闍梨権大僧都秀宏西勝院」とあって、「岩木大明神」の事務を司ると思われる僧侶名が書かれているほか、「南泉坊」の他「教理坊」まで十一坊の名前が見え、更に「神主祢宜安倍与四郎」・「守屋（守山カ）祢宜左衛門四郎」などかなりの人名が書かれています。しかし、①にはしっかりと書かれていた偈文「聖主天中天　迦陵頻伽声　哀愍衆生者　我等今敬礼」の第三句が抜け落ちていたりして、かなり文面に怪しいところがあります。ただ、①と②に共通しているのは、「岩木大明神御宝殿」の造営の部分であり、当時、現在の岩木山神社は「岩木大明神」と呼ばれていたことは間違

いないようで、堂社もあったことが確実視されます。「御宝殿」は文字通り読むと、宝物を安置する場所になりますが、今で言う拝殿等を指すのかも知れません。前に紹介した、釣燈籠はこの宝殿に釣り下げられていたのでしょう。

しかし、「岩木山百沢寺光明院」の記述によれば、天正17年（1589）正月9日の火災によって下居宮大堂や百沢寺、十坊はことごとく焼亡したとあります。

2　下居宮と百沢寺　～近世・江戸時代～

津軽地方の近世は、弘前藩初代藩主津軽為信による南部氏からの独立によって始まると言って良いように思います。為信は現在弘前市立津軽中学校が建っている大浦城を本拠に、津軽統一を進めていきます。その際に、岩木山及び下居宮に加護を願ったものと思われます。豊臣秀吉により、津軽地方一円4万5千石の大名として認められたあとは、秀吉政権のもと「日の本のつきあい」に苦労したことでしょう。天正17年に焼失した下居宮大堂や百沢寺の再建も念頭にあったはずです。

慶長6年（1601）9月吉日の年月日を持つ下居宮（現本殿）再建の棟札には、「大檀那藤原朝臣左京太夫為信公」と書かれており、為信が津軽地方を治める領主として、岩木大明神の再建に力をいれたことが分かります。為信は慶長8年（1603）に百沢寺大堂（現拝殿）の再建もしており、現在の岩木山神社の基本部分は為信によって形造られたと言って良いでしょう。以降、江戸時代を通して、下居宮、百沢寺の維持・修復には弘前藩が経費を持つことになります。（表1）は江戸時代に、弘前藩が下居宮や百沢寺の再建・修繕などを行った事を、現存する棟札等（棟札は『重要文化財　岩木山神社本殿外四棟修理工事報告書』8)に所載）からまとめたものです。大堂に関しては、屋根が延享3年（1746）に「栩葺」から「柿葺」に葺き

表1　弘前歴代藩主百沢寺・下居宮再建・修復等一覧

年　代		内　容	藩主（代）
慶長6年	1601	下居宮（現本殿）再建	為信（初代）
慶長8年	1603	百沢寺大堂（現拝殿）再建	為信（初代）
寛永5年	1628	山門（現楼門）建立	信枚（2代）
寛永17年	1640	大堂建立	信義（3代）
万治2年	1659	下居宮再建	信政（4代）
寛文2年	1662	山門屋根葺替	信政（4代）
貞享3年	1686	山門修復	信政（4代）
元禄7年	1694	下居宮再建	信政（4代）
享保4年	1719	山門葺替	信重（5代）のち信寿
享保9年	1724	精舎（大堂）造立	信重（5代）
延享3年	1746	大堂屋根葺替	信寧（7代）
宝暦11年	1761	下居宮修復、玉垣屋根修復、山門箱棟高欄・階子・手摺・鐘楼修繕	信寧（7代）
明和2年	1765	精舎造立	信寧（7代）
安永4年	1775	大堂屋根葺替	信寧（7代）
享和3年	1803	山門修復	寧親（9代）
文化元年	1804	下居宮修復	寧親（9代）
文政元年	1818	大堂修理	寧親（9代）
天保12年	1841	神楽殿葺替	順承（11代）
嘉永7年	1854	精舎建立	順承（11代）
安政4年	1857	大堂・山門、下居宮屋根修復	順承（11代）
元治元年	1864	下居宮修復	承烈（12代）のち承昭

（『岩木山を科学する』9) 24頁の表1を、『重要文化財　岩木山神社本殿外四棟修理工事報告書』等で改訂作表）

替えられたものの、約40年後の安永4年（1775）には、「柿葺」から「中栩葺」に葺き直されています。文政元年（1818）には、「中栩葺」から「柿葺」に戻っており、この間、約30〜40年ごとに屋根の葺き替えが行われていたことがわかるとともに、「柿葺」と「栩葺」の葺き方が交互に行われていることも興味深い事です。

慶長6年と8年の棟札を詳しく見ると、共に両大工は「越前国竹内彦助泰久・若狭国甚四郎宗次」、小工は「若狭国弥左衛門・秋田（の）源左衛門」とあって、領外から招聘した大工・小工の指導のもとに再建されたことがわかります。また、これらの人物はいずれも、日本海沿岸の国々の人間であるところから、その技術は上方方面の流れを汲むものであったものかも知れません。

現在の岩木山神社の境内は、江戸時代は下居宮の境内であり、下居宮の事務を司る別当寺院として真言宗の百沢寺がありました。現在の本殿が下居宮、拝殿が大堂、楼門は山門でした。大堂には、中央に阿弥陀如来、向かって右側に観世音菩薩、左側に薬師如来、これらの三尊を守る四天王像が安置されていたと思われます。山門の上には観世音菩薩と五百羅漢の像が安置されていました。五百羅漢の像は、明治の神仏分離令により、山門から撤去され、すべてではありませんが、現在は弘前市西茂森の長勝寺境内「蒼龍窟」（写真2）に安置されています。そして、この「蒼龍窟」に安置されている阿弥陀如来・観世音菩薩・薬師如来が、かつて百沢寺にあった三尊だといわれています。しかし、他の尊像の行方はわかりません。五百羅漢については、藤崎町にも一部存在しています。なお、江戸時代の絵図をみると、山門をくぐった右側に、神楽殿があったことがわかります。現存する舞楽面から、舞楽が鎌倉時代から南北朝期・室町時代にかけて舞われていたと思われますので、この神楽殿の存在は、舞楽が舞われなくなったあと、神楽が舞われたことを物語っているようです。

また、現在の社務所に当たるところは、百沢寺の書院に当たる部分で、その奥に本堂がありました（図4）。百沢寺は藩から寺領400石が与えられていましたが、これは領内の寺社では最大の石高になります。八幡宮の別当寺院最勝院、藩主家の菩提寺である天台宗報恩寺や曹洞宗長勝寺の寺禄300石クラスをしのいでいました。弘前藩の崇敬の高さが、このことからも伺えます。また、現在は土塁にしかその面影を偲ぶことが出来ません

写真2　蒼龍窟
（この中に旧百沢寺の本尊3体と五百羅漢が安置されている）

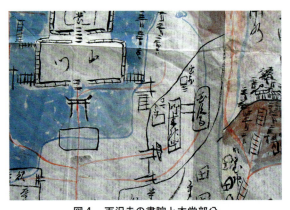

図4　百沢寺の書院と本堂部分
（「岩木山神社境之図」[10] 部分　弘前市立弘前図書館・津軽家文書蔵）

が、参道の両側には神官安倍氏と守山宮の神官山田氏の屋敷、そして百沢寺の脇坊にあたる十坊の屋敷がありました。安倍氏は10石、山田氏は3石、十坊は各16石の禄が与えられており、現在とは違った景観が展開していたと思われます。その配置は、現在の大鳥居から拝殿に向かって進むと、右側に神官の安倍氏、法光坊、百福坊、徳蔵坊、円林坊、東林坊があり、左側に、神官の山田氏、南泉坊、西福坊、山本坊、福寿坊、宝積坊がありました（図5）。

さて、百沢寺には住職がいたわけですが、「岩木山百沢寺光明院」の記述によれば、中興開山として、津軽出身の「眼尊上人」の名前が最初に書き上げられています。慶長6年と8年の棟札には別当として「良誉上人」の名前がありますが、2代目にあたります。この上人は高野山から来た僧と書かれており、真言宗の僧侶であったことは確実です。この史料を書いた朝誉和尚は、常陸国鹿島郡佐田村（現茨城県鹿嶋市）の吉祥院から津軽にやってきて、初めは愛宕の橋雲寺（現弘前市植田）の住職となり、その後国上寺（現平川市古懸）の住職に転出し、元禄9年（1696）に百沢寺の住職となったとあります。4代藩主信政の信任の厚かった人物のようです。

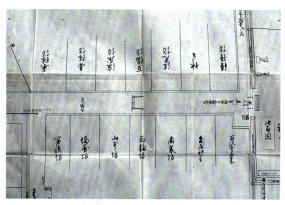

図5　参道両側に見える脇坊などの屋敷
（「百沢御宮廻之図」[11] 部分　弘前市立弘前図書館・津軽家文書蔵）

それでは、下居宮や百沢寺の任務は何だったのでしょう。寛永6年（1629）9月に2代藩主信枚が信牧と自署した「御願意趣」[12]（写真3）という願文があります。これは寛永元年（1624）に下居宮の奥2町（約200m）の場所に、信枚が建立した虚空蔵堂＝求聞持堂（現求聞寺・虚空蔵菩薩を祀る）に宛てたものです。厳密には下居宮や百沢寺に宛てたものではないようですが、それを読むと、「武運長久・息災延命・子孫繁昌」、「両上様（大御所秀忠と3代将軍家光）御前如意満足・所領国家倍増」「怨敵退散・逆徒自滅」、「城内安全・諸人快楽」、「所領国家万民豊饒・富貴円満」の5か条の「御願」が掲げられ、祈願することが求められていました。津軽家の繁栄（子孫繁昌）、幕府への奉公の無事、領内の豊饒などが主な内容で

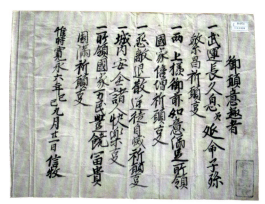

写真3　2代藩主信枚の「御願意趣」
（弘前市立弘前図書館・津軽家文書蔵）

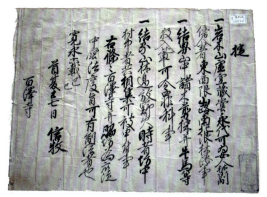

写真4　2代藩主信枚の「百沢寺掟」
（弘前市立弘前図書館・津軽家文書蔵）

すが、「所領国家倍増」とあるのは「領地」の倍増を願ったものでしょうか。津軽家は当時4万7千石の小大名でしたので、10万石クラスの大名になりたいという願いがあったように受け取れます。9代藩主寧親の時、領地は増えませんでしたが、石高は10万石に高直りします。それは180年後の文化5年（1808）の事になります。「城内安全」は寛永4年（1627）に落雷により天守が消失したことと関連があるのかも知れません。なお、信枚は同年4月に「百沢寺掟」[13]（写真4）という文書も出して、下居宮・百沢寺・虚空蔵堂の一帯を結界として保護し、女人禁制・山中の諸木の切り出しと牛馬の放し入れ禁止等を命じて、この地域一帯の聖域化を計ったように思われます。「津軽歴代記類」[14]によれば、信枚が虚空蔵菩薩を祀る求聞持堂の建立を思い立ったのは、あるとき金勝院（慶好院とも）法印に、自身の子孫長久がなるかを尋ねたところ、3代目が危ういとの八卦が出ました。それで、子孫長久の法はあるかと尋ねたところ、そういう法はないが、求聞持の法を行うと「国家永久」になると告げられ、寿命が短くなると言う事もいとわず、この法を実施し、御願が成就したところで瓶に水を入れ、その瓶を百沢寺の境内の小さい森の上へ埋め、その上に求聞持堂＝虚空蔵堂を建立したとあります。3代藩主となる予定の信義は正室満天姫の子ではなく、石田三成の娘の子（三成の孫）である事に一抹の不安を感じていたのかも知れません。この求聞持堂は4代藩主信政の時、現在の場所（現岩木山神社よりは少し東に位置）に移され、参道も別になり、求聞寺として今に至っています。

　さて、弘前藩の手厚い保護を受けていた、下居宮・百沢寺ですが、歴代の藩主達は実際に参詣をしたのでしょうか？（表1）を見ると堂社の再建・修繕などはほとんどの藩主の時代に行われていますが、参詣は別なようです。「津軽歴代記類」によれば、貞享3年（1686）に4代藩主信政が領内巡検で百沢にも行ったのが最初のようで、その後の藩主はなく、文化3年（1806）に9代藩主寧親が領内巡検に際して、目屋沢から岩木嵩湯元を経由しているので、百沢にも寄った可能性があります。10代藩主信順は文政12年（1829）と翌13年（1830）の2回確実に百沢に行っており、これ位しか確認出来ないのです。多くは、代参といって、家老や用人などの重臣が藩主に替わって参詣をしました。

　最後に、百沢寺再建の事についてふれます。天保10年（1839）2月28日夜、不慮の火災で百沢寺護摩堂、本堂、勝手廻りまで残らず消失しました。神仏の尊像や法具類も灰燼に帰したと言われています。10代藩主信順は再建を命じましたが、天保4年（1833）からの凶作続きで、藩には財政的余裕がなく、再建に着手出来ない状況だったようです。12月になり26代住職の朝弘が願い出て、寛政12年（1800）の旧例（具体的には不明）にならい、藩内を勧化し、天保11子年（1840）5月から未年4月まで7年間の間、在町・浦々・黒石領まで、一人一月1文宛、御家中は高割100石につき一月13文の割を持って、俵子・金給・扶持方まで歩引き（今で言う天引きと思われます）し、それを立て替えてもらい、約2000両を集め再建しようという計画をたて、実行しています。未年は

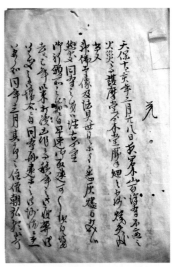

写真5　「百沢寺再建一件下書」の最初の部分
（弘前市立弘前図書館・津軽家文書蔵）

弘化4年（1847）にあたります。「百沢寺再建一件下書」[15]という史料に見える内容です（写真5）。百沢寺が藩内の人々および黒石領の人々の寄附を仰いで再建されたという事実に、「岩木山」に対する津軽地方に住む人々の信仰の深さを感じ取ることが出来ます。「津軽歴代記録」の記述によりますと、このことに先立つ、文化元年（1804）に下居宮の修復が完成した時、「殊の外、荘厳にて、見物人、近国より多く群集」したという事です。このように、江戸時代、下居宮・百沢寺は弘前藩のみならず、領民、領外の人々からも厚く信仰されていたことがわかります。

3．下居宮と百沢寺から岩木山神社へ　〜明治の神仏分離〜

　さて、明治維新は江戸時代の支配体制を一新させます。明治2年（1869）の版籍奉還では、江戸時代の幕府によって認められていた支配体制が、一旦なくなります。各大名は版＝領地と籍＝領民を一旦天皇に返還し、改めて天皇から支配を認めて貰います。明治4年（1869）の廃藩置県では、大名の支配権は全くなくなり、各大名は東京に集められ、明治新政府から各府県派遣された県令（のち知事）が地方の政治を行うことになります。寺社の場合も、先ず従来持っていた土地や寺社領に住む人々の支配権が取り上げられます。ついで領地や禄が取り上げられます。藩から手厚い保護を受けていた所は、それらの特権がなくなると共に、神仏分離令が出されたことで色々な影響がありました。下居宮と百沢寺の場合は、典型的な神仏混交の形態をとっていた社寺ですので、その変化は大きいものがあります。それでは、百沢寺の場合について見ていきましょう。なお、以下の文章は、田中秀和氏のご研究『幕末明治維新期における宗教と地域社会』[16]に基づいて述べていることをあらかじめお断りしておきます。

　明治3年（1870）閏10月に出された、弘前藩の藩政改革の一環としての、寺社減石の申し渡しでは、基本は100石を100俵に換算する事になっており、それをさらに半分にするというのが決まりでした。百沢寺は本来400石でしたので400俵に換算し、半分の200俵が支給相当でしたが、士族と不

表2　明治3年閏10月藩政改革における石高別削減率
① 寺院の石高別削減率

元高	改正高	削減率	寺院数	備　考
400石	150俵	62.5%	1ヶ寺	
300	150	50.0	2	うち1例寄附米20俵
200	100	50.0	2	うち1例寄附米20俵
200	150	25.0	1	寄附米20俵
150	75	50.0	1	
150	50	50.0	5	うち2例寄附米10俵
80	40	50.0	1	
60	30	50.0	1	
50	30	40.0	1	
50	25	50.0	1	
37.7	25	33.7	1	
37	25	32.4	1	
33.3	25	24.9	1	
30	30	0	1	
30	25	16.7	4	
30	20	33.3	1	
20	10	50.0	2	
16	15	6.3	10	
15	15	0	31	
13	7	46.2	1	
10石以下 計47石	計47	0	6	

※小数点第2位以下は四捨五入。

② 神社の石高別削減率

元高	改正高	削減率	神社数	備　考
30石	30俵	0%	7社	
20	20	0	1	
15	15	0	5	
10	10	0	1	

※守山神社（山田稲城）は、3石から7俵に増えており、特殊な例と考えられるので削除した。

（田中秀和『幕末明治維新期における宗教と地域社会』より）

釣り合いだと言う事で減らされ、150俵の支給になりました。これは、50石以上の寺社に対しては必ず俵換算の半分を渡す事になっていた中で、唯一減らされた例になります。この時、最勝院、長勝寺、報恩寺も基本は150俵の支給になっていますので、それに合わせたものと思われます。長勝寺と報恩寺には150俵のほかに寄附米として初めは25俵が加えられていました。ただ、脇坊の十坊は16石でしたが15俵の支給になっています。また、岩木山神社の神主の安倍貞世は10石でしたが、「岩木山は残らず鎮守である」ということで、「別段＝格別」10俵の支給となり減少はされていません。また、守山神社の神官山田稲城は3石でしたが7俵の支給という厚遇を得ています。この時、16石と15石の寺院では、15石の寺院では減石がなく、30石以下の神社についても削減率はないので、脇坊以下の減少の少なさで、百沢寺の減少分を補充させる狙いがあったのかも知れません。なお、寺社の場合は、士族の場合よりは、全体的に削減率が低かったようです（表2）。

　しかし、この支給減少は、翌明治4年（1871）8月に弘前県が新政府に提出した「社寺禄」と「社家禄」を書いた「社寺禄社家禄取調帳」[17]を見ると、さらに減少されたようです。百沢寺は60石となり、最勝院、長勝寺、報恩寺と全く同じです。脇坊の十坊は各6石、岩木山神社の神官安倍氏は3石6斗、守山神社の神官山田氏は2石8斗と他に2人扶持（1人扶持は1年では1石8斗に換算される）となっていました。山田氏は江戸時代より多い禄高になります。これは、社族廃止の一環であったようで、神社と神官を切り離し、神主は士卒族に編籍されて行きます。安倍氏も山田氏も結局卒族になりますが、その時は、さらに禄が減らされ、安倍氏は10俵、山田氏は7俵でした。藩士が士卒族に編籍し直され、家禄を支給されたのと全く同じようになって行きます。当然、これらの減禄は、大社の神主にとっても精神的・経済的に大きな打撃を与えることになりました。明治3年（1870）12月に、岩木山神社の神主安倍貞世ら7名は連名で、弘前藩に対して、神社の減禄は、神祇道興隆を名実共に失うものであると批判をし、再度の藩政改革によって、祭政一致の制度を回復させ、神祇道再興を行い、その上で神主に祈祷専務を仰せ付けられたいと願い出ています。ここに見られる願いの論調には、神仏分離によって自分たちの世が来たという主張が積極的には見られていないのが特徴です。結局、神社への禄は、新政府によって明治4年（1871）正月（但し青森県内への周知徹底は遅れて同年11月以降）に出された上知令（領地・禄の支給停止）の徹底によってなくなっていきます。

　次に、神仏分離の具体的動きについて見ていくことにします。弘前藩において神仏分離令が布告されるのは、明治2年（1869）2月です。同年7月に諸寺院は社家取扱を免ぜられ、全神社は各別当の支配を離れます。同3年（1870）8月には、岩木山三所権現の神仏分離が行われ、正式に別当は免ぜられ、岩木山神社と下居神社となり、別当の百沢寺から分離します。同様なことは、他でも見られ、深沙宮は別当の神宮寺から分離して猿賀神社（現平川市猿賀）に、熊野宮（袋の宮）（現弘前市茜町）は別当袋宮寺（現弘前市新寺町）が分離して移転し、熊野宮のみになるなどの変化がありました。なお、岩木山の境内については、検地をして仕分ける事が決められ、最終的には、岩木山神社神主、百沢寺、救聞持堂の三者で仕分ける事になりました。

　仏像については、岩木山山頂の御室の岩木正観世音菩薩と下居宮の神体は仏像なので取り除き、百沢寺に預け、神体を新たに勧請することが命じられています。ついで、大堂の阿

弥陀如来・薬師如来・観音菩薩と四天王像と山門本尊の十一面観世音菩薩と五百羅漢は取り除き、百沢寺へ移し、今後、下居宮は本殿、大堂は拝殿、山門は楼門と唱える事になりました。元下居宮神主安倍貞世が岩木山神社の神主となり、弘前八幡宮などと同様、下社家二名（配下の神主・祢宜など）が附属する組織に変わりました。山頂に安置する神体は、東京に注文し、明治４年（1871）７月には、銃卒（じゅうそつ）４名の護衛のもとに登山鎮座し、遷座式を行っています。これは、恐らく８月１日の八朔のお山参詣が迫っていたためで、関所の撤廃に伴い、諸国からの参詣者が増加し、登山した参詣者が頂上のご神体を参拝するため、津軽地方の総鎮守としての岩木山神社の神仏分離が急がれたためと思われます。なお、脇坊の十坊の僧侶は、最初は法光坊・山本坊・南泉坊の３人だけが還俗し一般人になりましたが、結局最終的には10人全員が還俗し、一般人となっています。百沢寺に預けられた山頂御室の仏体は、一旦弘前藩の宝蔵に納められましたが、現在は浄土宗の専称院（せんしょういん）（現南津軽郡大鰐町（おおわに）大鰐）に安置されているようです。前にも書きましたが、大堂の阿弥陀如来・薬師如来・観音菩薩と山門の五百羅漢（130体ほど）は長勝寺の蒼龍窟に安置されています。

　さて、このようなめまぐるしい神仏分離政策の成果を確認するためか、明治５年（1872）になると、青森県では３月20日から役人を派遣して、神社及び神体改めの巡回を行っています。この神社改めは、廃合が命じられたにもかかわらず建物の残っている堂社、神仏混淆の残っている堂社を取り締まるものだったようです。翌６年（1873）３月付けで、従来の神職はすべて旧神官としての社務取扱を免じられます。つまり首になったのです。４月になると、祠官（しかん）・祠掌（ししょう）・准祠掌（じゅんししょう）が新しく任命されていきます。なお、元神職で神官に新たに任命された者は、今まで奉仕してきた神社とは違うところに配置されることが多かったとのことです。ちなみに、別当廃止となった岩木山で、下居宮神主の安倍貞世は、国幣小社となった岩木山神社に宮司として残ることは出来なかったのです。かくて、広く四民（華族（かぞく）・士族（しぞく）・卒族（そつぞく）・平民（へいみん））から神官が新しく補任されることになって行きます。そのため、神官の在地的性格は失われていきます。神社は一小区に郷社（ごうしゃ）一社と村社（そんしゃ）五、六社を残して合祀（ごうし）され、神社数は減少していきますが、この政策は民衆の受け入れるところにはならず、抵抗を受けます。明治７年（1874）９月以降、教部省（きょうぶしょう）の布達によって復社がなされ、前年４月以降に合祀された神社については、ほとんどが復社されていきます。青森県では岩木山神社を中心として、県社・郷社・村社・無格社の体系が作られていきますが、この体系作りの中でも神社は減少します。明治８年（1875）以降、廃合の神社の中には復社するもの出てきますが、それは神仏分離をくぐり抜けた神社であって、近世、江戸時代の神社そのものが残ったわけではないのです。その意味で、近世の神社と近代の神社は断絶しているのです。岩木大明神としての下居宮と、現在の岩木山神社は同じものではないということになるのです。

むすびにかえて
　以上、岩木山神社の歴史について下居宮・百沢寺と岩木山神社をキーワードに概観をしてみました。近世、江戸時代以前についての岩木山神社の事については詳しい事は解りません。ただ、堂社が存在をしたことだけは確かなようです。明治18年（1885）に当時の宮司長利仲聴（おさりなかあきら）が書き留めた「岩木山神社へ御奉納物品調」（２冊あり）によると、神仏分離の影響からか、「古面」７面のみが、由緒・奉納年代が不詳の古い奉納品として記載されているだけです。

県重宝に指定されている「釣燈籠」は、「真鍮六角形釣燈籠」2個と記載され、元禄7年（1694）4代藩主信政の奉納品として扱われています。その他の奉納品はすべて江戸時代以降のもので、古い由緒を伝える奉納品が少ないことも、江戸時代以前の伝承が上手く伝わらない事になったのかもしれません（写真6）。

江戸時代になると弘前藩が再建・維持・修理に力を注ぎます。現在、この時代に建造された岩木山神社の社殿は国の重要文化財に指定されています。しかし、現在と大きく違う点は、楼門・拝殿・本殿の神社としての建物は、江戸時代は山門・大堂・下居宮としての神社の部分、現在社務所として使われている建物は、江戸時代は下居宮の事務を担当する真言宗百沢寺の書院部分であり、奥には本堂の建物があったということです。そして、百沢寺が力を持っていたという事です。このお寺の禄は400石で、脇坊などの分を合わせると600石近い石高を持っていました。弘前藩では最高の寺禄を誇っていたのです。藩士でも500石をこえる藩士はそうはいませんでした。又、尤も違うところは、現在の大鳥居から楼門にいたる間に、脇坊が十坊あり、下居宮と守山宮の神主の屋敷があったということです。土塁が昔の面影をわずかに残していますが、景観はかなり違っていました。

現在も、毎年旧暦の8月1日にはお山参詣が行われ、多くの参拝者が訪れる岩木山神社ですが、江戸時代と、明治時代の間には大きな変化があったということを知っていただけたら幸いです。

写真6　「岩木山神社へ御奉納物品調」の最初の「古面」記載の部分
（弘前市立弘前図書館・津軽家文書蔵）

【参考史・資料、参考文献】
1)「奥民図彙」（青森県立図書館郷土双書五）青森県立図書館刊・昭和48年
2) 弘前市教育委員会（2010）：『弘前の文化財』
3)「岩木山百沢寺光明院」（弘前市立弘前図書館・岩見文庫蔵）元禄14年（1701）
4) 岩手県文化振興事業団（1987）：『天台寺』
5) 平凡社（1982）：『青森県の地名』
6) 平凡社（1990）：『岩手県の地名』
7) 岩木町（1972）：『岩木町誌』
8) ㈶文化財建造物保存技術協会編（1978）：『重要文化財　岩木山神社本殿外四棟修理工事報告書』岩木山神社本殿外四棟修理委員会
9)「岩木山を科学する」刊行会（2014）：『岩木山を科学する』北方新社
10)「岩木山神社境之図」（弘前市立弘前図書館・津軽家文書蔵）
11)「百沢御宮廻之図」（弘前市立弘前図書館・津軽家文書蔵）
12)「［百沢寺］御願意趣」（弘前市立弘前図書館・津軽家文書蔵）寛永6年（1629）
13)「百沢寺掟」（弘前市立弘前図書館・津軽家文書蔵）寛永6年（1629）
14) 青森県文化財保護協会編（1982）：みちのく叢書第4・5巻）『津軽歴代記類　上・下』国書刊行会
15)「百沢寺再建一件下書」（弘前市立弘前図書館・津軽古書保存会文庫蔵）弘化4年（1847）
16) 田中秀和（1997）：『幕末明治維新期における宗教と地域社会』清文堂
17)「社寺禄社家禄取調帳」（国文学研究資料館・陸奥国弘前津軽家文書蔵）明治4年（1871）

高照神社をめぐって

瀧本　壽史

　高照神社は弘前藩4代藩主津軽信政を祀り、弘前藩において岩木山神社とともに、厚く信仰されてきた神社です。信政が没した宝永7年（1710）の翌正徳元年から2年にかけて、5代信寿が遺命によって建立しました。明治10年（1877）には、藩祖為信を合祀しています。また、信政の遺品をはじめ、歴代藩主や家臣からの奉納品が数多く収蔵されています。

　平成18年（2006）2月、平成の市町村合併によって、高照神社の所在する岩木町は弘前市に合併となりました。この合併を目前にした平成17年10月2日、つがる衆立大学公開講座「津軽の地域資源を考えるフォーラム」の一環として「高照神社の宝物を後世へどう伝えていくか～市町村合併を前にその歴史的価値を再評価する～」をテーマとしたフォーラムが弘前市民会館において開催されました。

　筆者は、このフォーラムにパネラーとして参加させていただき、高照神社解説員の小嶋義憲氏の基調講演「高照神社の宝物の歴史的な価値について」を踏まえながら、高照神社の歴史的役割、高照神社に収蔵されている宝物・資料の歴史的・文化財的価値、これらを守り伝えてきた高岡集落と氏子の役割、合併によって失われるもの、これからの維持保存の主体者や収蔵庫・博物館問題、等について意見を述べさせていただきました。他のパネラーに、高照神社・黒石神社宮司の津軽承公氏、高照神社氏子総代の福士謙一氏がおり、それぞれの立場から発展的なご発言がありました[1]。

　合併から10年が経ちますが、いまだこの問題は前向きに取り組まれてはいるものの、関係者の努力にも関わらず、多くの課題を抱えている状況にあります。

　本稿は、高照神社に関する事項を概略的に述べる中で、再度高照神社の歴史的、今日的価値を様々な面から確認し、このことによって、10年前のフォーラムで課題とした「後世へどう伝えていくか」という現在の我々の責務をも再確認できればと考えています。

1．津軽信政と吉川神道

　高照神社が祀る弘前藩4代藩主信政は、治世50年におよび、弘前藩「中興の祖」として後世賞賛され、藩政を確立した人物です。正保3年（1646）、3代藩主信義の嫡子として弘前城で誕生しました。明暦元年（1655）に父信義が死去し、翌2年2月に幕府から跡目相続を許されています。万治元年（1658）に従五位下・越中守に叙任され、寛文元年（1661）に津軽に初入部しました。宝永7年（1710）

写真1　信政着用黒小實勝色威甲冑
（県重宝）

に弘前城で死去、65歳でした。院号は妙心院。若くして山鹿素行に学び、後には吉川神道の吉川惟足（1616〜94）に師事することになります。

信政が入門した吉川神道は吉川惟足によって唱えられた儒家神道です。江戸生まれの惟足は京都に出て吉田神道（唯一神道）の奥義を伝授され、江戸に帰ったのち吉田神道唯一の継承者として神道を講義し、さらに新流派の吉川神道を創始しました。惟足は、天下を治める神道として神儒一致の立場に立ち、君臣の道として「神籬磐境の伝」をたてて、君臣の義、知足安分、正直などの封建的徳目を強調したことから、幕府や諸大名の信任を得、天和2年（1682）には幕府神道方となりました。惟足の教えを聞いた大名には、紀州藩主徳川頼宣をはじめとして、奥州会津藩主保科正之、芸州三次藩主浅野長治、相州小田原藩主稲葉正則、そして津軽信政らが知られています。これら諸大名は藩内に広める努力をしたことから、次第に民間にも広まっていくようになりました。

信政は寛文11年（1671）26歳の時、吉川惟足に入門します。既に会津藩主保科正之は入門を果たしていましたが、信政が入門したのは保科正之が死去する前年でした。惟足は、元禄7年（1694）、信政49歳の時に没しましたが、生前の元禄6年一事重位（重い位のことで一事から順に高い位となる）を受け、その後は吉川家第2代吉川従長に学んで、元禄8年、50歳の時「高照霊社」の霊社号（神道において生前に授ける諡の下に添える語）を受け、同12年に二事重位、宝永元年（1704）59歳にして三事重位を受けるまでに進み、同7年には四重奥秘の神籬磐境之大事を授けられました。神道上の地位は保科正之に次いで2人目の四重奥秘許受者とされています。

信政の治国の規範について『津軽歴代記類 上』2) 宝永2年条に、「政事の扱ひハ、儒と神道の両道に依れり。是信政公、治国の規範の依る処なり。」とあり、弘前藩においては神道が儒学とともに政事に深く関与していたことが知られます。神道は単に学問上のことではなかったわけです。

その後の歴代藩主の中では10代信順が吉川家に入門しており、藩士の中にも入門者があって道統を継承しました。5代信寿も吉川惟足の門人になったとされています。会津藩のように歴代藩主が神式をもって祀られることはなかったものの、高照神社の吉川神道による祭祀は継続され、明治に至っています。

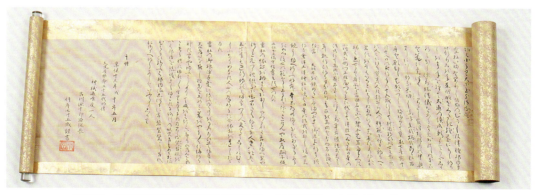

写真2　陸奥国津軽高岡高照霊社御縁起　吉川従長筆　享保13年5月 (34.8×368.0)

2．斎藤規房について

　弘前藩における吉川神道の興隆については、高照神社の祭司も勤めた斎藤規房（明和6年～天保10年＜1769～1839＞）をあげる必要があります。斎藤規房の全国的な評価は弘前藩の吉川神道、さらには高照神社の評価にもつながるからです。

（1）斎藤規房の経歴等

　斎藤規房は、4代信政に諸礼師範として召し抱えられた斎藤規隆の4代目。3代規敦の子として、明和6年、弘前城下に生まれました。また通称を鑛右衛門といい、のちに八郎左右衛門と改めています。

　若年より弘前藩の吉川家門人の後藤理右衛門につき、吉川神道ならびに和学を学び、寛政2年（1790）からは直接江戸に出て吉川家に入門し、同7年まで5年間就学しました。当時、規房は父とともに藩籍を放たれ浪人していたことから（天明9年・1789以降）、その就学は苦しいものであったことが推察されます。寛政7年10月、帰藩した規房は毛内宜応宅で菅江真澄と会っています（後述）。その後、こうした修養が認められ、文化6年（1809）再び弘前藩に抱えられることとなり、同10年10月には国学師範を命ぜられました。

　文政5年（1822）4月、重病に陥った吉川家5代吉川従方から弘前藩に提出された規房借り受けの要請に応じて、再度江戸の吉川家に詰め、従方の嫡男の教育を担当するとともに、吉川家に下命された幕府の御用や諸藩からの取り調べ依頼、また、従方の代講を勤めるなどをしました。規房に対する吉川家の信頼が厚く、当時の門人中第一等の学力と識見を有していたことを示しています。

　同8年8月、吉川家を辞して帰藩し、翌年11月藩学問所和学方御用掛に任ぜられ、同12年10月には4代藩主信政を祀る高照神社の祭司手代を兼ね、同13年2月からは高照神社祭司を命ぜられました。天保4年（1833）12月以降、上士格の待遇を受けるに至り、高岡祭司・学問所御用掛・神学師範方等を勤めましたが、同10年1月19日71歳で没しました。「正建霊社」の霊社号を受け、弘前城下西茂森町の耕春院に神葬されました。

　弘前藩の神道・国学・和歌、さらには高照神社の運営に関して深く関わった人物であり、吉川神道に関しては、当時、幕府はもちろん、諸藩においても全国的に知られた人物でした。高照神社の存続においては、吉川神道との関わり、特に祭司役斎藤規房の存在が大きかったと言えます[3]。

（2）斎藤規房と菅江真澄・毛内宜応　～水木村（現藤崎町水木）での出会い～

　寛政7年（1795）10月23日、菅江真澄（1754～1829）は水木村の毛内宜応宅を訪れました。菅江真澄は江戸後期の旅行家・民俗学者。国学・和歌に秀で各地を遊歴した人物で、青森県域にも長く滞在して多くの紀行文を残しました。毛内宜応（有右衛門茂粛　1736～1804）は天明4年（1784）、8代藩主信明に「存寄書」を提出し藩士土着策を建言した人物です。長子の茂幹（？～1837）は9代寧親の時に用人となりますが、和漢の学問に通じ、特に絵画に長じ（号は雲林）、江戸勤番の際は谷文晁などとも親交があり、津軽に南画を伝えた人としても知られています。また、宜応の父、茂巧（1718～72）は弘前藩宝暦改革期に乳井貢とともに用人として藩政を担った人物であり、この毛内家3代は弘前藩の中期から後期にかけ

ての政治や文化を語る上で欠くことのできない人物となっています。

さて、隠居していた毛内宜応の所に菅江真澄が訪ねたところ、斎藤規房がやってきていました。そのときの様子を菅江真澄は次のように記しています[4]。

> 斎藤規房という人が、おなじ家にきていた。『日本書紀』の神代の巻の研究にふかい志があり、年来、江戸に勉強にいっていたと、まえからその名を聞いていた人である。めぐりあいたいと望んでいたところだったので、うれしく語りあった。

菅江真澄は、吉川神道を宗家の吉川源十郎に学んだ神道・国学の秀才で『日本書紀』の研究もしている斎藤規房の名前を以前から聞きおよんでいたらしく、是非会いたいと思っていたようであり、同じく、国学・和歌にも造詣の深い毛内宜応と3人で語り合ったことが知られます。当時、宜応は59歳、真澄は41歳、規房は26歳。規房を語る上での貴重なエピソードだと言えます。

(3) 斎藤規房関係資料

斎藤規房はこのように、江戸後期において吉川神道第一人者として幕府・諸藩から大きく評価された人物であり、弘前藩においてもその高い見識から、高照神社や学問所の仕事に関わっていました。しかし、これまで、史料不足から規房についてはあまり知られることはありませんでしたが、平成16年に開始された『岩木町史』[5]の編さん過程において多くの資料が新たに収集され、現在弘前市役所岩木庁舎に保管されています。

多くの資料の中でも、とくに文化6年（1809）から天保5年（1834）までの25年間の規房自筆の日誌である「勤仕留」10冊は貴重です。この時期の弘前藩の主な政治状況（蝦夷地警備・殖産興業・領内開発・天保飢饉等）や藩主の動向、寺社政策などが高照神社祭司役の関わりから記載されています。高照神社の年間の動きを知ることのできる資料も本資料が初めてです。弘前藩政史研究、高照神社研究、岩木地区研究にとって欠くことのできないものであり、さらに、この時期の江戸の吉川家とのやりとりも随所に見られ、吉川神道研究においても貴重なものと言えます。今後、活用できるようになる体制が待たれます。

3．高照神社の創建と推移

「高照霊社」の神号を授けられた津軽信政は、生前に春日四神（津軽氏が名乗った藤原氏の氏神）を祀る小社のあったとされる高岡（現弘前市高岡）の地を葬地と定め、そこに自分の廟所の建立を遺言。5代信寿は遺命によって高照霊社を建立しました。社名は神号に因んでいます。以下、「神社創設ノ由来」[6]によって、宝永7年の信政の死去から明治13年（1880）の県社昇格までの推移について概観することにします。

(1)「神社創設の由来」

> 宝永七年十月、弘前城主津軽信政公弘前城ニ逝去セラルヽヤ、其子土佐守信寿公、其遺志ニ基ツキ、同年十二月当地へ神葬、正徳二年当社建設、其ノ英霊ヲ鎮祀セラシ（ママ）、以来、始終惟一神道ノ式典ニ依リ、祭事ヲ行へリ、
> 　　　　（中略）
> 明治四年（1871）廃藩置県ノ制ヲ布カルヽニ至ル迄、旧藩主津軽家ノ代々宗廟トシテ直

祭崇敬セラルヽ処ニシテ、毎年正月御太刀御馬代ヲ奉納セラレ、常ニ神馬ヲ飼養シ大祭ニハ祓ヲ誦シ、奉幣鳴弦神楽ヲ奏シ、神馬牽入等ヲ行ハレ、親シク礼拝セラル、
　　　　　（中略）
享保十三年（1728）、信寿公広大ナル社地境内ヲ定メ、霊地トシテ乞食非人ノ徒入ルヲ厳禁セラレ、同十五年ニハ神領トシテ良田美地参百石ヲ寄附セラル、其ノ収納ハ年々金ニ換へ、城中御金蔵ニ納メ、高岡御用金トシテ神社経営ノ他ニ使用セラルコトナシ、若シ他ニ使用セラルヽコトアレバ、御借用金トシテ他日返還補充セラルヽヲ常トス、爾来代々ノ藩主其志シヲ継キテ廃セザリシカ、宝暦年間（1751〜63）ニ至リ、乳井貢藩政ニ関与セルヤ、一時紊乱ヲ来セシコトアルモ、数年ナラズシテ旧ニ復スルヲ得タリ、
　　　　　（中略）
越中守津軽寧親公、文化七年随神御門ヲ建設セラレ、同十年御廟所御門ヲ建設セラレテヨリ、愈設備完成スルニ至リヌ、此他婁々修繕ヲ加フル等、神威発揚ヲシテ遺憾ナカラシムト共ニ、一方資金ノ充実ヲ計リ、毎年蓄積シテ明治時代ニ至ルマテ代々藩主其ノ志ヲ継キ、永続シテ絶ユルコトナク巨額ノ資金倉庫ニ充テリト聞ケトモ、今ヤ其支途ヲ審カニセス、明治三年神領廃止セラレ、倉稟米百表ヲ給セラレ、尋テ止メラル、是レヨリ神社経営漸次困難陥レリ、同四年春日神社合祀セラレ、同六年ニハ草創以来殆ント二百年社地境内トシテ荘厳ヲ保チ来リシ数十町歩ニ森林モ亦縮少セラレテ、僅カニ現在境内地一町九反壱畝歩ヲ残スノ悲況ニ陥リ、（中略）、同年社格ヲ定メ郷社ニ列セラレ、附近村々ノ産土数神社合祀シ、共同其経営ニ当ルコトヽナリタレト、旧慣容易ニ脱スル能ハズ、出資乏シク宏大ナル社殿建築物ヲ有スル当社到底其維持ニ堪ヘズ、僅カニ旧縁ニ依リ伯爵津軽家ニ頼リテ修繕ノ資ヲ請ヒ、祭典費ノ補助ヲ受クルト雖モ、次第ニ荒廃ニ帰シ、祭儀亦旧ノ如クナラズ、同十年藩祖為信公ノ神霊ヲ合祀セラレテ、伯爵津軽家トノ縁故ヲ深甚ナラシムルト共ニ、神社ノ威徳愈々顕ハル、同十三年県社ニ昇格セラル、

　なお、前掲『津軽歴代記類　上』によれば、宝永7年11月4日、吉川神道の方式によって現在地に埋葬され、翌正徳元年、5代信寿は遺命によって高照霊社の建立に取りかかり、同年5月27日から地割りを開始、同年11月24日に「御廟惣御出来」となったとありますが、「神社創設ノ由来」では高岡への神葬は宝永7年12月、完成は正徳2年となっており、違いが見られます。

(2) 信政の神格化

　近世大名で神として神社に祀られた例は、豊臣秀吉、徳川家康に続いては保科正之の土津神社があります。信政を祀る高照神社は、実在の人物を神として祀る例としては保科正之につぐものです。神葬祭の許可、神社新造営の許可を幕府からどのように得たのかは不明ですが、正之の土津神社が前例になったことは間違いなく、やはり、信政が正之に並ぶ神道上の地位にあったことが考慮されたと考えられます。生前に自らの葬地を定め、神号を得て、神式で埋葬することを遺言したことも共通しています。また、高岡にはすでに春日四神があったといい、そこに信政を合祀するかたちをとって神社の創設にあたらないように配慮しているのも、土津神社が磐椅神社の末社として創設され、神社の新設ではないとしたことに類似

しています。ただし、正之の葬儀は吉川惟足の尽力で全く仏教色を排したものでしたが、信政の葬儀は弘前城下の菩提寺、天台宗報恩寺で営まれ、神道による祭儀で高岡に埋葬されたように、神葬式一色ではありませんでした[7]。

信政を神として祀る高照神社は5代信寿によって整備されていきますが、高照神社には社領として300石を与え、神官としての役目を果たす祭司役を置き、また社人・社守・掃除掛等を任命して、藩が維持・運営する神社としての体制をつくっています。そしてその維持のために、後述するような掃除小人（こびと）によって構成

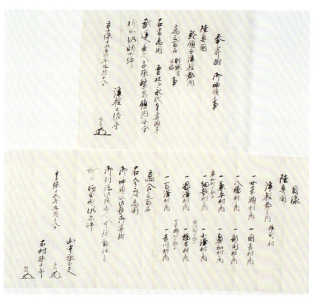

写真3　津軽信寿寄附状・高岡御神領目録　享保15年9月18日

される高岡集落をも配置しています。このような体制を取ること自体、弘前藩においては例がなく、したがって特別な神社であったわけです。それは、弘前藩の精神的な支柱として信政がとらえられていたためであり、一時期、弘前藩宝暦改革を指導した乳井貢によって地位の低下を招いたこともありましたが、歴代藩主が信政の神格化の推進を継続的に行ってきたことによって、次第に確固としたものになっていきました。

なかでも、9代藩主寧親（たかちか）は積極的に高照神社の整備を進め、信政の神格化を図りました。「神社創設ノ由来」では、文化7年に随神門、同10年に御廟所御門を建立したほか、種々修繕を加え、「神威発揚」を図ったとしています。この寧親の治世においては、藩士土着政策を中心とした弘前藩寛政改革が断行され、また文化5年に10万石への高直りがあり、同8年には弘前城天守が再建されています。これらの背景には、ロシアの南下政策による蝦夷（えぞ）地への来航に関わっての蝦夷地警備・出兵があったことが指摘されています。とくに文化4年のロシア船による択捉島襲撃事件（文化露寇（ぶんかろこう）事件）では、日露間の緊張関係がピークに達しており、蝦夷地警備のなかで、藩体制の維持・強化のための精神的支柱としての役割が、この時期強く高照神社に求められていたのでした。「神威発揚」はきわめて意図的な政策であったと考えられます[8]。

高照神社がこの「神威発揚」に重要な役割を担わされた背景について、長谷川成一氏は、信政が成就できなかった3つの悲願との関わりについて指摘しています[9]。悲願は天守再建、正統な藩史の編さん、そして領知（りょうち）高の増の3つ。5代信寿は信政の遺志を継ぎ、天守再建と高増し願いを幕府に提出しましたが不許可。9代寧親によって実現されることとなります。藩史の編さんは享保（きょうほう）16年、弘前藩最初の官撰史書（かんせんししょ）「津軽一統志（つがるいっとうし）」[10] 全10巻として完成しました。第10巻は信政の藩主就任から始まり、その大半が寛文9年（1669）の「松前蝦夷蜂起」いわゆるシャクシャインの戦いの記述となっています。つまり、藩政が確立した信政の時期に、幕藩制国家において最大の存在意義を示したのが寛文蝦夷蜂起による蝦夷地出兵であり、

写真4　信政公葬送図絵巻
(今井玉慶筆　紙本著色　27.2×1052.0)

「北狄の押(ほくてきのおさえ)」という弘前藩の役割を後世の規範として歴史に刻み込んだわけです。このことが「津軽一統志」編さんの最大の目的でした。対外危機に直面した9代寧親は、蝦夷地警備を契機として、「北狄の押」の精神的支柱を高照霊社＝信政の威光にあらためて求め、また、5代信寿が成就できなかった2つ悲願も達成したのでした。信政のさらなる一層の神格化は、寧親にとって藩政遂行上不可欠な政策だったのです。

　このことに関わって、蝦夷地警備も含め、高照神社の機能を見る上で重要な史料に「御告書付(おつげのかきつけ)」がありますが、これについては次項でまとめて述べることにします。

(3)「高照」と「高岡」

　高照霊社は一般的には「高岡様」として尊崇されています。また、藩の各種文書にも「高岡」が用いられ、「高照」ではありません[11]。信政の神号「高照霊社」への畏敬の念から、「高照」を直接使うことを避けたものと考えられます。また、信政の墓は、「弘前城主越中守藤原信政墓」の墓石（拝墓）と「高照霊社」の霊社号碑（本墓）の2墓からなっており、その石柱には、当初「高照霊社」と刻まれていましたが、現在「照」の字は削られ「岡」の字を彫った石が埋め込まれています。これは、明治初年の神仏分離を受け、明治6年（1873）に、自主的に天照大神に遠慮して「照」を「岡」に変えたのだとされています。

　周知のように「高岡」は弘前の古名です。『奥富士物語　巻一』[12]によれば、高照霊社が建立され、霊位を遷座した直後の正徳2年7月26日に、ここを「高岡」と言うように仰せ出されたとあります。信政を祀るにあたって由緒ある地名を冠したものと考えられます。「高岡」は信政をはじめ、代々の藩主を尊崇する意味合いを強く含んだ地名であったのであり、そこには、「高岡」に対する藩主家の強い思い入れと、政策意図が強く感じられます。ただし、寛政8年（1796）3月1日に高照霊社を訪れた菅江真澄は『津可呂の奥(つがろのおく)』[13]に「村はしより北なる小路をゆきて高照霊社に詣(もうで)ぬ」と記し、また、その天註に「高照霊社の世におまします頃は」と記しているように、本来的には「高照霊社」は信政と社殿が一体化したもので

あったと言えるのではないでしょうか。

4．弘前藩政の中の高照神社 —「御告書付」—

「御告書付(おつげのかきつけ)」は藩が使者をもって高照神社に報告した内容を記した一紙文書群であり、享和(きょうわ)元年（1801）から大正8年（1919）まで253件257通が高照神社に所蔵されています[前掲11]。高照神社への報告は4代藩主信政への報告であり、藩の重要事を信政に報告するという形式を取ることで、藩政の内憂外患(ないゆうがいかん)への対応、時期的には特に蝦夷地警備をはじめとする対外危機への対応が中心ですが、藩国家としてのまとまりを形成するための重要な神社として位置づけられていたことになります。9代寧親の時から本格化しており、前項で触れた「信政の神格化」との関わりを強く見出すことができます。多くの高照神社所蔵資料の中でも重要な位置を占め、高照神社の性格を特徴づける「御告書付」を考察することで、高照神社の藩政上の意義、ひいては弘前藩宗教政策の一端を確認したいと思います[14]。

(1) 内容分類

前掲「神社創設ノ由来」によれば次の事項について「御告御用」がなされることになっています。

　　左ノ事項ハ其ノ時々ヲシテ神前ニ報告セシムルヲ例トセリ、
　　一、御即位・崩御・改元、
　　一、公方様相続・将軍宣下・御他界・若君御誕生・御任官、
　　　　右ノ外、重キ御触レノ事、
　　一、御巡見使御領内御巡見、
　　一、当神社ニ関スル凡テノ出来事、
　　一、藩主一家ノ事ニ関スル吉凶禍福、一切ノ出来事、
　　一、其他京都・江戸・藩内等ニ関スル重ナル出来事等、

以上の6つに分類されています。これを「御告書付」253件についてさらに細かく分類すると次の14項目に分けることができます。（　）内は御告回数ですが、同じ書付に複数の内容が含まれているものもあることから、延べ278回となります。

　1）天皇家即位・崩御・改元（11回）　2）天皇家拝領品・献上品・天機伺(てんきうかがい)（4回）
　3）幕府拝領品・献上品（29回）　　　4）将軍家の吉凶禍福（8回）
　5）高照神社関係（4回）　　　　　　6）藩主家の吉凶禍福（87回）
　7）参勤交代(さんきんこうたい)（62回）　8）蝦夷地警備（14回）
　9）江戸・京都屋敷（16回）　　　　10）普請(ふしん)（2回）
　11）京都警衛（8回）　　　　　　　12）江戸警衛（5回）
　13）戊辰(ぼしん)戦争（15回）　　　14）明治政府よりの指示など（13回）

1）～2）が天皇家（5％）、3）～4）が将軍家（13％）、5）が高照神社（1％）、6）～7）が藩主家（54％）、8）～14）が藩重要事項（26％）という内容です。

これらから導かれる基本的事項は次の通りです。
①藩主の動向の報告が基本にある。
②江戸での出来事の報告が多い。

③幕府や他藩など外部との交渉が生じるとき（北方問題の発生と対応、幕末期の動向、対幕府・朝廷関係等）に行われることが大半であり、藩独自の出来事についてはほとんどない。
　④参勤交代（名代下向）と蝦夷地警備の組み合わせが多い。
　⑤巡見使(じゅんけんし)については見当たらない。
　⑥高照神社関係の御告は少ない。
　結局のところ、御告の内容は藩によって決定されるものであり、御告先としての高照神社の機能を読み取ることができます。なお、廃藩後はほとんど津軽家の動向（叙位・移動・冠婚葬祭）に限られてきますが、これは伯爵(はくしゃく)津軽家との縁故とともに、同家からの経済的援助によって維持されていたからと考えられます。

（2）御告御用の回数と年代

　弘前市立図書館蔵の津軽家文書「弘前藩庁日記」のうちの「国日記」にも、高照神社への御告御用についての記載が多く見られます。この「国日記」の記載と併せて見ていきましょう。

　高照神社に残る最も古い「御告書付」は享和元年10月3日のものであり、最も新しいものは大正8年4月5日のものです。年代を特定できないものが14通ありますが、いずれも江戸期のものであることから、享和〜慶応までの67年間で195通、明治〜大正期が62通となっています。

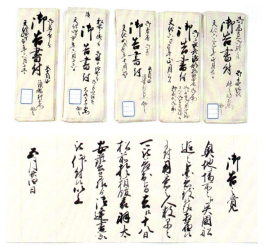

写真5　御告書付　文化4年他
（文化4年〜7年　各約36.3×50.0）

　一方「国日記」によれば、高照神社創建時の正徳2年5月3日が最初。その後、宝暦5年に1度、寛政元年に3度あるだけで、享和2年10月15日に至ります。この享和年間以降、「国日記」の記述が終わる慶応年間までの67年間で428回確認されます。その頻度は1〜2ヶ月に1回程度、時期的には北方問題発生時と幕末の混乱期に多く見られます。

　ところで、実際に「御告御用」が行われていた期間ですが、現在確認できるのが正徳2年から大正8年となっています。始まりについては、正徳2年が高照神社創建直後であること、内容的には信政の跡を継いだ5代信寿が朱印状(しゅいんじょう)を幕府から下付されたものであることから、その開始をこの時点に求めても差し支えないと思われます。終わりについては、今後大正8年以降の「御告書付」が新たに発見されることで変わりますが、この時の内容は、弘前藩最後の藩主、12代承昭(つぐあきら)の嗣子英麿(ししひでまろ)の死去を報告したものであることから、現段階ではこの時点が最後と考えてもいいのではないかと思われます。

　以上から、「御告御用」が継続的に実施されてくる本格化は享和年間（1801〜03）以降ですが、実施期間としては正徳2年から大正8年までであり、それは4代信政没後の高照神社創建時から、12代承昭の嗣子英麿の没年までの期間であったと考えられます。このことは「御告御

用」の内容が藩主家の動向を基本としていたことを象徴的に示しているのであり、弘前藩政における高照神社の持った意義をも示しているものと考えられます。

　（3）御告先について
　ところで、「御告御用」は高照神社のみで行われるものではありませんでした。「国日記」によれば、そこには長勝寺・報恩寺・革秀寺・津梁院の寺院名が確認されます。いずれも藩主家の津軽家と関わりの深い寺院ばかりです。
　高照神社を含めて、これらへの「御告御用」の回数や年代について見てみると、次の各点を確認することができます。
　１）寛政年間（1789～1800）までの「御告御用」は高照神社においてのみである。
　２）享和年間（1801～03）以降、御告先に長勝寺が加わり、以後長勝寺と高照神社への「御告御用」が基本となる。
　３）報恩寺と革秀寺については単独の「御告御用」は見られず、また回数も極めて少ない。
　４）津梁院については、すべて単独の「御告御用」である。また、文化６年（1809）以降継続性が見られる。

　つまり「御告御用」は高照神社と長勝寺において基本的になされていたわけです。長勝寺は周知のように、藩祖為信によって津軽家の菩提寺および領内曹洞宗の僧録所と定められたことで知られ、津軽氏の始祖に直接つながっている寺です。つまり「御告」自体は、藩主が祖先に対して行うことが本筋なのであり、寺院における長勝寺、神社における高照神社がその任を担っていたのでした。このことからも、藩政における高照神社の位置づけの大きさを窺うことができます。
　以上「御告書付」によって、高照神社の働き、そして９代寧親の政策意図を見てきたわけですが、御告御用と類似したものに、藩当局が体制的危機を回避する願望を込めて命じたものに祈祷があります。弘前八幡宮の祈祷内容と回数の分析[15]によっても、ここで指摘した蝦夷地警備との関わりが確認でき、寧親の治世を特徴づけています。

５．高照神社の祭礼と行事
　高照神社における祭礼行事については、前述の斎藤規房が文政13年（天保元年・1830）に認めた『高岡祭司役勤書』（弘前市役所岩木庁舎）によって、ある程度知ることができます。これによれば高照神社で行う祭礼行事の基本は「年中扱方之覚」「五節句勤方之事」「七月御祭礼之事」「十月十八日御正忌祭之式之事」であり、その手順が示されています。
　「年中扱方之覚」は年始、７月は20日・21日の祭礼、10月18日は信政の命日に関する祭礼行事です。祭礼日が何故７月20日・21日であるかについては明確に出来ませんが、『岩木町誌』[16]所収の明治28年７月神社調書の「由緒」によれば、死去した信政を埋葬した後「霊代ヲ正徳二年七月相殿ニ祭祀セリ」とあり、また、「高岡御遷宮ニ付絵図窺書」（高照神社蔵）には、「正徳二壬辰年七月廿一日就御遷宮、同月廿二日、同廿三日御家中拝礼ニ付御役人列座并御番人詰所之図」とあることからも、完成した廟所に信政の慰霊を遷座したのが７月21日であるとすることができます。この点からすれば、高照霊社の内実を伴った完成を正徳２年としても良いのかも知れません。ただし、『津軽歴代記類　下』[17]では、万延元年（1860）の信政

の151年忌の大祭は8月20日であり7月ではありません。この点については今後も留意していく必要があります。

『高岡祭司役勤書』は、あまり知られていない史料ですが、高照神社の祭礼行事を知る基本史料であり、今後の活用が期待されます。

6．高岡集落
(1) 門前集落

　高照神社の門前集落である高岡集落は、元は葛原村であったものが百沢村に編入され、さらに前述したように、「奥富士物語」によれば、高照霊社が建立された直後の正徳2年に、ここを「高岡」と言うように仰せ出されたとされています。

　前述の「神社創設ノ由来」によれば、享保13年（1728）5代信寿は「広大ナル社地境内ヲ定メ、霊地トシテ乞食非人ノ徒入ルヲ厳禁セラレ、同十五年ニハ神領トシテ良田美地参百石ヲ寄附セラル」とあります。藩が全面的に支援する体制が整ったわけですが、「高岡御掃除小人小頭并小人屋敷割覚」[18]によれば、これに先立って、享保6年6月29日、高岡祭司役の山野十右衛門らが、大工小頭の清五郎を同道し、掃除小頭葛西六十郎と、掃除小人8人（清八・五郎助・三九郎・作十郎・元右衛門・孫七・長十郎・久四郎）の、都合9軒の屋敷割を行っています。いずれも、表口7間裏行30間の同じ間口でした。屋敷割の後、家作が始められましたが、これも屋敷同様、9軒とも同じ大きさであり、表口2間裏行5間の10坪でした。内部も同じであり、10坪の内4坪を板敷とし、戸は1枚、障子は1枚とされています。同年9月12日に完成し、同28日に引越が完了。翌7年5月、それぞれに畑地が下し置かれました。屋敷から96間以上離れたところに各300坪（1反）、屋敷続きに56坪（7間×8間）、計356坪の畑地でした。年貢は10年間の鍬下年期（年貢・諸役免除）とし、それ以後は代官取扱いとされています。つまり、一般の村ではなく、藩が直接支配する、庄屋もなければ五人組もない集落でした。境内において田畑の開発も行いましたが、特に重立とされる富裕な家はなく、同規模の家々でした。

　高岡はこのように、村ではなく、「御門前住居之者共」[19]という把握のされ方をしていますが、百沢村の枝村としてとらえられることもあり、明治初年の『新撰陸奥国誌2』[20]には枝村として高岡を上げ、「本村の東北の方七丁にあり。家数二十軒。田畑非薄にして作得少く、常に食に乏く、薪炭山業を以て産とす。」とあります。藩から給禄を受け、神社の維持管理や祭礼時には重要な役割を担いながらも、日常的には一般百姓と変わりない生活を送っていたのではないかと考えられます。

　ところで、当初9軒であった掃除小人ですが、宝暦年間には小頭1人、小人8人のほかに「御神馬付小人」3人（権太郎・磯右衛門・伝十郎）の名前が確認できます[21]。新たに配置された小人と考えられ、召し抱えられた時期や、元々高岡に居住していた者かどうかは不明ですが、明治初年に20軒に増えていたことからすれば、分家のほかに新たに小人を増やしていったことも考えられます。現在、高岡では、当初は12軒であったとされており、おそらくこの神馬付小人が早い時期に加わったものと考えられます。神社に向かって左側の神馬野に8軒、右側の獅子沢に4軒住居を構えていたとされています。

　なお、享保6年、高岡に引っ越してきた掃除小人たちは既にそれ以前から召し抱えられて

いたようであり、百沢村に居住していたらしいことが、小人頭の葛西六十郎の由緒書から知られます[前掲18]。以下がその内容です。

　　　　由緒
　一、先祖曾祖父　　　　　　　　葛西六十郎
　　　享保四己亥年正月二十九日、御切米三拾俵弐人扶持被下置、高岡御宮付小人頭新規
　　　御召抱被仰付、百沢村ニ罷有相勤候所、同六庚丑年九月高岡御境内之内江家屋敷被
　　　下置、百沢ヨリ引越仕相勤候所、延享二丑年九月病死仕候、

　享保4年には既に召し抱えられ、百沢村に住居していたことがわかります。他の掃除小人たちも同様と考えられます。『岩木町誌』[前掲18]には明治6年2月書上の「高岡小人調」（葛西文書）も掲載されていますが、召し抱えはいずれも享保元年となっています。

　高岡集落は計画的に配置された集落です。集落の中心街路は現在もなお、社殿、参道、そして御廟へと一本の軸線を形成しています。御廟、神社、集落と、一本の軸線を通すことで、三者の関係を目に見えるようにし、神社の存在の永続性を希求するとともに、集落の存在と奉仕する人々の存在自体が、御廟と神社に強く規定されていることを意識させる仕掛けとなっているのです。

(2) 葛西家文書

　『岩木町誌』でしばしば引用されている史料に「葛西文書」があります。小人頭を勤めた葛西家の文書です。原文書が確認されず、したがって実態も不明でしたが、平成25年に青森県の所蔵するところとなり、青森県環境生活部県民生活文化課青森県史編さんグループにおいて整理作業が始まっています。約900点におよび、半分以上の整理が終了しています。『岩木町誌』に掲載されている史料と同一のものが含まれているかの確認は今後の作業の進展に待つところが多いのですが、現在の所、掃除小人らが召し抱えられた享保期以降、昭和期に至るまでの史料が確認されており、高岡集落の推移やその果たしてきた役割、生活の実態などについて研究が深まりそうです。当然このことによって、高照神社研究も大きく進展するはずです。

　県史編さんグループによれば、近世史料では、高照神社境内の田畑開発にかかる書上帳や留書類、宮付小人の小人請証文などの証文類、宮付小人の御用留や葛西家の由緒書・親類書などが、ある程度、期間のまとまりをもって残っているといいます。残念ながら本稿で使用できる段階ではありませんが、今後、広く活用されることを期待し、紹介としたいと思います。

7．高照神社の収蔵資料

　高照神社には数多くの資料（宝物）が収蔵されていますが、その全容は前掲『高照神社所蔵品目録』によって知ることができます。以下、簡単にその概要を紹介します。

写真6　銘真守太刀拵・掛

その内容を大別すると次の5つになります。一つ目は祭神でもある津軽信政の遺品群であり、生前に着用した具足(県重宝・写真1)や在世中用いた真守(写真6)や友成作の銘の入った太刀二口(国重文)、吉川神道に関係する信政自筆の中臣祓等がその代表的なものです。

　二つ目は、5代藩主信寿を初めとして歴代藩主やその家族、家老級の重臣が奉納した大絵馬54枚であり、一括して「高照神社奉納絵馬」として県有形民俗文化財に指定されています。いずれも幕府の御用絵師や定府の藩御抱絵師の描いたもので、質・量ともに津軽地方では他に例を見ないものです。

　三つ目は、明治10年(1877)に藩祖為信を合祀した際に旧士族たちが奉納した武具を中心とした一群であり、同年の「奉献録」や「奉献物品録」によって奉納された品々を知ることができます。現在高照神社に所蔵されている古美術資料の大半はこのときのものです。

　四つ目は、高照神社の祭礼の記録や祭司役の御用留、さらには神領・神田などに関わる大量の古文書・絵図の一群であり、18世紀初頭から第二次世界大戦前までの高照神社の動向を知ることができます。この一群には、第4項で触れましたが、江戸時代後期以降、藩内における吉凶事などを一つ一つ重臣を使者にして同社に報告した「御告書付」や、弘前藩の神社統制に深く関与した長利薩摩の御用留も含まれています(写真3、5)。

写真7　衝立
(佐々木玄龍筆　158.0×95.0)

　五つ目は、信政によって召し抱えられた山鹿流兵学者である貴田孫太夫の子孫の貴田稲城から明治32年に奉納された300点以上にものぼる大量の絵図類です。陸奥国や城絵図、さらには城制営法図などが含まれ、しかも奉納時の目録にあるほとんどが確認できます。

　『高照神社所蔵品目録』作成時の平成3年以降も、関係者からの寄贈品が若干見られますが、概略に変わりはありません。なお、『高照神社所蔵品目録』が刊行された翌年、平成4年6月に、青森県立郷土館で特別展「高照神社宝物展」が開催され、その図録『高照神社』が刊行されています。図録解説もあわせて参照されると理解が深まると思います。

8．高照神社の建造物

　高照神社の建造物のうち、本殿、中門、西軒廊、東軒廊、拝殿および幣殿、随神門、津軽信政公墓、廟所拝殿、廟所門の8棟2基が平成18年に国の重要文化財に指定されています。近世寺社建築上の特色という観点から、前掲『高照神社総合調査報告書』をもとに紹介します。

　高照神社を近世大名の墓所・霊屋の形態から分類すると、高照神社は御廟と本社が分離し、御廟は墓石(拝墓)・霊社号碑(本墓)・拝殿、御本社は本殿・幣殿・拝殿などからなっており、「墓の上に供養塔をたてて墓所をもうけ、墓所とは別に本格的な建築である霊屋(神社)をたてたもの」に分類されるとされます。高照神社が範とした土津神社はもちろんですが、豊臣秀吉を祀る豊国廟、徳川家康を祀る久能山東照宮・日光東照宮などもこの範疇に含まれます。

建築様式で特徴的なのは本殿であり、桁行３間に梁間３間という、３間仏堂のような平面、すなわち寺院の持仏堂のような平面を持つ神社本殿はきわめて珍しいとされます。
　信政を埋葬した御廟は御本社の背後、ほぼ一直線につづく参道の奥にあります。門前集落の中心街路から一本の軸線を形成していることは既に見てきたとおりです。信政葬送と墳墓の様子は「信政公葬送図絵巻」（高照神社蔵）（写真４）に描かれています。幔幕の中に信政を埋葬した墳丘があり、前方には入母屋造の拝所、後方には８角形の台座、円筒形の塔身、円形の笠をそなえた石碑がたっています。現在は本墓である「高岡霊社」（もと「高照霊社」）と刻まれた霊社号碑の前に、拝墓である「弘前城主越中守藤原信政墓」と刻まれた墓石がたち、それぞれ別の覆屋がかけられています。絵巻に描かれた霊社号碑は円筒形ですが、実際は８角柱です。さらにその前方に、切妻造、朱塗の拝殿が建っています。墓所に霊社号碑と墓石の二つがたつことは、土津神社で鎮石と表石がたつことと同じではありますが、拝殿は土津神社には見られません。

写真８
拝殿造営棟札
宝暦５年７月

　ところで、高照神社はこれまで準権現造と称されることが度々ありました。この点について、まず、土津神社について見てみると、本殿と拝殿はそれぞれ独立性が高く、両者をつなぐ廊下は「石の間」と呼ばれ、東照宮の権現造とは全く異なっています。どこか東照宮と同一視されることを避けているようにさえ見えると言われます。高照神社の構成も、廊下・軒廊の形態・規模に若干の相違はあるものの、土津神社とほぼ同じになっています。つまり、高照神社では、拝殿に幣殿を付属させ凸字形の平面としていますが、この拝殿・幣殿の背後から中門まで長さ8.1メートル、幅3.2メートルの石畳の軒廊（下段）が続き、中門から本殿まで、長さ7.2メートル、幅3.2

写真９　随神門（国重要文化財）

メートルの瓦敷の軒廊（上段）が続いています。中間にたつ門は土津神社、高照神社ともに平唐門で間口も同じですが、土津神社ではこの門を幣殿としたのに対し、高照神社では中門として扱い、幣殿は拝殿に付属させています。つまり、高照神社もまた、本殿と拝殿は独立したものであり、権現造とはなっていないわけです。「準権現造」の建築様式としての規定は不明ですが、今後、権現造という表現は避けた方が妥当であろうと思われます。なお、土津神社のように門を幣殿とする例は珍しいが、高照神社のように、拝殿に幣殿を付属させる例は、神事遂行上の不便を避けるためのものであり、近世の神社建築には珍しくないとされます。
　いずれにせよ、土津神社は戊辰戦争で社殿を焼失しています。高照神社は吉川神道の思想

によって創建された現存する唯一の神社であり、その価値は極めて高いものであると考えられます。

おわりに

　筆者がこれまで研究し、また関わってきたものの一端ではありますが、8項目にわたって諸方面から高照神社について述べてきました。高照神社および神社に収蔵されている宝物の歴史的・文化的意義・価値については、概略ではあるもののご理解いただけたのではないでしょうか。

　冒頭で述べたように、それを後世にどのように伝えていくかは、我々の責務と言えます。このとき、我々が注意しなくてはならないのは、文化財は「ものそのものの価値」もさることながら、その地域にあってこその価値、その地域において維持保存されてきたことの地域的価値、地域固有の文化財としての価値を見失ってはならないということだと思います。市町村合併後は特に留意する必要があります。

　もう一つは、保存していくための手立てを、継続的に講じていくことです。特に東日本大震災からの教訓を忘れてはなりません。高照神社も雪害や台風被害で大きな打撃を受けてきました。現在、収蔵庫や展示施設の在り方の検討に入っているようですが、文化財レスキューの視点を含めて考慮していく必要があります。平成25年11月、本県の「自治体史編さん事業の成果と今後」をテーマに「地域－自治体史シンポジウム」が開催されましたが、その中でも歴史資料の防災という観点が強調されています。そして、全国で少しずつ広がりを見せている資料保全ネットワークの組織の立ち上げが本県においても急務とされました[22]。高照神社に係る対応がその先陣を切った動きとなることを期待するとともに、本稿がそのための一助となれば幸いです。

【引用文献】
1）平成17年度モデル学習開発総合事業実施報告書（2016）:『つがる衆立大学公開講座「津軽の地域資源を考えるフォーラム」　高照神社の宝物を後世へどう伝えていくか～市町村合併を前にその歴史的価値を再評価する～』つがる衆立大学
2）青森県文化財保護協会編（1982）:みちのく叢書4『津軽歴代記類　上』国書刊行会復刊　p164
3）伴五十嗣郎・岡田芳幸・伊藤雅紀（1999）:「吉川神道関係資料 津軽藩斎藤家文書（抄）」皇學館大学『神道史研究』47－2
4）平凡社（1967）:「津軽の奥（2）」『菅江真澄遊覧記3』東洋文庫82　p125
5）『岩木町史』は市町村合併後『新編弘前市史　岩木地区』として継続され、資料編が平成22年、通史編が平成23年に刊行された。
6）「神社創設ノ由来」（高照神社蔵）大正5年（1916）
7）岩木町教育委員会（2005）:『高照神社総合調査報告書』p41
8）瀧本壽史（1994）:「蝦夷地警備と北奥地域」『北方史の新視座』地方史研究協議会編　雄山閣
9）弘前市立博物館（2015）:『津軽信政－神に祀られた「中興の英主」－』〈郷土歴史シリーズ Vol 1〉
10）「津軽一統志」（弘前市立図書館蔵・八木橋文庫）
11）高照神社文化財維持保存会後援会（1991）:『高照神社所蔵品目録』などを見ても「高岡御大祭御用留」「高岡御宮御用留帳」「高岡御神領目録」「高岡境内之図」などとありいずれも「高照」ではない。
12）新編青森県叢書刊行会（1973）:「奥富士物語　巻一」『新編青森県叢書（5）』歴史図書社　p208
13）未来社（1972）:「津可呂の奥」『菅江真澄全集』第3巻　p67

14) 瀧本壽史（1995）:「弘前藩『御告御用』の基礎的考察」『弘前大学国史研究』98　弘前大学国史研究会
15) 長谷川成一（1984）:「近世北奥大名と寺社」『日本近世史論叢上巻』尾藤正英先生還暦記念会編　吉川弘文館
16) 岩木町（1972）:「由緒」『岩木町誌』p404
17) 青森県文化財保護協会編（1982）:みちのく叢書5『津軽歴代記類 下』　国書刊行会復刊　p194
18) 岩木町（1972）:「葛西文書」『岩木町誌』p405
19) 青森県（2006）:天保5(1834)年11月「高岡御神田御備籾御用留」『青森県史資料編近世3　津軽2　後期津軽領』p588　資料No.447
20) 青森県文化財保護協会編（1983）:みちのく叢書12『新撰陸奥国誌　2』国書刊行会復刊　p461
21) 岩木町史編集委員会編（2010）:「葛西文書」『新編弘前市史　資料編　岩木地区』弘前市　p182　資料No.176
22) 瀧本壽史・佐藤良宣（2014）:［学会動向］「地域－自治体史シンポジウム～自治体史編さん事業の成果と今後～の開催」『弘前大学国史研究』136

※　本稿掲載写真は全て青森県立郷土館特別展「高照神社宝物展」の図録『高照神社』（青森県立郷土館　1992年）に掲載されているものであり、高照神社蔵のものです。写真は青森県立郷土館から提供していただきました。

岩木山をめぐる寺々

篠村正雄

　人類は昔から山、雷の現象などに霊力を感じて神として自然崇拝し、狩猟・漁労・農耕の時や、人生儀礼において、何らかの宗教行為を行ってきたと考えます。三内丸山遺跡の埋骨に関わる土壙墓の墓列・環状配石墓からも宗教行為の跡が伺われます[1]。

　津軽地方においては、仏教が波及した時期は明らかでありませんが、平安時代の仏具が出土しているところから、各時代ごとに仏教の足跡を追っていくことにします。

1．平安時代

　青森市の細越遺跡から「寺」と墨書のある土器、新田（1）遺跡から鉄鐃（鉄製の銅鑼）・2体の神像とみられる像、高屋敷館遺跡から錫杖状鉄製品、平川市の鳥海山遺跡から「大佛」と刻書のある須恵器、李平下安原遺跡から鉄製錫杖、五輪野遺跡から鐃鈴・柄香炉の部分・三鈷鐃が発見されていて、これらは密教系神仏習合の呪術性を持った祭祀具とみられます。津軽に創立された寺院跡は確認されていませんが、11世紀には修験の拠点となる宗教施設の存在が考えられます。天台宗の教線が東国に延び、平泉藤原氏の中尊寺から津軽安藤氏の山王坊、乳井福王寺（平川市・乳井神社）へ及んでいることも推定されます。

2．鎌倉時代

　陸奥国を通る奥大道は、北上川に沿って鹿角（鹿角市）から矢立峠を越えて宿川原（大鰐町）を通り陸奥湾外浜の油川（青森市）に至ります[2]。矢立峠の南に矢立廃寺、北に高伯寺跡があり、高伯寺を継いだ大円寺（大鰐町）では、平泉様式を残す鎌倉前期の木造阿弥陀如来座像（国重文）を大日如来と称しています（写真1）[3]。

写真1　木造阿弥陀如来座像

　津軽平賀郡が執権北条義時の得宗領（北条氏の所領）となり、被官曽我氏・安藤（安東）氏・工藤氏・横溝氏が地頭代として入部してきました。執権北条時頼が霊台寺を復興して護国寺と改め、蘭渓道隆の建長寺（鎌倉市）末流の関東祈祷所にしています。「嘉元鐘」（国重文）は嘉元4年（1306）の銘を持ち、孫の崇演（北条貞時）が大旦那となって寄進し、住持は道隆の弟子春容徳煕となっています。この鐘は護国寺から万蔵寺を経て長勝寺

写真2　嘉元鐘

（弘前市）へ移っています（写真2）。寄進者には津軽の得宗被官とみられる土豪が名前を連ねていて、その中の阿部季盛は福島城の阿部貞盛とみられています。円覚寺（鎌倉市）の鐘の銘文と一致する部分があり、禅宗の教線が及んでいることがわかります。唐糸塚（藤崎町）は安藤氏の藤崎城の近くにあり、延文4年（1359）銘の板碑・五輪塔3基と、地名に小字唐糸が残っていて、近くに平等教院があったとも伝えられています[4]。

3．室町時代

この頃には、地域に定着した土豪による寺社の建立がみられるようになります。曹洞宗寺院としては、大浦光信の長勝寺・海蔵寺、北畠具永の京徳寺、武田守信を開基とする耕春院（現宗徳寺）・常源寺、津軽為信の藤先寺、乳井氏の盛雲院等28ヵ寺あります。浄土宗寺院としては、津軽為信の貞昌寺、北畠氏が外護した西福寺等7ヵ寺があります。浄土真宗4ヵ寺の内、円明寺は本願寺蓮如の弟子念西坊宗時、法源寺は同じく弟子敬了の創立で、専徳寺も本願寺教団の組織拡大の中に位置付けられます。これまで挙げた寺院は弘前城建築に伴い城下に集められました。日蓮宗寺院としては、法立寺（弘前市）が大浦城下、妙経寺（黒石市）が千徳氏の城下に創建されています。

三世寺（弘前市）は岩木川・平川の合流点に位置し、岩木川水運の中心であり、三世寺跡があります。三世寺の別当大和阿闍梨は、安藤（安東）氏を檀那としていました。安藤氏は南部氏より十三湊を追われましたが、応仁2年（1468）、一族安藤師季が熊野那智山に外浜奪回を祈願しているところから、大和阿闍梨を先達としたものとみられます。三世寺跡近くの神明宮にある板碑7基の内、元応2年（1320）・元亨4年（1324）・文和5年（1356）の年紀のあるものがあります。

天文年間（1532～54）に浪岡城主北畠氏によって作成されたとみられる「津軽郡中名字」には、三世寺の外、増光寺・大安国寺・弘船寺・遠寺内・多聞天の地名が見え、宗教施設の存在が考えられますが、確認できる資料が残っていません[5]。

(1) 修験

修験道は山岳信仰に真言密教が合体、修行者としての山伏に帰依し、奈良時代の役の行者を初祖とします。平安時代には紀伊の熊野・大峰、出羽三山等の道場が知られ、室町時代には園城寺・聖護院の本山派と醍醐寺・三宝院の当山派が統轄するようになりました。

津軽の坂上田村麻呂に由来を持つ寺社は、天台密教から臨済禅と真言密教が合体した禅密主義の影響を受けるようになりました。蝦夷管領安藤氏は出羽三山の羽黒修験に加え、南北朝時代に熊野修験の当山派と両方に属するようになっています。安藤氏の一族阿部（安倍）吉季が、貞治年間（1362～67）に岩木山神社祠官に任じられています。ここは、田村麻呂を開基とし、寛治5年（1091）、南麓へ移転して別当を百沢寺とし、熊野三山の形式を岩木山にあて、本地垂迹説から岩木山三所権現と称しました。深沙宮（現猿賀神社）も田村麻呂が創建し、延文2年（1357）、阿倍師季が再建したと伝えられています。福王寺玄蕃が別当を兼ねていましたが、大光寺城主滝本重行に暗殺されました。天正14年（1586）、津軽為信が祈願所とし、翌年、真言宗最勝院を別当にしましたが、弘前藩2代藩主津軽信枚が天台宗に復帰させています[6]。

堂ケ平経塚（弘前市）は奥大道宿川原の近くにあって、市応寺という修験の寺跡と伝えています。ここから出土した経容器は、珠洲焼吉岡編年のⅠ期の叩壺で12世紀第4四半期に属します⁷⁾。現在は毘沙門天を中心に不動・観音、桂清水が流れ込む池に弁財天を祀っています。

（2）板碑

　板碑は鎌倉時代から南北朝時代に、関東から東北にかけて造立された板石塔婆です。津軽地方には、文永4年（1267）から応永年間（1394〜1427）までに284基余が建てられています。中別所（弘前市）には公家塚14基・石仏35基があります。その中の「正応の板碑」（国重美）の「源光氏」は、高杉（同市）付近の豪族とみられ、「嘉元鐘」に名前が刻まれてあります（写真3）。国吉（同市）に12基、関（深浦町）に42基、三ツ目内（大鰐町）に30基あり、在地の土豪が建立者です。板状石・自然石の上部に梵字で大日如来・阿弥陀如来を現す種子が刻まれてあり、父母や故人の追善供養を勧める宗教者の姿がみえてきます⁸⁾。

写真3　正応の板碑

4．江戸時代

（1）津軽為信の寺社創建

　津軽地方の統一過程で、津軽氏の初代為信は天正6年（1578）、浪岡城主北畠氏を落城させる際、浪岡（青森市）の浄土真宗玄徳寺休西坊、同13年、外浜の油川城主奥瀬氏の攻撃には油川の浄土真宗円明寺念西坊頼英を味方につけ、積極的に寺院勢力を用いています。

　文禄3年（1594）、大浦城より堀越城へ移り、寺社を移転・創建して城下町形成にあたりました。種里城下にあった先祖大浦氏が菩提寺とする長勝寺、大浦城下賀田（弘前市）から法立寺、深浦（深浦町）から安盛寺を移しています。実父守信の菩提寺として耕春院（現宗徳寺）、最勝院・西福寺を創建し、慶長6年（1601）、岩木山三所大権現の下居宮（現岩木山神社）を再建しています。神明宮は鎮護国家のために堀越城内に創建され、弘前築城にあたり城内に移り、落雷で天守閣が焼失した際、現地（東城北2丁目）に移されました。

　為信は慶長6年、130人余の僧侶による大乗経典千部転読の法会を堀越城近くの清水森で催し、敵味方を含めた戦死者の供養を行い、旧勢力の深沙宮・百沢寺を再建し、寺社勢力を領内支配に利用しています。

（2）弘前城下の寺社

　弘前藩2代藩主信枚は弘前築城にあたり、寺社を堀越と在方から移転させ、城下防衛に当らせ、長勝寺構（国史跡）には曹洞宗寺院を入れました。茂森の禅林街へは、桝形に折れ曲がった道を入ると、左右に土手があり、右手奥が修験の大行院（現天満宮）で、城西に降りる道が常源寺坂になります。黒門内の上寺は長勝寺を中心に岩木山麓の西根から、赤門内の下寺は耕春院（現宗徳寺）を中心に八甲田山麓の東根から移った寺院です。表1をみると、創建が中世にあること、山号に創建当時の地名が残されていることがわかります。現在、廃寺になった全昌寺、寺号を黄檗宗慈雲院へ移した2ヵ寺に代わって山観普門院を加え

33ヵ寺と数えています（写真４）。

元寺町へは天台寺１ヵ寺、浄土寺１ヵ寺、門徒寺（浄土真宗）４ヵ寺、法華宗（日蓮宗）２ヵ寺が集められましたが、寺院名は不明です。寺伝から浄土寺は貞昌寺、門徒寺は真教寺・専徳寺・法源寺・円明寺、法華宗は本行寺・法立寺とみられます。天台寺がどの寺院に該当するかは不明です。これらの寺院は、慶安２年（1649）、火災により新寺町へ移りました。

亀甲町からかぎの手に曲がった道を入ると禰宜町になります。ここは弘前城の鬼門にあたるところから、堀越城下より八幡宮（弘前八幡宮）を移させ、最勝院を別当として12子院を配し、八幡宮・熊野宮（熊野奥照神社）の神主２人と両社に奉仕する神職の下社家10人を住まわせました[9]。また、誓願寺（新町）・袋宮権現宮（茜町・熊野宮）の再建、求聞寺堂（求聞寺）の創建に当っています。

天海僧正の弟子となり、寛海を名乗った信枚は、江戸の菩提寺を天台宗常福寺（東京都台東区）とし、後に寛永寺塔頭津梁院（台東区上野桜木１丁目）が菩提寺となりました。国元では正室満天姫が徳川家康の養女であるところから東照宮を創建し、別当を東照院（現薬王院）としています。また、僧慶好院（金勝院）の意見から、最勝院・百沢寺・国上寺・橋雲寺・久渡寺の５ヵ寺で構成する真言五山の制を定めました。

信枚は由緒ある寺院を保護しながらも、有力寺社を城下町に移して在地から引き離し、封建社会の枠組みを再編成していることがわかります。

大円寺（現最勝院）五重塔（国重文）は、３代藩主信義・４代藩主信政が弘前藩創立以来の敵味方の戦死者を供養するため建立し、寛文７年（1667）に完成しています。平成３年（1991）、台風19号の被害で解体修理された際、五重塔上部の龍車にあった納入物には、宝永４年（1707）の結願交名に「外崎文次郎・おなべこ・おりんこ・いんこ・とりこ」と、庶民の女性名が記されてありました。また、過去・現在・未来の三世の祈祷、一門九族の武運長久・延命を祈願するものもありました[10]。

表１　長勝寺構

上寺

山号	寺号	建立年	西暦	建立地
太平山	長勝寺	享禄１	1528	種里村
法雷山	慈雲院	—		浅瀬石村
大浦山	海蔵寺	天文３	1534	賀田村
嶺横山	梅林寺	慶長年間	1596〜1614	湯口村
三嶽山	清安寺	天正２	1574	赤石村
龍負山	京徳寺	享禄３	1530	五本松村
頓川山	寿昌院	慶長12	1607	賀田村頓川
金度山	全昌寺	—		—
蟠龍山	隣松寺	永正17	1520	賀田村
八重山	長徳寺	享禄年間	1528〜31	高杉村
石神山	勝岳院	天正14	1586	床舞村
別處山	宝積院	天正13	1585	中別所
桜庭山	陽光院	—		桜庭村
赤倉山	宝泉院	—		中畑村
神平山	蘭庭院	元和年間	1615〜23	兼平村
黒長山	福寿院	元和３	1617	宮館村
新岡山	高徳院	天正年間	1573〜92	新岡村
龍沢山	嶺松院	天正10	1582	蒔苗村
金澤山	照源寺	天正５	1577	温湯村
種里山	鳳松院	慶長４	1599	種里村
平福山	満蔵寺	弘長２	1262	藤先村
金華山	泉光院	慶長10	1605	大光寺村

下寺

山号	寺号	建立年	西暦	建立地
長福山	耕春院	天正11	1583	田舎館村
石龍山	川龍院	寛永２	1625	石川村
万松山	安盛寺	寛永１	1624	深浦村
金屋山	永泉寺	文禄２	1593	新屋村
薬王山	正傳寺	文禄４	1595	森山村
金龍山	盛雲院	元亀２	1571	乳井村
松種山	正光寺	文禄１	1592	猿賀村
長雲山	藤先寺	天正１	1573	藤崎村
白華山	常源寺	永禄６	1563	和徳村
梅峯山	恵林寺	文禄１	1592	佐比内村
白鷹山	天津院	天文11	1542	和徳村
貴峯山	月峰院	天正８	1580	沖館村

写真４　長勝寺構
奥が黒門・右が赤門と子安地蔵

（3）弘前藩の寺社政策

藩庁より「御家中諸法度」・「町人法度」に続いて、天和元年（1681）、「寺社法度」13条が出され、寺社の役務が明確に示されました。その中には、キリシタン改め、寺社は天下静謐・藩主家の安全・領民の無事を祈る役務、葬式・法事は分限に応ずること、新寺社の建立禁止等が含まれていました。江戸幕府は元禄5年（1692）、新寺建立禁止令を出すと、弘前藩が同14・15年に寺社縁起を提出させているところから、以後の新寺建立を認可しない方向を示したものと考えます。

4代信政は明暦2年（1656）、父信義のために報恩寺（弘前市）を創建し、天台四山を薬王院・神宮寺・袋宮寺を入れて構成しました。同3年、江戸大火の際、信政は神田上屋敷から柳原中屋敷に避難する際、和徳稲荷（弘前市）と名乗る老人に道案内され助かりました。そのため、国元へ代参を派遣し、津梁院内に「津軽稲荷」として分祀させました。現在、ＪＲ総武線錦糸町駅の北側左手付近にある「津軽稲荷神社」の場所は、弘前藩横川端屋敷跡にあたりますが、津梁院から移したものではありません。

白狐寺は稲荷宮（新寺町稲荷宮）の別当にあたります。熊谷稲荷は、寛文5年、熊谷安左衛門により江戸浅草本法寺・浅草寺に祀られました。宝永5年、信政が領内繁栄のため、初め貞昌寺に勧請されていた熊谷稲荷を移しましたが、神職は置きませんでした。同社の扁額に「稲荷大明神武州熊谷安左衛門武頼勧請」とありますが、弘前では稲荷宮と呼び、氏子は新寺町に限られていました（写真5）。領内浄土宗は本寺を山崎専称寺とするため、新寺建立禁止から金戒光明寺（京都市）へ古跡復興として願い出て認可されました。

写真5　新寺町稲荷神社

5代信寿は湯治に温湯（黒石市）に出かけ、薬師堂（黄檗宗薬師寺）に参詣して監守秀国に会ったことから、享保10年（1725）、報恩寺隣に慈雲院を創建しました。新寺建立禁止のため長勝寺構の廃寺慈雲院の寺号を復興する名目にしています[11]。

（4）本末制と僧録制

江戸幕府は仏教諸派・修験・神道に、個別に法度を出して支配下に置き、「諸宗末寺帳」を提出させて本末制度の確立を図り、寺社奉行から江戸触頭・僧録所に直接布令を伝達する方法を採りました。

弘前藩では寛文5年のキリシタン改めの時に触頭・僧録の機能が働いていることが明らかです。次に各宗の本末関係を挙げます[前掲11]。

○天台宗　　本寺　　　　　　僧録・末寺
　　　　　　寛永寺―――――報恩寺・薬王院・神宮寺・袋宮寺

○新義真言宗　本寺　　　　僧録　　　　末寺
　　　　　　　智積院―――最勝院―――百沢寺・国上寺・橋雲寺・久渡寺

最勝院は八幡宮別当として、社家頭八幡宮神主小野氏・熊野宮神主長利氏と配下の神職を統轄しました。

○浄土宗　鎮西名越派

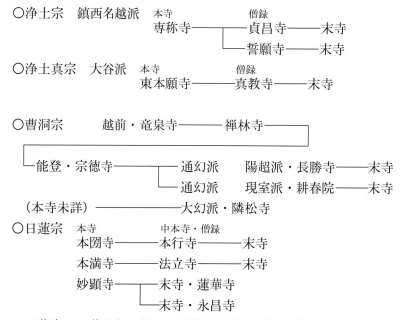

○日蓮宗は日蓮没後、弟子・諸師が信徒教団を組織して自門の正統性を示して門流を形成しました。

○黄檗宗

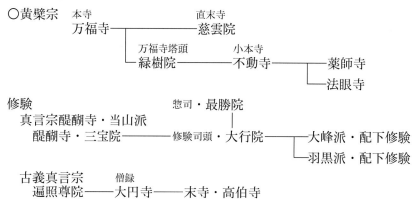

修験
　真言宗醍醐寺・当山派
　　醍醐寺・三宝院―――――修験司頭・大行院――大峰派・配下修験
　　　　　　　　　　　　　　　　　　　　　　└羽黒派・配下修験
　　　　　　　　　　　　　　　惣司・最勝院

　古義真言宗　　僧録
　　遍照尊院――大円寺――末寺・高伯寺

(5) キリシタン改め

　豊臣秀吉が天正15年、バテレン追放令を出し、徳川幕府もキリスト教禁圧の方針を受け継ぎました。島原の乱後に鎖国政策により、承応３年（1654）、全国にキリシタン禁制の高札を立てさせて徹底的に取り締まりました。そして、明治６年（1873）、信仰の自由が認められるまで存続しました。

　弘前藩では寛文元年に置いたキリシタン改め役を、延宝６年（1678）に寺社奉行に編成替えして藩庁組織に位置づけました。同４年、領内でキリシタン改めが実施され、切支丹改帳が作成されました。寺院を除いて藩士・又者（陪臣）・領民が対象となり、神職・江戸者も含まれていました。そして、寺院が檀家に間違いないことを証明する「寺請証文」を発行し

ました。藩士は御目見得以上が寺請証文を寺社奉行へ直接提出し、組支配は組頭より提出しました。町方では町年寄において町名主・月行事・五人組、在方では代官所で庄屋・五人組が立会い、寺請証文と寺院の判鑑を照合して切支丹改帳を作成しました。寺請証文は旅や奉公する際に身分を証明するためにも使われました。

寺院は寺請証文を発行して寺壇制度を確立させ、藩政の末端において領民の把握にあたる役務を果たしたといえます[前掲11]。

(6) 寺社の開帳と富籤

開帳は寺社が秘宝の神仏を公開して、参拝者との結縁を図り加護を得させるものです。江戸では長野・善光寺の出開帳の人気が高く、幕府・寺社奉行の許可を得なければなりませんでしたが、本所・回向院が最適であり、浄瑠璃・歌舞伎・見世物小屋・茶店が出て賑わいました。百沢寺は天明元年(1781)、ここで岩木山三所大権現を開帳しましたが、天候に恵まれず不当りとなりました。

善光寺は貞昌寺を宿寺として、元禄15年に7日間、開帳しています。善光寺如来には秘仏と、出開帳をする回国如来と称する本尊分身如来がありました。付添いの戒善院から狄(アイヌ)に会いたいとの要望があり、弘前藩庁はこれに応えています[12]。開帳による収入400両は、藩の飛脚便で寛永寺門主へ送っています。

開帳は領内経済の流出になることから、藩庁は容易に出開帳を認めませんでした。

寺社における開帳を居開帳といいました。十腰内観音堂(現巌鬼山神社)は元禄8年(1695)、堂社の修復を理由に開帳が認められています。遍照寺では安永7年(1710)、観音堂修復と逗留中の遊行上人の結縁のために開帳しています[前掲11]。

富籤を津軽では弘札・富弘札といいました。文化8年(1811)、慈雲院で行われたのが最初です。札料が1枚4匁とも5匁ともいわれ、賞金は30両から200匁までありました。この年、報恩寺・十一面観音堂、白狐寺でも行われ、次第に盛んになりました。

弘前藩庁は財政難から寺社の修復の助成が困難になると、開帳・富籤の収入を充てさせました[13]。

(7) 伊勢まいり

伊勢神宮の神職は平安末期から御師(他の神社では御師)となって信仰宣布を行い、戦国期から地方ごとに信者との間に師檀関係を結び、御祓いの配布・参宮の勧誘を行いました。江戸初期には津軽にも伊勢信仰が入ってきたとみられます。中期になると社会が安定し、領内経済の成熟により人々は寺社参りに出かけるようになりました。寛永11年(1634)、伊勢参りと弘前往還には村役人へ届け出を義務付けているところから、参宮する者の増加が考えられます。元禄2年、神明宮神主斎藤惣宮太夫・町年寄松井四郎兵衛が代参し、宝永3年、藩庁は寺院を除く領民1人に15銭を課して代参の費用に充てることにしました。しかし、個人による伊勢参りが続出し、藩庁が禁止すると、抜け参りをする現象となって現れるようになりました。

元禄14年、葛野村(藤崎町)斎藤仁左衛門夫婦は、伊勢・高野参りの帰途、福井城下で仁左衛門の方が病死しました。福井藩は宿からの届により鎮徳寺(福井市)に葬式・埋葬を命じ、

経費を負担しています（写真6）。鎮徳寺の過去帳に記録が残っています。国元の川龍院(せんりゅういん)（弘前市）の寺請証文から同じ宗派の曹洞宗寺院の取り扱いになっていることがわかります。妻の方は福井藩の関所切手と宿送状を持って、女で一人旅をしながら無事に国元まで帰っています。徳川5代将軍綱吉の生類憐みの令には、旅人保護も含まれていて、福井藩は江戸屋敷から弘前藩江戸屋敷へ連絡しています。

写真6　鎮徳寺

　嘉永3年（1850）、飛内村(とびない)（黒石市）高木久蔵は伊勢・高野・西国三十三観音巡りに出かけ、伊勢では御師三日市太夫の所で神楽を奏し、家内安全・子孫長久・家業繁昌・道中安全を祈願しています。この後、初瀬街道を通り、西国三十三観音霊場・第八番札所長谷寺に参詣し、大峰山では秋田の8人と一緒になり、案内人を付けて行場(ぎょうば)を廻っています。高野山・遍照尊院では先祖・亡母・親類縁者と村中の物故者の追善(ついぜん)供養を行っています。第三十三番満願札所・谷汲山華厳寺（岐阜県揖斐川町）では二世安楽・罪障消滅・即身成仏を祈り、霊場巡りの打ち止めにし、三十三霊場を踏破しています。伊勢参りは高野山・観音霊場巡りと、三都（京・大坂・江戸）見物がセットで考えられていて、そこには先祖供養をする姿が見えてきます（写真7）。連れた白犬を途中見失いましたが、翌年、幸手(さって)（埼玉県）から秋田藩用人森川監物(けんもつ)が秋田まで連れ、そこから宿送りで黒石へ届けています[14]。18世紀にイギリスの貴族の子弟は、教育の仕上げとしてグランドツアーに出かけました。それは数ヶ月から2年に及び、勇気・礼儀作法を学ぶ機会であり、家庭教師を伴う場合もありました。久蔵には先祖供養と自身の二世安楽を祈る旅でありましたが、いずれ庄屋を継ぐために見聞を広める旅でもあったことが理解できます。

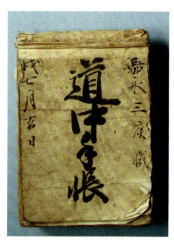

写真7　高木久蔵・道中手帳

（8）津軽御国三十三所観音霊場

　法華経の中の観世音(かんぜおん)菩薩は、三十三に化身(けしん)して衆生を救うと説かれてあり、京都の清水観音・江戸の浅草寺のように庶民に信仰されてきました。津軽為信は厨子(ずし)入りの観音像を持仏(じぶつ)として、陣中に携えたといいます。

　西国や坂東三十三観音霊場に倣って、津軽でも霊場巡りが行われるようになりましたが、その始まりについては不明です。寛政4年（1792）、藩庁は津軽での霊場巡りは10月より3月までとする布令を出していますが、この時期は耕作繁忙を避けるための措置とみられます。一巡りすると94里4丁（約376.4km）になりました。

　表2は明治の神仏分離の前後で違いが生じています。第二十七番札所・袋の観音は初め勢至(せい)菩薩か千手(せんじゅ)観音であったようですが、現在は馬頭(ばとう)観音になっています。久渡寺・巖鬼山神社・入内(にゅうない)観音像は、1木より3体を彫りだしたもので、3ヶ所を1日で巡れば所願成就す

表2　津軽御国三十三所霊場

札所名	本尊名	寺社名	札所名	本尊名	寺社名
第1番　久渡寺	聖観音	久渡寺	第18番　小　泊	聖観音	海満寺観音堂
第2番　清水観音	千手観音	多賀神社	第19番　三　厩	聖観音	義経寺観音堂
第3番　百　沢	聖観音	求聞寺	第20番　今　別	十一面観音	高野山観音堂
第4番　高　杉	聖観音	南貞院	第21番　袰　月	聖観音	鬼泊巌屋観音堂
第5番　十腰内	十一面観音	巌鬼山神社	第22番　青　森	聖観音	正覚寺観音堂
第6番　湯　舟	聖観音	高倉神社	第23番　浅　虫	如意輪観音	夢宅寺
第7番　北浮田	聖観音	弘誓閣	第24番　入　内	聖観音	入内観音堂
第8番　日照田	十一面観音	高倉神社	第25番　松　倉	馬頭観音	松倉観音堂
第9番　追良瀬	如意輪観音	見入山観音堂	第26番　黒　石	十一面観音	法眼寺
第10番　深　浦	十一面観音	円覚寺	第27番　　袋	馬頭観音	白山姫神社
第11番　下相野	如意輪観音	高城八幡宮	第28番　広　船	千手観音	広船観音堂
第12番　蓮　川	聖観音	蓮川観音堂	第29番　沖　館	十一面観音	沖館観音堂
第13番　川　倉	聖観音	川倉芦野堂	第30番　大光寺	聖観音	慈照閣
第14番　尾　別	千手観音	弘誓寺観音堂	第31番　居　土	千手観音	居土普門堂
第15番　薄　市	千手観音	薄市観音堂	第32番　苫　木	聖観音	苦木観音長谷堂
第16番　今　泉	千手観音	今泉観音堂	第33番　茂　森	聖観音	普門院
第17番　相　内	聖観音	春日内観音堂			

るといわれました。

　法眼寺（黒石市）には寛延3年（1750）、西村四郎兵衛の妻が西国三十三観音霊場巡りをして霊場の土を持ち帰り、翌年に埋めた記念碑があります。この土を踏むことで霊場巡りと同じ利益が得られるといわれます[15]。保食神社（平川市）にある今井仁兵衛の文政6年（1823）の西国霊場巡りの記念碑からも、家内安全・所願成就の旅であったことがわかります。

（9）一代守本尊

　古くから暦の干支と仏教の八代菩薩を組み合わせて、自分の生まれた干支による守本尊を一代様とする信仰がありました。武士は一代様の御守りを身に付けて出陣し、家族は一代様にお参りして武運長久を祈りました。江戸期には全国的に広まり、明治以後の軍人が武運長

表3　津軽の一代様

干支	八大尊	津軽の一代様	縁日
子	千手観音	目屋の清水観音（多賀神社）	17日
丑・寅	虚空菩薩	百沢の虚空蔵様（求聞寺）	13日
卯	文殊菩薩	弘前・天満宮	25日
辰・巳	普賢菩薩	岩木の愛宕様（橋雲寺奥の院）	24日
午	勢至菩薩	黒石・袋の観音（白山姫神社）	23日
未・申	大日如来	大鰐の大日様（大円寺）	8日
酉	不動明王	古懸の不動様（国上寺）	15日
戌・亥	八幡大菩薩	弘前八幡宮	15日

久、平時でも所願成就・病気平癒・開運成功を祈りました。表3は津軽の一代様です。天満宮は明治の神仏分離の際、橋雲寺から大行院跡（現天満宮）へ移りました。万延元年（1860）の「津軽道中譚」には、黒森山（黒石市・浄仙寺）で喜次郎兵衛・弥太八が6文銭を賽銭箱に入れ、寺の弟子の所化に占いをさせる様子がみえます。26歳は寅年の生まれで一代守本尊は虚空菩薩、36歳は勢至菩薩と年齢から一代守本尊を導き出しています。京徳寺（弘前市）の十二子堂、袋宮寺（同市）の三夜堂（辰・巳・午）も一代様になります[16]。

（10）庚申信仰

　庚申信仰は道教の守庚申に由来します。暦の60日ごとに巡ってくる庚申の日には、我々の体内から三戸の虫が出て天帝に行動を告げるといいます。そのため、庚申像に供物を供え、虫が出ないように夜通し見張り、真言を唱えて除災・招福を祈ります。庚申の日は、庚申荒

れ、七庚申は豊作、五庚申は鎌いらずの凶作と、天候に結び付けて信仰しています。津軽では庚申塔994基を数え、盛んに造立されたことがわかります。このため、宝永元年に藩庁は造立禁止の布令を出しています。藩士の間にも庚申講があって、原田理兵衛宅で仲間4・5人が夜通し談じています。普門院（弘前市）境内の天保3年（1832）の庚申塔には、藩士八反田縫之丞等の名前が町人に混じってあるところから、藩士・町人が共に講を組織していたことがわかります。昭和30年代までは農家の女性たちによって講が営まれていて、レクリエーションを兼ねていました。

　月待・日待信仰では、延宝2年、藩庁から雨待・月待・日待・節句の参会の奢りを禁ずる布令が出ているところから、贅沢な会食が採られたものと考えます。特に、夜半に月の出る二十三夜待が盛んで、豊作を祈願しました。二十三夜塔は明治期まで建立されていて、庚申信仰と結びついて、一基に両方を刻んだものもあります。

(11) 甲子信仰

　甲子信仰は七福神の大黒天を祀ります。室町期に大国主命と結びつき、左手に袋、右手に槌を持ち、米俵に乗った福相をしています。日蓮宗の守護神とされ、高崎村・賀田村（弘前市）・田舎館村では僧侶が中心となって講を組織していたことが、甲子碑によってわかります（写真8）。

　弘前8代藩主信明は天明5年、夜食を医者と共に採っていますが、夜四ツ時（9時半）に就寝しているので徹夜はしていません。同8年には暮六ツ時（6時）に城内西湖の間に大黒天の絵像を掛け、酒・肴の夜食を医者と採り、甲子待をしています。これは、信仰というより、当時の風俗習慣としてみるべきでしょう。

写真8　高崎・大黒碑

(12) 地蔵信仰

　地蔵菩薩は釈迦の死後、弥勒菩薩の出現まで衆生を救うといわれます。地蔵像はよく村はずれに建てられていますが、六地蔵は六道（地獄・餓鬼・畜生・修羅・人間・天）を迷う人を救ってくれるといわれます。月峰院（弘前市）脇の子安地蔵は安産を叶えてくれます。川倉地蔵堂（五所川原市）の賽の川原は、亡くなった子供が地蔵を父母とみて小石を積んで遊ぶ所といいます。旧暦6月23・24日の祭日には、「いたこ」の口寄せがあり、多くの参詣者で賑います。いたこは目の不自由な女性で、師資相承の修行により職能を得て、招魂・霊媒を行います。「ごみそ」は修行中に独力で霊感を得て、除災・招福の祈祷を行い、男女の別はありません。津軽地方ではごみそを「カミサマ」と呼んでいます。岩木山東麓を大石神社から大石川に沿って登ると、霊堂が並ぶ赤倉霊場に至ります。ここは、カミサマの修行の場所です[17]。

5．明治維新

　明治政府は祭政一致により神道を国教とする考えから神仏分離政策を進めました。明治元

年（1868）、神社に属する僧侶の還俗を命じ、仏像・仏具を取除かせました。所によっては激しい廃仏稀釈の運動となり、廃寺・合寺が行われました。修験道は廃止になり、修験者である山伏は復飾神勤が勧められました。ここに、平安以来の神仏習合が否定され、各村で病気平癒の加持祈祷を行ってきた山伏はいなくなりました。

　津軽では最勝院が八幡宮別当を免ぜられて配下の大円寺へ、大円寺が高伯寺へ移り、大円寺の牛頭天王は分離されて八坂神社（弘前市）になりました（写真9）。このため、最勝院墓地が八幡宮の近くに3ヵ所残っています。同4年、岩木山三所大権現下居宮の別当百沢寺は廃寺となり、仏像は長勝寺・蒼龍窟へ移されました。ここには、三尊仏厨子堂・三尊仏（県重宝）が納められています。深沙宮は別当神宮寺が免ぜられ、仏像は神宮寺へ移され、猿賀神社と改称しました。熊野宮は袋宮寺が別当廃止となり、報恩寺境内の十一面観音（県重宝）堂の無量院へ寺号を移しました。白狐寺は住持が復職を命じられましたが、貞昌寺へ移り、稲荷宮は弁天宮（品川町）神職へ譲っています[18]。

　明治になって寺院のキリシタン改めの役務が解かれても、寺壇制度としての寺院と檀家の繋がりは今日まで続いています。神仏分離が収斂し、第二次世界大戦後、信教・結社の自由が認められた結果が、現在の寺社の在り方に至っているものと考えます。

写真9　最勝院・八坂神社

【参考文献】

1) 青森県史編さん委員会（2002）：『青森県史』（別編三内丸山遺跡）青森県史友の会
2) 長谷川成一・村越潔・小口雅史・斉藤利男・小岩信竹（2000）：『青森県の歴史』山川出版社
3) 青森県史編さんグループ（2011）：青森県叢書『津軽の仏像』青森県史友の会
4) 新編弘前市史編集委員会（2003）：『新編弘前市史』通史編1（古代・中世）弘前市企画部企画課
5) 角川書店（1985）：『角川日本地名辞典　青森県』角川書店
6) 小舘衷三（1973）：『津軽藩政時代に於ける生活と宗教』津軽書房
7) 関根達人（2009）：「北奥の12世紀　堂ケ平経塚の検討」（『平泉文化研究年報』9）
8) 新編弘前市史編集委員会（1995）：『新編弘前市史』資料編1（古代・中世編）弘前市長公室企画課
9) 長谷川成一（2004）：『弘前藩』吉川弘文館
10) 最勝院（1995）：『重要文化財最勝院五重塔保存修理工事報告書』
11) 新編弘前市史編集委員会（2003）：『新編弘前市史』通史編3（近世2）弘前市企画部企画課
12) 本田伸（2008）：『シリーズ藩物語　弘前藩』現代書館
13) 山上笙介（1979）：『津軽の富籤』津軽書房
14) 仁科邦男（2013）：『犬の伊勢参り』（平凡社新書初版第2刷）
　　拙論（2011）：「高木久蔵の道中手帳　嘉永3年（1850）について」（『東北女子大学・東北女子短期大学紀要』第50号・「ひろさき地域共同リポジトリ」）
15) 黒石市史編集委員会（1985）：『黒石市史』（資料編Ⅰ）黒石市
16) 小舘衷三（1980）：『津軽の民間信仰』教育社
17) 青森県史編さん民俗部会（2014）：『青森県史』（民俗編資料津軽）青森県史の会
18) 田中秀和（1997）：『幕末維新期における宗教と地域社会』清文堂

弘前市岩木地区の人生儀礼と人びとの絆

長谷川方子

　日本人は一生の間の節目に、様々な儀礼を行ってきました。出生してから成長を祝い、社会の一員となる儀礼を行って成人としての生活に入り、結婚をし、地域での役割を担い、最後の死を迎えます。

　民俗学では、それらを人生儀礼あるいは通過儀礼と呼び、特に産育・結婚・葬制は重要な儀礼でした。昭和30年代から始まる高度経済成長期まで、様々な地域の歴史にそって多様性を持ちながら、伝統的な儀礼が受け継がれてきました。商品経済が浸透し始め日常生活に大きな変化がもたらされると、人生儀礼のあり方も徐々に変わっていきました。

　人生儀礼には家族や地域の人びととの人間関係や生命観があらわされています。今日の眼から昭和初期の人生儀礼を見ることで、どのように人間関係が変化したか、人生のとらえ方が違ったものになったか、あるいは変わらないものは何かを知ることができるのではないでしょうか。

　旧岩木町は岩木山南東麓に位置し、東西に長い旧岩木町の北西部に、広範囲の信仰を集める岩木山神社と岩木山があります。岩木山の恵みを得た温泉地である嶽・湯段・百沢・三本木は多くの湯治客や観光客で賑わってきました。山間部には国有林が広がり、湯段では炭焼きが行われました。岩木山のすそ野から平野部では五代・兼平・葛原・如来瀬など広い地域で水田やリンゴ栽培が盛んです。一町田では湧き水を利用した、せりの栽培が有名です。高屋・賀田は町の中心で役場や銀行などが集まり、旧岩木町の入り口にあたる駒越には、津軽地方の中心都市弘前から主要道弘前鰺ヶ沢線が入り商家が並びます。

　2006年（平成18年）弘前市と合併して、現在は岩木地区となったこの地域に暮らす人びとの人生儀礼について、筆者が行った民俗調査の成果をとりあげて紹介し、人びとの生活のあり方や地域的な特色にもふれてみたいと思います。

1．産育

(1) 出産

　出産と子どもの成長期の儀礼を合わせて、民俗学では産育という言葉で表現します。長い間、出産は産婆やトリアゲババなど助産の経験を積んだ女性の介助で、座った姿勢で産む座産が普通でした。人が持って生まれた自然の力で出産すると言う意味で自然分娩といいます。特に困難な出産でないかぎり医者にかかることもなく、自宅の納戸などに出産の場所を作って産みました。最初の子どもは実家に帰って産むという地域が多いのですが、旧岩木町の高屋・賀田・五代などでは婚家で産み、津軽地方は嫁ぎ先で産むというところがかなりあります。

　明治時代になって、西洋医学の受容とともに医療制度が整い産婆は免許が必要になりましたが、全国的に近代的な出産の方法が広まるには時間がかかりました。終戦後しばらくまでトリアゲババなどの素人の産婆と資格のある産婆が共存した地域もありますが、岩木地区は

昭和10年代には資格のある産婆が助産をしました。サンバサマと呼んでいましたが、1947年（昭和22年）に助産婦規則が発令され産婆から助産婦と改称されました。助産婦たちの努力で、衛生面の改善と現代のような上向きに寝た姿勢で産む方法が地方にも普及しました。

船沢で1940年（昭和15年）ころ、末っ子を座産で産んだ女性がいます。ワラの床にシビ（ワラをしごいて柔らかくしたもの）を敷いて、まわりにワラ束を積み布団をかけてこれに寄りかかって産みました。小学一年生の上の女の子が、ワラを運んだりしてお産を手伝いしました。葛原で1947年（昭和22年）に産んだ人の例では、産婆の介助で新聞紙やアク（灰）、きれを布団の上にしいて寝た姿勢で産みましたが、夫が肩を持って力ませ手助けしました。

このような家族の協力があったのですが、1955年ころから病院で出産することが多くなりました。岩木地区の人たちは終戦前でも、何事かあれば都市機能が整っている弘前市内の病院や品川町にある産婦人科へ行きました。

自宅での出産の場合は危険が伴うものだったので、難産にならないように、産まれる子どもに異常がおこらないようにとの思いで、様々な禁忌（行いを戒めること）が見られました。

岩木地区でも、妊娠中は火事を見るな、筋子を食べるなといい、このような禁忌を守らないと子どもに悪影響を及ぼすと考えられていました。また、妊娠中は結婚式や葬式には出てはいけないといいました。「火が混じれば良くない」といって、死者を扱う葬式や、めでたい結婚式と、出血を伴う出産を同時に行うことを嫌ったのです。このような習俗は、青森県内では広く見られるものです。

写真1　大石神社小祠 （2009年撮影）

特別に安産祈願をするという人は少ないのですが、産土様にお参りしたり、弘前八幡宮のお札をもらう人もありました。賀田のある人は父親が大石神社に安産祈願に行き、無事に産まれたのでお礼参りに行ったといいます。

お産を助ける神様は馬に乗ってやってくるという信仰から、安産祈願に木馬を奉納する習慣があり、青森市孫内の淡嶋神社はたくさんの木馬が奉納されていることで有名ですが、岩木山麓の大石神社にも数多くの小祠に木馬が奉納されています（写真1、2）。

写真2　木馬

出産後は母親が十分休めるように、周りの人も気を配りました。出産は病気ではないといわれ、医者にかかることもなく薬も使わなかったので、十分養生して自力で産後の体力回復を図りました。このとき大事にしないと、年を取ってからの身体の不調につながるといわれました。20日から30日は大事にして、家の仕事や家事は姑や母親が代わりにやってくれました。賀田の人で、実家で出産し40日上げ膳据え膳で暮らしたという人もいます。

出産後も様々な禁忌が見られました。産後30日ほどは、水に手を入れてはいけない、重い物は持たない、針仕事をしてはいけないと注意されました。食べ物にも気をつけ、最初は貝焼き味噌とおかゆで過ごし、生水は飲まないようにしました。如来瀬や賀田では、辛いもの・キュウリ・なす・タケノコは食べてはいけないといわれた人もあります。なすは「ナス（子宮）がさがる」といわれ、タケノコはあたるからだめだという理由でした。これらの禁忌は青森県内の各地で同じようにありました。日常生活のなかで物を見て連想し、不安をさそったり危険を感じたりする感覚には、共通のものがあったといえます。

　ただ、不衛生だったり医学的に見て適切でなかったりするものもありました。風邪を引いて体力を消耗させることを心配し、夏でも厚着をさせるような習慣があって産褥熱を発症することがあり、助産婦たちはこのような旧習を改善させるための説得に苦労したといいます。

　(2) 育児

　産まれた子どもを育てるには、母乳が不可欠でした。足りない場合は、米粉をすって煮て飲ませたりしましたが、1945年（昭和20年）代になると如来瀬の店などでミルクを手に入れることができるようになりました。母乳が出ないときに五代の銀杏の木に、祈願したという人もありました。銀杏には乳の形をした気根が下がるので御利益があると考えられ、乳の形に作った袋に米を入れて供え、持ち帰って炊いて食べると乳が出るといわれました。

　津軽地方では全般に、お宮参りや七五三などの子どもの祝いをすることはないという家が多いのですが、それでもオオヤケと呼ばれる旧家では、孫祝いをしました。葛原のある家では、男の子が産まれると百日目に近所の人や親戚が集まり、尾頭付きの魚や手作りのお膳で祝いました。一方、一歳の誕生日前に歩く子がいると一升餅を背負わせる行事を行う家は、よく見られました。これには、早く歩くと早く家を出るから良くないといって転ばしたり、あるいは元気な証拠だから良いという相反する考え方がありました。この一升餅の祝いは全国的に広まっており、都市的な行事と見られています。岩木地区は弘前という都市に近いので、一升餅を行う家が多かったのでしょう。

　農家では家中が仕事に忙しく、どこの家でも子育てにはエンツコ（写真3、4、5）が利用されました。エンツコごと、田に連れて行くこともありました。小さいときにはエンツコクルミという布団でくるみ、大きくなるとたすきをかけ中から出ないようにしました。二歳ころまで入れる家もありました。ワラで作る場合が多いのですが、行李のふたや木のエンツコも使われました。木のエンツコは西目屋村など秋田県に近い地域でも使われました。

エンツコ

（弘前市立中央公民館岩木館蔵）

写真3　木　　　　　　　　　写真4　藁　　　　　　　　　写真5　竹

終戦前後というと、物資も少なく医療も現代ほど充実していませんから、子どもが無事に育つようにという思いには切実なものがあり、育児のための様々な呪(まじな)いや俗信が見られます。サルコという綿入れの人形を胴着や着物の首の後ろにつけました。弘前市周辺では、個人の守り神（守本尊）である一代様の信仰があり、干支(えと)によって決められている寺社にことあるごとに参詣することがよくあります。如来瀬のある人は、子どもが一歳ぐらいのときに、この一代様へ参り、受けてきたお守りを着物につけたといいます。子どもの成長を願って氏神様へ参ることはよくありますが、はしかのときサンバイシ（米俵のふた）を作って神明宮(しんめいぐう)に納めたという人もいます。ヨノメ（トラホーム）を治すわらの呪いもあったといいます。はしかやトラホームはこのころの子どもたちがかかることの多い病気で、重症化することもありました。
　また、疳(かん)の虫は、イタコやカミサマに取ってもらうといって子どもを連れていき、唱え言をしてもらうと指の先から虫がパヤパヤと出たという話もよく聞きました。疳の虫を治す同じような方法が、青森県内で広く行われました。疳の虫というのは、子どもの夜泣きが続いたりひきつけを起こしたりすることで、「疳の虫が強い」と言ったりしました。病気で高熱が出ている場合もあって、当然ながら、呪いで治すことはできず子どもの命にかかわるようなこともありました。子どもの病気で医者に行くことができるようになると、疳の虫という言葉は使われなくなります。
　イタコは盲目の女性が修業を積んで霊的な力を得ますが、カミサマと呼ばれる民間宗教者は本人の体調不良を克服する様々な過程で、神からの力を得るといい、カミサマの中には、岩木山麓の霊場、赤倉沢で修業を積む人もありました。イタコやカミサマは、地域の人びとの悩み事を聞いたり個人の将来や村の一年を占う仕事をしました。
　この時代の人びとは神仏へ祈願することで、出産や育児の危険や困難を切り抜けようとしたことがよくわかります。

２．結婚

　現代は、結婚するかどうかは当人の選択に任されますが、昭和初期までは結婚するのが当たり前と考えられていました。なぜなら、自給的な生活では手仕事の占める割合が非常に大きく、夫の仕事、嫁の仕事、舅姑の仕事と役割分担が決められていたからです。また家の存続のためには、子どもを産んで次の世代へ引き継がせなくてはなりませんでした。日常生活を維持し家を継承するためには、結婚によって家族を作らなくてはならなかったのです。
　津軽地方では、結婚の儀礼は細かい様式が決められ、作法にそった形で進行しました。岩木地区で行われた祝言までの行程を記してみましょう。

（1）結婚の決定

　結婚は個人的なものではなく家の問題であり、結婚相手の決定には親の意思が強く反映されました。少しでもより良い生活を求めるのは当然で、例えば湯段の場合、結婚を勧める人は、「湯段は草鞋はいても来るにいい」といいました。湯段では湯治客があり生活が安定していて嫁はご飯炊きをしていればよいというのですが、実際は炭焼きの手伝いをしたりと忙しい毎日だったといいます。岩木地区では、同じ町内や近隣から嫁入りした人が多く、親戚

が紹介したりキュウジニンと呼ばれる仲人が仲立ちをしました。

　津軽地方では、戦前から見合いが行われるようになりました。家同士の格や釣り合いなどから適当と思われる相手を選びました。嫁の候補者がいると娘の家や裁縫教室に婿や婿の親が来訪し、娘は客の前にお茶を運んでお互いを見る機会になりました。戦後は当人同士の気持ちを確かめる場合も多く、岩木地区のある男性は見合いの後、公園や映画へ行ったりと二、三回会って、結婚を決めたといいます。

写真6　結納目録前半（玉田家蔵）

写真7　請目録表紙（玉田家蔵）

　最初に仲人が嫁の家へ箱菓子を持って何度も通い、菓子に手をつけると承諾したという意思表示になりました。次に決め酒と称して、婿側から貰い酒を持って仲人が嫁の家を訪れユイノウタテ（結納たて）や婚礼の日取りを決めます。

　婚礼の一ヶ月前ころ行われるユイノウタテでは、タルショイ（樽背負い）と呼ばれる男の子を従えて仲人夫婦が着物などの結納の品・酒二升・尾頭付きの魚・スルメ・昆布を嫁の家へ届けます。婿方からの結納の品を目録（写真6）に書いて持参し、嫁側では目録に合わせて請目録（写真7）を渡します。結納の品は、昭和20年（1945年）代では紋付き・錦紗などのよそ行きの着物や反物・襦袢などの生地・帯・洋服などで、反物の場合は祝言までに仕立てて着用しました。昭和43年の旧家の例では、幾種類もの着物地や袷や単衣、名古屋帯、その他にも革靴・傘・コート地などを揃えました。

(2) 嫁送り

　女性にとって結婚は、それまで育った家から出て婚家の人になり、新たな人生を歩むことになる大きな節目でした。このことをよく表しているのが、祝言と言い習わして1960年（昭和35年）代ころまで一般的だった結婚の儀礼です。午前中に嫁の実家で親戚や隣近所の親しい人びとを招き嫁を送り出す祝い事を行い、夕方に婚家で夫の親戚や親しい人びとを招いて、嫁取りの祝い事を行いました。

　祝言当日、賀田で1945年（昭和20年）代に結婚したある人の家では、嫁の家で親戚が集まってお膳を作りお客をもてなし、親戚の娘がお酌に歩き嫁と仲人がついて回りました。頃合いを見計らって嫁迎えが馬車などでやってきます。五代のある家では、玄関で茶碗に一杯、仲人がタチハ（立端・出立する間際に飲む酒）をして馬車に乗りました。

　嫁は盃事などのけじめを表すしきたりを通して、実家から出ることを強く意識したことでしょう。

　嫁入り道具は、タンス・長持・着物・タライ・鏡台・下駄箱などでした。道具を運んで来る人を道具付けといい、馬を持っている親戚の人などが車や馬そりで嫁の道具を運びました。荷物を持ってくる15、6歳の荷背負いの子供がつき、サイロ（宰領）は道具を納める係で責

任者でもありました。午前中に嫁入り道具を馬車に付けて嫁より先に出立し、婚家へ持って行って降ろします。宰領は道具目録（写真8）を持って行き婚家で請目録をかわします。戻る時に時間を決めておいて、嫁が婚家へ向かう行列と道具つけが途中で行き会うようにするというように、細かく段取りが決められていました。

　嫁・仲人夫妻・カタリバサマと呼ばれる嫁の付き添いが、樽背負い（写真9）などを従え行列を作って婚家へ向かいました。「家の軒先が見えるうちは、婚家へ入ってはいけない」といわれ提灯をつけていき、暗くなってから婚家へ着くようにしました。このとき、嫁見と称され、子どもや近所の人が窓からや障子に穴をあけて嫁の姿や婚礼の様子を覗きました。この覗くという習慣は、普段の生活であるケの場から婚礼というハレの情景を垣間見るという呪術的な要素をもった一つの儀礼であったと考えられます。

写真8　道具目録表紙（玉田家蔵）

(3) 祝言

　婿の親戚の当主である男性たちなどが招かれ、自宅で祝言が行われました。床の間の前に嫁と仲人夫妻が座り、婿は一緒に座らないで客にお酌をして回ります。婿が嫁と一緒に並ばない場合も多く、祝言は娘を家の嫁として受け入れる祝いであることをよく示しています。祝言を取り仕切るテイシュヤク（亭主役）は、賀田の例では地域の物知りが、葛原の例では婿方の大本家がなりました。

写真9　祝いの酒樽
（弘前市立中央公民館岩木館蔵）

　三三九度は行わないことも多かったのですが、賀田の1945年（昭和20年）の例では、宴席とは別室で親戚の小さい男の子と女の子が良い着物を着て雄蝶雌蝶になり、床の間前に嫁、婿が座って両脇に仲人が座ります。指図役の指示に従って盃事をしました。五代の例では、三三九度にも婿は居なかったといいます（写真10）。

　嫁より少し遅れて、ゲンザ（見参）と称される嫁に近い親戚の男性四人が、宴たけなわのころを見計らって婚家へやってきます。宴席に出て婿の家庭を観察し途中で退席して、嫁方の宴席で祝言の様子を報告しました。

　ほとんどの地域で、料理が上手な親戚の人などの料理人を頼み、親戚や隣近所の人が手伝って手作りの料理を作りました。駒越では料理人は男性で、二日も前から準備をしました。刺身・

写真10　三三九度の盃
（弘前市立中央公民館岩木館蔵）

水物（タコなど）・煮付け・吸い物・豆腐のかまぼこ・伊達巻き・かまぼこの末広・口取り（きんとんなど）・ナマコ・なます・蕗の煮付け・ほや・茶碗蒸し・羊羹・卵焼きなどがお膳に用意され、酒は終戦後しばらくまでは、ダク（濁酒）でした。

オオヤケ（古くからある資産家）では二日祝いも行われ、葛原・如来瀬・高屋では、三日祝いに手伝い人が座りました。五代や高屋では、タルイレ（樽入れ）といって四日目に隣近所の婆様を呼び、1949年（昭和24年）高屋の婚礼では、無病息災を祈願する百万遍をしたり七福神の舞をしたといいます。集落の人びとにとって、祝言はめでたいことであると同時に楽しみでもありました。

祝言が終わって二日目から四日目に、婿と嫁は酒二升や箱菓子を持って里帰りをして嫁の両親に挨拶をしました。

岩木地区の婚礼のおおよそを紹介しましたが、「宰領」という古い言葉を婚礼で用いることや、道具目録の受け渡しなど細部にわたる婚礼の作法を重んじるのは、津軽地方の婚姻儀礼の特色です。例えば、漁業が盛んで北陸地方からの漁民が移住してきた下北半島では、遠方からの縁組みも多く「炉縁嫁（ろぶちよめ）」などといって、家族だけの簡素な祝い事ですませる家もありました。弘前市に隣接した岩木地区や長く津軽領に含まれていた地域は、様式を重んじる都市的な儀礼も浸透しやすかったと思われます。

見てきたように婚礼には仲人の役割も大きく、手伝いの人やテイシュヤク、サイリョウ、ゲンザなど、差配したり責任のある役割を担う人、本家分家の当主など祝いに招かれる人など大勢の人々が関わりました。「多くの人に世話になって結婚したのだから、簡単には実家に帰ることはできない。親にも感謝したし、多少の苦労は我慢した」と語る女性もいます。それだけ婚礼は重い経験であり、その後の人生を決定づけるものでもありました。

「好き連れは泣き連れ」と言う言葉があります。この頃の岩木地区では恋愛結婚は百人に一人くらいしかなかったといい、お互いが好きなだけでは結婚はうまくいかなかったのです。岩木地区は米とリンゴ栽培が主流で、岩木山に近い百沢や常盤野では炭焼きで生計をたてる家もありました。家族全員で家業に従事し、忍耐強く厳しい労働に励みました。地域の人びととのつながりも濃かったので、周囲の人びとの助けを得てうまく折り合っていくことが結婚生活には必要だったのです。

3．葬送の儀礼

自宅で葬儀をおこなっていた時代から公共の施設や葬祭場へと場所が変化し、親類縁者や地域の人びとの手で死者を送るやり方から葬祭業者に委託されるようになるなど、葬儀の方法は1960年（昭和35年）代ころから大きな変化がおこりました。しかし、地域の習慣に沿って変わらない部分が残されており、今日まで続く作法も見られます。

1965年（昭和40年）ころまで、長く続いた伝統的な岩木地区の葬式と埋葬の儀礼を見ることにしましょう。

(1) 死の直後

人が亡くなると、必ず二人で知らせに歩きました。自宅では死者を北向きに寝かせ枕元に生花・線香・水・果物などの供え物をします。この方法は現在でも同じですが、かつては親類や手伝い人が枕元の供え物などを手作りしました。白団子も作り、如来瀬（にょらいせ）では49個、葛原では40〜50個、湯段の門徒衆（浄土真宗の檀家）は五枚の平たい団子でした。シカバナ（四ヶ

花、葬儀に用いる紙の花）は男性が半紙を丸めて刻み、ウツギなどに巻き付けて作りました。

通夜（夜づめ）では一晩中線香とロウソクを絶やさないようにして死者に寄り添いました。このとき、葛原や如来瀬、高屋、賀田などでは、お婆さんたちがご詠歌をあげたり、数珠繰りをする家もありましたが、念仏をする年寄りも少なくなりだんだんと行われなくなりました。

現在のように多くの人が病院で亡くなるようになると、家族が遺体に触れることはあまりありませんが、以前は子どもなど身内が遺体を清める湯灌をしました。古い着物に荒縄で帯を締めて湯灌をし、終わると全部脱ぎ捨て墓所で焼くなどしました。遺体を拭くお湯も、水に湯を入れる逆さ湯にするなど日常とは逆の方法をとって、死のケガレから遠ざかろうとする意識が強く反映したやり方でした。

土葬の時代には遺体を座らせて収める棺桶でしたので、弘前や駒越の桶屋に作らせました。亡くなると直ぐに注文するので棺桶のことを早桶といいました。

他の地域ではあまり見られない習慣として、岩木地区では魂を背負うという行為があります。畑や川で亡くなるとタナ（さらしの綱）で背負ってきたり二人で家へ連れてきて「家さあべ（家にあがれ）」と言います。魂が死んだ場所に残らないようにするといいます。また、墓へ納骨した後、寺で供養してもらうために死んだ人の魂を男性がタナで背負い、和尚と一緒に寺へ連れて行くといいます。岩木地区では、弘前の寺町に寺院が集中していて地元の墓と離れている場合があり、遠くへ案内するという感覚があるのかもしれません。

(2) 葬儀

地域の人びとが大勢手伝って葬儀が執り行われます。葛原や如来瀬では、葬式に出る人や棺を担ぐ人、穴掘り人などのために草履を20足あまりも作りました。精進料理は隣組の人などが作り、シロと言い慣わした死者の装束も、悔やみに来たつきあいの濃い女性たちが一緒に縫いました。死装束は三角の鉢巻き・前掛け・テオ（手甲）・脚絆で白足袋・草履を履き杖を持つ旅姿で、死者はあの世へ旅立つのだという考え方を表しています。三途の川を渡るお金を紙に書いて入れる頭陀袋も手作りでした。

後には、入り用な道具はハナヤとか葬儀屋と呼ぶ葬祭業者が用意するようになりましたが、現在でも変わらない物が多く残っています。死をどのように受け止めるかという霊魂観や丁寧に死者を送りたいという気持ちは変化しにくく、仏教的な考え方や俗信が色濃く反映されたものといえます。

戦前は葬式を自宅で行うことが普通でしたが、1955年（昭和30年）代ころから公民館などで行うようになりました（写真11）。このころ葬式に参列する人の喪服は、現在のような黒一色ではありませんでした。男性は普通の背広で、女性は裾模様のついた黒留め袖や地味な袷の着物に黒の紋羽織などを着ました。日本では本来、葬式の衣装は白であったもの

写真11　駒越公民館（2007年撮影）

が西洋式に黒を着るように徐々に変化していったのです。青森県内では、黒い喪服の上に白い法被を羽織ったり、女性が頭に三角にたたんだ白い風呂敷をかぶることもよく見られました。岩木地区でも、野辺送りに男性は首の後ろにシロ（白い布）をつけ、身内の女性は白いフロシキをカッチャにして（裏返しにして）かぶりました。

（3）野辺送り

死者を墓へ埋葬するために送る葬列を野辺送りといいます。出棺には、葦茅の門を作ってこの門を通って家から出しました。棺を載せた台をロクシャクと呼ばれる四人の人が担ぎ、白いさらしのタナを棺から前方に伸ばし婆様たちがタナにつかまって歩いて念仏を唱えました。土葬から火葬に変わり、お骨で送るようになっても棺台に乗せ二人の人で運び、野辺送りの行列は続きました。葬列では、遺影や位牌などの他に一番先にトーロ、続いてシカバナ・レンゲ・カラカサバナ・ロウソクを持って歩き、道中の曲がり角には霊が迷わないようにと、火をつけないロウソクをたてます。

かつてはオニや龍、ハタ（旗）、香炉などを持つこともあり、今でも青森県内では、伝統的な葬列のやり方を守っているところもありますが、多くの地域で葬列の規模は縮小しているといえます。念仏を唱える婆様連中もだんだん少なくなっています。行列で使われるそれぞれの持ち物には、死者を送るための意味がこめられています。例えば板に龍の絵を描いた龍頭は魔除けの意味を持ち、トーロは行列の前方を照らす明かりです。岩木地区のカラカサバナは七色くらいの花を紙で切って上部につけた籠に入れ、曲がり角や墓の前で散らしました。これは、死者に旅立ちを知らせるためのものだという人もいます。同じような習慣でも南部地方では、道々や墓地で花カゴに細かく刻んだ色紙などを入れ、振って散らしたり、小銭を撒きます。これは喜捨の意味だといい、これらの銭を手にすると御利益があるといわれて、参列者が拾いました。

葛原では老人クラブと婦人部で、亡くなった人の名前を書いたハタを持って先頭を歩いたといいます。残されたハタには亡くなった日付と名前、没年齢が丸い輪の中に書き込まれています（写真12）。聞き取り調査の日は、そのハタを取り出して見ながら、それぞれの人の思い出を語り合う機会になりました。亡くなったそれぞれの人を、地域の人びとが同じ思いで一緒に見送ったことがわかります。

写真12　葛原　葬式の旗（1999年撮影）

（4）埋葬

津軽地方の墓地には、墓石の端に小さな地蔵様が見られます。亡くなった子どもを守って貰うようにと造られます。埋葬した場所にいくつかの石を置いた古い形の墓もまだ残されています。屋敷地内に石を置いて墓をつくる屋敷墓も古い形で、現在でも旧家では自宅の敷地の中にあるご先祖様の墓へお盆のお参りをするといいます（写真13、14、15）。

土葬のときには、亡くなった人が座って入る棺桶がおさまるくらいの大きな穴を穴掘り人が掘りました。墓の周りを反時計回りに三回廻って棺桶を埋葬します。金銀のレンゲやワラジを飾り、線香、ロウソク、精進料理などの供え物をしました。シカモチ（四ヶ餅）あるいは屋敷餅という平たい餅を墓の四隅に置き、一つを後ろ向きになった二人が引っ張り合って投げる引っ張り餅をしました。アトバライといって野辺送りの後から後片付けに行く女性二人が、墓で引っ張り餅とアラレ散らしをする場合もありました。

　大根などの野菜を刻んで白米を混ぜたアラレを墓で撒くアラレ散らしは、岩木地区だけではなく広い地域で行われています。これは、無縁仏を供養する意味があり、葛原ではケガチ（飢饉）で亡くなった人の霊ほど恐いものはないと言いました。49日のキジュアケ（忌明け）に寺へ50個の餅を持って行き、そのうち一つを寺の前で後ろ向きに投げるという所もありますが、これも無縁仏への供養であるといいます。

　人が亡くなったとき丁寧に葬儀をすると同時に、供養してもらえなかった無縁仏を意識するのもかつての人びとの感覚でした。無縁仏や魔物からの妨げをできるだけ受けないで済むように魔除けの呪いをし、無事に旅立ちができるように旅支度を整えました。また、葬儀に関わった人が死のケガレからなるべく早く離れられるようにするための作法も守られました。そして、これらの習俗は地域の人びとが協力して葬儀を行うことによって、死に向き合う共通の感覚を育て継承されることになったのです。

大久保墓地（2008年撮影）

写真13　六地蔵

写真14　墓の地蔵

写真15　塔婆を立てて石を置いた墓

（5）供養

　亡くなってから一週間夕方から墓参りに行き、墓で火をたきます。キジュアケは三七日（21日）か四十九日のところが多く、遺族は忌みがあけるまでは精進料理にする、祝言には行かない、他家の葬式にいっても、食事をしないなどの慎みがありました。

　毎年の供養に盆や彼岸の墓参りをすることは続いています。青森県内では、門口（かどぐち）で火を焚かない地域も多いのですが、十三日から二十日盆に家の門口で迎え火と送り火を焚く習慣は、弘前市内の各地や岩木地区で今でも行われています。

葬儀の様式で大きな変化の一つは土葬から火葬に変わったことで、岩木地区では1945年～1955年（昭和20年～30年）代にかけて大体火葬になりました。もう一つは葬式が自宅から公民館などの公共の場へ変わったことでしょう。兼平公民館には使用料の表が公示されていますが、2007年の時点で、葬式は二日間で夏12000円、冬15000円となっています。

　1955年（昭和30年）代ころまでの葬儀の様子を見てきましたが、今でも変わらないやり方も残されています。伝統的な葬儀では、地域の人びとの協力が不可欠でした。その中で培われた死に向かう共通の意識は根強いものがありました。死は個人的なものではなく、共に暮らした人びととのつながりの中で死者をあの世へ送り出したことがわかります。

　現代では家族だけで行う葬儀も増えています。1960年（昭和35年）ころから死についての感覚や考え方に変化が生じはじめたことは、葬儀のあり方の変遷を見ることで理解することができるでしょう。

おわりに

　岩木地区は岩木山の恵みを受けた生業が行われ、長い間の歴史に育まれた生活のあり方が続いてきました。一生にかかわる重要な儀礼である人生儀礼を見てきましたが、地域で暮らす人びとが共通の体験を持って協力して儀礼を遂行してきたといえます。

　真土(まっち)の旧家に婚姻式附帳や葬式附込帳が残されています。昭和4年婚姻式附帳には、肴と共に酒弐升を届けた十名の祝い客の名が記され、醤油八升という人もあり、続いての頁には二十銭・五十銭・一圓などの祝い金と氏名が記述されています。祝言には、祝い酒が欠かせないものでしたし、お膳の料理に必要な醤油が重宝されたと見られます。

写真16　大正12年葬式附込帳表紙（玉田家蔵）

　また大正2年葬式帳には買入口として桶一組・役場手数料などの他に、菓子四十人分・酒二升とあり、大正12年葬式附込帳には、箱菓子・豆腐十丁・ソーメン十把などを持参した人の氏名が見られます。昭和17年葬式諸支払帳には、当時葬儀を請け負った葬祭業者のハナ屋への支払いや凍り豆腐・醤油・砂糖など料理に使われたものの支払いも記録されています。これらの記録は大切に保管され、村の中で行われる結婚式や葬儀に際して、祝い金や香典の額など同等にお返しができるよう、付き合いに失礼がないように参照されました。

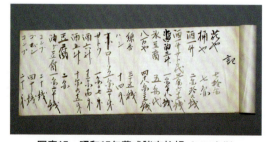

写真17　昭和17年葬式諸支払帳（玉田家蔵）

　人生儀礼は個人の側からみれば一生を通じて節目に行われる儀礼ですが、婚礼や葬儀の度ごとに地域の人びとが集まり飲食をする機会でもありました。様々な交流が図られ地域の人びととの親密な付き合いの場となったのです。

　現代では七五三や誕生祝いなど、各家庭での子どもの祝いがかつてないほど盛んに行われ

るようになりました。結婚は家同士の結びつきから結婚をする当人の意思が尊重される形に変わりました。葬儀にも変化があり、野辺送りよりも葬祭業者による葬式が中心になりました。それでも岩木地区では地域的な特色を持った伝統的な様式も残されています。儀礼を通して人生観や人びとのつながりを考えてみるのも、大切なことではないでしょうか。

【参考文献】
1）長谷川方子　岩木町史編集委員会編（2010）:「第四章　人生儀礼」『新編弘前市史 資料編 岩木地区』弘前市　p723-754
2）青森県史編さん民俗部会編（2014）:『青森県史 民俗編 資料津軽』青森県
3）青森県史編さん民俗部会編（2001）:『青森県史 民俗編 資料南部』青森県
4）青森県史編さん民俗部会編（2007）:『青森県史 民俗編 資料下北』青森県
5）長谷川方子（2001）:「変化するケガレといのち観―青森県の産育儀礼に見る生と死」『東北民俗学研究』第7号　東北学院大学民俗学OB会
6）長谷川方子（2008）:「生育儀礼の地域的特色と子育て観」『青森県の民俗』第8号　青森県民俗の会
7）長谷川方子（2009）:「助産婦の体験談に見る出産の近代化―『青森県助産婦会の歩み』から―」『青森県の民俗』第9号　青森県民俗の会
8）桜井徳太郎（1977）:『日本人の生と死』岩崎美術社
9）大間知篤三（1977）:『婚姻の民俗学』岩崎美術社
10）天野武（1994）:『結婚の民俗』岩田書院
11）大藤ゆき（1999）:『子育ての民俗―柳田國男の伝えたもの―』岩田書院
12）国立歴史民俗博物館編（2002）:『葬儀と墓の現在』吉川弘文館
13）板橋春夫（2007）:『誕生と死の民俗学』吉川弘文館
14）国立歴史民俗博物館・山田慎也編（2013）:『近代化のなかの誕生と死』岩田書院
15）谷口貢・板橋春夫編著（2014）:『日本人の一生―通過儀礼の民俗学―』八千代出版

岩木山麓の古代製鉄遺跡群

岡田 康博

　津軽の秀峰岩木山の山麓、特に北東麓にあたる弘前市北西部、つがる市森田地区、そして鰺ヶ沢町東部にかけて、今から約千年前の平安時代の製鉄関連遺跡が数多く分布しており、全国的に見ても有数規模の一大製鉄コンビナート地帯と呼んでも過言ではありません。

　古代の東北地方北部は蝦夷の地であり、時には中央政府と激しく対立することもありました。その地に、軍事的なバランスを崩しかねない、先端技術である製鉄技術を持った集団が操業、活動していたことは意外と知られていません。こういった遺跡群の存在そのものが従来の蝦夷観では理解できないのかも知れません。

　しかも、これらの製鉄遺跡群の年代観は発掘当初は必ずしも正しく考えられたわけではありませんでした。製鉄という高度かつ専門的な技術はこの地の蝦夷は持ち得ないと地元の研究者は考えており、概ね中世以降とされたことがありました。この年代観はその後の土器の研究や遺跡でしばしば確認される火山灰の降下年代、あるいは放射性炭素による科学的年代測定によって現在では、平安時代後半であることが確定しています。

　また、この地で作られた鉄の供給先を考えると、周辺地域のみならず北海道など北方世界も視野に入れる必要があります。それは北海道では製鉄遺跡、製鉄炉が現在のところ見つかっていないことによります。しかし、製品を作る鍛冶遺構はありますので、加工や修復は行われていたことは確実です。

　そして、そもそもなぜこの地に製鉄遺跡があるのか、といったことについてはよくわかっていません。そこで、これらの製鉄遺跡や研究の歩みを紹介しながら平安時代の鉄生産や岩木山麓の製鉄遺跡群の歴史的意味などについて考えてみます。

1. 研究の歩み

　本県における製鉄（鍛冶を含む）遺跡の研究は明治時代にさかのぼり[1]、つがる市森田地区から出土した鉄滓の化学的分析が行われたとされています。その後昭和28年（1951）、西村正衛・櫻井清彦（早稲田大学）によって西津軽郡森田村（現つがる市）の八重菊・石神遺跡の発掘調査が行われ、平安時代の羽口（送風管）や鉄滓が出土しています[2,3]。

　昭和33年（1958）から昭和36年（1961）にかけて行われた岩木山麓開発パイロット事業に伴う一連の発掘調査で製鉄に関係した遺跡が次々と発見され、一気に資料の蓄積が進みました。ちなみに本県考古学研究の礎をつくられた村越潔先生が弘前大学に赴任されてから間もないことでありました。この時に調査された遺跡の中には後に国の史跡に指定された大森勝山遺跡や重要文化財に指定された猪形土製品が出土した十腰内遺跡など著名な遺跡が含まれています。

　製鉄遺跡としては弘前市大舘森山遺跡や鰺ヶ沢町大平野Ⅲ号遺跡からは小型の製鉄炉が見つかっています。ただし、大舘森山遺跡の製鉄炉の年代は中世のものと考えられました。大

舘森山遺跡の調査担当者である郷土史家戸沢武は、発掘調査の成果をまとめた『岩木山』の中で詳細な記述と考察をしていますが、年代は中世以降としました。まだ、年代を示す土器編年も十分ではなく、また、蝦夷についての誤った先入観のためか、正しい年代観が持てなかったのもやむを得ないことであったと思います。ただ興味深いことに発掘調査全体の総括をした著名な考古学者であり、全国の遺跡の情報に精通していた八幡一郎はこれらの製鉄遺跡の年代を古代としています[4]。これと似たような事例は昭和40年代に入って行われた五所川原須恵器窯跡の年代観にも見られ、やはり御家人(ごけにん)によって持ち込まれた技術とされ、当初は中世と考えられ、正しい年代観を持つまでは相当の時間を必要としました。

岩木山麓の調査では他にも鰺ヶ沢町若山遺跡などからも鍛冶もしくは製鉄炉が見つかっており、『岩木山』では、若山遺跡近くにある湯舟神社の御神体が鉄(鉧(けら))塊であることや製鉄に関係した地名が多いことなどが紹介されています。

昭和50年代半ば以降、県内でも大規模開発に伴う発掘調査が数多く行われるようになり、古代に関する資料の蓄積が進み、また、東北地方各地の城柵や官衙の調査研究の進展により精緻な土器編年も示されるようになりました。また、十和田a火山灰や苫小牧火山灰など広域火山灰の研究によって遺跡との関係、特に降下の年代観についても精度の高いものが示されるようになりました。

図1　並列する製鉄炉（杢沢遺跡）

昭和62・63年には岩木山麓を通る津軽中部広域農道建設に伴う発掘調査により、鰺ヶ沢町杢沢(もくさわ)遺跡が調査され、製鉄炉や鍛冶遺構を伴う集落跡の様子が明らかになりました。（図1）年代も降下火山灰や出土土器から10世紀後半から11世紀前半と想定されました。また、1つの遺跡から出土した砂鉄、鉄滓、鉄器などが系統的に分析され、操業の技術的解明のアプローチも試みられました[5]。

最近ではつがる市森田の八重菊(1)遺跡[6]や、鰺ヶ沢町の海岸近くの鳴戸(なると)(3)遺跡からも製鉄炉が見つかっています。

2．古代の鉄生産の仕組み

(1) 日本における鉄づくり

一口に鉄づくりといっても内容はさまざまです。いわゆる完成品としての鉄器の生産を示すこともあれば、鉄器を作る際の直接的な原材料となる鋼(はがね)や銑鉄(せんてつ)の生産を示す場合もあります。これらを総称して一般的に製鉄と呼ぶ場合が多いようです。

日本で鉄器が出現するのは縄文時代晩期の終わり頃、北部九州とされ、稲作とともに大陸ないしは朝鮮半島からもたらされたものと考えられています。これらの鉄器は製品そのものとして出土していますので、この段階ではまだ国内では鉄器は作られてはおらず、あくまでも搬入されたものと考えられます。しかし、鉄斧などの実用品は使用とともに摩耗し、のちに補修や修理が必要となる場合があることから、鉄器作りに関する技術や知識が全くなかっ

たわけではないようです。鉄器とともに朝鮮半島の楽浪郡の土器などとともに見つかる場合がありますので、楽浪郡からの搬入や渡来人が介在しているものと考えられます。そして、弥生時代後期には鍛冶遺構が出現します。

　鉄生産に関する遺構が多くなるのは古墳時代後期のことです。おそらくは古墳に副葬される鉄剣や武具類など急激な需要の伸びと関係するものと想像されます。国内の原材料を利用して製鉄から鍛冶まで一貫した生産体系がほぼ出来上がったものと考えられます。古代では中央政府が管理する製鉄が各地で行われるようになります。中世では出雲地方でも砂鉄を利用した大規模な製鉄が行われ、製品が各地に流通することがよく知られています[7]。

　(2) 鉄づくりの工程
　鉄づくりにはいくつかの工程があります。遺跡によってはその工程の一端を知ることができます。以下に簡単にそのプロセスを示しておきます[8]。
①砂鉄の採取
　製鉄には砂鉄が必要です。平安時代の近畿地方の一部では鉄鉱石が使用されたことがありましたが、古代ではほとんどが砂鉄を原材料としていました。砂鉄は量や質はともかくとして日本各地で見ることができます。今でも海岸近くに砂鉄が縞状に堆積している様子を見かけることがあります。このような自然に堆積、集積したものだけではとても製鉄には十分とは言えません。したがって大量に採取できる方法や仕組みがあったと思われますが、その実態はよくわかっていません。

　出雲地方では砂鉄を含む土砂を河川に流し、水を利用した比重選別が行われていましたが、おそらくは岩木山麓でも鳴沢川やそれに注ぐ支流を利用した同様の方法で砂鉄を手に入れていたものと推測されます。砂鉄の善し悪しで生産される鋼の品質が左右されるとされていますが、遠方の良質の砂鉄を大量かつ安定的に手に入れられたとは考えにくいことから、砂鉄は現地調達と考えるのが自然です。
②炭の生産
　製鉄は大量の燃料を消費します。それは薪ではなく大半は炭が使われました。製鉄には炭が不可欠です。製鉄炉内では還元反応が起きていますが、それを効率的に進め、炉内を高温にし、砂鉄に含まれる不純物を溶解、除去するためにも良質の炭が必要となります。製鉄の重要なキーポイントは炭にあるといっていいでしょう。
③製鉄（鋼や銑鉄の生産）
　鉄生産には大きく鉧押し法と銑押し法と2つの方法があり、前者を直接製鋼法、後者を間接製鋼法という場合もあります。前者は砂鉄や鉄鉱石を原材料に製鉄炉によって直接鋼を生産するものです。古代の多くの製鉄炉はこの方法によるものとされています。製鉄は砂鉄に含まれる鉄分を炉内で還元反応させ、抽出するもので不純物は溶解し、炉外に排出されますが鉄分は炉内に残ることになります。排出されたものがいわゆる鉄滓であり、鉄分を多く含みません。炉内の生成物をさらに分割し、鋼を含む鉄分の多いものを集め、次の工程に移ることになります。

　一方、間接製鋼法は製鉄炉で一旦炭素量の多い銑鉄を作り、その後炭素量を調整する精錬をして鋼を生産するものです。出雲地方では中世以降盛んに行われるようになりました。

今回取り上げる岩木山麓の製鉄炉も筆者が調査を行った時期には間接製鋼法の可能性が高いとされていましたが、現在では直接製鋼法としても十分理解できるようになってきています[9]。(図2)
④精錬
　前段階の製鉄では必ずしも良質な鋼が生産されるとは限りません。そこで製鉄の作業によって得られた鉄をさらに炭素量を調整し鋼を生産します。炉内に鉄と炭、場合によってはさらに砂鉄が投入されることもありました。また。精錬鍛冶(たんぞう)といって、鍛造によって炭素を調整することもあったようです。多くの場合、鍛冶炉が使われます[10]。この段階では鋼の生産が目的であるため、製品そのものが作られることはなかったと思われます。(図3)

図2　製鉄の様子

⑤鍛冶または鋳造
　主に製品が作られます[10]。鉄斧や鋤(すき)、鍬(くわ)、刀子(とうす)など鋭利な刃を持つ製品はその部分には鋼が使用されますが、他の部分は炭素量の多い、比較的軟質で加工が容易な鉄が使われることが一般的でした。日本刀等の製作と基本的には変わらない方法と言えます。一方炭素量の多い銑鉄は鉄鍋などの鋳物の製品に用いられました。(図3)

図3　鍛冶の様子

(3) 青森県での鉄生産の歴史
　本県における鉄生産の開始は今のところ平安時代の中頃、9世紀中頃以降と考えられています。しかし、鉄器はそれ以前から存在していました。七戸町森ヶ沢遺跡や八戸市田向冷水(たむかいひやみず)遺跡、同市子林(いちこばやし)遺跡からは5世紀後半から6世紀前半にかけての鉄製品が出土しています。八戸市根城跡や鹿島沢(かしまざわ)古墳群からは7世紀代と考えられる鉄器が出土していますが、それらは基本的に搬入されたものか、あるいはこの地で修復されたものと考えられます[11]。
　余談ですが、縄文時代にも隕鉄(いんてつ)など自然界で採集した素材を加工した製品が作られることもありました。非常に堅く、しかも重い素材を彼らは不思議に思っていたことでしょう。つがる市石神(いしがみ)遺跡や中泊町縄文沼遺跡から出土しています[12]。

3．代表的な遺跡
　これまで発掘調査された製鉄関連遺跡の概要を見てみましょう。
(1) 大平野Ⅲ号遺跡
　岩木山の北東麓に所在し、標高約125mの舌状台地上に立地します。昭和35年に国営岩木山麓パイロット開発事業に伴い、岩木山麓埋蔵文化財緊急調査特別委員会により発掘調査さ

れ、3群計10基の製鉄炉が検出されました[4]。近年、地形の改変が進み、発掘調査された当初の遺跡は確認することができず、猿沢(5)遺跡もしくは大平(1)遺跡が該当するものと考えられています。（図4）

(2) 大舘森山遺跡

岩木山北麓に所在し、標高約165ｍの丘陵上に立地します。昭和35年に国営岩木山麓パイロット開発事業に伴い、岩木山麓埋蔵文化財緊急調査特別委員会により発掘調査され、竪穴住居、空堀跡(からぼり)、製鉄炉3基が検出されました[4]。出土遺物から10世紀後半から11世紀前半にかけての年代観が想定されます。やはり近年の地形改変が著しく、遺跡そのものや特徴的な空堀跡も確認することができなくなりました。（図5）

(3) 杢沢遺跡

岩木山北麓に所在し、鳴沢川と湯舟川に挟まれた標高約50ｍの段丘上に立地します。昭和62・63年に県営中部広域農道建設に伴い青森県教育委員会が発掘調査を行い、竪穴住居、井戸跡、溝跡、炭窯、製鉄炉34基、鍛冶遺構2基を検出しました。出土遺物及び降下火山灰から10世紀後半から11世紀前半の年代観が想定されています。製鉄炉が群をなして構築され、複数の製鉄炉による同時操業が想定でき、製鉄専業集団の集落跡と考えられています[5]。昭和35年に発掘調査された若山遺跡は現在杢沢遺跡の一部に含まれるものと考えられます。なお、この発掘調査では製鉄炉跡と考えられるピットが検出されていますが詳細はよくわかっていません。また、昭和15年頃の開墾の際には金槌が出土したとされています。（図6、7）

これらの製鉄遺跡を見ると大舘森山遺跡と杢沢遺跡はほぼ同時期の遺跡と思われますので、当時の岩木山麓では専業集団による大規模な製鉄が行われていたことは確実と言えます。また、製鉄炉単独のものと複数が並列す

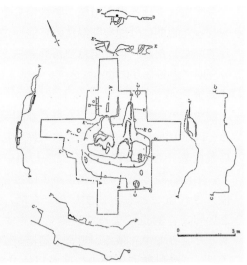

図4　大平野Ⅲ号遺跡製鉄炉

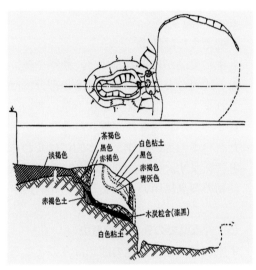

図5　大舘森山遺跡製鉄炉

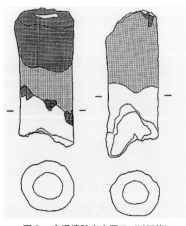

図6　杢沢遺跡出土羽口（送風管）

るものとがあり、単独から複数へ変遷が考えられるともに、自給から他集落への供給へと製鉄炉やそれを所有する集団の変化といったことが考えられるかも知れません。

　他にも岩木山北～北東麓にかけての集落遺跡からは羽口や鉄滓、鍛冶滓など製鉄関連遺物の出土が頻繁に見られます[13]。（図6）

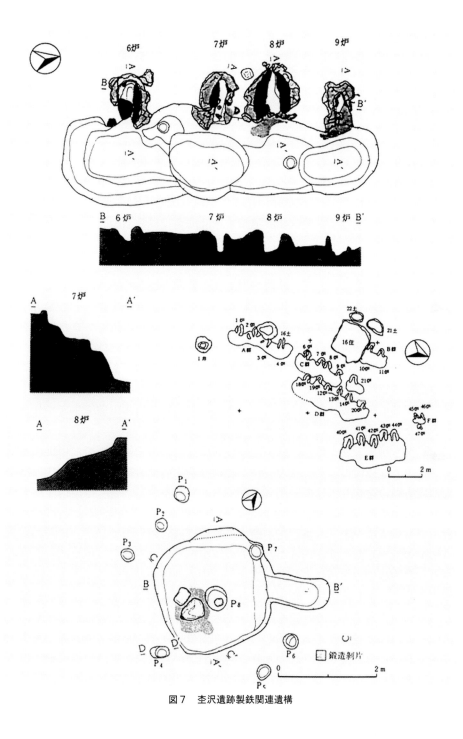

図7　杢沢遺跡製鉄関連遺構

4．まとめ

　それではなぜ岩木山麓に多くの製鉄遺跡が分布するのでしょうか。まず考えられることは原材料の問題があります。鉄づくりには砂鉄と炭が必要となります。砂鉄は日本では各地で産出しますので比較的容易に入手できます。製鉄遺跡群の近くを流れる湯舟川の河床は鉄分のために赤褐色になっているところがあるとの記載が『岩木山』にも見られますので、砂鉄そのものの化学的分析はされてはいないものの、砂鉄も製鉄に十分使用できる品質であったと推測されます。

　むしろ、燃料となる良質の炭がどれだけ安定して得られるかが重要になります。当時の岩木山麓には広大なスギやマツの二次林、そしてクリなどの落葉広葉樹林が広がっていたと考えられます。この豊富な森林資源が製鉄遺跡（集落）にとっては必須条件でした。

　次に流通の問題があります。ここで作られた鉄は当然周辺地域、特に津軽地方の各集落に供給されました。実際製鉄遺跡の出現以降、津軽地方における鉄製品は増加しています。主に鋤先や鍬先、斧などに加工されました。それらを利用して津軽平野の開発が急激に進み、新たな集落の出現を促すことになりますし、生業としての稲作、農耕の比重が以前より増して大きくなったものと考えられます。製鉄遺跡の出現は地域社会を大きく変えることになりました。

　もうひとつ忘れてはならないのは北海道です。北海道では鉄器の製作や修理を行った鍛冶遺構は見つかってはいるものの、岩木山麓に見られるような鋼や銑鉄を作るための製鉄炉は現在のところ見つかっていません。しかし、岩木山麓に製鉄炉が出現する平安時代後半には北海道の擦文（さつもん）文化の集落においても鉄器が増加する傾向が見られます。このことは北海道以外のところから鋼や銑鉄が安定して供給されたことを意味しています。その場合、最も有力な候補地として岩木山麓の製鉄遺跡群があげられます。日本海が近く、また日本海に注ぐ河川沿いに製鉄遺跡群が分布することからも流通という観点では好立地と言えます。すでに知られているように日本海を利用した交流・交易は縄文時代から、あるいはそれ以前の旧石器時代から活発に行われていました。この日本海交易はその後の中世でも盛行し、十三湊など日本有数の港湾都市を形成しました。この日本海を利用して岩木山麓で生産された鉄が運ばれ、供給された可能性は非常に高いと考えられます。

　政治的な状況も無視できません。鉄生産の技術は当時の最先端技術で、中央政府にとっても管理すべき重要な技術でした。鉄を持つことは武器生産に直結します。古代には中央政府と蝦夷が何度も戦いを繰り広げていたことが知られていますし、古くは阿倍比羅夫の遠征や坂上田村麻呂による蝦夷征討など、中央政府にとって以前から北方経営は大きな課題でした。時には武力でもって制圧を試みましたが蝦夷の抵抗は激しいものでした。当時の岩木山麓はまさしく蝦夷の地でした。鉄を作ることはその軍事バランスを崩し、中央政府にとって北方経営にさらなる困難を招きかねません。文献では鉄の管理を徹底するよう中央政府から何度も指示が出されていました[14, 15]。蝦夷側からすれば鉄は武器でもあり、また鋤や鍬、あるいは斧などにも利用できます。それこそ山林を開き水田や畑を作ることになります。武器としても中央政府のみにとどまらず蝦夷間の対立でも優位に立つことが可能となります。実に魅力的な資源であったことでしょう。つまり、岩木山麓の製鉄遺跡群は蝦夷の地で蝦夷により鉄生産が行われましたが、そこには中央政府の直接・間接的な関わりも全くないとは言い切れません。何らかの形で、鉄によって開発が進み、そこで生産された米や農産物が税として

結果的に中央政府に渡ったことも考える必要があると思います。中央政府の衰退と同時にこの地での鉄生産が行われなくなったことは偶然の一致とは考えられません。

　さて、岩木山麓の製鉄技術はどこから持ち込まれたのでしょうか。この地の製鉄炉は半地下式竪型炉と呼ばれる全長が１ｍほどの小型の炉です。したがって単独の炉では一度の生業で生産できる鉄は限られたものになります。よって複数の炉を同時に操業させる必要があったと考えられます。このような炉は東日本に広く分布しますが中でも、米代川中流域に特に顕著です。９世紀後半の元慶の乱以降、多くの蝦夷が苦役を逃れるため逃亡したとの記事があります[16]。その一部がより北へ進み、その末裔によって岩木山麓での鉄生産が行われた可能性が考えられます。

　岩木山麓の製鉄遺跡群によって生産された鉄は、津軽地方の開発を飛躍的に進めるとともに北海道へと供給されました。場合によってはさらに北方世界へと供給されたことも考えられます。そして、これらの製鉄技術は社会の混乱を背景に、資源の豊富な岩木山麓で一定の期間盛行しました。そこには製鉄技術に関わる専業集団や交易を支えた地元の有力豪族の存在が見え隠れします。将来、北東北を席巻する安倍氏や清原氏、そして後の奥州平泉の藤原氏へとつながるひとつの系譜があるような気がしてなりません。

【引用参考文献】
1）佐藤傳藏（1889）:「日本本州に於ける竪穴発見報告」『東京人類学雑誌13巻145号』東京人類学会
2）西村正衛ほか（1951）:「青森県森田村附近の遺跡調査概要」『古代５』早稲田大学考古学会
　　　　　　　（1952）:「青森県森田村附近の遺跡調査概要（第二次調査）」『古代10』
　　　　　　　早稲田大学考古学会　1952
3）櫻井　清彦（1957）:「青森県西津軽郡八重菊竪穴住居址」『日本考古学年報４』日本考古学協会
　　　　　　　（1958）:「青森県西津軽郡八重菊竪穴住居址（第二次調査）」『日本考古学年報５』
　　　　　　　日本考古学協会
4）岩木山刊行会（1968）:『岩木山』
5）青森県教育委員会（1990）:『杢沢遺跡』
6）森田村教育委員会『八重菊（１）遺跡』2001
7）村上恭通（2007）:『古代国家成立過程と鉄器生産』青木書店
8）岡田康博（1991）:「製鉄遺跡を理解するために」『青森県考古学６』
　　　　　　（1996）:「古代末の津軽－杢沢遺跡を例に－」『季刊考古学57』
9）岩手県立博物館（1990）:『北の鉄文化』
10）青森県教育委員会（1989）:『図説ふるさと青森の歴史（総括編）』
11）青森県（2005）:『青森県史資料編考古３　弥生～古代』
12）高橋龍三郎ほか（1991）:『縄文沼遺跡発掘調査報告書』小泊村教育委員会
13）青森県教育委員会（1998）:『外馬屋前田（１）』
14）福田豊彦（1996）:「文献からみた鉄の生産と流通」『季刊考古学57』雄山閣出版
15）松本健速（2011）:『蝦夷とは誰か』同成社
16）齋藤　淳（2004）:『北奥における古代の鉄器について』青森県埋蔵文化財調査センター研究紀要９

岩木山の地震活動

小菅 正裕

　青森県最高峰で、津軽地方の人々の心のよりどころでもある岩木山は、全国に110存在する活火山の一つです。かつては、活動している火山を「活火山」、それ以外の火山を「休火山」あるいは「死火山」と呼んでいました。岩木山は江戸時代には活動の記録がありました[1,2]が、その後は活動が見られないので「休火山」とされていました。しかし、火山の活動の寿命は長く、「休火山」あるいは「死火山」とされていた火山が噴火するケースがあったことから、「活火山」の定義については何度か見直しが行われました。現在では国際的な基準も考慮して、「概ね過去1万年以内に噴火した火山」を活火山と定義しています。青森県内の活火山は、岩木山、十和田、八甲田山、恐山の4火山です。十和田は湖なので一般的な火山のイメージとは異なるかもしれませんが、火山が噴火後に陥没してできたカルデラ湖です。

　現在の岩木山では、噴気などの表面的な火山活動は見られません。しかし、地震活動から見れば、岩木山の北東山麓は青森県内でも地震活動度の高い領域の一つで、過去には活発な地震活動を起こしたこともあります。また、深部ではマグマに関連すると考えられる地震も発生していますので、「活火山」としての側面が確かにあります。本稿ではそれについて説明していきます。

1. 火山と地震の分布の対応

　火山と地震の活動には関連があります。これには、東北地方全体を見た場合のような大局的な関連から、火山の火口付近における局所的な関連まで、さまざまな空間スケールでのものがあります。まず、大局的な方から見ていきましょう。図1は東北地方北部における地震の震源分布を示したもので、震源を表す丸の色が深さを表しています。本稿での震源分布図は気象庁の震源データを用いて描いています。下段の東西断面図に示されている地震は、深さ30km程度までの地殻と呼ばれる部分で発生する浅い地震群と、図の右上から左下に向かって、すなわち西に傾いて分布する深い地震群とに分けられます。傾いた地震面は二重に存在しますので、二重深発地震面と呼ばれます。この地震面を形成する地震が、プレートの沈み込みに伴って発生する地震です。

　プレートとは、地球表面を覆う板のようなものです。地球の構造を物質の「硬さ」に注目して見ると、表面から100km程度の領域は硬く、その下は相対的に柔らかい層からできています。前者を「リソスフェア」（岩石圏）、後者をアセノスフェアと呼びます。リソスフェアは十数枚に分けられ、その一枚一枚を「プレート」と呼びます。東北地方では、太平洋プレートが年間約8cmの速さで西北西に進んで来て、陸のプレートの下に沈み込んでいます。断面図において傾いた地震面の上端付近が、太平洋プレートと陸のプレートの境界に対応します。その深さは、八甲田山や十和田の下では約100km、岩木山の下ではそれよりも深い約130kmです。

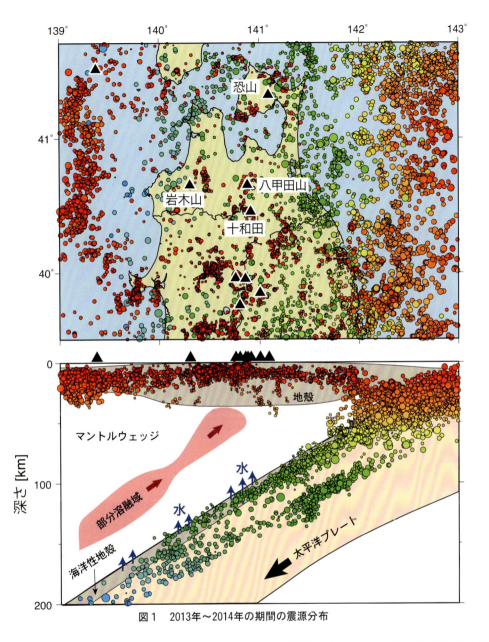

図1　2013年〜2014年の期間の震源分布

　プレートは、上部が地殻、その下がマントルという構造になっています。沈み込む太平洋プレートの上部は海洋性地殻、その下は海洋性マントルです。図1で二重深発地震面の上面を形成する地震は、海洋性地殻内で発生していると考えられています。地殻とマントルから成る構造は陸側のプレートでも同様です。東北地方の地殻の下には陸のマントルが存在します。このマントルは断面図で見るとくさび形をしていますので、マントルウェッジと呼ばれます。

　図2は、二重深発地震面の上面、すなわちプレート境界付近で発生した地震の分布を示したものです。黄緑色の丸は深さ100〜120 km、青丸は深さ140〜160 kmの地震を表します。前者は、恐山・八甲田山・十和田から岩手山・栗駒山へと南北に連なる火山の列と、後者は

岩木山・鳥海山の日本海側の火山の列と極めてよく対応します。これらの火山の列は、日本海溝（太平洋プレートが沈み込み始める場所）とほぼ平行に存在します。これらのことは、プレートの沈み込みおよびそれに伴ってプレート境界付近で発生する地震と、火山の分布の間には何らかの関係があることを示唆します。

２．東北地方の火山の成因

実は、東北地方の火山は太平洋プレートの沈み込みによって形成されています[3,4,5,6]。それに重要な役割を果たすのが、海洋性地殻に含まれている「水」です。太平洋プレートは南米西方沖の東太平洋海嶺と呼ばれる場所で生成され、数億年かけて海底下をゆっくりと移動してきて、北西太平洋から沈み込んでいます。この間に、海洋性地殻の表層付近の岩石の割れ目には海水が入り込み、岩石を構成する鉱物と結びついて含水鉱物という鉱物に変質しています。このような岩石が東北地方の下に沈み込んでいくと、温

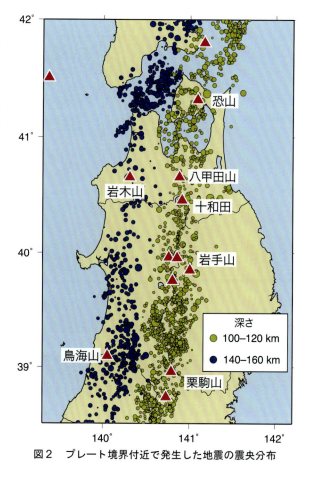

図２　プレート境界付近で発生した地震の震央分布

度・圧力の上昇に伴って、含水鉱物が脱水反応と呼ばれる化学反応を起こして、水を放出します。と言っても、私たちが普段目にするような水が出てくるわけではなく、含水鉱物の化学式の中に含まれている H_2O が、陸のマントルを構成する鉱物の化学式の中に移動するという意味での水の放出です。図１の青い矢印が水の移動を表しています。それによって、陸のマントルウェッジの構成鉱物が水を含んだものに変化します。この水がマントルの融点を下げ、マグマが発生しやすくなるのです。マグマが発生するためには、融点を超える高い温度も必要です。マントルウェッジ内でこの条件を満たすのが、深さ100 kmを超えるような深い場所です。したがって、その深さまでプレートが沈み込んでいる場所でマグマが生成されることになります。これが、図２において地震と火山の分布がよく対応し、地震や火山の列が日本海溝と平行になる理由です。

では、プレートの沈み込みで形成されたマグマはどのような経路で上昇してきているのでしょうか？　その様子は、地震波トモグラフィーと言われる手法で見ることができるようになりました。地震が起こると、地震波は地球の中を伝わって地震計で観測されます。地震波には、地震記録に最初に現れる縦波のP波と、遅れて現れる横波のS波があります。これはP波の方が速く伝わるためですが、P波の速さは場所によって速かったり遅かったりします。S波についても同じです。その速さの分布を三次元的に描き出す手法が地震波トモグラ

フィーです。それには多数の地震と観測点の組から成るデータを使います。CTスキャン（コンピュータ断層撮影）の技術が医学の分野などで使われていますが、トモグラフィーは地球のCTスキャンをしていると言えます。さて、トモグラフィーで東北地方の地下を調べると、火山の下の地殻とマントルの境界付近には、低速度の領域があることがわかりました。これはマグマがたまっている場所（マグマだまり）の存在を示すと考えられます。高温で溶けた部分があると、とくにS波の伝わる速さが遅くなるからです。さらにその下を見ますと、低速度領域が西に傾斜して深い方に向かって伸びていることがわかりました。図1にピンク色で示したのがその領域です。これは、沈み込んだ海洋プレートの上で生成されたマグマを含んで、部分的に溶けた状態になっている領域（部分溶融域）を表していて、これがマグマの上昇経路と考えられています[3]。

3．岩木山周辺の地震活動：最近の活動

次に、岩木山に近づいて周辺の地震活動を見ていきましょう。図1の平面図を見ますと、青森県内の活火山の周辺には、赤い丸で表される震源の浅い地震が分布していることがわかります。岩木山の北東山麓は、青森県内において定常的な地震活動度が高い領域の一つになっています。

図3は、岩木山とその北東山麓を中心とした領域で発生した地震の震源分布を示します。期間は2002〜2014年です。震源が分布する範囲は、南は弘前市から北は五所川原市やつがる市までの約30 km、西は岩木山付近から東は藤崎町までの約20 kmの広い範囲に及んでいます。図には非常に多くの地震が示されていますが、この中で人間が感じる有感地震は、年に1回程度しか発生していません。地震は、規模（マグニチュード。以下ではMと書きます。）が小さいものほど多数発生するという性質があります。図中の地震のほとんどは、M3以下の微小地震と呼ばれる地震です。

図3の平面図でも断面図でも、地震はいくつかの塊（クラスターと言います）を形成しています。最も大きなクラスターは、弘前市から藤崎町にかけてと、板柳町付近にあります。これらのクラスターを形成する地震の震源の深さは、8〜18 kmです。震源の丸の色

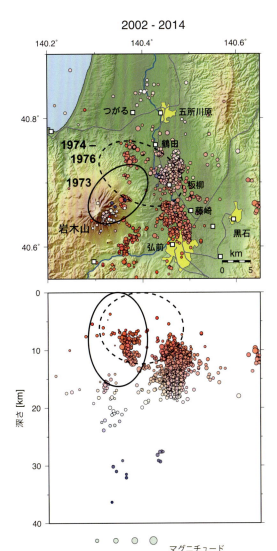

図3　岩木山とその周辺で発生した地震の震源分布

が深さを表していますので、2つのクラスターの中では板柳町のクラスターの方が深い位置で発生しています。断面図では、これらのクラスターよりも西の方に、深さ7～12 kmのやや浅くて小さいクラスター群があることがわかります。これらは北の方から、弘前市北部の十面沢(とつらさわ)付近、岩木山北東山麓の弘前市高杉付近、および弘前市西部の高岡から国吉にかけての地域での地震です。

さらに、岩木山の山体付近にも小さなクラスターがあります。これは震源の平面的な分布域は狭いですが、深さが14 kmよりも深く、深さの範囲が広い地震群であることが特徴です。これらの深い地震は低周波地震という特殊な地震ですので、後で改めて取り上げます。

図3には、1973と書いた実線の楕円および1974–1976と書いた破線の楕円を示しています。これらは、1973年および1974～1976年に発生した地震の範囲を表しています。これらの楕円の位置は、2002年以降の震源の分布域とは異なっています。

4．地震観測条件の変遷

震源分布図を見る際に注意が必要なのは、地震の検知能力や震源決定精度が、観測条件、とくに観測点の分布に大きく依存していることです。図4では1970～2014年の期間をいくつかに分けた震源分布を示していますが、この区分は検知能力の変遷におよそ対応しています。したがって、図4での震源分布の変化は地震活動と検知能力の時間変化の両方を反映しています。

図4(a)の期間(1970～1983年)には気象庁の観測点しかなく、数も少なかったので、図の範囲で震源が決められた地震は、Mがおよそ3以上の地震のみでした。その後、気象庁による高感度な地震計の展開と観測システムの更新によって、検知能力と震源決定精度が徐々に向上しました。一方、大学においては、国の地震予知計画および火山噴火予知計画に基づいて、微小地震を対象にした観測網の整備が1970年代から進められました。弘前大学では1983年に青森県内4箇所に、1984年に岩木山周辺3箇所に観測点を設置しました。図4(b)の1984年以降の震源分布の特徴は、弘前大学の観測による結果と大きな違いはありません。1997年10月から(図4(c)以降)は、大学や防災科学技術研究所などによる地震観測データを気象庁へ集中し、一元化して処理することが始まり、検知能力と震源決定精度は大幅に向上しました。これは、1995年阪神・淡路大震災をもたらした兵庫県南部地震をきっかけにしたものでした。同地震後は防災科学技術研究所による高感度地震観測網 Hi-net の整備も行われ、日本の地震観測点の数は飛躍的に増大しました。青森県においては、2001年10月以降の震源決定に Hi-net 観測点のデータが使われるようになりました。図4(d)以降の期間で地震数が増えているように見えるのは、検知能力が向上して小さな地震の震源が決められるようになったことによります。

5．岩木山周辺の地震活動：時間経過

以上のような検知能力の変遷を念頭に置きながら、岩木山周辺での地震活動の時間経過を見ていきましょう。

図4(a)には、1970～1983年に発生した地震の分布範囲が楕円で示されています。岩木山周辺では1970年1月に「異常現象」が見られました。まず、東山麓の鶴田町東方を震源とす

るM4.6の地震が発生しました。図4 (a)でM4.6と示されている地震です。また、岩木山南西山麓の嶽温泉の温度が15 ℃上昇し、山頂西方の赤沢でガスが発生したことが報告されました[7]。1972年11月5日からは、岩木山北東山麓において有感地震を含む活発な地震活動が始まり、気象庁により「岩木山地震」と名付けられました。この活動は「群発地震」と呼ばれるタイプのもので、とくに大きな地震は伴いませんでしたが有感地震が頻発したことと、その時に音が聞こえたことから、岩木山の噴火につながるのではないかと周辺住民を不安にさせました。実は、音は地震による地面の揺れが音波に変換された現象で、震源が浅い地震の場合にしばしば報告されます。この地震活動について詳細に検討するために、弘前大学では1973年に山麓に臨時の地震観測点を展開して、地震発生数の変化を調べ、震源分布を求めました。地震は、1973年前半には月に1500回以上も発生していましたが、1974年後半からは活動が次第に低調になりました。最大の地震は、活動が活発な期間では1973年5月5日のM4.1、その後も含めると1977年7月10日のM4.4の地震でした。1973年に発生した地震の震源域は図4 (a)において1973と示した楕円の領域で、その後、1974–1976と示した楕円の範囲

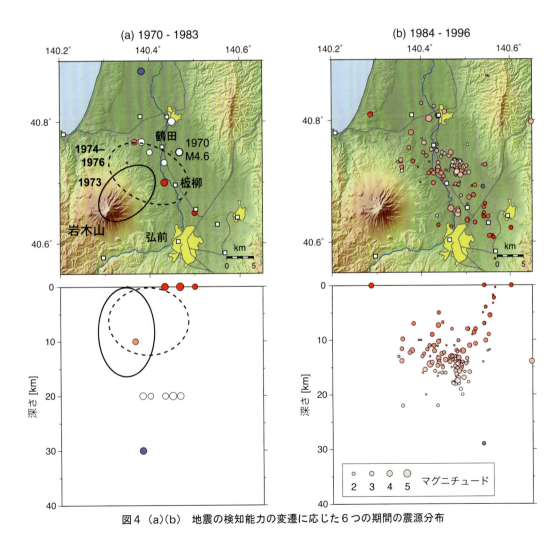

図4 (a)(b)　地震の検知能力の変遷に応じた6つの期間の震源分布

に移動・拡大しました[8, 9]。

　検知能力が向上した1984年以降は、M3よりも小さな微小地震の震源も決められるようになりました。図4(b)と(c)で震源が分布する領域はほとんど変わりませんが、(b)の期間では深さが5 kmよりも浅い地震が少なからず存在するのに対し、(c)の期間ではほとんど見られません。これは震源決定精度の向上に伴う変化と考えられます。(b)および(c)の期間の震源分布と、岩木山地震の活動開始直後の震源分布（(a)の楕円の領域）には違いがあります。これについては以下のような解釈があります[10]。津軽平野下で発生した地震からのS波が平野の軟らかい表層に入ると、S波からP波に変換された波（変換波）が生じます。地面の揺れの水平成分を測る地震計を使うとS波を正しく同定することができますが、上下の揺れを測定する地震計（上下動地震計）しか使っていないと、上下の揺れとして先に現れる変換波をS波と見誤ることがあります。岩木山地震の活動開始直後の観測では上下動地震計だけを用いていたことに加え、P波とS波の時間差から震源を推定していましたので、時間差を実際より短く測定したことで、震源を山麓の観測点近くの浅い位置に推定した可能性があります。

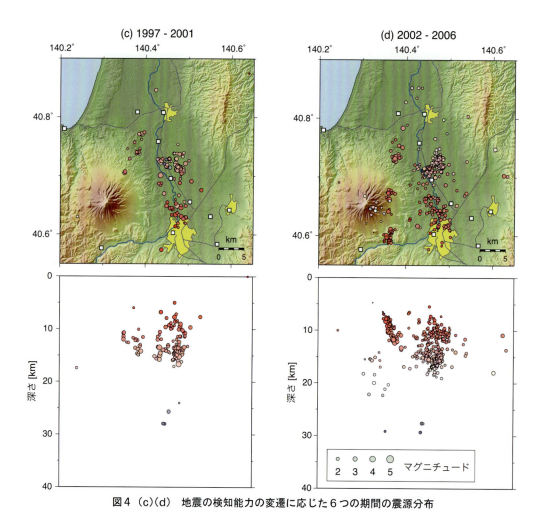

図4（c）（d）　地震の検知能力の変遷に応じた6つの期間の震源分布

Hi-net観測網が完成した2002年（図4(d)）以降では、震源分布に大きな時間変化はありませんが、細かく見るといくつかの変動に気付きます。大きなクラスターの活動では、2007～2010年の期間では弘前市から藤崎町にかけての領域での活動が活発でしたが、2011～2014年では藤崎町付近よりは弘前市付近での活動が活発になっています。小クラスターについては、弘前市北部の十面沢付近から西部の国吉地区にかけて南北に並んだ3つのクラスターは、2002～2006年の期間に形成されました。これらのクラスターの活動は、活発な場所を変えながらその後も継続しています。

　以上のように、地震観測データがある期間における岩木山周辺での地震活動は、1972年からの活発な群発地震から始まり、その後は定常的な活動へと移ってきました。現在では、岩木山周辺は青森県内において地震活動が比較的活発な領域の一つとなっています（図1）。ただし、1972年以前にも最近のような地震活動があったかどうかは、観測データがないのでわかりません。検知能力が一定の2002年以降について見ますと、新たなクラスターの形成や活動が活発な領域の移動などの変動が見られます。これも、岩木山が「活火山」であることの証拠とも言えます。

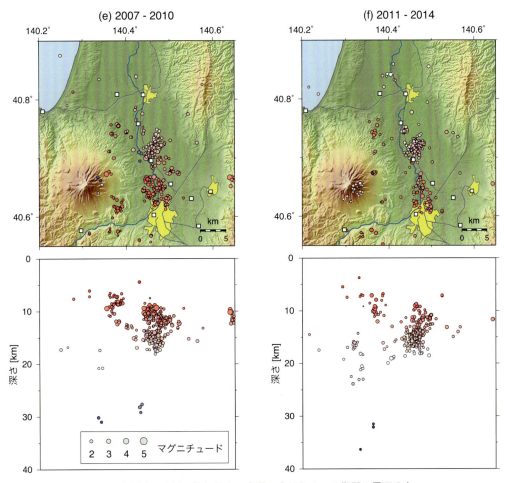

図4 (e)(f)　地震の検知能力の変遷に応じた6つの期間の震源分布

なお、火山の周辺では「火山性地震」と呼ばれる地震が発生することがあります。その特徴は震源位置と地震波形にあります。一般に、火山性地震の震源は火口に近く、S波が不明瞭な波形が観測されます。岩木山の場合、山体付近で浅い地震の活動は認められません。また、観測される地震の波形も通常の地震と同様にP波・S波が明瞭です。以上のことから、岩木山周辺で発生する地震は、マグマ活動に直接関係する火山性地震ではありません。

６．低周波地震

しかし、岩木山周辺で発生する地震の中で、マグマ活動との関連が示唆されるものもあります。それは、山体付近の深さ14 km以深で発生している低周波地震です。「低周波地震」とは、その名の通り低周波の振動、すなわちゆっくりとした振動が卓越する地震のことです。図５に、岩木山周辺で発生した地震の波形の例を示します。(a)は通常の高周波の地震です。(b)と(c)は低周波地震で、(a)よりはゆっくりと振動していることが明らかです。(c)は(b)より深い地震ですので、P波が到着してからS波が到着するまでの時間がより長くなっています。

地震波形でどのぐらいの周波数（＝周期の逆数）の波が卓越するかは、地震の規模によります。規模の大きな地震は低周波の波も出しますが、規模の小さな地震は高周波の波しか出すことができないのが地震の特徴です。低周波地震とは、規模が小さいにもかかわらず低周波の波を出す地震のことを言います。図５の３つの地震のMはほとんど同じです。そうすると、すべて(a)のような地震波形となることが期待されますが、(b)や(c)のような低周波の波を出すというのは特異な現象です。日本で発生しているこのような低周波地震の規模は最大でもM2.5の微小地震ですので、「低周波微小地震」という呼び方もされます。

低周波地震には、その他にも変わった特徴があります。図６は岩木山周辺の震源分布で、低周波地震を赤い丸で表しています。通常の地震（青い＋印）の深さの下限は20 km

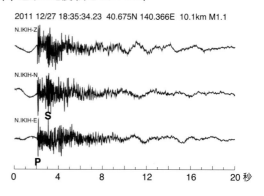

(a) 通常の地震（深さ10.1 km）

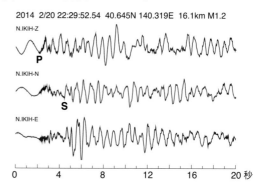

(b) 低周波地震（深さ16.1 km）

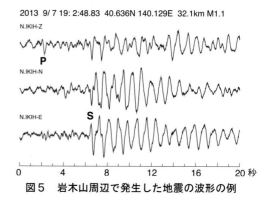

(c) 低周波地震（深さ32.1 km）

図５　岩木山周辺で発生した地震の波形の例

程度です。これは岩木山周辺に限らず、日本全国の地殻内で発生する地震でも下限は同程度です。それよりも深い地震、図1の断面図において内陸の地殻深部やマントル最上部で発生している地震は、すべて低周波地震です。通常の地震の下限を決める条件は温度です。地球内部は深くなるほど高温になります。地震は断層がずれるという一種の破壊現象ですが、高温になると岩石が変形しやすくなるため、破壊が起きにくくなります。低周波地震は、破壊が起きうる温度の上限（およそ400 ℃）を超える高温領域で発生していることになります。そのため、低周波地震の発生には通常の地震とは異なるメカニズム、たとえばマグマまたはそれから派生した流体の移動などが考えられてきました[11]。

図6を見ますと、低周波地震は板柳付近の深さ約30 kmにおいても発生しています。これらは岩木山直下のクラスターより数が少なく、空間的にもまとまっていますので、別の活動

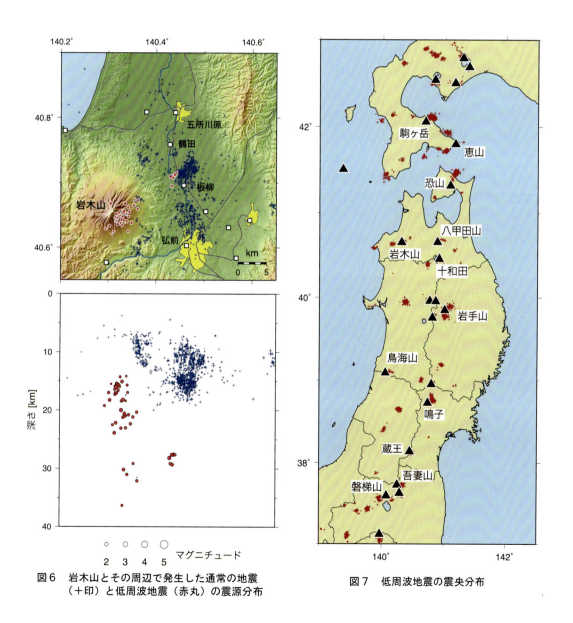

図6　岩木山とその周辺で発生した通常の地震（＋印）と低周波地震（赤丸）の震源分布

図7　低周波地震の震央分布

と考えられます。

　低周波地震は東北地方の多くの活火山の周辺で発生しています。図7は低周波地震の平面的な分布を示したものです。青森県内の4つの活火山すべての周辺で低周波地震が発生しています。このことも、低周波地震の発生とマグマの関連を示唆します。しかし、活火山が存在しない場所で発生する低周波地震もあります。岩木山の西の深浦町岩崎付近、秋田県中央付近などがその例です。したがって、低周波地震はマグマそのものに関係した活動ではない可能性もあり、現在、発生メカニズムの研究が行われているところです。このように発生原因が特定できているわけではありませんが、少なくとも活火山周辺の低周波地震はマグマと何らかのつながりがあると考えられますので、岩木山の深部においてはそれなりのマグマの活動があることになります。

7．2011年東北地方太平洋沖地震前後の地震活動

　2011年3月11日に発生した東北地方太平洋沖地震（M9.0）は、未曾有の津波による東日本大震災をもたらしました。この地震に引き続いて、震源域から離れた内陸各地において地震活動が活発になりました。これを誘発地震活動と呼びます。東北地方においては、秋田県北部と中部、山形県中部、および山形県と福島県の県境付近などでの誘発地震活動が活発になりました。青森県内では、八甲田山から十和田湖にかけての領域での活動がやや活発になりましたが、秋田県内での活動に比べると、活発化の程度は低いものでした[12]。

　では、岩木山周辺では地震活動の変化はあったのでしょうか？　図8は、左に震源分布、右には緯度と深さの時間変化を示したものです。地震の検知能力が大幅に向上したHi-netの運用開始時期と、東北地方太平洋沖地震の発生時に破線を引いて示しています。通常の地震（青い＋印）の数はHi-netの運用開始後に増加しているのがわかりますが、東北地方太平洋沖地震前後での顕著な変化は認められません。低周波地震（赤い丸印）は小規模なため、Hi-netの運用開始後に検知されるようになりました。東北地方太平洋沖地震前後に注目しますと、2014年に数が増えたようにも見えますが、低周波地震は短期間に連続して発生する時期と静穏な時期を繰り返す傾向がありますので、そのゆらぎの一つと考えられます。なお、低周波地震の深さの時間変化では、縦に細長く伸びるような分布が見えます。これは、連続的に発生した時期に震源の深さの分布範囲が広いことによります。

　図7において秋田県中央部で低周波地震が発生している場所は、北秋田市阿仁付近です。その東約15 kmに存在する森吉山は、第四紀更新世中頃（78～12万年前）に活動を開始した火山です[13]が、1万年以内に噴火した形跡は認められませんので活火山ではありません。森吉山の北においては、東北地方太平洋沖地震から2か月程度経過してから誘発地震活動が始まり、4年以上も続いています。この地域も含めた東北地方の誘発地震の発生原因について、深部のプレート境界から上昇したマグマによってもたらされ、地殻内に存在している流体の関与が指摘されています[14]。森吉山の誘発地震については、地殻内の流体が低周波地震を起こしながら上昇して地殻の中央部にたまり、さらに上昇して誘発地震活動をもたらしていると解釈されています[15]。

　岩木山付近の低周波地震のクラスターは、30 km程度の深さに2箇所、14～25 kmの深さに1箇所あります（図6、8）。岩木山の西側で発生する低周波地震もあり（図7）、その深

さ範囲は28〜40 kmです。したがって、深さ30 kmを上限とするクラスターが東西に並んで3箇所に存在し、中央のクラスターの上に相対的に浅い低周波地震のクラスターがあるという分布をしています。30 kmの深さは地殻とマントルの境界付近です。マントル中を上昇してきたマグマは、重力的なつりあいで地殻とマントルの境界付近にマグマだまりを形成しています。トモグラフィーによって描き出された地震波の低速度域が、マグマだまりを示していると考えられています。東北地方の他の火山の例を見ますと、マグマだまりの縁の上部に低周波地震が分布する例が多いようです[11]。したがって、岩木山の場合にもマグマだまりは深さ30 km付近に存在し、マグマから派生した流体が上昇する過程で浅い方の低周波地震を起こしているのかもしれません。マグマそのものが深さ14 kmまで存在しているのか、浅部の低周波地震の震源がさらに上昇する傾向はあるのか、低周波地震の活動と通常の地震活動の間に関連はあるのか、などは今後の研究によって明らかにしなければならない課題です。

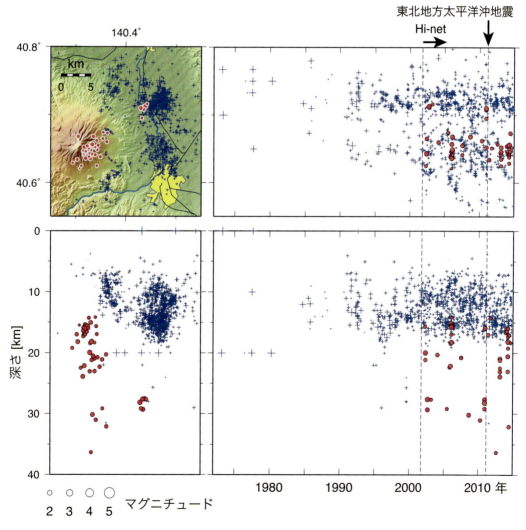

図8　岩木山とその周辺で発生した通常の地震（＋印）と低周波地震（赤丸）の震源分布と震源位置の時間変化

8．おわりに

　青森県では、岩木山ハザードマップを2002年に発行しました。ハザードマップでは、数百年に1回程度で江戸時代の噴火と同程度の水蒸気爆発と、数千年に1回程度で中〜大規模のマグマ噴火が、いずれも山頂付近で起こった場合に、噴石・降灰・溶岩流・火砕流が及ぶ範囲を想定しました。青森県ではさらに、2014年度に岩木山火山噴火緊急減災対策砂防計画を策定し、新たなハザードマップを作成しました。岩木山は気象庁によって24時間態勢で常時観測・監視が行われています。戦後最悪の火山災害となった2014年の御嶽山噴火を受けて、火山における観測体制の強化が求められ、岩木山でも山頂に近い場所に地震計や傾斜計を設置することが検討されています。これらが設置されると、これまでは知られていなかった火口付近の地震活動の有無や、山体の膨張・収縮の様子がわかってくるものと期待されます。

　これまで紹介しましたように、岩木山周辺は青森県内では定常的な地震活動度が高い領域です。1972〜1973年には活発な群発地震活動を起こし、その後は震源位置の変動が起こったりしてきましたが、地震活動が火山活動に直接結びついているわけではなさそうです。また、2011年東北地方太平洋沖地震後に東日本各地で誘発地震活動が活発になりましたが、岩木山の周辺では顕著な変化はありませんでした。しかし、岩木山の山体下の深さ14 km以深では、マグマ活動と関連すると考えられている低周波地震が発生しています。この地震は深いところで発生する小さな地震で、人間が感じることができないものですが、岩木山の火山活動解明の鍵はこの小さな地震が握っているかもしれません。

　謝辞：本稿での震源分布図と地震波形の図の作成には、気象庁の震源データおよび波形データを使用させていただきました。記して感謝いたします。

【参考文献】

1) 田中和夫・佐藤将彦（1983）：「岩木山の歴史的火山活動」『東北地域災害科学研究報告』19　p41–44
2) 小田桐睦弥（2014）：「岩木山の硫黄山出火」『岩木山を科学する』北方新社　p23–31
3) 長谷川　昭・中島淳一・北　佐枝子・辻　優介・新居恭平・岡田知己・松澤　暢・趙　大鵬（2008）：「地震波でみた東北日本沈み込み帯の水の循環—スラブから島弧地殻への水の供給」『地学雑誌』117　p59–75
4) 巽　好幸（2011）：「地球の中心で何が起こっているのか　地殻変動のダイナミズムと謎」『幻冬舎新書』226　p211
5) 渡辺　了（2011）：「地殻プロセスにおける流体の役割」『ながれ』30　p311–316
6) 小岩直人（2014）：「岩木火山の地形と歴史」『岩木山を科学する』北方新社　p72–80
7) 宮城一男（1971）：『火山のカルテ　津軽の岩木山』森重出版　p229
8) 田中和夫・植木貞人・長谷川武司（1973）：「岩木山地震に関する研究（I）」『弘前大学理科報告』20　p6–13
9) 田中和夫・鍋谷祐夫（1976）：「岩木山地震の震源分布」『弘前大学理科報告』23　p84–89
10) 小菅正裕・北川賢哉・佐藤魂夫・田中和夫・佐藤　裕（1992）：「岩木山地震の震源分布の再検討」『東北地域災害科学研究』28　p95–98
11) 長谷川　昭・中島淳一・海野徳仁・三浦　哲・諏訪謡子（2004）：「東北日本弧における地殻の変形と内陸地震の発生様式」『地震2』56　p413–424
12) 小菅正裕・渡邉和俊・橋本一勲・葛西宏生（2012）：「2011年東北地方太平洋沖地震後の東北地方北

部での誘発地震活動」『地震2』65　p69–83
13) 中川 光弘（1983）：「森吉火山の地質と岩石」『岩鉱』78　p 197–210
14) Okada, T., T. Matsuzawa, N. Umino, et al.(2015)：Hypocenter migration and crustal seismic velocity distribution observed for the inland earthquake swarms induced by the 2011 Tohoku-Oki earthquake in NE Japan: implications for crustal fluid distribution and crustal permeability, Geofluids, 15　p293–309
15) Kosuga, M.(2014)：Seismic activity near the Moriyoshi-zan volcano in Akita Prefecture, northeastern Japan: implications for geofluid migration and a midcrustal geofluid reservoir, Earth Planets Space, 66　p77–88

岩石から見た岩木山

佐々木　実

　岩木山は火山のひとつであり、マグマが地表に噴出することにより形成されました。「津軽富士」という別名が示すように、富士山と同じ成層火山というタイプに属します。成層火山の山体の主要部は、層を成した複数の溶岩流と火砕岩とによって形成されています。溶岩流は800℃〜1000℃を超えるような高温の粘性流体として火口から噴出しますが、冷えて固まれば火山岩を形成します。火山岩の多くは灰色の地味な見掛けを呈するもので、あまり一般の人の興味を引くようなものではありません。しかし、その性質を詳しく調べることで、火山の生い立ちや元になったマグマの地下での変化についてさまざまな情報が得られます。ここでは岩木山を構成する岩石について、その特徴とそれから推定される地下のマグマの様子について説明します。

1. 岩木山の形成史

　岩木山の地形と形成史の概要について、すでに小岩[1]が書いている内容と一部重複しますが、簡単に説明します。岩木山の地質概略図を図1に、活動史の概略を図2に示します[2,3,4]。

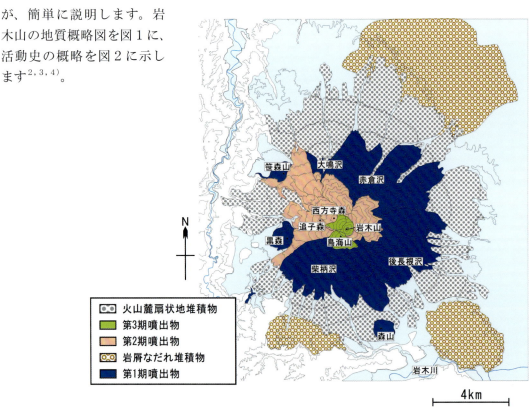

図1　岩木山の地質概略図

岩木山の活動の始まりははっきりとはわかっていませんが、山体崩壊により形成された岩屑なだれ堆積物に含まれる岩塊から約65万年前のK－Ar年代が得られていることから[5]、そのころには現在の岩木山の場所で噴火活動が始まっていたと考えられます。

現在の山体を構成している岩石は約35万年前以降のK－Ar年代を示しており、今見えている岩木山はそれ以降に形成されたと考えられます。この時

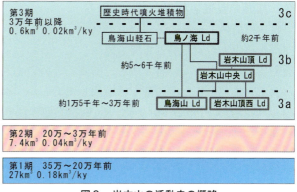

図2　岩木山の活動史の概略
(Ld: 溶岩ドーム)

代の噴火活動は火口から溶岩流を流出させるような活動が主で、それによって円錐形の成層火山が形成されたと推定されます。約20万年前までには現在とほぼ同じ高さの山体が形成されました。また、山麓部に分布するいくつかの溶岩ドームもこの頃に形成されました[6]。岩木山の形成史で、この時期を第1期と呼んでいます。

その後、大規模な山体崩壊が生じ、それに伴い山麓に岩屑なだれ堆積物が形成されました。これがいつ起こったのかを直接示すデータはなく、また研究者間でも意見が分かれていますが、岩屑なだれ堆積物中に含まれる岩塊に24～26万年前のK－Ar年代を示すものが含まれることから[2,6]、少なくともそれ以降に発生したと考えられます。ここでは約20万年前と考えて、この山体崩壊－岩屑なだれ堆積物の形成以後、約3万年前までの活動を第2期とします。第2期には溶岩流と溶岩ドームを形成するような活動により崩壊した山体を再度形成していきました。

およそ3万年前以降[4]の噴出物は、現在の山頂付近に限られており、いずれも溶岩ドームを形成しています。これらが形成された時期を第3期とし、さらに、3b、3c期に細分します。まず岩木山西溶岩ドームと鳥海山溶岩ドームが形成されたと考えられます。この時期を3a期とします。ついで岩木山中央溶岩ドーム、岩木山山頂溶岩ドーム、鳥ノ海溶岩ドームがこの順序に形成されました。またおそらく鳥ノ海溶岩ドーム形成の前後に噴出したと考えられる軽石が鳥海山の山頂南西側斜面に分布しており、鳥海山軽石と呼ばれます。この時期を3b期とします。岩木山は江戸時代以降に噴火記録があり、この時期を3c期とします。これら歴史時代の噴火はいずれもマグマの噴出を伴わない水蒸気噴火（水蒸気爆発）と考えられています。水蒸気噴火は既にある岩石やそれが火口付近で変質を受けたものが、急激な水（水蒸気）の膨張によって爆発的に周囲に放出される現象であるため、その噴火によって新たな岩石が形成されることはありません。

図2には第1～第3期の噴出物の活動期ごとの体積と噴出率の見積もりも示されています。噴出量、噴出率共に時代が新しくなるにつれて減少していることがわかります。数十万年の時間スケールで見る限りは、岩木山の現在の火山活動は過去に比べて衰退しているといえます。

2．露頭で観察される岩木山の岩石

　日本列島のような温暖・湿潤な気候の下では、山の多くはその表面が植生に覆われており、内部を構成する岩石がどこでも露出しているわけではありません。一般に地質学分野では地層や岩石が露出している場所を「露頭」といいますが、岩木山では大規模な露頭の分布は限られています。また山麓部では噴出した岩石が二次的に移動することによってできた火山麓扇状地が広く分布しているため、そこで見られるのは噴火によって直接できた岩石ではありません。そのため噴火によってできた岩石を観察できる露頭はある程度山頂に近い場所に限られます。露頭で岩木山を構成する岩石が観察できる場所をいくつか見てみましょう。

(1) 岩木山山頂付近

　岩木山の山頂を目指す人の多くは岩木山スカイラインを8合目駐車場まで登り、そこからリフトに乗って山頂に向かうことでしょう。リフトを降りて登山道をほんの1分も進むと、道は長径100mほどのくぼ地の脇を通ります。ここは鳥ノ海火口と呼ばれ、歴史時代の噴火の多くはここを噴火口としていたと考えられています（写真1）。火口のふちに立って火口の壁を観察してみましょう。火口の北側が高くなっていて、暗灰色のごつごつした岩肌が露出しています。ここで見られるのは鳥ノ海溶岩ドームという、岩木山で最も新しい時代（約2000年前）に形成された溶岩ドームを構成する岩石です。岩石を観察すると新鮮な部分は全体として暗灰色を呈し、白色や暗緑色の粒が含まれているのが見られます（写真2）。一方火口の南側を構成する岩石はそれよりもやや古い時代（3万年前頃）に形成された鳥海山溶岩ドームの岩石です。表面はやや風化していますが、内部は灰色を呈し、やはり白色や暗緑

写真1　鳥ノ海噴火口の露頭
(上は登山道側から、下は反対側の火口東側から。下の左端に鳥海山溶岩ドームの岩石が露出している。)

写真2　鳥ノ海溶岩ドームの岩石
スケールは全長10cm（1目盛り1cm）

写真3　鳥ノ海溶岩ドームの苦鉄質包有物
外見（左）と断面（右）　断面で灰色の部分が苦鉄質包有物である。スケールは全長10cm（1目盛り1cm）

色の粒が見られます。

　登山道を山頂に向うと、鳥ノ海溶岩ドームの斜面の上を登っていくことになりますが、ここで足元の岩石に注意すると、長径20cmほどの丸い形をした岩塊が見られるのに気付きます。これらは一見すると河原の礫のように角が削られて丸くなったように見えますが、実はもともと丸い形をした岩塊で、周囲の溶岩本体とは岩石の種類が異なっています（写真3）。これは苦鉄質包有物あるいは暗色包有物と呼ばれるもので、岩石中に含まれる、周囲の岩石（母岩）よりも暗色の部分で、形状は丸みを帯びた回転楕円体から卵形を示すことが多いですが、境界が不規則な不定形である場合もあります。大きさは岩木山の第3期の岩石中では長径が最大20cm程度です。

写真4　岩木山山頂付近（岩木山中央溶岩ドームおよび岩木山頂溶岩ドーム）を覆う岩塊

　鳥ノ海火口から登山道沿いに山頂に向かうと、鳳鳴ヒュッテを過ぎたところから登山道は急傾斜になり、比高50mほどの斜面を2回登ることになります。登山道には長径数10cmから1mを超えるようなものまで岩塊が積み重なっている状態にあるため、落石事故が発生することがあり、注意が必要です。山頂付近も同じように岩塊が積み重なった状態になっています（写真4）。これは山頂部を構成する溶岩ドームの表面を覆っている岩塊です。溶岩ドームや比較的粘性の高い溶岩流は、噴出時にはすでに表面が固まりかかっています。これらが流動性のある内部が変形するにつれて割れること

写真5　岩木山中央溶岩ドームの岩石と苦鉄質包有物（左側の色の濃い部分）
スケールは全長10cm（1目盛り1cm）

写真6　鳥海山南西斜面をおおう鳥海山軽石

により、表面は大きな岩塊で覆われることになります。これらの岩塊の表面を良く観察すると、楕円形の断面を持つ色の異なる部分が観察されます。これも溶岩に含まれる苦鉄質包有物です（写真5）。

　山頂からリフト乗り場近くまで戻り、鳥ノ海火口から南東方向に向う登山道に沿って登っていくと、鳥海山の山頂に出ます。ここから東に延びる尾根の南東側には斜面が広がっています。近づいてみると、斜面は径数cmから数10cmの岩塊に覆われているのがわかります（写真6）。岩塊を手にとって観察すると気泡が多く含まれた軽石であることがわかります。また、いくつか比べてみると色に変化があり、明灰色を呈するもの、暗灰色を呈するもの、明灰色の部分と暗灰色の部分とが縞状になっているものなどが見られます（写真7、8）。

写真7　鳥海山軽石の産状
（ハンマーの長さは約30cm）

(2) 赤倉沢

　第1期および第2期に形成された溶岩流を直接観察できる場所は限られています。最も良く露出しているのは山頂から北東方向にある赤倉沢です。赤倉沢を標高850m付近の場所まで上ると、沢の北東壁に何層にも積み重なった層状に分布する岩石が見えます。これは第1期に形成された溶岩流（赤倉沢下部溶岩）で

写真8　鳥海山軽石の断面　縞状軽石の構造が観察される　（紙片の長辺が約4cm）

写真9　第1期（赤倉沢下部溶岩）の露頭
溶岩流が5枚以上重なるのが観察される（1989年撮影。現在は一部が植生に覆われている）

写真10　第2期（後長根上部溶岩）の岩石
スケールは全長10cm（1目盛り1cm）

写真11　第2期（大鳴沢溶岩）の岩石
スケールは全長10cm（1目盛り1cm）

す。このように大きな露頭では溶岩流の積み重なり、すなわち溶岩のできた順序を明確に識別することができます（写真9）。

　岩木山の山体の内で、火山麓扇状地が広がる山麓部を除く山体の大半は、このような溶岩と火砕岩の積み重なりからなると考えられますが、多くの場所では植生に覆われているために露頭は不連続になっており、部分的にしか溶岩の分布を追うことができません。そのため地形や溶岩の特徴から溶岩流の層序を推定しています。

3．岩石の分類と名前について

　まず小学校・中学校で習った知識を思い出してみましょう。岩石は大きく分けると「火成岩」、「堆積岩」、「変成岩」の3つに分けられます。地下でできた高温の液体である「マグマ」が固まってできた岩石が火成岩です。火成岩は地下深くで固まった「深成岩」と地表に噴出して固まった「火山岩」に分けられます。岩石にはほかに砂や泥などの砕屑物や炭酸カルシウムなどが地表近くで固まった堆積岩、すでにある岩石が温度や圧力の変化により変化してできた変成岩がありますが、これらは岩木山ではほとんど見られません。

　岩木山を構成する岩石は基本的に火山岩ですから、火山岩についてもう少し詳しく見てみましょう。火山岩を肉眼あるいはルーペで観察すると暗灰色〜明灰色の基質の中に白色や黒色の粒が散在していることがわかります（写真2、5、9、10）。白色や黒色の粒はそれぞれ鉱物の結晶で、白色の粒は斜長石や石英、黒色の粒は輝石や角閃石、黒雲母、磁鉄鉱からなります。このような鉱物の結晶を「斑晶」と呼びます。斑晶の周りの基質の部分は、肉眼

やルーペでは個々の粒子が識別できないような細粒の鉱物結晶や、マグマが非晶質状態で固結したガラス（火山ガラス）からなります。この部分は「石基（せっき）」と呼ばれます。このような斑晶と石基からなる火山岩の組織を「斑状組織」と呼びます。火山岩がこのような組織を持つのは、マグマが地表に噴出して急に冷やされて固まったことによります。斑晶はマグマが地下でゆっくり冷えていくに従い、液体のマグマの一部が結晶化してできた物と考えられます。このマグマが地表に噴出すると、温度が急に低下するのと液体のマグマに溶け込んでいた水（H_2O）のような気体になりやすい成分がガスとして出て行く効果によって、全体が急速に固まっていきます。そうすると結晶が大きく成長することができず、細かな結晶の集合体やガラスが形成されることになります。つまり、火山岩の斑晶はマグマが地下で固まった部分、石基は液体として噴出した後、地表で固まった部分ということになります。

なお、火山噴出物のうちで、マグマが噴出した際に発泡することによって多孔質の状態で固まったものを軽石と呼びます。マグマは発泡することにより急激に体積が増大するので、軽石を多量に噴出するような噴火はきわめて爆発的で、軽石や火山灰を火口から大気中に高く吹き上げるような様式になります。岩木山の噴出物の一部は軽石が含まれており、溶岩流を流出させるような穏やかな噴火だけではなく、爆発的な噴火も起こしていたことがわかります。

岩石は肉眼で見ただけでは必ずしも正確に識別できません。専門の研究者でも、肉眼あるいはルーペによる観察だけでは、火成岩・堆積岩・変成岩という大まかな区分ですら間違えることは珍しくありません。歴史的に見てもさまざまな岩石にきちんと名前がつけられるようになったのは、岩石を顕微鏡で観察できるような「薄片」（プレパラート）を作製する技術、そして鉱物の特徴を識別するのに有用な偏光装置が発明された19世紀前半以降になります。偏光装置をとりつけた顕微鏡を偏光顕微鏡といい、岩石を識別するためには岩石薄片を偏光顕微鏡で観察する必要があります。

岩石を構成している鉱物の種類と量比、組織がわかれば原則として岩石の名称が決まることになりますが、火山岩の場合は少々問題があります。火山岩は石基を構成する鉱物が細粒すぎて顕微鏡でも識別できない場合や、鉱物ではない火山ガラスが大量に含まれていたりして、鉱物の種類と量比だけでは適切な岩石名を決められない場合が多いのです。そのため現在では火山岩については化学組成による岩石名の定義が広く用いられています（図3）[6]。岩石の化学組成については第5節でくわしく説明しますが、この分類に従うと、岩木山を形成している岩石は玄武岩質安山岩、安山岩、デイサイトにな

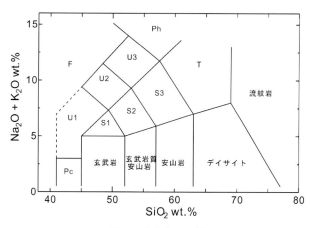

図3　火山岩の分類
Le Maitre, R. W. (ed.) (2004) に基づく
記号で示された領域の岩石名は下記の通りだが、これらは日本ではまれにしか産出しない。
Pc: ピクライト質玄武岩　S1：粗面玄武岩　S2：玄武岩質粗面安山岩
S3：粗面安山岩　T：粗面岩または粗面デイサイト　U1：ベイサナイトまたはテフライト　U2：フォノライト質テフライト　U3：テフライト質フォノライト　Ph：フォノライト　F：フォイダイト

ります。これらの基本的な名前の前に、含まれている斑晶鉱物のうちで特徴的なものを並べたものが火山岩の正式な名称になります。

4．顕微鏡で観察した岩木山の岩石

岩木山の岩石の顕微鏡写真の例を写真12〜17に示します。写真は岩石薄片の同じ範囲を撮影したものが2枚並べて示されています。偏光顕微鏡には偏光板と呼ばれる一方向に振動する光のみを通過させるフィルターが装備されています。偏光板は一部のサングラスや、写真

写真12　第1期溶岩（柴柄沢溶岩）の岩石薄片顕微鏡写真

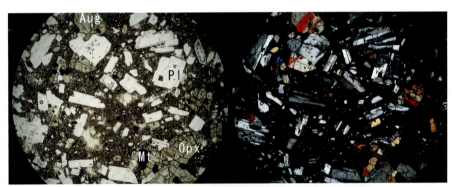
写真13　第2期溶岩（後長根上部溶岩）の岩石薄片顕微鏡写真

写真14　第2期溶岩（大鳴沢溶岩）の岩石薄片顕微鏡写真

写真12〜17は、いずれも左が下方ポーラ（偏光板）のみ、右が直交ポーラ。視野の直径が約5.5mm。左側写真中の記号は鉱物名を表す。　Pl：斜長石；　Opx：斜方輝石；　Aug：普通輝石；　Ol：かんらん石；Hb：普通角閃石；　Mt：磁鉄鉱

写真15　第3期溶岩（岩木山中央溶岩ドーム）の岩石薄片顕微鏡写真

写真16　第3期溶岩（岩木山中央溶岩ドーム）中の苦鉄質包有物の岩石薄片顕微鏡写真

写真17　第3期軽石（鳥海山軽石）の岩石薄片顕微鏡写真

撮影の際に反射光を除外するフィルター、3D映画の立体視用メガネなどに使用されていますから、見たことのある方も多いでしょう。偏光顕微鏡では偏光板が観察する薄片をはさんで2枚、光の振動方向が直交するようについており、薄片の下にある偏光板（下方ポーラ）は固定ですが、接眼レンズに近い上の方の偏光板（上方ポーラ）は光路に対して出し入れできるようになっています。写真の左側は下方ポーラのみの状態で、右側は両方を入れた状態（直交ポーラ）で同じ範囲を撮影したものです。下方ポーラのみの状態では、通常の顕微鏡で単に拡大して観察した場合とさほど変わらない見かけを呈しますが、直交ポーラでは全く異なった状態に見えます。2枚の偏光板を直交した状態に組み合わせると、互いに一方が通過する光を他方がさえぎることになるので、光を通しません。よって薄片が入っていなかっ

たり、ガラスのみ（スライドグラスや火山ガラス）の状態では真暗にしか見えません。ところが間に結晶である鉱物が入った状態では、鉱物の種類によっては実物とは異なる色がついて見え、またステージを回転させると明るさが変化したりします。これは結晶内を偏光が通過する際に光が振動方向と屈折率の異なる2つの光の分かれるためですが、詳しい説明は省略します。

　岩木山を構成する岩石は、第1期および第2期の岩石と、第3期の岩石とで違いが見られます。第1期と第2期の岩石は一部を除き互いに良く似た特徴を持ちます。例として第1期の溶岩の薄片写真を見てみましょう（写真12）。第3節で述べたように、斑晶と石基からなる斑状組織を示しています。斑晶を形成する鉱物として斜長石、普通輝石、斜方輝石、磁鉄鉱が含まれており、斜方輝石が普通輝石よりも多量に含まれています。この場合岩石名は「普通輝石斜方輝石安山岩」となります（多く含まれる鉱物の方が後になります）。第1期および第2期の岩石の多くははこの岩石、あるいは斑晶鉱物の組合せは同じで普通輝石の方が多く含まれる「斜方輝石普通輝石安山岩」です（写真13）。実はこれらの名前で呼ばれる岩石は、日本列島のような沈み込み帯の火山では最も良く見られる岩石であり、まとめて「両輝石安山岩（両は普通輝石と斜方輝石の両方を含むという意味）」あるいは単に「輝石安山岩」と表記されることもあります。

　第1期および第2期の岩石の内で、大鳴沢溶岩は、他の岩石とはやや異なっています（写真14）。斑晶として上記の鉱物のほかにかんらん石を相当量含み、岩石名はかんらん石斜方輝石普通輝石玄武岩質安山岩になります。かんらん石は直交ポーラの状態では切断方向により青、黄、橙、緑、赤紫などの色（干渉色）を示すため、かんらん石を多く含む岩石を直交ポーラで観察すると華やかな印象を受けます。

　第3期の岩石は安山岩とデイサイトです。デイサイトと一部の安山岩には普通角閃石の斑晶が含まれるのが特徴です。岩石名はかんらん石含有普通角閃石斜方輝石普通輝石安山岩（またはデイサイト）になります（写真15）。また、第3期の岩石のもうひとつの特徴は、第2節で述べたように、岩石に肉眼スケールでの不均質な組織が認められることです。1つは溶岩ドームの岩石に含まれている「苦鉄質包有物」です。苦鉄質包有物の部分を顕微鏡で観察すると、斑晶は少量しか含まれず周囲の岩石よりも粗粒で多孔質の石基からなることがわかります（写真16）。もう1つは鳥海山軽石の縞状組織で、顕微鏡で観察すると褐色のガラスと無色のガラスが複雑に入り組んだ状態が観察されます（写真17）。

　このような不均質な組織は、地下で2種類のマグマが混合した場合に生じると考えられています。マグマは温度や化学組成によって密度や粘性が大きく異なるため、2種類のマグマが地下で遭遇しても容易には均質化せず、混合途中の不均質な状態で噴出することが良くあります。岩木山の第3期の岩石の内で、約1万年前以降に形成された噴出物では、このようなマグマ混合を示す岩石が見られることが特徴です。

　岩木山の岩石の特徴を簡単にまとめると以下のようになります。第1期と第2期は一部を除き良く似た岩石から構成されています。この時代に岩木山は繰り返し溶岩流を地表に流出させていますが、噴出したマグマの性質は、約30万年程の間、あまり変化しなかったということになります。第3期の岩石はそれ以前とは異なっています。約3万年前以降、噴出するマグマの性質が変化したことになります。また約1万年前以降の3b期噴出物では地下での

マグマの混合を示す特徴が見られます。

顕微鏡観察でわかる岩石の性質は定性的なものなので、そこから推定できることにはどうしても限界があります。そこでより詳しく岩石の特徴を明らかにするには、定量的なデータが必要になります。次節では岩石の化学組成によって岩木山の岩石の特徴を見ていきます。

5．岩木山の岩石の化学組成

岩石をさらに詳しく調べるためには、岩石の化学組成を分析するのが有用です。特に火山岩の場合は、前述のように化学組成による岩石名の定義が広く用いられているので、正確に岩石名を決定するだけでも化学分析が必要になります。

岩石には、量の多寡を問わなければ天然に存在する元素が全て含まれているはずですが、比較的多量に含まれる元素はどの岩石でも共通して比較的少数のものに限られます。具体的には、酸素（O）、珪素（Si）、アルミニウム（Al）、鉄（Fe）、マグネシウム（Mg）、カルシウム（Ca）、ナトリウム（Na）、カリウム（K）、チタン（Ti）、マンガン（Mn）、燐（P）、水素（H）の12種類の元素がそれにあたります。なかでも一番多量に含まれているのは実は酸素で、重量パーセントでは40〜50％を占めます。上に挙げた酸素以外の元素は、ほとんどが酸素と結合した状態で鉱物を構成しています。岩石や鉱物の化学組成を数表で表示する場合、元素そのものではなく酸化物の重量パーセントで表示するのが慣習ですが、これはそのような理由によります。

表1　岩木山の岩石の主要成分全岩化学組成の例

（重量%）	1	2	3	4	5
SiO_2	57.17	53.89	64.52	53.95	60.38
TiO_2	0.95	0.81	0.49	0.79	0.61
Al_2O_3	17.20	16.69	16.22	17.78	16.40
Fe_2O_3	8.94	9.45	5.64	9.82	7.39
MnO	0.19	0.18	0.15	0.19	0.16
MgO	3.23	6.10	2.13	4.61	3.70
CaO	7.46	9.05	5.75	9.22	6.87
Na_2O	3.71	2.88	3.65	2.76	3.24
K_2O	0.99	0.82	1.35	0.79	1.16
P_2O_5	0.16	0.12	0.10	0.09	0.10

1：第1期　　赤倉沢下部溶岩
2：第2期　　大鳴沢溶岩
3：第3期　　岩木山中央溶岩ドーム
4：第3期　　岩木山中央溶岩ドーム　苦鉄質包有物
5：第3期　　鳥海山軽石

岩木山を構成する岩石の化学組成の例を表1に示します。ここでは直接測定されない H_2O を除く酸化物の測定値を、合計が100重量％になるように再計算した値を示しています。多数の組成値を比較する場合は数表ではわかりにくいのでグラフを用いて表現します。火山岩についてよく用いられるのは二酸化珪素（SiO_2）の重量パーセントを横軸に、他の元素の酸化物の重量パーセントやそれから計算された数値を縦軸にとったグラフです。二酸化珪素は岩石中で最も多量に含まれる成分であり、岩石のさまざまな性質に大きな影響を与えるためです。図4は横軸に SiO_2、縦軸に〔酸化ナトリウム（Na_2O）＋酸化カリウム（K_2O）〕をとったグラフで、図1と同じ図の一部です。その中に岩木山の岩石の分析値を図示してあります。第1期、第2期はそれぞれまとめて同じ記号で示してあります。第3期の各噴出物は個別に記号を変えて示しています。

図からわかるように、第1期および第2期の岩石はほとんどが SiO_2 重量％が56〜60重量％の領域に集中します。例外的に第2期の一部に54％程度の玄武岩質安山岩が見られます。それに対して第3期の岩石は SiO_2 60％以上の領域に連続的に分布します。一部 SiO_2 が55％以下の領域に分布するのは、第2節で述べた苦鉄質包有物の組成を表します。図5には他の元素の酸化物についても同様に SiO_2 重量％を横軸にとったグラフを示します。いずれの酸化

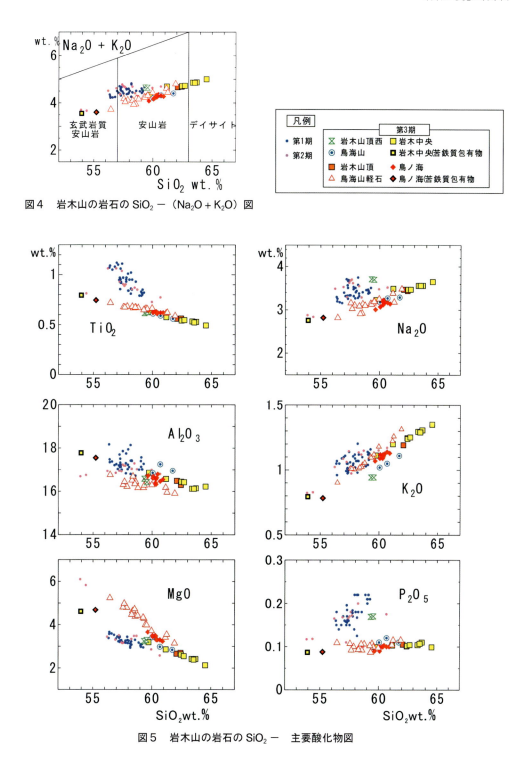

図4 岩木山の岩石の SiO_2 － $(Na_2O + K_2O)$ 図

図5 岩木山の岩石の SiO_2 － 主要酸化物図

物も、SiO_2の量と一定の関係があり、結果としてある曲線に沿った変化を描くことがわかります。

　第1期および第2期の岩石と第3期の岩石は多くの酸化物で異なった変化曲線を描き、

SiO_2-TiO_2図やSiO_2-P_2O_5図で特に明瞭です。第3期の岩石は第1期および第2期に比べると全体として広い範囲に分散していますが、さらに詳しく見ると噴出ユニットごとに異なった組成ないし変化傾向を示しています。一番わかりやすいSiO_2-K_2O図で見てみましょう。第3期のうちでも前半に噴出した岩木山頂西溶岩ドームと鳥海山溶岩ドームの岩石は、SiO_2の値に対してK_2Oが最も低い領域に位置します。それに対して岩木中央溶岩ドームと岩木山頂溶岩ドーム、鳥ノ海溶岩ドーム、鳥海山軽石は、それぞれわずかに傾きの異なる直線上に乗っています。これらの3グループの岩石は、他の酸化物－SiO_2図でもそれぞれ別個の直線を描くことがわかります。ここで前節で述べたことを思い出してみましょう。これらの岩石は肉眼的な不均質組織が見られ、2種類のマグマが混合して形成されたことが推測されます。2種類の化学組成の異なるマグマがさまざまな割合で混合した場合、それらの混合マグマはどの酸化物－SiO_2図上でも2つのマグマの組成を結ぶ直線上に分布するはずです。従って岩石の化学組成からも、マグマの混合が裏付けられたことになります。また、噴出物ごとに異なった経路を示すことから、混合したマグマがその都度異なっていたと考えられます。

6．岩石中の鉱物から見た岩木山最新期活動のマグマ

岩石の全岩化学組成を調べると、岩石の元になったマグマの性質についてかなり詳しいことが分かってきます。地下でのマグマの様子についての更なる情報は、岩石に含まれる斑晶鉱物にあります。

鉱物は一般に結晶であり、原子が規則正しく一定のパターンで配列してできています。そのため、それぞれの鉱物は鉱物ごとに固有の化学式で組成を表すことができます。しかし岩石を構成する鉱物の多くは、結晶を構成している元素の一部が他の元素と入れ替わることによって化学組成が連続的に変化する性質をもちます。このような結晶を固溶体と呼びます。

火山岩に最も多く含まれる鉱物である斜長石の場合、以下の3つの端成分からなる固溶体を形成します。

　　カルシウム端成分：アノーサイト（$CaAl_2Si_2O_8$、記号　An）
　　ナトリウム端成分：アルバイト（$NaAlSi_3O_8$、記号　Ab）
　　カリウム端成分　：カリ長石（$KAlSi_3O_8$、記号　Or）

実際の鉱物はこれらの成分をほぼ合計100％になるように含んでいて、「$An_{60}Ab_{38}Or_2$」のように組成を表示できます。

他の鉱物でも同様に複数の端成分の間で組成が連続的に変化します。つまり同じ鉱物であっても、岩石が異なれば、あるいは同じ岩石中に含まれていても別の粒子であれば、さらには同じ粒子であっても場所ごとに、組成が異なっている可能性があるということになります。組成の変化は鉱物が形成される際の条件を反映していますので、岩石に含まれる鉱物の組成を調べることでその鉱物が形成された条件について、つまり地下でのマグマの状態について、情報が得られることになります。

鉱物の組成変化についての詳細な説明は専門的になりすぎるため省略しますが、ひとつの例として岩木山の第3b期に形成された岩石に含まれる斜長石の組成を見てみましょう。図6、図7は、岩木山頂溶岩ドーム、鳥ノ海溶岩ドーム、鳥海山軽石の岩石試料から斑晶斜長石を分離してランダムに約3000点を分析した結果を、An量の分布で表したものです。グ

ラフの横軸は分析した斜長石のAn量、縦軸はその組成の斜長石が全体に占める割合を示します。斜長石は1つの岩石中でもこのように広い組成範囲を示すことが良くあります。

岩木山の第3期のうちの3b期に属する岩木山中央溶岩ドーム、鳥ノ海溶岩ドーム、鳥海山軽石について斜長石組成の分布を比較すると、岩木山中央溶岩ドームの分布が他の二つと異なることがわかります。鳥海山軽石は岩木山中央溶岩ドームか鳥ノ海溶岩ドームのいずれかの活動にともなって噴出した可能性があると考えられています。地質学的な証拠からは判断が難しいですが、鉱物組成分布からは鳥ノ海溶岩ドームの形成に関係すると考えられます。

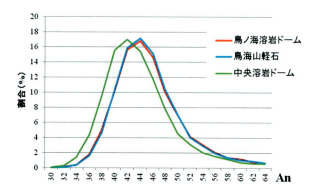

図6 岩木山中央溶岩ドーム、鳥ノ海溶岩ドーム、鳥海山軽石の斜長石組成分布（低An側）

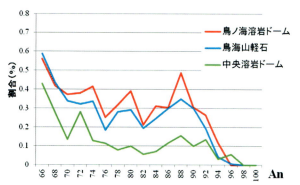

図7 岩木山中央溶岩ドーム、鳥ノ海溶岩ドーム、鳥海山軽石の斜長石組成分布（高An側）

7．岩石から見た岩木山のマグマシステムの変遷

以上のように、岩石の性質を調べていくことによって、火山を形成したマグマの地下での様子の一部が明らかになってきました。これまでの情報と、他の火山で得られている様々な知見をあわせて、岩木山を形成した地下のマグマの様子がどのように変化してきたのかを考えてみましょう。

岩木山は少なくとも35万年前から活動を開始し、約10万年間で成層火山体を形成しました。この時代の岩石の特徴は、比較的狭い範囲の化学組成を持つマグマが繰り返し噴出することによって形成されているということです。これらについては斑晶鉱物組成の詳しい分析は行われていないため、あまり確実なことはいえませんが、他の火山の例を参考にすると以下のようなモデルが考えられます。火山から噴出するマグマは、もともとは深さ数10km以上の深さでマントルを構成するかんらん岩の部分融解で形成されると考えられています。このマグマは玄武岩質であり、岩木山や他の火山で多く噴出している安山岩質のマグマとは異なっています。この変化は地殻下部〜中部に存在するマグマだまりの中でおこると推定されています。マグマだまりでマグマの組成が変化するメカニズムとして様々なものが考えられていますが、最も重要とされるのはマグマの一部が結晶化して分離することにより、残った液体の部分の組成が元のマグマと異なったものに変化する作用です。ここで火山の下に1回の噴火で噴出するマグマの量よりも十分に大きなマグマだまりが存在し、マントルからマグマだまりに供給される玄武岩質マグマの供給率と、マグマだまりから噴出するマグマの噴出率が

ほぼ一定の割合に保たれているような状態を考えます。すると、噴出するマグマの組成もほぼ一定の範囲に保たれることが想定されます。第1期～第2期には噴出率が比較的高いこと、溶岩の組成変化が比較的少ないことは、大規模なマグマだまりがこの時期を通じて岩木山の地下に存在し続けたことを示唆します。

第3期には、第1期、第2期とは異なった組成範囲のマグマが噴出しています。噴出量、噴出率がともに著しく小さくなり、噴出するマグマには不均質な組織が認められ、デイサイトマグマと玄武岩マグマの混合により形成されたと考えられます。また、噴火ごとに混合の端成分マグマがわずかに異なっていることを考え合わせると、第3期には地下のマグマは以前に比べて小規模なものになり、噴火ごとに別々のマグマだまりが形成された可能性があります。

おわりに

岩木山を形成している岩石は、岩石そのものとしてはごくありふれた火山岩であり、見かけも地味なものですが、分布、年代、産状、化学組成や含まれる鉱物の特徴などを総合してみていくことにより、火山の過去の活動や、直接見ることのできない地下でのマグマの様子について知ることができます。岩木山は活火山であり、将来噴火する可能性があると考えられていますが、将来どのような活動がありうるか、また長期的に見て活動がどのように推移していくのかなどが、防災上重要です。岩石から推定される情報はそのような観点から大きな意味を持っています。

【引用文献】
1) 小岩直人（2014）:「岩木火山の地形と歴史」『岩木山を科学する』北方新社 p72-80
2) 佐々木実・小川洋・斎藤憲二・梅田浩司（1996）:「岩木火山の形成史」『日本火山学会講演予稿集』1996年度秋季 p165
3) 佐々木実（2001）:「岩木火山」『青森県史　自然編　地学』青森県史編さん委員会 p179-182.
4) 伴雅雄（2010）伴（2010）「岩木山の噴火履歴とマグマ発達過程の解明に関する研究」『地震及び火山噴火予知のための観測研究計画　平成22年度成果報告シンポジウム発表資料集』課題番号2905
5) 三村弘二・金谷弘（2001）:「東北日本、岩木火山北東麓の流れ山のK－Ar年代と岩木火山の火山体形成およびその崩壊時期」『火山』46 p17-20.
6) 山口義伸（2011）:「岩木山の生い立ち」『新編弘前市史　岩木地区通史編』弘前市岩木総合支所総務課 p16-50.
7) Le Maitre, R. W.（ed.）(2004): Igneous Rocks: A classification and glossary of terms, 2nd edition. CAMBRIDGE UNIVERSITY PRESS, 236p.

岩木山の周辺から発見された化石

島口　天

　岩木山は、約30万年前から始まった火山活動によってできたと考えられています[1]。それ以前のこの場所には、どんな風景が広がっていたのでしょうか。

　大地の歴史は、地質を調べることで知ることができます。岩木山周辺の地質を地図上に記した地質図（図1）を見ると、岩木山の南〜西側には、第四紀前期更新世（258万〜78万年前）以前の地層が分布し、岩木山の基盤となっていることがわかります。そのうち、新第三紀鮮新世〜第四紀前期更新世（532万〜78万年前）中の鳴沢層・東目屋層からは海にすむ貝の化石が、さらに古い時代の新第三紀後期中新世（1120万〜532万年前）中の赤石層からは鯨の化石が産出しています。

　地層の多くは、川などによって運ばれてきた砂や泥が堆積する海や湖の底でできます。そして地層の中に、海にすむ生物の化石が含まれていれば、海の底でできたことがわかります。鯨や貝の化石を含む地層は、かつてこの場所が海の底だったことを教えてくれているのです。つまり、海の底が地殻変動によって隆起して陸地となり、その後に岩木山ができたといえます。

　ここでは、発見されている鯨と貝の化石について、詳しく紹介します。

1．鯨類化石

　1990（平成2）年10月、岩木山南西麓を流れる中村川の左岸で、青森県立郷土館による鯨類化石の発掘が行われました。中村川は、岩木山南西部から北流して日本海へ注ぐ二級河川で、上流部は弘前市、中・下流部は鰺ヶ沢町を流れています。発掘現場は、河口から

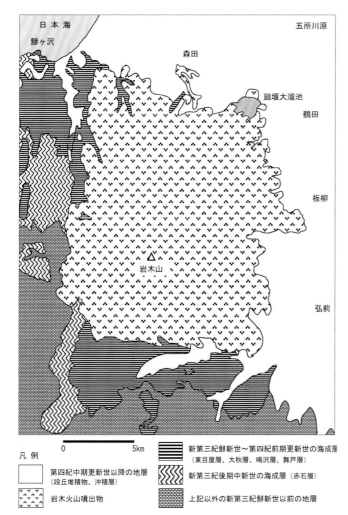

図1　岩木山周辺の地質図（箕浦ほか（1998）[2] を元に作成）

直線距離で約17.5km上流の弘前市側（旧岩木町）にあり、標高は約240m、両岸は急斜面となっており、河床には巨礫がたくさん転がっている場所です。

筆者はこの時、中学校の講師だったため、発掘にはアルバイトとして最初の2日間だけ参加しました。この6年後に、郷土館に勤務することになって化石の調査・研究を行うことになりますが、それまでのことは前任の地学担当学芸員であった佐藤巧氏から聞いたことを元に紹介します。

(1) 化石発見から発掘まで

この化石は、1987（昭和62）年に弘前大学理学部の学生・神宮宏氏が地質調査の際に発見したもので、発見時は河岸の地層の中に椎骨の一部が露出していたようです。神宮氏がその椎骨を掘り出してみたところ連続した3個の椎骨が産出し、さらに奥に椎骨が埋まっていたそうです。この椎骨は、岩手県立博物館の大石雅之氏によってヒゲクジラのものと鑑定され、神宮氏が地質調査の結果を報告した論文[3]に赤石層から産出した鯨類化石として記録されました。郷土館による発掘はこれを受けて行われたもので、大石氏の協力の下、化石はおよそ1週間かけて発掘されました。

発掘現場には、岩木山南西麓にある湯段温泉から中村川支流の黒沢沿いの林道を車で下り、中村川にかかる乗廻橋を左岸側へ渡った後、徒歩で山林の中の山道を下流側へ歩いて行きます。山道は狭く、何度も上り下りを繰り返し、最後は河岸の発掘現場まで小さな谷沿いの急斜面を下りなければなりません。発掘には削岩機や発電機などの機器類が必要でしたので、これらを一輪車に乗せ、佐藤氏を中心とした郷土館職員が、力を合わせて運びました。実は、この山道は佐藤氏らが発掘の事前調査の際に偶然みつけた道で、事前調査に行く時は中村川を歩いて下ったそうです。山道をみつけたおかげで機器類を運搬できましたが、そうでなければ1週間という短期間での発掘は困難だったと思われます。

事前調査は、7月と8月の2回行われました。7月の調査は大石・佐藤両氏によって行われ、椎骨の続きの1個を掘り出したほかに、頸椎や鼓室胞という耳の骨を左右とも発見しました。そして、頭部化石の配列を確認し、鯨1個体の全身骨格の化石が得られることが期待されました。実際には、10月の発掘までの間に大雨が降り、頭部を含んでいたと思われる地層が流されてしまったようで、残念ながら頭部の化石は得られませんでした。ただ、事前調査で鼓室胞がみつかっていたのは幸いでした。これは鯨類の種を同定する際に大変重要な部位で、この形態の特徴からザトウクジラである可能性が高いと考えられたからです。8月の調査は、佐藤氏を含む郷土館自然分野職員3名によって行われ、先述の山道を発見・記録したほか、部位不明化石4点を追加採集しました。

(2) 化石発掘（写真1〜8）

発掘は10月15日に始まり、機器類を発掘現場まで運搬した後、化石が含まれている層準より上のシルト岩を、削岩機を使って崩す作業から始めました。シルトとは、砂と粘土の中間的な大きさの粒のことで、指と指の間ですりつぶすとかすかに粒々が感じられます。発掘現場のシルト岩は、締りがいいもののカチカチに固いというほどではないため、削岩機で崩すのは難しくありませんでした。初日は地元のテレビ局や新聞社が同行して取材を行い、器材

イワキサンクジラ発掘の様子 （写真提供：青森県立郷土館）

1990（平成２）年10月15日（月）

写真１　削岩機や発電機等の機器を運搬。上り下りを繰り返す狭い山道を進む。

写真２　急斜面ではロープも使い、機器を引き上げた。

写真３　中村川左岸の発掘現場に到着。

写真４　発掘現場の確認。中央やや下に椎骨が見え、奥へ続いていると考えられた。

写真５　削岩機を使って発掘開始。化石が含まれる層準までシルト岩を掘り下げる。

10月19日（金）

写真6　化石全体の掘り出しが完了。測量や産状図の作成を行う。

写真7　化石を個々の部位に分け、梱包材で梱包する。

10月20日（土）・21日（日）

写真8　地元の高校生の協力を得て化石を運び出し、郷土館へ搬入。

の運搬や発掘のようすが夕方のニュースに流れたほか、翌日の朝刊に掲載されました。削岩機を使った作業は、翌16日も続けられました。

　17日には、ようやく化石の全景が現われ、岩石用ハンマーとタガネによる手作業での発掘に切り替えました。18・19日はこの作業が続けられたほか、測量を行って部位の配置を記録した産状図を作成しました。

　20日は、個々の部位を慎重に地層から取り出し、クッション材を使って丁寧に梱包していきました。そして、21日に梱包した化石を地元の高校生の協力を得て林道まで運び出し、車で郷土館へ搬送して発掘が終了しました。

写真9　青森県立郷土館の自然展示室に展示されたイワキサンクジラの化石と写真パネル
（写真提供：青森県立郷土館）

（3）郷土館の展示へ

　発掘現場で化石をシルト岩から取り出す際には、化石だけをきれいに取り出すのではなく、細かい部分を破損しないようある程度シルト岩をつけたまま取り出しました。シルト岩を完全に取り除いて化石をきれいにする作業はクリーニング作業といい、郷土館で行われました。

　実はこの年、郷土館の自然展示室内にある「青森の大地」コーナーがリニューアルされることになっており、発掘した鯨類化石はその展示の目玉の1つだったのです。そこで、展示する部位のクリーニング作業が急ピッチで行われ、翌1991（平成3）年1月8日のリニューアルオープンの際に披露、常設展示されることになりました（写真9）。

　この化石について、大石氏は鼓室胞の形態的特徴からザトウクジラ属に属する可能性があるとし、この標本を岩木山標本（イワキサンクジラ）と呼称することを1991年2月の日本古生物学会で発表[4]しました。当初、化石の産出地が旧岩木町だったことから名称を「イワキクジラ」としたかったそうですが、これはすでに福島県いわき市の鯨類化石に使われていたため「イワキサンクジラ」となったようです。また、神宮・氏家の論文[3]からイワキサンクジラの年代を後期中新世と考えました。

（4）その後の研究

　ここからは、筆者が郷土館に勤務してからイワキサンクジラに関わった話になります。

　1996（平成8）年4月に筆者が郷土館に異動した時点で、展示されている以外の部位はクリーニングされずにありました。鯨類化石の研究を進めるためには、全部位のクリーニングをする必要があるため、時間をみつけて少しずつクリーニングを進めることになりました。また、平行して産出地の赤石層の調査も、何度か現地を訪れ行いました。

　クリーニングは、腕が疲労するため1日に1〜2時間程度しかできず、年に何日も行うことができませんでした。そのため、全部位のクリーニングを終えるのに10年近くかかってし

まいました。また、クリーニングでは粉塵が発生しますが、郷土館にはそれを取り除きながら作業できる場所がなく、防塵メガネと防塵マスクを着用し、掃除機で粉塵を吸い取りながら作業を行いました。

ちょうどクリーニングが終わった頃、青森・秋田・岩手の県立博物館の自然分野で共同展示を行うことになり、2007（平成19）年に北東北三県共同展「北東北自然史博物館〜大地といきものふしぎ旅行〜」が各県

写真10　北東北三県共同展におけるイワキサンクジラの全身骨格初展示（岩手県立博物館会場）
（写真提供：青森県立郷土館）

で開催され、この展示会でイワキサンクジラ全部位の初公開を行いました（写真10）。この時、第3頸椎から第3尾椎までを写真で並べた復元図を作成し、その長さが約3mであったことから、イワキサンクジラの推定全長を約6.5mとしました。

この後、大石氏による全部位の調査が行われ、記載論文の作成が進められています。大石氏は2011年に開催された地学団体研究会第65回総会の普及講演において、イワキサンクジラは現生ナガスクジラ科とコククジラ科に含まれるいくつかの種に認められる形質をモザイク状にもつことから、比較した分類群のどれにも属さないと考えられ、それらの種の共通祖先を含む最も古いナガスクジラ科の分類群の中に入る可能性がある、と述べています。また、近年の分子系統学によって明らかにされつつあるナガスクジラ科鯨類の系統関係について、現生種が前期中新世に分化したという報告があるが、化石として現れる確かなナガスクジラ科鯨類は後期中新世のものであることから、イワキサンクジラはナガスクジラ科鯨類の進化史を考える上で重要である、とも述べています[5]。

鯨類のような大型動物は、一度に多数の標本が得られる貝類のような小型動物と違って、一度に1個体またはいくつかの部位しか得られません。そうすると、分類学的な検討が難しくなります。クリーニングに時間がかかるほかに分類学的検討にも時間がかかることから、鯨類化石の研究には長い時間が必要となるのです。

（5）イワキサンクジラが生きていた頃

イワキサンクジラが産出したのは、後期中新世（1120万〜532万年前）の地層と考えられる赤石層の下部で、シルト岩からできていました。さまざまな研究の成果によって、この時代の青森県の大部分は海の底だったことがわかっています。特に、この時期の前半は深海の環境で、クジラが悠々と泳ぐことができたはずです。

イワキサンクジラも大海原を泳いでいたのでしょうが、何らかの原因で死んでしまい、その遺体が深海底に沈んで埋もれ、長い年月をかけて化石になったと考えられます。イワキサンクジラの椎骨の多くは、下部の保存状態がよかったのですが、上部が溶けてなくなっています。これは、椎骨の下部が海底に堆積したシルトに埋もれ、上部がシルトから出ていた可能性があることを意味します。骨の部位の保存状態や産出位置を調べることから、遺体が海

底に着いてから腐敗して崩れ、シルトに埋もれるまでの過程も予測できそうです。

2．貝類化石

　鮮新世（532万〜258万年前）になると、日本列島全体が隆起を始めました。青森県でも海が浅くなり、奥羽山脈などの山地に連続するような場所から順に陸地になっていきました。浅くなった海の底には多くの貝類がすむようになり、この時代の県内各地の地層から貝類の化石がみつかっています。

　岩木山周辺に分布する鮮新世の地層としては、西部の舞戸層（前期鮮新世）・鳴沢層（後期鮮新世）、南東部の東目屋層（後期鮮新世）があります。いずれの地層からも貝類化石の産出報告があります[6,7,8]が、東目屋層及び鳴沢層から産出する貝類化石は、その種構成から大桑・万願寺動物群に属するようです。この動物群は、主として日本海側に分布する鮮新世から初期更新世の貝類群集であり、温帯的な海洋気候下で繁栄したもので、地域的・空間的に暖温や冷温種が混在する[9]、とされています。

　津軽地域の貝類化石について総括的な研究を行った弘前大学名誉教授・岩井武彦博士は、東目屋層から2新種・3新亜種（写真11）を報告[10]しています。

　青森県内におけるこのほかの大桑・万願寺動物群に属すると考えられる貝類化石群集は、津軽半島北東部に分布する蟹田層や青森市西部から黒石市にかけて分布する大釈迦層、下北半島の横浜町からむつ市にかけての陸奥湾沿いに分布する浜田層、十和田市南部から三戸郡・八戸市にかけて分布する斗川層からも産出します[11]。この時代には、日本海・陸奥湾・太平洋が津軽半島・下北半島で区切られることなく、ひと続きだったこともわかります。

1. *Sinum oblongum yuguchiensis* Iwai,1959　フクロガイ属の一亜種
2. *Epitonium aomoriensis* Iwai,1959　オオイトカケ属の一種
3. *Neptunea arthritica hirosakiensis* Iwai,1959　エゾボラ属の一亜種
4. *Leucosyrinx yonegafukuroensis* Iwai,1959　*Leucosyrinx* 属の一種
5. *Portlandia scapha hirosakiensis* Iwai,1959　ベッコウキララ属の一亜種

写真11　東目屋層産の新種・新亜種貝類化石（青森県立郷土館蔵）

【参考文献】
1) 佐々木 実（2001）:「岩木火山」青森県史編さん委員会編『青森県史 自然編 地学』p179-182
2) 箕浦幸治・小菅正裕・柴 正敏・根本直樹・山口義伸（1998）:「20万分の1青森県地質図」青森県
3) 神宮 宏・氏家良博（1990）:「津軽盆地西南部に分布する新第三系の続成作用」地質学雑誌 第96巻 第6号 p421-435
4) 大石雅之・佐藤 巧（1991）:「青森県岩木山麓から産出したザトウクジラ属化石と東北日本中新－鮮新世のナガスクジラ科化石について」日本古生物学会1991年年会講演予稿集 p66
5) 大石雅之（2011）:「東北地方の化石からさぐるクジラ類の歴史」地学団体研究会第65回総会 講演要旨・巡検案内書 p7-10
6) 平山次郎・上村不二雄（1985）:「鰺ヶ沢地域の地質」地域地質研究報告（5万分の1地質図幅）地質調査所 p86.
7) 岩井武彦（1965）:「青森県津軽盆地周辺に発達する新生界の地質学的並びに古生物学的研究」弘前大学教区学部紀要 no.14 p85-155
8) Iwai, T.（1960）:「Pliocene Mollusca from the Nishi-tsugaru District, Aomori prefecture, Japan」Saito Ho-on Kai Museum Research Bulletin no.29 p35-46
9) 小笠原憲四郎（1996）:「大桑・万願寺動物群の古生物地理学的意義」北陸地質研究報告5 p245-262
10) Iwai, T.（1959）:「The Pliocene Deposits and Molluscan Fossils from the Area Southwest of Hirosaki city, Aomri prefecture, Japan」弘前大学教育学部紀要 no.5 p39-61
11) 増田孝一郎・小笠原憲四郎（1981）:「大桑・万願寺動物群と竜の口動物群」軟体動物の研究（大森昌衛教授還暦記念論文集）p223-249

■トピック1：テレビ番組撮影中に化石を発見！

　イワキサンクジラを発掘した翌年、筆者が制作に関わっていた青森テレビ（ATV）の子ども向け科学番組で、イワキサンクジラを取り上げることになりました。クジラの化石が山の中で見つかった謎を解き明かす、という内容でした。

　発掘現場を訪れ、撮影がひと通り終わった頃のことだったと思います。スタッフのひとりが、足元に化石のようなものを発見しました。その方は、タバコを吸って一服していた時、タバコの灰が足元に落ちたのを何となく見てそれを発見したそうです。そこは、撮影やその準備の際に、スタッフや筆者が何度も歩いている場所でしたが誰もそれに気づかず、偶然そこで一服したスタッフがみつけた、というものでした。当然、前の年にはイワキサンクジラの発掘のために、たくさんの人が行き来していた場所でもあります。化石の発見というものが、いかに偶然によるものであることかを思い知らされた瞬間でした。

　化石は、細長い椎骨らしいものが連続して2つ、地層から露出していました。早速、筆者が持っていた岩石ハンマーで周囲を掘り始めました。表面を掘ってみると、椎骨らしい化石は3つ連続していました（写真12）。化石を含むシルト岩は思っていた以上に固く締り、

写真12　クリーニングを終えた小型の鯨類化石
（青森県立郷土館蔵）

何人かで交代しながら掘りましたが、縦40cm、横50cm、厚さ15cmほどの塊として掘り出すのに2時間ほどかかったと思います。塊はとても重く、それを持って山道を戻るのは大変でした。

後日、佐藤氏にクリーニングと調査を依頼し、クリーニングの様子をカメラに収めて番組で放送しました。調査の結果、化石は椎骨だけということもあり、小型の鯨類のものということ以外はわかりませんでした。

このように、中村川では鯨類らしい化石が、ほかにもみつかっているようです。

■ **トピック2：ツガルクジラの謎**

青森県立郷土館には、鰺ヶ沢町で発見された鯨類化石「ツガルクジラ」のレプリカが展示されています（写真13）。これの実物標本を所蔵する国立科学博物館には、化石が採集されたのは1892（明治25）年、場所は西津軽郡赤石村赤石谷（現在の鰺ヶ沢町赤石町）、採集者は竹内参左衛門という記録があります。

写真13　ツガルクジラ複製標本
（左斜め上から、長さ約35cm）
（青森県立郷土館蔵）

この化石は頭骨の一部で、東北帝国大学の松本彦七郎教授によって研究が行われました。研究の成果を記載した論文は1926（昭和元）年に発表されており、この論文で *Idiocetus tsugarensis* と命名されたことから、ツガルクジラと呼ばれています。また、これには化石の提供者が、弘前市の H. Takeuchi と記載されています。

これらの情報から、さまざまな疑問点が浮かび上がります。化石の採集者と提供者は、同じ竹内姓だが関係は？　松本教授に化石が渡るまでの経緯は？　国立科学博物館に化石が収蔵されるまでの経緯は？　などなど…。これらを明らかにしようと、鰺ヶ沢町史や青森県人名事典等を調べましたが、なかなかよい情報は得られませんでした。

そんなある日、偶然目にした東奥日報社発行の『青森県日記百年史』という本の中に、ツガルクジラのことが書かれているらしい記事を発見しました。それは1923（大正12）年4月の記事で、「二百万年前の人魚の化石　本県下で発見」という見出しであったものの、赤石村や松本彦七郎、竹内家、のちに鯨の化石と判明、ということからツガルクジラに関する記事と確信しました。早速、県立図書館でマイクロフィルムを閲覧し、4月3日・16日に関連記事があることを確認し、以下のことがわかりました。

化石は、赤石村大然（現在の鰺ヶ沢町大然）の山中から同村の資産家・竹内家の祖先が発掘し、大蛇の骨として保存されてきたものでした。発掘された年は明確ではなく、16日の記事では百数十年前とされていました。これの鑑定を東京博物館に依頼したところ松本教授のところに回され、松本教授が鯨の化石と鑑定した上で、50円で買い上げたということです。これによって、松本教授に化石が渡った年や経緯は判明しました。竹内家については、鰺ヶ沢町教育委員会に協力を依頼して調べてもらいましたが、赤石村に竹内家という資産家はい

なかったようです。松本教授の論文にある「弘前市のH. Takeuchi」が資産家であったとすれば、それに該当しそうな資産家として竹内半左衛門という人物がいますが、赤石村の竹内家との関係は不明です。

　東京博物館は、新聞記事が掲載された年の9月1日に関東大震災で施設と資料のすべてを失っています。この8年後の1931（昭和6）年に東京科学博物館として開館し（のちに国立科学博物館となる）、さらにこの4年後に松本教授が大学を退官していますので、この頃にツガルクジラが同館に収蔵されたことが考えられます。

　ツガルクジラは、明治時代に発見されたこともあって不明な点が多い標本ですが、イワキサンクジラ同様に日本の鯨類化石の研究上貴重な標本ですので、今後、さらに詳細が判明することを期待したいと思います。

岩木山の希少な生きものたち

齋藤信夫・小原良孝・小山信行・須摩靖彦・津軽昆虫同好会

　青森県の津軽平野南西端に聳える岩木山（標高1,625m）は本州北端という高緯度にあることや日本海からの北西季節風の影響を受け、山頂付近は本州中部の2,500m級山岳地帯の植生を呈し、そこから森林限界の1,400mあたりまではハイマツやミヤマハンノキ・マルバシモツケなどの高山・亜高山帯低木が多くの群落を形成しています。中腹はブナやミズナラを主体とする林相となり、更に標高400mあたりから下の山麓部には、小規模ながらいくつかの湿地が点在する草原と落葉広葉樹や針葉樹などで構成される森林が広がっています[1,2]。典型的なコニーデ型単独峰の岩木山では、山頂域の急な斜面から美しいスロープを見せる緩斜面に沿ってこれらの植生が順次入替わり、それぞれの環境に適応して生きる多種多様な動植物を見ることができます。岩木山は遠目で見ると悠久不変のように見えますが、その自然環境は必ずしも安定したものではなく、古来より多かれ少なかれ人の手によって影響を受けてきました。とくに先の大戦後、農地開拓などで山麓の草原環境が次第に失われ、スキー場開発や津軽岩木スカイラインの開設等もあり、そこに生息する生き物たちは大きな影響を受けてきました。生息環境の変化はそこに生息する生物にとっては大いなる脅威となり、その規模によってはその地域で消滅してしまうこともあるのです。既刊『岩木山を科学する』[3]で紹介されているように、1970年代以降岩木山麓から姿を消した草原の蝶オオルリシジミはその典型といえるものです[4]。また、岩木山を代表する植物といえば標高1,400mあたりの亜高山帯から山頂にかけてみられるミチノクザクラですが、岩木山を訪れる登山者やハイカーたちに超人気のこの高山植物は不注意による踏み荒らしや隠れコレクターによる盗掘などもあり、生存そのものが危ぶまれています[5]。

　岩木山に限らず、生物がその生息地において存続を危惧される状況は環境の変化に対する適応度の違いによって異なり、ほとんど姿をみせなくなりまさに絶滅の瀬戸際にあると思われるもの、個体数がどんどん少なくなり近い将来絶滅が危惧されるもの、あるいは今すぐではないにしても集団の維持が難しくなり、このままでは絶滅の方向に向かいそうなものなどさまざまです。動物であれ植物であれ、このような状況にある種は多かれ少なかれ個体数が減少し人の目に触れる機会も少なくなるので、いわゆる"希少な種"として位置づけられます。"希少な種"という場合、もともと個体数が少なくて希少である場合と本来はごく普通に見られていたのが、何らかの要因で個体数が減少し存在そのものが希有になっている場合の二通り考えられますが、青森県では前者であれ後者であれ、県内で希少と思われる野生生物をピックアップし、希少性の度合いをもとに、絶滅野生生物（EX）、最重要希少野生生物（A）、重要希少野生生物（B）、希少野生生物（C）、要調査野生生物（D）および地域限定希少野生生物（LP）の6つのランクに分けて評価し、"青森県の希少な野生生物"として選定（既刊『岩木山を科学する』では指定という表現でしたが、本書では環境省の表現に合わせ選定にしました）しています。これを青森県版としてとりまとめたものが『青森県の希少な野生

生物－青森県レッドデータブック－』（青森県 RDB）で、2000 年に初版、2010 年に改訂版が発行されました[5,6]。一方、環境省は全国版のレッドデータブック『日本の絶滅のおそれのある野生生物－レッドデータブック－ (1991)』（環境庁 RDB）を発行し[7]、その後分類群ごとに定期的な見直しを行い、2013 年に最新版を第4次レッドリストとして公表しています。青森県 RDB では絶滅が危惧される野生生物がいかに希少で大切なものであるかという教育的観点から、"希少性"に重点を置いたランク設定とし、環境省 RDB (1997) では"絶滅危惧"を前面に掲げるランク設定になっています。そのためランクの名称に違いがありますが、両者は相互に対応するものとなっています。参考までに両者のランクの名称とその基本概念を対比したものを表1に示します。

表1　環境省ＲＤＢと青森県ＲＤＢのカテゴリー対比

青森県 RDB カテゴリー（2010）[6]	環境省 RDB カテゴリー（1997）[8]
絶滅野生生物（EX）： 　県内では、すでに絶滅したと考えられる野生生物	絶滅（EX）： 　わが国ではすでに絶滅したと考えられる種
－	野生絶滅（EW）： 　飼育・栽培下でのみ存続している種
最重要希少野生生物（A）： 　県内では、絶滅の危機に瀕している野生生物	絶滅危惧Ｉ類（CR+EN）：絶滅の危機に瀕している種 絶滅危惧ＩA類（CR）：ごく近い将来における野生での絶滅の危険性が極めて高いもの 絶滅危惧ＩB類（EN）：IA 類ほどではないが、近い将来における野生での絶滅の危険性が高いもの
重要希少野生生物（B）： 　県内では、絶滅の危機が増大している野生生物	絶滅危惧 II 類（VU）： 　絶滅の危険が増大している種
希少野生生物（C）： 　県内では、生息・生育を存続する基盤が脆弱な野生生物	準絶滅危惧（NT）： 　存続基盤が脆弱な種
要調査野生生物（D）： 　県内では、生息・生育情報が不足している野生生物	情報不足（DD）： 　評価するだけの情報が不足している種
地域限定希少野生生物（LP）： 　県内では、地域内に孤立している個体群で、地域レベルでの絶滅のおそれが高い野生生物	絶滅のおそれのある地域個体群（LP）： 　地域的に孤立している個体群で、絶滅のおそれが高いもの

A〜D, アルファベット；LP, Local Population；EX, Extinct；EW, Extinct in the Wild；CR, Critical；
EN, Endangered；VU, Vulnerable；NT, Near Threatened；DD, Data Deficient

　この章では高等植物、哺乳類、鳥類、昆虫類（ゾウムシ類・ホソハンミョウおよび既刊『岩木山を科学する』でとりあげなかったトビムシ類・スカシバガ類）を対象に岩木山に生息する希少な動植物を紹介します。哺乳類に関しては『岩木山を科学する』である程度解説しており、植物と鳥類に関しては本書の別の章でもとりあげていますので、多少の重複はご容赦ください。

（小原良孝）

1．岩木山の貴重な植物

　植物はいったん根を下ろしてしまうとその場所から移動することができません。この当た

り前の事実が、植物の生育そのものが動物以上に周りの環境に大きく左右されていることを物語ります。

　私達が目にする植物の多くは仲間を増やすために種子や胞子を形成します。ただ、それらが散布されても、たどり着いた場所が、発芽に適した場所とは限らず、また、発芽したとしても、そこが生育に適した場所とは限らないことが多くあるでしょう。さらに、温度や水分、また光などの条件が変化しても、移動できないために、それらの影響をまともに受け、生育が困難になってしまうことも日常的でしょう。そしてまた、温度条件にせよ水分条件にせよ、ぎりぎりの環境下で何とか生き延びている植物もあるでしょう。環境に対する適応力の幅も様々でしょう。ですから、目の前で花を咲かせている1本の植物は、様々な関門をくぐり抜けてきた結果として花を咲かせているのだということを私達は理解しなければなりません。

　細井は青森県内で1,694種の野生植物の自生種を報告しました[9]。その際、分布の多少（分布量）を希産種、中庸種、普通種、絶滅種の四段階で表示していますが、分布量は植物が生育している場所の環境変化により大きく左右されますから、今では報告された当時に比べ、種やその分布量が変わっているかも知れません。当然、岩木山に生育する植物も例外ではないでしょう。

　ここで、環境変化の要因を自然条件の変化と人間の生活活動の影響という側面からいくつか具体的に取り上げてみましょう。自然条件という面では気温や降水量の上昇や低下、野生草食動物の食害などが考えられるでしょう。また、人間の生活活動の影響という面では、湿地や原野の宅地化や耕作地化、薪炭林の放置・荒廃、耕作地の放棄、自然林や植林地の伐採、大・小規模の土木工事、除草剤の使用などが考えられるでしょう。それらの変化や攪乱により、植物の生育場所は確実に影響を受け、新たな環境が生育にそぐわなかった場合、そこに生育していた植物は衰退・消滅していくことになります。地球的な規模の気温変化だけに絞ったある研究によると、20世紀100年間で地球の平均気温は0.6℃上昇したといいます。また別の研究では、2091〜2100年には日本の年平均気温が1.4〜5.8℃上昇すると予想されています。それらの気温変化は地球温暖化の進行として世界的に危惧されている現象です。

　これまで述べたような様々な環境変化により衰退・消滅しつつある植物を洗い出し、保護していこうということで国（環境省）や青森県は維管束植物（シダ植物以上の高等植物）に関するレッドリストを作成するようになりました。環境省版は全国規模の視点から、また青森県版は本県だけでの視点から捉えていますから、そこで取り上げられている植物には当然差異が生じていますが、いずれにしても、そこに掲載された植物が絶滅しないように、多くの人々が注意を払って行かなければならない目安となっています。

　岩木山は昔から信仰の対象として多くの人々の注目を集めてきた山ですが、そこに生育している植物や植生の特徴などについての研究はそれほど多くありません。また、一般の人々が入手できる情報もきわめて限られているのが現実です。そのような折、岩木山の植物を「希少種」という側面から捉え、生育環境の変化などを注視していくことは非常に大切なことといえます。

(1) レッドリストから

　青森県が発行した青森県RDB[6]の中から岩木山に生育しているであろう植物を取り出し、

そこに、環境省RDB[10]で取り上げられている植物や『青森県史』[11]に登場する植物、そして三浦[12]に掲載されている植物も取り入れた一覧表を作成しました（表2）。

表2　岩木山に関連するレッドデータブック等での掲載植物

番号	植物名	青森県RDB(2010)に記載されている	左記RDBに「岩木山」と記載されている	青森県史(2003)に記載されている	三浦(2008)が掲載する	環境省RDB(2012)に掲載されている	三浦(2008)が岩木山で減少・絶滅とした
1	エゾノツガザクラ	A	○	○	○	−	○
2	ヒメアカバナ	A	○	○	○	−	
3	タカネトンボ	A	○	○		VU	
4	チシマツメクサ	A	○			CR	
5	チシマヒカゲノカズラ	A	○	○		EN	
6	キバナシャクナゲ	A	○	○			
7	アイヌタチツボスミレ	B	○	○	○	−	
8	ウコンウツギ	B	○	○	○	−	
9	ナガバツガザクラ	B	○	○	○	−	○
10	ミチノクコザクラ	B	○	○	○	VU	
11	オキナグサ	A		○	○	VU	○
12	キキョウ	B		○	○	VU	○
13	コアニチドリ	B		○	○	VU	
14	サルメンエビネ	A			○	VU	
15	アギナシ	B			○	NT	
16	ユウシュンラン	B			○	VU	
17	エビネ	B			○	NT	
18	トガクシソウ	B			○	NT	
19	トキソウ	B			○	NT	
20	ヤマシャクヤク	B			○	NT	○
21	ホソバノアマナ	B			○	−	○
22	エゾノリュウキンカ	B			○	−	
23	オニシオガマ	B			○	−	
24	クモマニガナ	B			○	−	
25	クロツリバナ	B			○	−	
26	タチフウロ	B			○	−	
27	フクジュソウ	B			○	−	
28	ミヤマウツボグサ	B			○	−	
29	オオウマノアシガタ	C			○	−	
30	チシマフウロ	C			○	−	

　表2のエゾノツガザクラ、ヒメアカバナ、キバナシャクナゲは青森県版のカテゴリーではAランクですが、環境省版では取り上げられていません。それらの種はもともと青森県において希少種だったからでしょう。それに対し、タカネトンボ、チシマツメクサ、チシマヒカゲノカズラは青森県版ではAランク、環境省版では絶滅危惧種として取り上げられています。それらの種はもともと全国的にも希少種だったからでしょう。

　そのような植物に対し、オキナグサ、キキョウなどは青森県版、環境省版ともに取り上げられていますが、前述の植物とは違った意味合いが含まれています。それは、オキナグサやキキョウはもともと日本全国の草原に広く自生していた草本ですが、開発に伴う生育環境の減少で危機にさらされている種となります。オキナグサは万葉集に詠まれているし、キキョ

ウは秋の七草として知られていることから、その2種はとても身近な野草だったということでしょう。今回は表に挙げられている植物のいくつかについて簡単に解説します。

1）ミチノクコザクラ

岩木山を代表する植物として一般の人々にも知られているのはミチノクコザクラ（写真1）ではないでしょうか。サクラソウ科に属しているこの植物は、岩木山の亜高山帯から高山帯周辺の、雪が遅くまで残る湿潤な場所に生えています。現在は秋田県の田代岳からも報告されていますが、長い間、岩木山だけに生育する植物といわれていました。この植物の岩木山での分布範囲はある程度広く、開花期は場所により1ヶ月以上もの差があると言われますが、最も一般的な生育場所は、初夏、百沢登山口から山頂を目指すコースの、焼止ヒュッテを過ぎてから歩く、急勾配で巨岩がひしめく大沢の雪崩斜面沿いから種蒔苗代付近までででしょうか。この沢を覆う残雪が溶けるに従い、あちらこちらで開花中のミチノクコザクラを見ることが出来ます。6月下旬から7月下旬にこのコースを歩いていると、ミチノクコザクラだけを鑑賞し写真に収めるために岩木山を訪れる人々に会うこともあります。きっと、雪が消えても、他の植物がまだ本格的な活動をはじめる前の圧迫された地面に、淡い紅色の、桜のような花を咲かせるミチノクコザクラに、本格的な春到来を見いだす人々が多いのでしょう。また、「ミチノク」という言葉が醸し出す「未知の国」のイメージがこの植物へのあこがれを後押ししているのかも知れません。

写真1　ミチノクコザクラ

2）ナガバツガザクラ

ナガバツガザクラ（写真2）はツツジ科ツガザクラ属に属する、常緑・矮性の低木で、乾き気味の草地やガレ地にへばりついています。6月下旬から7月中旬にかけて、白っぽい釣り鐘のような形をした小さな花を咲かせます。国内では北海道から東北地方の一部にかけて分布します。小さいので一般的な木のイメージとはかけ離れた印象を受けます。

写真2　ナガバツガザクラ

3）ウコンウツギ

ウコンウツギ（写真3）はスイカズラ科タニウツギ属に属する高さ1～2m程度の低木です。7月頃に、細長いラッパ状のクリーム色の花を咲かせます。花を正面から見ると下側の花弁の内側に橙色～赤褐色の斑点が確認出来ます。国内では北海道から東北地方の一部にかけて分布し、岩木山では6月下旬から7月下旬にかけて種蒔苗代周辺の草地近辺で花を咲かせています。ウツギというのは茎の断面がホースのように中ががらんどう、つまり「空」である空木から来ているといわれます。

4）ヒメアカバナ

　植物の名前にヒメがつくときは「小さい」とか「かわいらしい」とか「愛らしい」というような意味を持つような気がします。ヒメアカバナ（写真4）はきっと「小さくてかわいらしい」という意味で名付けられたのでしょう。草丈はせいぜい5～15cm前後で7～9月頃に5mm前後のピンクの花を咲かせます。岩がごろごろしている亜高山帯から高山帯の砂礫地（されきち）に生えますが、目立たないので気づかないうちに踏んでいる可能性もあります。国内では北海道・東北地方～中部地方、大山に分布するとされます。

写真3　ウコンウツギ

5）サルメンエビネ

　この植物はやや湿性気味の林に下草として生えるラン科の植物です。エビネに比べると花は大きめで、萼や花弁は黄緑色ですが、唇弁（しんべん）と呼ばれる最も大きくて目立つ花弁が紫褐色あるいは紅褐色をしており、その様子を猿の顔に見立てたものです。最近は乱獲され、生育地が減少しています。本来、国内では北海道から九州にかけて広く分布していた種です。

写真4　ヒメアカバナ

6）オキナグサ

　この植物はシバ草地のような背丈の低い草原や、牧野などの日当たりのよい場所に生えています。花の時期の草丈は10cm前後ですが、花が終わると30cmほどになることもあります。全体に白い毛が密生していて、春に暗紫色の鐘（かね）のような形をした花を下向きに咲かせます。花が終わると白くて光沢のある長い毛のついた果実を沢山つけます。名前の由来は、花が終わった後の姿を、ヒゲを生やした老人に見立てたものだといわれます。本来、国内では北海道から九州にかけて広く分布していた種です。

7）エゾノツガザクラ

　この植物は高山に生えるツツジ科に所属する常緑の低木です。夏には10mm内外の紅紫色の花を咲かせます。国内での分布は北海道・岩木山など本州の一部とされています。細井氏は青森県RDB[6]で「岩木山のものは典型的なエゾノツガザクラとは異なる」と記載（きさい）しています。

8）キバナシャクナゲ

　この植物は高山帯のハイマツ林の中や周辺に生えるとされるツツジ科の低木です。キバナとは黄色い花を咲かせるということで、開花時期には遠くからでも識別することができるでしょうが、花のない時期では、本県の山岳域に広く分布しているハクサンシャクナゲとの区別は容易ではありません。国内での分布は北海道・本州（東北～中部地方）とされています。

9）アイヌタチツボスミレ

　この植物はスミレ科の植物です。花の時期は5〜6月で15mmほどのうす紫色の花を咲かせます。国内での分布は北海道・東北地方北部と北アルプス白馬岳とされています。青森県RDB[6]では木村が「青森県内では岩木山・黒石市・七戸町・大間町などに産する」と記載しています。

10）タカネトンボ

　この植物は湿性気味の草地に生育するラン科の植物ですが、国内での分布は北海道・東北地方・日光・北アルプス・白山などとされ、青森県内では八甲田山と岩木山でしか知られていません。全体が薄緑色で茎の高さは大きくて20cmほどで目立ちません。夏前後に3〜4mmほどの淡黄緑色の花を咲かせます。

11）チシマツメクサ

　この植物は高山帯の砂礫地に生えるナデシコ科の小さな植物で、夏に3mmほどの小さな白い花を咲かせます。国内での分布は北海道・本州の一部などとされています。

12）チシマヒカゲノカズラ

　この植物はシダ植物で、山麓の明るい場所などに生えているヒカゲノカズラの仲間です。国内での分布は北海道・本州の一部などとされています。

13）キキョウ

　この植物の国内での分布は日本全土で、秋の七草として取り上げられ、鑑賞用や薬用にも栽培されることの多い植物です。日当たり良好の草地に生え、夏以降に4〜5cmほどの紫色の花を咲かせます。時には白い花を咲かせる個体もあります。岩木山麓においてキキョウの生育に適している草地は農耕地になったりしていることから、また、花が美しいことから盗掘にあったりして、今ではきわめて珍しい植物となってしまいました。

14）コアニチドリ

　亜高山帯や高山帯の湿地や湿性の岩壁などに生えるラン科の植物で、6〜8月に白い花を咲かせます。しかし、ラン科の特徴である唇弁と呼ばれる最も大きな花びらの紫色の斑点が広がり、赤っぽい花に見えることもあります。三浦章男氏はこの植物に岩木山で初めて出会った時の印象を「それはまぎれもなく、貧土に命を託す小さな胡蝶の群舞い、コアニチドリたちであった。〜中略〜。私にとってそれは静かな歓喜であった」と述べています。国内での分布は北海道・関東地方北部以北とされています。

(2) 岩木山で発見されたイワキハンノキについて

　イワキハンノキはヒメヤシャブシとミヤマハンノキの雑種です。ヒメヤシャブシは山岳域の雪崩が頻繁に発生する斜面や崩壊地などの、とても不安定な場所に生育する樹木ですし、ミヤマハンノキは岩木山の8合目付近から上の斜面にダケカンバなどと共に分布する樹木です。青森市在住の植物研究家細井幸兵衛氏が昭和26年、百沢口登山道中腹の姥石で発見し、当時東京大学におられた水島正美氏が新雑種として発表されました。細井氏によると、当時の生育地には直径10〜12cm、高さが5mくらいの数本が一株となっている株と、さらに小さな数株が散在していたといいます。私信では、現場で白黒の写真を撮ったこと、その後に訪れた際には木が大きくなってしまい、確認することができなくなってしまっていたと述べ

ています。イワキハンノキは発見から60年以上経っているので、当時の個体が現在どのようになっているのか、また、新しい個体が増えているのかも興味のあるところです。

(3) お山の植物が変わっていく

三浦章男氏の『岩木山・花の山旅』[12]は岩木山に生育する主な植物を扱った市販本としてとても参考になります。三浦は上述の本のあとがきで「岩木山ではシラタマノキ、ベニバナイチヤクソウ、エゾシオガマ、エゾノツガザクラ、ナガバツガザクラ、ホソバノアマナ、エゾオヤマノリンドウ、それに山麓部のセンブリ、キキョウ（ほぼ全滅か）、アズマギク、ヤマジノホトトギス（ほぼ全滅）、エゾフウロ、オキナグサ（ほぼ全滅か）、ヤマシャクヤク、それにランの仲間などは極端に生育場所が限られ、しかも数が少ない」とし、それらの植物を「そこから消えると、岩木山からなくなってしまう"岩木山の絶滅危惧種"でもある」と表現しています。三浦が岩木山の絶滅危惧種とした植物の中には環境省や青森県のレッドデータブックには掲載されていない植物もありますが、掲載されていないイコール配慮しなくても良いということではありません。長い間岩木山周辺で頻繁に目にしていたはずの植物が、全滅、ほぼ全滅ということは、それだけ岩木山を取り巻く環境が変化してきていることを意味します。「お山」に生育していた植物が失われていっている現実を私達はもっと直視する必要があるのではないでしょうか。三浦氏は本人曰く千回を越えるほど岩木山に登った人です。その観察眼はするどく、現場で得た多くの情報は岩木山の現状と今後を考える上でとても役立つと言えます。

おわりに

希少種というとどうしても亜高山帯や高山帯に生育する植物を連想することが多いように思われます。しかしながら、私達の生活圏にでさえ、めったに見られなくなってきている種が増えているという現実にもっと目を向けなければならないでしょう。なぜならば、人間の生活活動による自然の攪乱は、亜高山帯や高山帯よりも生活圏でこそ頻繁に大規模に、短期間に進んでいるからです。今回取り上げたサルメンエビネ、オキナグサ、キキョウなどは全国・県レベルともにレッドデータブックに掲載されてしまいました。それらの種は本来、野原や雑木林に普通に生育していた植物、つまり普通種です。「お山」である岩木山でさえ希少種になっているのです。岩木山でこんな状況ですから、何の注意も払われていない丘陵地帯ではなおさらで、そこでは、今は普通種でも、そのうち希少種扱いになってしまう植物が出現する可能性がかなり高いと考えられます。

これからは、多くの人々が「普通種や希少種を通して岩木山を把握し、守り続ける」という視点を大切にして生活したいものです。

（齋藤信夫）

2. 岩木山の希少な哺乳類

青森県内に生息している哺乳類は2005年に県内で新たに確認されたヒメヒナコウモリ[13]を含め47種で、青森県ではそれらの約半数23種を希少な哺乳類として選定しています[14, 15]。一方、『岩木山を科学する』[前掲3]で紹介されているように、岩木山には35種の哺乳類が生

息しており、そのうち14種が青森県RDB選定種で、その内訳はモグラ目2種（カワネズミ・シナノミズラモグラ）、コウモリ目5種（フジホオヒゲコウモリ・カグヤコウモリ・ユビナガコウモリ・テングコウモリ・ニホンコテングコウモリ）、サル目1種（ホンドザル）、ネズミ目3種（ホンドモモンガ・ニッコウムササビ・ヤマネ）、ネコ目3種（ニホンツキノワグマ・ホンドオコジョ・ニホンイイズナ）となっています。とはいえ、Bランクに選定されているテングコウモリは『岩木山を科学する』で示唆されているように、岩木山のブナ林では予想以上に生息しているようですし[16]、Cランクに選定されているホンドモモンガやニッコウムササビ・ヤマネなども岩木山でとくに個体数が減少しているという情報もありませんので、青森県RDBに選定されている種がそのまま岩木山にあてはまるということではありません。また、岩木山ではコウモリ類の調査報告そのものが少なく生息状況についてはよくわかっていませんが、生息が確認されているCランクのフジホオヒゲコウモリやカグヤコウモリ・ニホンコテングコウモリは本来森林棲であり、岩木山麓の豊かな広葉樹林の中では相応の生息数が想定されます。大型哺乳類3種ホンドザル・ニホンツキノワグマ・ニホンカモシカに関しては、個体数は決して多くはないのですが、いずれも岩木山の南西側山麓とつながる中村川流域や白神山地方面からの遊動個体と推測されているので、ここではあえて希少な種とはしていません。したがって、岩木山という狭い山域で希少と思われる哺乳類をあえて挙げるとすれば、表3に示した5種くらいでしょう。これら5種の生物学的な特徴については『岩木山を科学する』で述べましたので、ここでは希少性ということに焦点をあてて解説します。

表3　岩木山で希少と思われる哺乳類とRDBへの選定状況

種名または亜種名	青森県RDB（2010）[6]	環境省哺乳類RDB（2012）[17]
カワネズミ	LP（津軽半島）	LP（九州地方）
シナノミズラモグラ	C	NT
ユビナガコウモリ	B	―
ニホンイイズナ	LP（南部地方）	NT
ホンドオコジョ	C	NT

(1) カワネズミ

カワネズミ（写真5）はモグラ目トガリネズミ科の仲間で、環境省の全国版では九州地方の集団のみがLPに選定されています（表3）。しかし、各県版RDBでは青森県のLP（津軽半島）を含めカワネズミが生息する九州と本州のほとんどの県がいずれかのランクでRDBに掲載している希少な種です。青森県内では白神山地や八甲田山系、恐山山地などが主な生息地で、

写真5　カワネズミ（相馬川上流）

自然豊かな渓流とその岸辺を生活の場とし平地の河川にはいません。岩木山のカワネズミについては『岩木山を科学する』でその希少性も含め紹介しましたが、岩木山では1例しか報告されておらず、足繁く岩木山に足を運んでいる人でさえもカワネズミについてはほとんど見たことも聞いたこともないようです。白神山地では多くの水系でカワネズミが記録されているので、白神山地に源流を持つ中村川や大秋川などの岩木山支流でカワネズミの調査が行われれば、見つかる可能性は大いにあります。もし現時点で"岩木山レッドデータブック"

を作るとすれば、カワネズミはDランク相当の希少な種と評価されるでしょう。

(2) シナノミズラモグラ

ミズラモグラは青森県から広島県にかけての低山帯から高山帯の山地森林に生息する日本固有種で、その生息域は多くの山地に飛び地のように分断され島状に分布しています[18]。青森県のミズラモグラは本州中部以北の日本海側および長野県・群馬県などに分布する亜種シナノミズラモグラ（*Euroscaptor mizura ohtai*）とされ

写真6　シナノミズラモグラ（白神山地）

ています（写真6）。青森県では岩木山・白神山地のほか八甲田十和田山地で捕獲の記録がありますが[15]、捕獲確認された個体は全部あわせても10数個体に過ぎません。平地の農耕地やリンゴ園、ゴルフ場の芝生などにモグラ塚をつくることでよく知られているアズマモグラとくらべると、その生息密度は格段に低く、また山地森林という環境への依存性が高く生息域もかなり限定的であることから、このモグラは青森県RDBで希少野生生物（C）にランクされています（表3）。環境省RDBの評価も同等（準絶滅危惧種；VU）で、シナノミズラモグラが分布する県はすべてRDBに掲載しており、全国レベルで見てもこのモグラは希少な種であることに異論はありません。岩木山では標高900mあたりの中腹から山麓にかけてのブナ林やカラマツ・ミズナラなどの混交林で9個体の捕獲記録があるだけです[5, 19]。ミズラモグラとアズマモグラは山麓部では共存していますが、標高が高くなるにつれてアズマモグラは姿を消しミズラモグラも少なくなるようです。これまでの捕獲記録などから、青森県のミズラモグラは岩木山に限らず、他のどの生息地でも生息密度が低い希少な種といえるでしょう。

(3) ユビナガコウモリ

翼開長が30cm前後の長狭型の翼で長距離を飛翔することで知られるユビナガコウモリ（写真7）は環境省の全国版RDBでは希少な種とは評価されておらず、どのランクにも選定されていません（表3）。一方、青森県ではユビナガコウモリは個体数が激減傾向にあることから、2010年の改訂版でCランクからBランクに格上げされました[6]。青森県ではユビナガコウモリのコロニーが旧岩崎村の海蝕洞ガンガラ穴と深浦町北金ヶ沢の廃坑および西目屋村の目屋ダム直下の仮排水坑の3ヶ所で確認されていましたが、目屋ダムのコロニーは津軽ダムの建設に伴い水没することがわかりその消滅が危惧されました。そこで津軽ダム工事事務所ではコウモリ研究者として知られていた故向山満氏の助言をもとに、水没の心

写真7　ユビナガコウモリ翼開腹面（男鹿半島孔雀ヶ窟）

配のないダム上部の川原平の近くにユビナガコウモリのための人工洞窟（コウモリボックス）を建設し、2008年から2009年にかけ数回にわたり2,000頭をこえるコウモリを人為的に移転させました[20,21]。コウモリの保護に主眼を置いた世界にも例を見ない人工移転でしたが、移転後姿を消していたユビナガコウモリたちが2年ほどしてこのコウモリボックスに戻りはじめ、5年を経てその数は次第に増えているようです。岩木山麓と中村川林道で捕獲したユビナガコウモリの標識バンド装着による行動範囲の調査を行った向山さんは、この標識個体が深浦町と西目屋村で再捕獲されたことから、岩木山は採餌（さいじ）のための長距離移動の飛翔ルートになっているであろうと指摘しています[22]。ユビナガコウモリは夜間に森の上を音もなく高速で直線的に飛翔し、しかも岩木山には繁殖（はんしょく）のための塒（ねぐら）がないようですので、個体数も少なく出くわす機会もほとんどない希少な存在といえるでしょう。

（4）ニホンイイズナ

ニホンイイズナ（写真8）とホンドオコジョ（写真9）は姿かたちがよく似たイタチ科の仲間です。どちらもマイペットにしたくなるような可愛らしい容姿をしていますが、愛くるしい顔に似合わず体が十数倍も大きいノウサギを襲うなど、その性質はきわめて獰猛（どうもう）です。ニホンイイズナ（以下イイズナと表記）はユーラシア大陸北部に広く分布するキタイイズナの本州産亜種（*Mustela nivalis namiyei*）で、青森・秋田・

写真8　夏毛のニホンイイズナ（弘前大学藤崎農場）

岩手の北東北3県にのみ分布しています。青森県内では津軽地方の平野部のリンゴ園や杉林・社寺林などで捕獲の記録が比較的多くありますが、県東部の南部地方ではもともと生息情報が少なく、1980年以降その情報がほとんど得られなくなり、青森県RDBで地域限定希少野生生物LP（南部地方）に選定されています（表3）[6]。これまでイイズナの生息情報が極めて少ないこともあり、環境省の評価は局地個体群LP（1991）→準絶滅危惧NT（1998）→局地個体群LP（2007）→準絶滅危惧NT（2012）と改定のたびに変わり、現在は準絶滅危惧となっています。岩木山では標高500〜600mあたりの中腹から山麓のブナ林や杉林などで何個体か記録されているだけで、それ以上の標高では記録がありません[23,24]。イイズナは生息密度がきわめて低い上に警戒心も強く人前に現れることはめったにないので、一般の人はもちろん哺乳類の研究者にとってもほとんど馴染（なじ）みのない希少な動物といえるでしょう。

（5）ホンドオコジョ

イイズナの姉妹種とも言えるホンドオコジョ（以下オコジョと表記）は、本州中部以北の山岳地帯に分布する本州固有の亜種（*Mustela erminea nippon*）とされており、青森県では八甲田山系や岩木山・白神山地などが主な生息地となっています[5]。オコジョは本州中部地方では標高1,000m以上にしか生息していないとされていますが、北上するに従い低山帯にも出没するようになるようです。弘前野鳥の会の飛鳥和弘さんが目屋ダム美山湖畔（標高

200m）や白神山地の大川上流（標高300m前後）でオコジョの写真を撮影している（写真9）ので、青森県では高山部に限らず低山部にも生息しているのは間違いありません。県内でのオコジョの生息記録が乏しく捕獲例はもちろん目撃情報も含めきわめて少ないため、青森県RDBではCランクに選定されています（表3）。興味深いことに、岩木山では山麓部での記録がなく、捕獲や写真・目撃などの記録は筆者の知る限り8合目あたりから山

写真9　冬毛のホンドオコジョ（白神山地）

頂までの高山帯に限られています。岩木山ではオコジョが高山部を占め、イイズナは中腹〜山麓部を生息域としうまく棲み分けているのかもしれません。最近はインターネットが普及し、岩木山の山頂付近で撮ったオコジョの写真をインターネットの個人ブログで紹介している例もあります[25,26]。どうやらオコジョはイイズナとは違い獰猛な反面人懐っこい（ひとなつ）ところもあり、山頂の岩場の隙間（すきま）から出たり入ったりしながら登山者に近寄ったりすることもあるようです。

　以上、岩木山に生息する希少哺乳類5種を紹介しましたが、これら5種だけが希少というわけではありません。本稿では青森県RDBでCランクに選定されているホンドモモンガやヤマネを希少な種とはしませんでしたが、一般の登山者やハイカーが岩木山で彼らに出くわすことはほとんどないようです。人馴れしたホンドザルやニホンカモシカなどを除けば、野性の哺乳類は希少種であれ普通種であれ、人の気配を察するとたちまち姿をくらましてしまいます。夜行性などの生態的特性にもよりますが、野生哺乳類にはなかなか出会えないという点では希少種も普通種も同じでしょう。どうしても見たい人は、出没の時間と場所を慎重に検討し何日もねばって観察し続けるか、自動撮影カメラなどを設置して撮るしかありません。ラッキーであれば偶然でくわすこともありますが、彼らはたいがい警戒心が強く人前に姿を見せることは滅多にありませんので、環境の著しい変化など何らかの要因で誰も気づかないうちに個体数が激減し、希少種となってしまうということはあり得ないことではないでしょう。このような状況にならないよう津軽の霊峰岩木山にはこれ以上人の手を加えず、その自然をそのままの形で守り続けてもらいたいと願っています。

（小原良孝）

3．岩木山の希少な鳥類

　渡りや移動で上空を一時的に通過するガン・ハクチョウ類を除いた希少種を表4にまとめました。

　この17科34種は岩木山に限らず日本各地で出現するものですが、特に岩木山で気にかけたい事項のある種について紹介します。

（1）山麓の湿地や草地の畑地化で減少したウズラとオオジシギ

ウズラは1960年代までは嶽高原などの草地で普通に繁殖し、よく鳴き声を聞くことができた種でありましたが、現在では極まれに渡りの途中でゴルフ場やトウモロコシ畑付近などに少数が立ち寄る程度です。嶽高原など山麓の草地・湿地が大規模の畑地になり、除草剤・殺虫剤散布で生息地減少・餌の減少が本種の減少をもたらしたと考えられます。

　2009年9月、嶽高原、常盤野湯段温泉近く、収穫直後のトウモロコシ畑近くの草地に2羽のウズラが出現し[27]、オオタカにねらわれ茂みに逃げたのを見ています。畑地や牧草地など、被覆物の少ない草地では近年増えているオオタカ、ノスリといった天敵による捕食圧が高まっているものと考えられます。

　オオジシギは4月から6月、嶽高原など湿地を含む草地の上空を鳴きながらダイナミックな求愛飛翔することで知られますが、近年その光景に出くわすことが少なくなりました。明らかにその生息数が減少しているようです。ミミズ類、甲殻類、軟体動物、昆虫類を食し[28]、北日本で繁殖して、オーストラリアに渡り越冬するので、日豪渡り鳥保護協定の指定種です。今ある岩木山麓のオオジシギ生息地の保全は以前の原風景を残し、各種生物の生息域として生物の多様性を維持するためにも必要なことです。

(2) 猟鳥としてねらわれるヤマドリ

　ヤマドリは嶽温泉近くのミズナラ林を通る湯ノ沢林道付近で比較的多く出現するが、猟鳥としてねらわれることが多く、全山的にまれな鳥類となりました。現在、雌鳥の捕獲禁止、雄鳥の猟期制限[29]が定められていますが、日本だけに生息・繁殖する日本特産種[30]である本種は猟鳥から削除が必要です。岩木山は津軽国定公園や岩木高原県立公園に指定[31]されていま

表4　岩木山の希少な鳥類

種名	青森県RDB(2010)	環境省RDB(2012)
ウズラ	A	NT
ヤマドリ	C	—
アオバト	C	—
バン	C	—
ジュウイチ	C	—
ヨタカ	B	VU
ヤマシギ	B	—
オオジシギ	B	NT
ハチクマ	C	NT
オジロワシ	B	EN
オオワシ	B	VU
ツミ	B	—
ハイタカ	B	NT
オオタカ	B	NT
ケアシノスリ	B	—
イヌワシ	A	EN
フクロウ	C	—
トラフズク	C	—
アカショウビン	B	—
ヤマセミ	C	—
ブッポウソウ	B	EN
アリスイ	C	—
オオアカゲラ	C	—
クマゲラ	A	VU
チョウゲンボウ	C	—
チゴハヤブサ	C	—
ハヤブサ	B	VU
ホシガラス	C	—
マミジロ	C	—
クロツグミ	C	—
コマドリ	C	—
カヤクグリ	C	—
セグロセキレイ	C	—
ノジコ	C	NT

(注)　クマゲラは巣穴・食痕のみ、姿の確認はありません。

写真10　オオジシギ

すが、中腹部から山麓部は狩猟が可能な場所となっています。山麓を含めた全山を鳥獣保護区や狩猟規制が必要な場所にすべきです。日本の国鳥はキジですが、キジは近年市街地の公園や河川敷、りんご園などで普通に見られます。一方、ヤマドリは名の通り山地に生息し、個体数は少なく、赤銅色の容姿も気品があり、日本書紀や万葉集にも登場するなど古くから親しまれ、日本固有種であることからヤマドリを国鳥にすべきという意見もあるくらいです。

写真11　ヤマドリ

(3) 山地の道路で轢死するヨタカ

ヨタカはハトくらいの大きさの鳥で、山林に潜み、夜間活動するガなどの昆虫を食す夏鳥です。林道や山林近くの道路は風の通り道で、夜行性の昆虫がよく飛ぶこともあって、これを目的にヨタカもよく出現します。夜間路上に休むヨタカの目玉が、車のライトで赤く輝くのは不気味ですが、夏の夜の闇を飾る風物詩でもあります。残念なことに山林近くの路上ではヨタカの他、ノウサギ、タヌキ、イタチなどが少なからず轢死しています。夜行性の鳥獣ばかり

写真12　ヨタカ

でなく、昼行性の野鳥の幼鳥、リスも犠牲になっています。昼夜犠牲になった轢死体を食す鳥獣が轢かれる二次被害も発生しています。岩木山の山麓を巡るネックレスロードなどでは車の速度をひかえめにする配慮が必要だと思います。

キョキョキョキョ……、夏季、山地の夜を奏でる鳴き声は多くの昆虫が生息する森の存在を知らせています。

(4) 白神山地から飛来するイヌワシ

白神山地から岩木山に漂行するイヌワシは鳥海山付近の岩場で休息することが多く、餌を捕る狩場は林縁や伐採跡地など草木がじゃまにならない場所を選びます。餌はキジ、ヤマドリ、ノウサギ、ヘビなどで、岩木山ではスカイラインや終点の駐車場付近に出没するノウサギがねらわれます。近年、スカイラインは日本海の夕日鑑賞目的に夕刻にも車の往来ができるようになったことからスカイライン周辺での狩が困難になりつつあります。

写真13　イヌワシ

嶽温泉の東、湯ノ沢上流の硫黄採掘跡地は周囲がササや林地に囲まれた広い空間で、草木が少なく、ここに出現するノウサギもイヌワシに狩られます。人の出入りが少なかったこの地もタケノコ狩りでにぎわい、さらに地熱発電事業の動きもあり、そのためのボーリング調査などがあればイヌワシの狩場事情が悪化することになります。

　イヌワシの保護では安心して休める休息場と四季を通じて確保できる餌の存在です。休息場はあちこちに見られる岩場、林地の高木、餌は四季を通じてノウサギ、ヤマドリ、カケス、夏季はヘビが加わります。山地内に餌と狩場が不足すると麓のスキー場、りんご園や牧草地などの農地にも飛来が予想されます。こうした場合、電気の高架線などがあれば飛翔の障害になる危険性があります。山地全域の動植物の動向と観光・開発などの人的事業がイヌワシに与える可能性がある影響を推察することも必要です。

(5) りんご園で餌を捕り山林で休息するフクロウ

写真14　フクロウ

　岩木山の山麓にある林地、特にりんご園近くの林地にはフクロウが潜んでいます。りんご園にはノネズミが多く生息し、これをヘビやイタチ、テン、フクロウ、ノスリなどが捕食しています。近年のりんご園には若い木が多く、フクロウが巣穴とする樹洞がある老木が少なくなっています。岩木山のフクロウは山麓の畑地やりんご園でネズミを捕り、近くの山林や人工林で休息しています。営巣は山林の樹洞か、付近の林地に生息するノスリなどタカ類の空き巣を利用しています。人家の屋根裏や小屋の中、まれに木の根本の地上に営巣します[28]。山林では営巣場所となる樹洞のある樹木の保全が必要であり、麓のりんご園付近や畑地のある地域では休息地として周辺に林地を有すること、繁殖を図るには樹洞をもつ木の保全と巣箱の設置が考えられます。

　フクロウの保護を図る上で注意したい事項があります。りんご園で行うネズミ対策で、駆除のため殺鼠剤を使用する場合、薬で死んだり、弱ったネズミをフクロウが食べ、二次被害を生じないよう、殺鼠剤の種類を選ぶこと。フクロウ増殖に巣箱を多用し、フクロウが増殖しすぎた場合、ネズミの他鳥類その他の小動物も捕食するので食物連鎖のバランスが崩れ、地域の生態系を乱すおそれがあることです。フクロウの増殖事業をするには周囲地域における動物相の実態動向を把握しながら行う必要があります。

(6) 湿地を含む暗い森に棲むアカショウビン

　アカショウビンは赤い色をしたカワセミの仲間で、渓流・沢・沼を含む暗い森林に生息しています。夏鳥でカエル、サンショウウオ、ザリガニ、魚、昆虫、カタツムリ、ナメクジなどを食べます。

　雨の日にキョロロロロ……と哀調を帯びた声でよく鳴くことから、雨が続きこの鳥が良く鳴く年は飢饉になるといわれ、青森県では古くから'けかじどり'と呼ばれていました。実

際、朝夕に鳴き、昼でも雨天や曇天・霧の日はよく鳴きます。雨の日は餌動物の活動が活発でアカショウビンの採餌(さいじ)行動も盛んになるのです。

　岩木山麓では特徴あるキョロロロロ……の鳴き声を聞くことは少ないが、北西部、鰺ヶ沢スキー場の西、白沢や二子沼のある付近の林地に出現することが多いようです。ここでは沢や沼・湿地を含むブナやミズナラの森林が残存し、餌動物の豊富な環境があるからです。また、キツツキ類の巣穴がアカショウビンの営巣に利用されますが、当地はアオゲラなどキツツキ類の生息も多いのです。岩木山ではこうした環境が残る地域はわずかになってしまったようです。

写真15　アカショウビン

(7) 山頂近くの風衝林(ふうしょうりん)に潜むカヤクグリ

　日本だけで繁殖し、周年国内にとどまる日本特産種です。岩木山では標高の高い密生した灌木林(かんぼくりん)やハイマツのなかに少数が生息し、ひかえめにさえずっています。営巣は灌木林の地表から0.5〜2mの高さに腕形の巣を枝上につくります[32]。岩木山のスカイライン終点から上は観光登山の人々でにぎわい、植物の写真撮り、高山植物のマニア、時には用便足しで茂みに踏み入る者がいて、茂みに棲む鳥類にとって脅威(きょうい)となっています。春季や秋季は里山などに出現し、積雪の少ない地方の茂みで越冬します。

写真16　カヤクグリ

　姿、鳴き声とも目立たず、生息が絶えても気づかないことが考えられます。野鳥関係者が協力し、生息実態の調査を継続しなければなりません。

　　　　　　　　　　　　（注）写真10、11、12、15、16は菊地弘保氏撮影、13、14は小山撮影

　　　　　　　　　　　　　　　　　　　　　　　　　　　　　　　　　（小山信行）

4．岩木山の希少な昆虫類（トビムシ類・スカシバガ類・ゾウムシ類・ホソハンミョウ）
(1) 岩木山のトビムシ
1）希少種エビガラトビムシの発見

　岩木山から確認されているトビムシの希少種として、エビガラトビムシがあります。これは体長4〜5mmに及ぶ大型種で体色が紫褐色(しかっしょく)、短い体毛がありエビの腹部のように見えることからこの名前があります（写真17）。岩木山では、2005年10月に標高1,450mの種蒔苗代(たねまきなわしろ)から[34]、また2007年6月に標高1,400mのダケカンバ林－チシマザサから[35]、それぞれ1個

体ずつ確認されています。県内では内田[36]により黒石市青荷と弘前市で採集されてから、50数年振りの記録となりました。このように、確認例が少なく、生態もよくわかっていないことから、青森県RDBでDランクに選定されました[6]。

エビガラトビムシ以外で、岩木山で確認された希少なトビムシには、サンボンムラサキトビムシ、ウスイロサメハダトビムシ、ケナガヤマトトビムシ、ヨツトゲツチトビムシ、キタトゲトビムシ、オウギマルトビムシがあります。

写真17　エビガラトビムシ
（走査電子顕微鏡写真）[33]

話が前後しましたが、ここでトビムシとは何かについて説明します。トビムシ目（粘管目）は翅のない昆虫（無翅昆虫）のグループです。主に土壌中・地表面に生息しますが、多くの種は体長わずか1～2mm程度で、人目につきません。その他、樹上、洞穴、水面、雪面、アリの巣内、海岸の漂着海藻などにも生息し、海岸から高山まで、極地域から熱帯までさまざまなところに生息しています。翅がないので飛ぶことはできないものの、種により強力な跳躍器で体長の数百倍をジャンプすることができます（トビムシの由来もここから）。トビムシはすべての種が腹部腹面に「腹管（粘管）」と呼ばれる器官を持つのが最大の特徴で、この器官で他物に付着して体を安定にします（以前はこの器官名からトビムシを粘管目と呼びました）。体型は細長い紡錘形・円筒形から球形までと多様で、体表面には毛があり、ウロコや多数のイボのあるものもあります。体色は白色から褐色が主体で、黒っぽいものも多く、中には赤や紫の模様を持つ美麗種もあります。日本では約400種が報告されています[37]。トビムシが食べる餌は、腐食した落ち葉や菌類が主ですが、花粉や胞子が腸管内に多数見られることもあります。ごく一部には、小麦の芽や栽培キノコを加害する種も報告されています。トビムシは個体数が多く（個体密度が高い）、森林土壌では地表面1㎡当り3万～5万個体が生息するとされています。このように豊富なトビムシなので、これを餌にする捕食動物が多数います[38]。

トビムシの採集方法は、吸虫管による見つけ採りとツルグレン法があります。吸虫管は小さな昆虫を小瓶の中に吸い取る道具で、倒木上などにいるトビムシを見つけたら、吸い込み口を近づけて虫を吸い込みます。吸い口には目の細かい網を被せているので、虫やゴミが口の中には入らないようになっています。土の中にいて、直接目で見るのが難しい、小さな虫を採るには、ツルグレン装置を使います。落ち葉や土を電気スタンドの熱や天日で乾燥させて、虫を追い出す単純な原理によるものです。市販品は高価ですが、100円ショップで買える道具を組み合わせて自作することが出来ます。鉢スタンドの上に直径15～20cmの漏斗と金属ザルを置き、漏斗の下に水かアルコールの入れたコップ

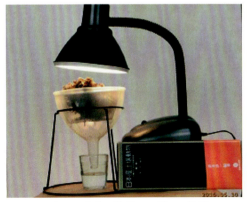

写真18　自作の簡易ツルグレン装置

を置けば、装置の完成です（写真18）。後はザルの中に落ち葉や土を入れ、その上から電気スタンド（40W白熱電球）で照らせば、または使い捨てカイロの熱で数十分～数時間後にいろいろな虫がコップに落ちてきます。その中から虫めがねや顕微鏡でトビムシや、その他の調べたい虫を選び出して観察します[38]。

地表性トビムシを獲るために「麹トラップ」を仕掛けることもあります。紙コップに米麹を入れ、地面に埋め込む簡単なものです。種蒔苗代付近にある風穴の入り口（写真19）に「麹トラップ」をかけたところ、オオトゲトビムシ、カッショクヒメトビムシやオオアオイボトビムシが多数捕獲されました。これらに混ざって得られたのが、岩木山で最初に確認されたエビガラトビムシです。2例目のエビガラトビムシは、嶽登山道の標高1,400m付近で採取した土壌サンプルからツルグレン法で抽出されたものです。

写真19　種蒔苗代付近の風穴入口
（撮影：山内　智　氏）

2）岩木山に生息するその他のトビムシと標高による棲み分け

岩木山では、これまでにトビムシの調査が4回行われています[34,35,39,40]。4回の調査で確認されたトビムシを合計すると、12科114種7,673個体（種名未確定種を含む）となります。その内、種名まで同定されたのは11科75種で、県内の既知種が100種余ですから、その7割程度が岩木山に生息することになります。その上39種が未確定種で、それらは新種や、日本・青森県未記録種の可能性が十分にあることから、今後の研究進展が待たれます。岩木山の4回の調査から、最も優占するトビムシは、ベソッカキトビムシ（図1）で全体の18％余を占めました。次にカッショクヒメトビムシ、ニッポンシロトビムシやオゼフォルソムトビムシと続きました（図2）。ベソッカキトビムは、何処にでも生息している種で、岩木山ではスキー場開設の森林伐採後の草地で多くみられました。

岩木山は青森県の最高峰であり、しかも独立峰ですので、標高や植生によって、動物の分布がどのように異なるかを調べるのに絶好のフィールドです。ベソッカキトビムを含むフォルソムトビムシ属8種では、標高別に一定の差

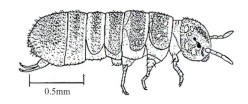

図1　ベソッカキトビムシ[39]

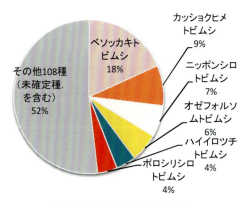

図2　岩木山の主なトビムシ
（4回調査の合計）

表5．フォルソムトビムシ属の標高分布（須摩・阿部、1996から改変）

	調査地点の標高					
	500m	800m	1,050m	1,100m	1,190m	1,210m
ヨシイフォルソムトビムシ					#	#
フォルソムトビムシ属の一種					#	
メナシフォルソムトビムシ			#	##	#	#
オゼフォルソムトビムシ		#	##	##	##	
フォルソムトビムシ				#		
ヒダカフォルソムトビムシ		#	###			
フタツメフォルソムトビムシ	#	#	##	#		
ベソッカキトビムシ	####	##	#	##	###	##

個体数　#10個体以下、##11～39個体、###40～100個体、####101個体以上

がみられました（表5）。1,200m付近では、ヨシイフォルソムトビムシとフォルソムトビムシ属の一種（未確定種）が優占し、メナシフォルソムトビムシは1,200m～800mの中腹まで、オゼフォルソムトビムシとフォルソムトビムシは中腹、ヒダカフォルソムトビムシとフタツメフォルソムトビムシは中腹から山麓まででした。最優占種のベソッカキトビムシは山頂から山麓まで広く分布していました[39]。

種蒔苗代付近には風穴があり（写真19）、その入口から絶えず冷風が吹き出し、周りより気温が低くなります。風穴口以外の沼付近に見られるトビムシと大きく異なり、ベソッカキトビムシとヒサゴトビムシが少なく、反対にアミメムラサキトビムシが多数みられ、風穴環境の影響を受けていると思われます。

最後に、日本のトビムシ研究に関して、1945年から1973年まで28年間、旧制弘前高校から弘前大学理学部に在職された故内田一博士（1907－1985）の業績についてお知らせします。博士は多数のトビムシを新種記載したのに加えて、卵の発生と個体成長など、トビムシの生態を研究されました。さらには、無翅昆虫全体の系統分類と地理分布に多くの力を注ぎ、県内・国内のトビムシだけでなく遠く東南アジア、中国大陸、千島列島など海外におよぶ分布の研究をされました[41]。

（須摩靖彦）

(2) 岩木山のスカシバガ科

スカシバガ科を、漢字で書くと「透翅蛾科」。その名のとおり、翅が透き通った蛾の一群です。蛾でありながら翅の鱗粉を廃し、さらに黒と黄の縞模様を胴部に装うことによって、見事に蜂に擬態しています。その擬態は見た目にとどまらず、ブーンという羽音や飛び方にまでおよび、色彩・体形・羽音・行動といった多くの点で蜂の真似をしています。こうした擬態は、捕食者である鳥から身を守るためのものなので、一般的な蛾のように夜飛ぶことはなく、鳥の目が利く日中に活動します。

青森県の蛾類は、夜間灯火に集まる習性を利用したライトトラップ調査を中心に、1,600種以上が記録されてきました[42]。しかしながら、スカシバガ科は日中に活動するものの野外で遭遇することは稀で、しかもライトトラップに飛来することもほとんどありません。このため調査難易度が高く、希少な種が多いことも相俟って、東北地方における実態が本格的に調べられるようになったのは、寄主植物を探索したり、合成性フェロモンにより雄成虫を効

果的に誘引できるようになった、最近のことです[43]。

　こうしたことから、青森県のレッドデータブックに掲載されているスカシバガはありませんが、本稿では岩木山に生息するスカシバガ科の中から、2014年に岩木山をタイプ産地（正基準標本の採集地）として新種記載されたミチノクスカシバと、その他の代表的な大型種について紹介します。

1）ミチノクスカシバ

　筆者が初めてこの蛾に出会ったのは、1993年7月24日のことでした。夏の雑木林に出現する可憐なシジミチョウの一群ゼフィルス（『岩木山を科学する』[3]の156ページ参照）を撮影しながら登山道を散策しているときに、偶然発見したものです。当時の筆者はスカシバガ科に関する知識がなかったので、蛾であることすら見抜くことができませんでした。それでも蜂に擬態した珍しい虫かもしれないと思ったので、念のためカメラを向けました。当時まだデジタルカメラは一般的でなく、アナログカメラでの撮影です。このときは、1回シャッターを切っただけで飛び去ったので、証拠に残ったのは1枚のスライドフィルムだけでした[44]。現像からあがったスライドを眺めながら手元の図鑑を紐解いたものの、当時は情報量が少なくて、スカシバガ科の蛾であることまでしか分りませんでした。

　その7年後、スカシバガ研究のバイブルというべき日本初の図鑑『擬態する蛾　スカシバガ』[45]が出版されました。さっそく購入してスライドに写った虫を調べたところ、尾端から生えた2本の毛束から、ブドウスカシバかムラサキスカシバに似ていることまでは絞り込むことができました。ブドウスカシバの頭頂は山吹色、ムラサキスカシバの頭頂は黒色なので区別は容易と書かれているのですが、スライドに写った虫の頭頂は黒地に黄色い毛が混じったような、どちらとも言えない感じに見えます。このとき初めて、実物を採集しなかったことを後悔しました。

　筆者の手元に実物がもたらされたのは、初めての出会いから16年後、2009年のことでした。当時弘前大学農学生命科学部の学生だった筆者の長男が、実験的に作成された合成性フェロモンを用いて、実物のフェロモン誘引に成功したのです。こうして得られた実物の頭頂は、

写真20　左：ブドウスカシバ、中：ミチノクスカシバ、右：ムラサキスカシバ

黒地に黄色い毛が混じっていました。また、図鑑に掲載された既知種のブドウスカシバやムラサキスカシバに比べると明らかに小型で、後脚の色も異なります。すなわち、図鑑には掲載されていない形態の蛾であることが判明したのです[46]。

ならば新種となりそうなものですが、ものごとはそんなに簡単ではありません。図鑑に掲載されている既知種の標本は関東以南のものなので、既知種の地理的変異に過ぎない可能性があるのです。また、最初に述べたように調査難易度が高いため、こうして実物を手にした2009年でさえ、東北地方におけるブドウスカシバやムラサキスカシバの分布調査は不十分でした。そこで東北各地の研究者と連携し、ムラサキスカシバの記録が東北地方には皆無なことや、ブドウスカシバが宮城県以南にしか分布しないことを2013年までに解明しました[43]。これらの成果をもとに日本蛾類学会の岸田泰則会長に精査を依頼したところ、交尾器が既知種とは明確に異なり、海外からも知られていない未知の種であることが判明しました。

2014年9月、日本蛾類学会の会誌「Tinea」Vol.23 No.1に、スカシバガ科の新種ミチノクスカシバ *Nokona michinoku* Kishida, Kudo & Kudo として記載命名[47]されました。筆頭著者は岸田会長で、筆者親子が名を連ねさせていただきました。新種の証拠となるHolotype（正基準標本）は、2010年6月29日に岩木山百沢で得られた1♂で、東京大学総合研究博物館に収蔵されています。

写真21　キタスカシバ

写真22　産卵中のセスジスカシバ

写真23　シタキモモブトスカシバ

2）キタスカシバ

日本に産するスカシバガ科の最大種で、大型スズメバチに擬態しています。成虫は7月中旬から8月にかけて出現しますが、花や樹液を訪れることはなく、一般的な調査での発見は困難です。このため合成性フェロモンを用いた誘引調査によって、長平、大石農場、百沢、嶽温泉、湯段温泉などから成虫を確認しています。また大石農場付近では、本種の蛹殻がヤマナラシ（ヤナギ科）から発見されました。

3）セスジスカシバ

成虫は8月中旬から9月にかけて出現し、鰺ヶ沢スキー場、百沢、嶽温泉などから確認されました。岩木山で確認された産卵植物はクマイチゴ（バラ科）で、♀成虫はよく晴れた日中に、クマイチゴの葉表につかまりながら、腹部を強く曲げて葉の裏側へ卵を産みつけます。産卵場所を求めてクマイチゴ群落を舞う本種♀成虫は、大きさ、色彩ともキイロスズメバチに酷似します。

4）シタキモモブトスカシバ

モコモコと毛深い後脚でマルハナバチ類に擬態した大きく見事なスカシバガです。ただし、毛深いの

は腿節（もも）ではなく脛節（すね）なので、実際は「ももぶと」よりも「すねぶと」あるいは「すねけぶか」といったところでしょう。成虫は7月から8月上旬にかけて出現し、ノブドウやヤブガラシの花を訪れます。百沢小学校の周辺では、キカラスウリ（ウリ科）を加害している本種の幼虫が確認できました。

※岩木山では本稿で紹介した4種のほかに、小型種のコスカシバ、フタスジコスカシバ、ヒトスジコスカシバなどが記録されています。本格的な調査が実施されれば、まだまだ色々な種類のスカシバガが確認されると考えられます。

（工藤　忠）

（3）岩木山の珍しいゾウムシ科

ゾウムシは植物食で日本産の既知種は1,200種を超えており、まだ命名されていない未記載種も多く、甲虫類でも繁栄しているグループです。1種の植物に4～5種類のゾウムシが見られることもあります。様々な環境にある植物を注意深く観察することで発見できます。青森県RDBにゾウムシは1種も掲載されていませんが、次回改訂時には評価対象とすべきグループで、全国的にも珍しい種類が岩木山にも棲息していますので紹介します。

キソヤマゾウムシ（写真24）は、青森県内では岩木山と八甲田山の亜高山帯にいて、雪解け後の早い時期に出現し、池や湿地周辺の石起こし等で見られることが多いゾウムシです。東北地方では、青森県以外に山形県と秋田県（未発表）で分布が確認されています。1976年に友人と岩木山に登山した時に、百沢登山道の8合目から上部にかけての道路脇で、青緑色の金属光沢に輝くハナウドゾウムシ（前刊[3]参照）と同時に見かけたのですが、地味な色と泥をまとった姿は、その頃の私には魅力的には映りませんでした。また、以前は八甲田山山頂付近で多数の個体を確認できたそうですが、大岳登山道の仙人岱へ向かう直下のガレ場の崩落防止のために、周辺一帯が補強・整備された結果、見かけることは極めて稀になりました。

写真24　キソヤマゾウムシ

ミズベホソサルゾウムシ（写真25）は、青森県と新潟県の1例だけが知られる希少種で、岩木山麓の湿地に棲息していて、全身は白っぽい鱗片で覆われ、鞘翅中央後ろに黒紋が際立つ美麗な種です。湿地性のクサレダマという植物との関連が深いようです。だいぶ前に友人と岩木山中腹の沼にゲンゴロウを探しに行った時に、途中の湿地で複数個体を採集し、種名が解らないままになっていました。その標本を、サルゾウムシ等を研究されている吉武啓博士（農業環境技術研究所）に同定いただき、日本初記録として2011年に発表[48]できました。その後は、似たような環境と植物を求めて、県内の数ヶ所を調査しましたが、新たな産地は見つけられずにいます。

写真25　ミズベホソサルゾウムシ

（佐藤隆志）

(4) 岩木山麓のホソハンミョウ

青森県には9種のハンミョウ類（語尾のハンミョウを省略し、ニワ、ミヤマ、コニワ、ナミ、マガタマ、ヒメ、ホソ、コ、カワラ）が分布し、岩木山とその周辺にはナミハンミョウとカワラハンミョウを除く7種が分布しています。ハンミョウの幼虫は草が生えていない地面に穴を掘って潜み（写真26）、穴の周囲を通りかかる昆虫などを待ち伏せして捕らえます。成虫も地面にいて、アリなどの小さな昆虫を捕食します。

写真26　ホソハンミョウ幼虫の巣穴（幼虫頭部が見える）
（撮影：成田一哉氏）

このようにハンミョウ類は、生息の条件として草のない裸地を必要としており、全国的に減少が著しいグループで、青森県も例外でありません。岩木山麓では、ハンミョウのなかでも生息地が限られるホソハンミョウ（写真27、青森県RDBでCランク、前刊[3]でも簡単に紹介）もそのひとつです。

本種が生息する環境は通常、人為的な管理（定期的な草刈りや採草）が行われている場所にほぼ限られます。成虫は後翅が退化し、飛翔できない

写真27　ホソハンミョウ成虫

上、ハンミョウ類としては体が小さく細身で、黒い色をしています。草原や裸地を歩いている、というよりは走っている姿は、まるで大きなアリのようです。このため、本種はかつての生息状況がわからないままに、絶滅した産地も数多くあると思われます。反対に新しい産地が見つかる可能性もありますが、人為的な管理がなくなれば、容易に減少・絶滅してしまうでしょう。

岩木山南麓に位置する岩木町（現弘前市）嶽で1963年に採集された標本を松野武敏さんが所蔵されていますが[49]、現在でも生息しているかは不明です。1970年代以降の採集記録は、弘前市立構山と鶴田町廻堰を成田[50]が、岩木町弥生を横山[51]が報告しているだけで、立構山では1977年以降見つかっていません。また、廻堰では2010年頃までは見られましたが、近年見られなくなりました。環境的な変化は特に見られず、理由は不明です。

岩木山東麓に位置する弥生地区の生息地は、採草地とその周辺で生き残ってきたようで、近年は近隣にできた「弥生モトクロスランド」（弘前市からの借地）のモトクロス場で繁栄しています。ここではコースを維持するために、定期的にブルドーザーによる表土剥ぎや周囲の刈り払いが行われています。こ

写真28　ホソハンミョウの生息環境

のため、成虫が産卵し、幼虫が巣を作る（穴を掘る）裸地がコース脇に常に維持され、下草も管理されることでホソハンミョウにとって良好な環境が維持されています（写真28）。人が楽しむための施設が、希少な昆虫の存続を可能にしている特殊な例として紹介しました。

（櫛田俊明・横山裕正）

【引用文献】
1) 青森県立郷土館（1989）:『岩木山』（地域総合展「岩木山展」展示解説書）p147
2) 山田雅輝・奈良岡弘治・市田忠夫・尾崎俊寛・櫛田俊明（1999）:「岩木山」『昆虫類の多様性保護のための重要地域第1集』巣瀬　司・広渡俊哉・大原昌宏編　p16-17
3) 豊川好司（2014）:『岩木山を科学する』岩木山を科学する刊行会編　北方新社
4) 阿部　東・市田忠夫（2014）:「岩木山の昆虫」『岩木山を科学する』岩木山を科学する刊行会編　北方新社　p150-162
5) 青森県（2000）:『青森県の希少な野生生物－青森県レッドデータブック』青森県　p283
6) 青森県（2010）:『青森県の希少な野生生物－青森県レッドデータブック（2010年改訂版）－』青森県　p335
7) 環境庁（1991）:『日本の絶滅のおそれのある野生生物－レッドデータブック－（脊椎動物編）』環境庁　p340
8) 環境省（1997）:レッドデータブックカテゴリー　環境省
9) 細井幸兵衛（1994）:『青森県野生植物目録』みどり造園有限会社　p84
10) 環境省（2012）:「植物Ⅰ（維管束植物）」『環境省第4次レッドリスト』環境省
11) 青森県（2003）:「自然編　生物」『青森県史』青森県　p804
12) 三浦章男（2008）:『岩木山・花の山旅』北方新社　p357
13) 河合久仁子・福井　大・佐藤雅彦・原田正史・前田喜四雄（2008）:「日本列島におけるヒメヒナコウモリ Vespertilio murinus Linnaeus, 1758の発見」「プログラム・講演要旨集」日本哺乳類学会　p83
14) 向山　満・小原良孝（2000）:「(3) 脊椎動物　1) 哺乳類」『青森県の希少な野生生物－青森県レッドデータブック－』青森県　p96-122
15) 向山　満・小原良孝（2010）:「(3) 脊椎動物　1) 哺乳類」『青森県の希少な野生生物－青森県レッドデータブック（2010年改訂版）－』青森県　p166-180
16) 小原良孝（2014）:「岩木山の哺乳類－小哺乳類を中心に－」『岩木山を科学する』「岩木山を科学する」刊行会編　p130-149
17) 環境省（2012）:「哺乳類」『環境省第4次レッドリスト』環境省
18) 阿部　永（2005）:『日本の哺乳類　改訂版』東海大学出版会　p206
19) 関　哲郎（1993）:「岩木山の哺乳類」『青森県立黒石高等学校　平成4年度研究紀要』第3号　p16-33
20) 津軽ダム工事事務所（2007）:「希少な生物　ユビナガコウモリの移転」「津軽ダムとコウモリの共存への取り組み」国土交通省　p1-5
21) http://www.thr.mlit.go.jp/tugaru/dam/dam_kankyo_01.html:「環境へのとりくみ　ユビナガコウモリの移転」津軽ダム工事事務所
22) 向山　満（2011）:「第1章　岩木の自然、第三節　動物、一　哺乳類」『新編弘前市史通史編　岩木地区』弘前市　p73-83
23) 品川弥千江（1968）:「動物」品川弥千江編『岩木山』東奥日報社　p150-154
24) 小原良孝・笹森耕二・向山　満（1997）:「青森県におけるイイズナの生息記録と分布状況」『哺乳類科学』37　p81-85
25) http://blog.livedoor.jp/m_uchimoto/archives/1594961.html（2011）:「うっち～の【岩木山山行記録】－livedoor Blog」
26) aono.at.webry.info/200307/article_1.html（2003）:「岩木山2003年7月18-19日　山旅/BIGLOBE ウエブ

リブログ」
27) 小山信行（2010）:「ウズラ出現」『野鳥をたずねて45年』日本野鳥の会弘前支部　p10
28) 叶内拓哉・安部直哉・上田秀雄（1998）:『山渓ハンデイ図鑑7，日本の野鳥』山と渓谷社　p623
29) 青森県（2014）:『平成26年度鳥獣保護区等位置図・青森県』青森県
30) 高野伸二（1996）:『フィールド日本の野鳥・拡大版』日本野鳥の会　p342
31) 青森県（1996）:『青森県自然公園等位置図』青森県
32) 清棲幸保（1978）:『増補改訂版・日本鳥類大図鑑Ⅰ』講談社　p444
33) 須摩靖彦・野田坂佳伸（1999）:「エビカラトビムシの表面微細構造と外部形態」『*Jezoensis*』26　p129-136
34) 須摩靖彦・山内　智（2006）:「岩木山のトビムシ類―特にトビムシ類の垂直分布について」『青森自然誌研究会』11　p49-58
35) 山内　智・須摩靖彦（2008a）:「岩木山のトビムシの季節的消長と垂直分布」『青森自然誌研究会』13　p53-60
36) 内田　一）1953）:「トビムシモドキ科（昆虫、粘管目）の3属 *Tetrodontophora, Lophognathella, Homaloproctus* 間の関係について」『動物学雑誌』62　p25-28
37) 青木淳一編著（2015）:『日本産土壌動物―分類のための図解検索（第二版）』東海大学出版会、東京
38) 青木淳一（2005）:『だれでもできるやさしい土壌動物のしらべかた―採集・標本・分類の基礎知識』合同出版株式会社、東京
39) 須摩靖彦・阿部　東（1996）:「岩木山　岳温泉スキー場のトビムシ類」『*Jezoensis*』23　p107-115
40) 山内　智・須摩靖彦（2008b）:「岩木山種蒔苗代でのトビムシ類の季節的消長」『青森自然誌研究会』13　p61-65
41) 山内　智（1998）:「内田　一博士著者目録」『青森県立郷土館調査研究年報』22　p61-67
42) 青森県（2003）:『青森県史　自然編「生物」』
43) 工藤　忠（2013）:「東北地方におけるスカシバ研究のこれから」『日本鱗翅学会東北支部第1回例会講演要旨集』　p2-7
44) 工藤　忠（2015）:「ミチノクスカシバ発見記」『月刊むし』528　p10-15
45) 有田豊・池田真澄（2000）:『擬態する蛾・スカシバガ』月刊むしブックス3．むし社　東京
46) 工藤誠也（2009）「青森のスカシバガ」『月刊むし』464　p2-8
47) Kishida, Y., T. Kudo and S. Kudo（2014）:「A new species of *Nokona* Matsumura from Japan（Lepidoptera, Sesiidae）」『Tinea』23　p4-9
48) Yoshitake, H. and T. Sato（2011）:「Occurrence of *Tapeinotus sellatus*（Fabricius）（Coleoptera, Curculionidae, Ceutorhynchinae）in Japan」『Jpn. J. syst. Ent.』17(2)　p347-350
49) 成田俊明（1989）:「青森県のハンミョウ類（Ⅱ）」『Celastrina』23　p31-44
50) 成田俊明（1988）:「青森県のハンミョウ類」『Celastrina』20　p61-112
51) 横山裕正（2002）:「岩木山弥生でのホソハンミョウ・マガタマハンミョウの採集記録」『Celastrina』37　p10

岩木山の鳥類

小山 信行

1. 岩木山の鳥類概要

1966年以降確認された種は表1に示した129種です。鳥類は飛翔移動が多いことから、上空通過や一時休息で立ち寄る種を含めると、さらに追加種があるものと考えられます。

季節、標高、地形、植生などで形成される異なる環境を、営巣、採餌、休息など生活目的に応じて出現鳥類は生息場所を変えます。

季節によって出入りのある夏鳥、冬鳥、旅鳥があり、同じ種でも夏は標高の高い山地、冬は平地の公園や緑地に移動する鳥があります。

岩木山の場所・環境などを便宜上下記のように分別し、出現する鳥類を順次紹介したいと思います。

- (1) 標高の低い草地やゴルフ場、スキー場など
- (2) 山麓のスギ・カラマツ、ニセアカシアなどの林地
- (3) 畑地・りんご園、集落・温泉街など
- (4) 水田・溜池
- (5) 沢・河川
- (6) ブナ・ミズナラなどの山林
- (7) 山頂付近
- (8) 岩木山を風除けにする鳥
- (9) 渡り、移動時の休息や採餌の場所

2. 標高の低い草地やゴルフ場、スキー場など

嶽高原、岩木山百沢スキー場、鰺ヶ沢スキー場などは背の低い灌木や乾燥した草地です。ゴルフ場は大半が芝生で、一部にミズバショウが生育する湿地があります。

春季、ホオジロ（写真1）、ヒバリがさえずり、モズ（写真2）が見られます。小灌木が混じる茂みには北へ帰る冬鳥のベニマシコ（写真3）、カシラダカが潜み、風のない温暖な日にはさえずりも聞くことがあります。雪解けの頃は冬鳥のツグミが採餌し、水に濡れた芝地にはハクセキレイ、キセキレイも出現し、上空に冬鳥のケアシノスリ（写真4）が舞ったりします。

4月、ミズバショウが見頃になるころ、オオジシギがジェジェー、ジェジェーと飛びながら鳴き、ガガガガ………とジェット機のような轟音を発します。これは尾羽で風を切る音で、毎年、山麓の草地でくりひろげる求愛飛行です。北日本だけで繁殖し、オーストラリアで越冬する夏鳥、日豪渡り鳥保護協定指定種ですが、近年岩木山麓原野では畑地化が進み激減しています[1]。

表1　岩木山の鳥類目録

目	科	種
キジ	キジ	ウズラ、ヤマドリ、キジ
カモ	カモ	ヒシクイ、マガン、オオハクチョウ、コハクチョウ
		オシドリ、マガモ、カルガモ、コガモ、キンクロハジロ
カイツブリ	カイツブリ	カイツブリ
ハト	ハト	キジバト、アオバト、カワラバト（ドバト）
カツオドリ	ウ	カワウ
ペリカン	サギ	ゴイサギ、ササゴイ、アオサギ、ダイサギ
ツル	クイナ	バン
カッコウ	カッコウ	ジュウイチ、ホトトギス、ツツドリ、カッコウ
ヨタカ	ヨタカ	ヨタカ
アマツバメ	アマツバメ	ハリオアマツバメ、アマツバメ
チドリ	チドリ	ケリ、コチドリ
	シギ	ヤマシギ、オオジシギ、タシギ、イソシギ
タカ	ミサゴ	ミサゴ
	タカ	ハチクマ、トビ、オジロワシ、オオワシ、ツミ、ハイタカ、オオタカ、ノスリ、ケアシノスリ、イヌワシ
フクロウ	フクロウ	フクロウ、トラフズク
ブッポウソウ	カワセミ	アカショウビン、カワセミ、ヤマセミ
	ブッポウソウ	ブッポウソウ
キツツキ	キツツキ	アリスイ、コゲラ、オオアカゲラ、アカゲラ、クマゲラ＊、アオゲラ
ハヤブサ	ハヤブサ	チョウゲンボウ、チゴハヤブサ、ハヤブサ
スズメ	モズ	モズ
	カラス	カケス、ホシガラス、コクマルガラス、ミヤマガラス、ハシボソガラス、ハシブトガラス
	キクイタダキ	キクイタダキ
	シジュウカラ	コガラ、ヤマガラ、ヒガラ、シジュウカラ
	ヒバリ	ヒバリ
	ツバメ	ツバメ、イワツバメ
	ヒヨドリ	ヒヨドリ
	ウグイス	ウグイス、ヤブサメ
	エナガ	エナガ
	ムシクイ	コムシクイ、メボソムシクイ、エゾムシクイ、センダイムシクイ、
	メジロ	メジロ
	ヨシキリ	オオヨシキリ
	レンジャク	キレンジャク、ヒレンジャク
	ゴジュウカラ	ゴジュウカラ
	ミソサザイ	ミソサザイ
	ムクドリ	ムクドリ、コムクドリ
	カワガラス	カワガラス
	ヒタキ	マミジロ、トラツグミ、クロツグミ、シロハラ、アカハラ、ツグミ、コマドリ、コルリ、ルリビタキ、エゾビタキ、コサメビタキ、キビタキ、オオルリ
	イワヒバリ	カヤクグリ
	スズメ	ニュウナイスズメ、スズメ
	セキレイ	キセキレイ、ハクセキレイ、セグロセキレイ
	アトリ	アトリ、カワラヒワ、マヒワ、ベニヒワ、ハギマシコ、ベニマシコ、ギンザンマシコ、イスカ、ウソ、シメ、イカル
	ホオジロ	ホオジロ、ホオアカ、カシラダカ、ノジコ、アオジ、クロジ
17目	42科	129種

（注）ガン類・ハクチョウ類は上空通過
　　＊クマゲラは巣穴・食痕のみ、姿の確認なし

写真1 ホオジロ

写真2 モズ

写真3 ベニマシコ

写真4 ケアシノスリ

3．山麓のスギ、カラマツ、ニセアカシアの林

　山麓の林にはその環境に応じた鳥類が生息しています。

　集落に近いスギ林にはフクロウが潜みます。集落やりんご園、畑地に生息するノネズミを餌として、昼の休息地としているのです。スギ林は昼でも薄暗く、山菜採りもあまり入らず、林内は風雪から逃れる安定した環境が得られる場所だからと考えられます。スギ林を好む鳥は夏鳥のトラツグミ（写真5）、クロツグミ（写真6）があり、ミミズを好み、暗い林の中で営巣しています。夏季、トラツグミは夜や、雨模様の暗い日中にチーン、チーンと仏壇のかねをたたくような鳴き声で陰気に鳴いています。クロツグミはスギの梢で空が白みはじめる早朝からキョロンキョロンと元気みなぎる声でさえずります。間伐など管理がよく、風の通りがよい大木林はオオタカ（写真7）、ハイタカ、ノスリ（写真8）などタカ類の営巣地となっています。

　カラマツ林は農地や農道沿いの防風林としてあることが多いが、トビ、ノスリ、ハシボソガラス、ハシブトガラスの営巣に利用されています。また、小禽類の休息場所や移動時の中継地となります。猛禽類やカラス類の古巣はチゴハヤブサやトラフズク（写真9）、フクロウの巣として再利用される場合があります。

　ニセアカシアは5月下旬から6月上旬にかけて白い花を咲かせ、これの林は目立つ存在になります。花からは良質な蜜が生産されるので、養蜂家が好んで巣箱を多数設置します。このミツバチの群に惹かれてハチクマ（写真10）がやって来るので、養蜂家は毎年ミツバチの巣箱近くに来るタカに驚かされています。ハチクマは夏鳥で5月中旬に渡来し、昆虫

写真5 トラツグミ　　写真6 クロツグミ
写真7 オオタカ　　写真8 ノスリ
写真9 トラフズク　　写真10 ハチクマ

類、両生類、爬虫類を捕食し、とくにハチ類を好むことからこの名がついた[2]とされ、地中に巣をつくるクロスズメバチなどの巣板を掘り出し、その幼虫を餌にする猛禽類として知られます。岩木山では夏季に嶽高原、スキー場、山麓の畑地上空にハチクマをよく見ますが、求愛飛翔（きゅうあいひしょう）と子育てに必要とするハチの幼虫がある巣さがしをしているのです。山地の林地伐採地（ばっさいち）やスキー場、畑地は乾燥しやすく地中営巣するハチが造巣（ぞうそう）するのに適しているためと考えられます。

4．畑地・りんご園、集落・温泉街などの鳥

　人里に近い場所ですが年間を通じてみると山林より多くの鳥類が出現します。スズメ、カ

写真11　コムクドリ　　　　　　　　写真12　ヒヨドリ

写真13　ツバメ　　　　　　　　　　写真14　スズメ

写真15　ニュウナイスズメ　　　　　写真16　キジバト

ラス類、ムクドリ、コムクドリ（写真11）、ヒヨドリ（写真12）の他、四季に応じて多様な鳥相（ちょうそう）がみられます。

　農地の耕起、草刈り後に出てくる昆虫などの小動物を食べるに集まるムクドリ、カラス類、ハクセキレイなどは農家の人がよく知っています。農地にはノネズミが多く、それを食べるヘビ類も生息しています。さらに、これらを捕食するオオタカ、ノスリ、トビなどの狩場（かりば）となっています。とくに山麓のりんご園ではノネズミ、ノウサギがリンゴ樹を食害し、その天敵としてヘビ、タカ類、フクロウ類の好適な採餌場となっていて、食物連鎖（しょくもつれんさ）の一端がよく見える場所になっています。ノネズミの天敵にはフクロウ、トラフズク、オオタカ、ノスリといった猛禽類が主ですが、ハシブトガラス、ハシボソガラスも猛禽類と同様な天敵として

役割を果たしています。

　山麓の集落、温泉街にはツバメ（写真13）、イワツバメ、スズメ（写真14）、ニュウナイスズメ（写真15）、ハクセキレイが営巣し、集落の庭の植え込みにはモズ、ヒヨドリ、アオジ、キジバト（写真16）、カワラヒワが営巣しています。また、春には入山前のキビタキ、オオルリ、ビンズイなどの夏鳥が山の消雪を待つ間の休息地として、秋には下山し平地で越冬するミソサザイや積雪の少ない地方へ移動するウグイスなどが庭の植え込みや近くの茂みなどを一時生息の場とします。

5．水田・池沼・溜池などの鳥

　山麓の水田には水辺で餌をとる鳥類が出現します。水田周囲の環境は多様です。

　農道の法面（のりめん）は、ノネズミの好適な生息場となります。水はけがよく越冬場所であり、坑道（こうどう）も造りやすく、草木の根を食すコガネムシの幼虫、秋穫った稲籾（いなもみ）がネズミの餌になります。水際のカエル、魚類、昆虫などの小動物を捕食するために飛来するゴイサギ、アオサギ（写真17）、ダイサギ（写真18）はネズミも食べます。ネズミを捕食するヘビ類、タカ類の他、夜はフクロウ類も飛来すると考えられます。農道の法面にはイタドリが繁茂しマメコガネなどのコガネムシ類が発生します。成虫は地上の葉部を、幼虫は根部を食します。コガネムシ類の成虫は猛禽類のチゴハヤブサ、トラフズク、ハシブトガラス、ハシボソガラスの餌になり、こうした鳥類の吐出物（としゅつぶつ）からコガネムシ類の鞘翅（しょうし）が認められています。

　池沼・溜池と付近の湿地を含む地域でも様々な鳥類が出現します。嶽温泉と湯段温泉（ゆだんおんせん）の中

写真17　アオサギ

写真18　ダイサギ

写真19　タシギ

写真20　オシドリ

間にあるミズバショウ公園を例に出現鳥類を紹介します。3月下旬、湿地の雪が解け泥土が露出した場所にタシギ（写真19）が潜みます。池の氷が解氷するとまずカルガモが出現し、次いで渡去前の冬鳥コガモ、マガモ、キンクロハジロがみられ、4月には南からオシドリ（写真20）が渡来します。

　4月から5月は夏鳥冬鳥が同時に出現します。雪の消えた公園の芝には冬鳥のツグミやシメが採餌し、夏鳥のビンズイが山の標高が高い部分の雪消えを待っています。周囲の茂みには夏鳥のキビタキやコサメビタキ、アカハラ、冬鳥のカシラダカ、ベニマシコ、留鳥のホオジロ、アカゲラ、コゲラ、シジュウカラ、エナガ生息します。

　5月、気温が上昇し、草木の展葉・伸展がはじまるとヨシ、ヤナギの茂みでオオヨシキリ（写真21）やアオジ（写真22）が、近くの林地ではアカハラやクロツグミがさえずります。池にはカルガモに加えバン、カイツブリ、カワセミが出現し、池の水面近くをツバメ、イワツバメが飛び交い、付近上空をノスリが舞います。

　夏から秋に池で繁殖・子育てするカルガモ（写真23）、バン（写真24）、カイツブリの幼鳥はノスリ、オオタカ、ハイタカ、トビに捕食されます。水鳥の幼鳥は猛禽類の他ハシブトガラスやハシボソガラスにもねらわれ、さらにカラス類は池周辺で繁殖する水鳥以外の鳥類のひなや卵も食べることがあります。

　池畔にあるハンノキには多数のヤドリギが寄生し、これの種子を運ぶ、冬鳥のレンジャク類、ツグミなどがこの地に多数飛来・移動したことを物語っています。

写真21　オオヨシキリ

写真22　アオジ

写真23　カルガモの親子

写真24　バン

6．沢や川の鳥

　岩木山にある大小の沢、年間を通じて水が涸れない沢にはイワナが生息し、下流にはウグイが多く、水生昆虫も豊富です。これらを食す鳥類が出現します。小さい沢ではカワガラス（写真25）、カワセミ、大きな沢ではヤマセミ（写真26）、アカショウビン（写真27）、カワセミ、カワガラス、イソシギ、キセキレイ、セグロセキレイ（写真28）、ハクセキレイ、希にササゴイなどが出現します。

　岩木山北西部の白沢は大きな沢で、周囲に多様な環境を配しています。上流部にブナ林に囲まれた二子沼があり、中流部には畑地に近い黒んぼ沼に接し、下流で中村川に合流します。世界の自然遺産白神山地に近いこともあって、白神山地の渓流でみられるヤマセミ、アカショウビン、オシドリ、カワガラスなどが出現します。

写真25　カワガラス

写真26　ヤマセミ

写真27　アカショウビン

写真28　セグロセキレイ

　沢や川は水鳥ばかりでなく、森林性の鳥類も飲み水、水浴の場としています。さらに各種鳥獣の避難場所、移動経路としても利用しています。

　春季、南から渡来直後の夏鳥が消雪の早い麓の小さな沢に5羽、10羽と群れ、短期間ではあるが夏鳥の溜まり場を形成することがあります。日当たりがよく、ササ・灌木が茂る沢は風雨を避け、猛禽類の捕食を防ぐシェルターを備えた安全地帯となっています。

7．ミズナラ林やブナ林の鳥

　夏季、嶽登山道を上ると周囲の林相に応じて出現鳥類が変化します。ササ、低木の茂み

が混じる標高の低いミズナラ林ではカッコウ、ホトトギス、ウグイスがさえずり、ホオジロ、アオジ、ノジコ、メジロが出現し、林床(りんしょう)にササなど茂みが少ないミズナラ林にはアカハラ、クロツグミ、カケスがいて時々登山道の地表で採餌しています。ミズナラ林の樹上にはヤマガラ（写真29）、シジュウカラ（写真30）、コゲラ、アカゲラ、エナガ、キビタキ（写真31）の出現が目立ちます。時折樹冠上空をハチクマ、ハイタカといった猛禽類が舞います。少し標高が高くなりブナが混じる林相になるとヤブサメ（写真32）、エゾムシクイ（写真33）、センダイムシクイが鳴き、林床にササが多い場所ではコルリ（写真34）がさえずります。さらに標高が高いブナの喬木林(きょうぼくりん)ではツツドリ、ジュウイチ、コルリ、キビタキ、アオバト（写真35）、アカゲラ、オオアカゲラ（写真36）、アオゲラ（写真37）、コガラ（写

写真29　ヤマガラ　　　　　　　　　写真30　シジュウカラ

写真31　キビタキ　　　　　　　　　写真32　ヤブサメ

写真33　エゾムシクイ　　　　　　　写真34　コルリ

写真35　アオバト

写真36　オオアカゲラ

写真37　アオゲラ

写真38　コガラ

真38）、ヒガラ、ゴジュウカラが出現します。近年、白神山地などでもさえずりを聞くことが少なくなったコルリですが、岩木山嶽登山道、特に林床にササがあるブナ林では頻繁にさえずりを聞くことができます。

興味あるのはカッコウ類の出現です。標高が低く、草地・ササ・灌木・ミズナラといった環境にはカッコウやホトトギスが出現し、やや標高が高くササ・ブナといった環境にはツツドリやジュウイチが生息しています。この違いはカッコウのなかまが他の鳥に卵を預ける'托卵'という習性があり、その托卵された鳥がカッコウ類の子育てをします。托卵する種と托卵される種の関係がきまっているため、托卵される種が生息する場所に托卵する種がやって来るというわけです。

カッコウが托卵する相手はオオヨシキリ、モズ、アオジ。ホトトギスはウグイス。ツツドリはセンダイムシクイ。ジュウイチはコルリ、オオルリ、ルリビタキです[3]。

岩木山のカッコウ類も同様な托卵をし、ブナ林のジュウイチはコルリに托卵していると考えられます。

8．山頂付近の鳥

夏季、火口、岩場、お花畑周辺ではビンズイ（写真39）、ミソサザイ（写真40）が生息、よくさえずっています。両種とも春から夏にかけ山を登り、秋には山から下りる鳥です。ビンズイは夏鳥で、4月中下旬に渡来、5月上旬は雪の消えた里の公園や山麓の林などに生息し、雪が消えるのを待って山頂をめざします。ミソサザイは留鳥で、冬は平地の公園や庭の

写真39　ビンズイ

写真40　ミソサザイ

写真41　ハヤブサ

写真42　チョウゲンボウ

写真43　ホシガラス

写真44　イヌワシ

　植え込み、河川の茂みで越冬し、消雪と共に入山します。4月下旬から5月は岩木山の麓に近い沢や林地でさえずり、夏は冷涼な沢の茂みや頂上付近に移動します。

　夏、頂上付近の岩場には希にハヤブサ（写真41）、チョウゲンボウ（写真42）が休息していますが、樹や岩の上空をさえずりながら飛ぶビンズイの捕食が目的と考えられます。

　山頂付近には希にヒガラが出現します。シジュウカラ科の中でヒガラだけがなぜ頂上に来るのか、その理由はわかりません。

　山頂近くの風衝林、ハイマツにはカヤクグリが潜み、まれにホシガラス（写真43）が出現します。

　標高の高いところにあるササ藪にはウグイスやホオジロが生息し、8月ころまでさえずっ

ています。標高が低い山地に多いウグイスやホオジロが、標高の高いササの茂みにも生息する理由は不明ですが、托卵するカッコウ類の出現が少ないことから托卵逃れも考えられます。また、頂上付近は風が吹き上がり、吹き寄せられる昆虫が多く、昆虫を食す鳥類にとっては意外と餌の量が豊富である場所なのかも知れません。秋、鳥海山付近にはチョウゲンボウやチゴハヤブサといった猛禽類が飛来し、群れ飛ぶ赤トンボや渡りで通過する小鳥類を捕食しています。

　鳥海山の南斜面上空にはイヌワシ（写真44）が出現します。柴柄沢（しばからさわ）、平沢、滝ノ沢、毒蛇沢（どくじゃざわ）付近には植生がはがれた崩壊地（ほうかいち）があり、狩場になっています。岩木山はノウサギの生息が多く、スカイライン終点駐車場では観光客が下山し空いた駐車場にノウサギがよく出現します。朝夕のスカイラインもノウサギなどの餌動物が活動するため、イヌワシの狩場になっています。

　スカイライン、駐車場、崩壊地、林縁の上空にはノスリ、トビ、オオタカ、ハイタカ、ハチクマといった猛禽類が出現しますが、上昇気流、狩場として利用し、ネズミ類などの動物が捕食されています。

9．岩木山を風よけにする鳥

　秋から冬、冬から春、渡りをする鳥たちが強い季節風を避けるため、岩木山を盾（たて）にして風下を飛翔するのを見ることがあります。11月〜12月、2月〜3月にガン類（写真45）、ハクチョ

写真　45　ガン（ヒシクイ）の渡り

写真　46　オオハクチョウの渡り

写真47　オオワシ

写真48　オジロワシ

ウ類（写真46）がつがる市森田町の狄ケ舘溜池、鶴田町の廻堰大溜池、弘前市の砂沢溜池に飛来しますが、これらの群の一部が鰺ヶ沢スキー場東部上空を渡ります。

　1月～3月、北西の風が強い日、スカイライン上部から鳥海山南斜面、柴柄沢から毒蛇沢に至る崩壊地付近をオオワシ（写真47）、オジロワシ（写真48）が飛翔することがあります。これは冬の北風を避けて移動する目的の他に、崩壊地付近で発生する雪崩で犠牲になったカモシカやノウサギを食べるためと考えられます。厳寒期、柴柄沢や毒蛇沢の岩場・崩壊地にはカモシカがしばしば出現します。

10．渡りや移動時の休息場

　岩木山に長期間滞在することなく、渡りの中継地としている鳥類がいます。

　4月中・下旬百沢付近の小さな沢に毎年コマドリ（写真49）が出現します。コマドリは夏鳥で本州、北海道、サハリンでも繁殖しているので[4]、北へ渡る途中に立ち寄るものと考えられます。コマドリは姿や鳴き声が目立つので発見しやすい鳥ですが、岩木山での繁殖期の出現はないようです。青森県内では八甲田山系や平川市小国で夏ごく少数生息の記録がある[5]ので、岩木山でも年によっては夏季の長期滞在、繁殖の可能性が考えられます。

　4月下旬、残雪が残る岩木山山麓の茂みにルリビタキ（写真50）が潜みます。春、日本海の本州北端・竜飛崎には毎年北へ向かうルリビタキが出現しますが、白神山地や岩木山から屏風山を経由して竜飛崎に至るものが含まれ、北海道へ渡ると考えられます。

　ルリビタキは岩木山の岩鬼山から北へ通じる大石登山道で7月、さえずりを聞く年がある

写真49　コマドリ

写真50　ルリビタキ

写真51　ハリオアマツバメ

写真52　エゾビタキ

ので、少数が繁殖している可能性があります。青森県内では八甲田山系にごく少数生息しています[6]。

秋、鰺ヶ沢スキー場付近の上空をアマツバメ、ハリオアマツバメ（写真51）の群が乱舞します。

ハリオアマツバメは北海道で多く[3]、アマツバメはむつ市脇野沢鯛島（たいじま）や佐井村願掛岩（がんがけいわ）で繁殖している[6]ので、こうした北で繁殖した群が、南下する途中に岩木山山麓の斜面や溜池上空で赤トンボ類など空中に浮遊する昆虫を捕食するため出現するのです。

春と秋に百沢、桜林（さくらばやし）など岩木山山麓の林地に見られる鳥もいます。渡りの途中に立ち寄る旅鳥として毎年出現するエゾビタキ（写真52）です。サハリンやカムチャッカなどに渡り繁殖します[4]。

（注）写真3、5、6、10、19、25、26、27、29、30～35、37、38、39、43、49、50、51は菊池弘保氏撮影。他は小山撮影。

【引用文献】
1）小山信行（2010）:「（3）脊椎動物　2）鳥類」『青森県の希少な野生生物－青森県レッドデータブック（2010年改訂版）－』青森県　p181-212
2）真木宏造・大西敏一（2000）:『日本の野鳥590』平凡社　p654
3）高野伸二（2015）:『フィールドガイド日本の野鳥　増補改訂新版』日本野鳥の会　p392
4）日本鳥学会（2012）:『日本鳥類目録　改訂第7版』日本鳥学会　p438
5）對馬昭三（2003）:「2章第5節鳥類」『青森県史自然編生物』青森県　p346-388
6）日本野鳥の会青森県支部・弘前支部（2002）:『青森の野鳥』東奥日報社　p295

岩木山の植生を理解する

石川 幸男

1．植物的自然の全体像

　日本は国土面積の割に南北に長いことから、水平的には沖縄の亜熱帯多雨林から、北は北海道東部に亜寒帯針葉樹林が分布しています[1]。各地の山岳ではこれらの植生が標高の上昇とともに水平分布よりもっとはっきりと変化するので、観察に適しています。津軽平野にそびえる岩木山の端整な姿を見ると、低地の落葉樹林から頂上付近の高山にかけて、くっきりとした植生変化の様子が想定されて、登山意欲がかき立てられます（写真1）。くわしく検討してみると岩木山独自の特徴もあって奥が深い山です。東京で生まれて千葉で育ち、北海道に漂着して長く生活したのち、4年ほど前に弘前に赴任した私は大きな期待をもって足を踏み入れました。ここではその経験をもとに、岩木山における植物の生活の様子を紹介します。

　ある地域に生育する植物を理解する場合は、大きく分けて、種に着目する見方とさまざまな種が集まった群落に着目する見方とがあります。フロラレベルの把握と群落レベルの把握です。種に着目するフロラレベルの把握とは、植物を見るもっとも基本的な見方であり、ある地域に生育する植物の種の全体像、すなわち植物相（フロラ）を知ることを意味します。岩木山は古くから親しまれてきた山なので、植物の古い記録もあります。19

写真1　中野付近から見た岩木山（2014.10.30）

世紀末から20世紀はじめに行われた池野[2]、飯柴[3]や志村[4]の記録が初期のものです。その後、1968年に岩木山をくわしく紹介した品川[5]は、青森県内各地で植物調査に尽力した細井幸兵衛によるまとめとして約620種という数字を記していますが、フロラ全体は示されていません。近年の労作としては三浦の写真図鑑[6]があり、約430種が写真とともに列記されています。こうした記録に示されている植物の中には岩木山にゆかりの深い種がいくつもあって、その代表が、岩木山以外には分布地の少ないミチノクコザクラです。こうした種の一部に関しては『新編弘前市史[7]』にまとめがあり、また本書の別章でも扱われていますので、ここでは触れません。

　群落レベルに着目する場合は、群落の種類、内容とその分布概況が重要です。一地域に分布する植物群落を総称して植生とよびますが、植生の内容、成り立ちなどの特性とその分布を調査研究する分野が植生学であり、その中で種類組成に基づいた群落の分類・体系化を中心にする分野は植物社会学と呼ばれます。また、植生の分布状態を示した図が植生図です。

岩木山の植生概況は前出の細井が1960年代に報じ[8]、単独の植生図としては1972年に勝俣[9]の取り組みがあります。その後、植生図は環境の基図としての意味が大きいので、約40年前に青森県が全県的に1/50000スケールで整備しました。その中で岩木山は五所川原と弘前の図幅にまたがり（図1）、標高の低い部分から順にブナ－ミズナラ林（凡例19）、ブナ林（8）、ダケカンバ林（5）やササ－自然草原（6）、頂上付近に高山低木林（1）や高山ハイデおよび風衝草原（2）が分布していることがわかります[10]。

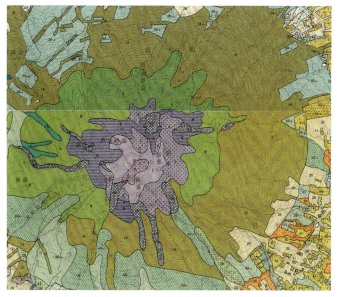

図1　青森県によって整備された岩木山の植生図[10]
（青森県の掲載許可を得た）

　この図が整備された年と前後して、全国でも環境省の自然環境保全基礎調査によって同じスケールの図が整備されました。また、環境省の取り組みとは別に、1970年代には全国各地で都道府県単位の植生図も整備されています。青森県の図で示された状況はその後の40年間に標高の低い部分を中心に変化したと思われ、また近年には、以下に示すようにさらにくわしい図も整備されています。しかし、青森県が作成した植生図は、全国的に見ると面積の広い県内をくまなく網羅したものとして、多くの努力がはらわれた価値ある植生図です。

　その後、環境省によって2000年から、より詳しい1/25000スケールの植生図の整備が開始されました。このシリーズの整備は現在も進行中ですが、岩木山の図は、岩木山と十面沢の図幅としてすでにできています。環境省の一連の植生図は以下のURLにアクセスし、必要な項目を選択すると閲覧可能で、印刷することもできます。

　　http://www.vegetation.biodic.go.jp/index.html

　こうした植生図があるのだから岩木山の植生はすでに十分に明らかになっている、と考える方もいるかもしれません。しかし、そうではないのです。植生図で示された群落には一般に多くの種が共存しますが、群落内に生育する多くの種の情報は図面である植生図には表現されないのです。また、前出の『新編弘前市史』[7]にも岩木山の植生の解説があるものの、個々の群落を構成する種の記載は一部に限られています。

　実は、植生学では、個々の群落の調査地点でそこに生育する種を網羅的に調査した資料をアウフナーメ資料といって、もっとも大切にします。岩木山でのアウフナーメ資料は限られていて、横浜国立大学のグループの成果[11]と、環境省による自然環境保全基礎調査の際に標高の高い領域で行われた調査資料[12]だけが利用しやすい資料です。そこで、新参者のわたくしが出る幕もあろうと考えて植生調査を行ないました。さらに、この地域の植生研究に

長く携わってこられた齋藤信夫さんから未発表資料を拝借させていただきました。本稿ではこれらをもとに、樹木の分布と植物群落の内容を中心に解説します。最初に、登山道沿いに主要樹木の分布概況を紹介し、そのあとで環境省の最新の植生図に基づいて、そこに示された主な植物群落について、種類組成などの特徴が理解でききるように解説を加えます。

２．主要樹木と植生帯の分布

　岩木山の山頂近くにはいわゆる高山帯に含まれる高さの低い植物群落が分布しているものの、標高の低い部分から山頂付近までは森林が分布します。森林を構成する樹木の背丈は高いので森林では立体的な構造が発達して、動物のすみかになるとともに、森林自体が独自の環境を形成します。このことから、森林の概要を知ることは生態系の概要を把握する面で重要ですが、そのためにはまず、森林を形成する樹木の分布状況をよく見る必要があるのです。そこで、手っ取り早く、登山道沿いで検討してみました。

　岩木山の登山道は、現在では嶽温泉から登る嶽登山道（南西側）、百沢登山道（南東側）、弥生登山道（東側）、赤倉登山道（北東側）、長平から鍋盛山を経由して登る長平登山道（北西側）の５本が整備されています（図２）。かつては西側の松代から追子森、西法寺森を経由する追子森登山道と、北側から扇ノ金目山を経由して頂上に至る登山道もありました。この２つのルートは現在でも一部はそれとわかるものの、一般には利用しやすい状態ではありません。

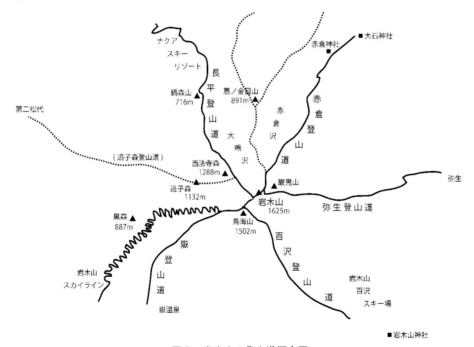

図２　岩木山の登山道概念図

　さて、これらのうちでポピュラーな嶽登山道と、ほぼ反対側の赤倉登山道を実際に登山して主な木本植物の分布を確認してみました。その結果は図３と図４のようになり、どちらの登山道でも最初は人手の入った森林（二次林）が続き、やがて保存状態のよい森林が現れます。

嶽登山道（図3）では、登山道が始まる標高約420mからしばらくは二次的なミズナラ林が主体です。標高700mからはブナ林になるものの、直径が比較的そろっていることとさほど太くないことから、このあたりもかつて伐採されたのちの再生過程と思われます。全般に林床にはクマイザサが生育するとともに、マルバマンサク、オオバクロモジ、タムシバ等の低木も数多く生育しています。これらの低木種は、多雪で特徴づけられる日本海要素の種として知られています。

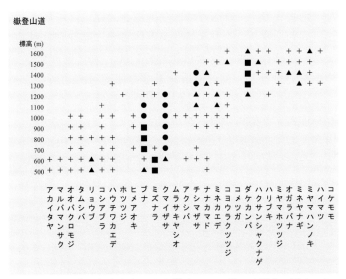

図3　嶽登山道で観察された主要樹木．シンボルは樹木の量を示し、■：優占する、●：やや多い、▲：少ない、＋：ごく少ない、ことを示す。樹木ではないササ類も便宜上加えている。

　途中で、岩木山スカイライン方向にある「巨木の森」に向かう歩道の分岐点を過ぎるあたりから自然状態のブナ林になって、ブナの樹高は少しずつ低くなってゆきます。標高約1240mでスカイラインの終点、8合目駐車場に出る直前からダケカンバが優勢になります。ここからはロープウェイもあるものの、利用しないで登山道をたどると、それより標高が高い場所ではダケカンバにナナカマドやミネカエデが混生するようになります。林床にはチシマザサが多くなって、樹高はさらに低くなりながらダケカンバ林が山頂付近まで連続します。山頂付近ごくわずかな部分だけは、巨岩が累々とする隙間にわずかに植物が生育する景観が広がります。

　反対側の赤倉登山道（図4）は標高約380mの赤倉山神社から始まり、しばらくはブナの二次林の中を通ったのちに、上の社殿裏から南側の尾根に取りついてブナ林の中を登ってゆきます。上の社殿に行くまでの左右に分布しているブナ二次林は、直径が細く、林床も単純な若い森林です。ここからは登山道に沿って数多くの石仏が設置してあり、歴史を感じることもできます。かつては赤倉沢の中を歩く道もありましたが、砂防工事に伴って現在のコースが主要に

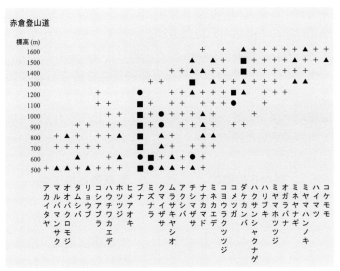

図4　赤倉登山道で観察された主要樹木

なったようです。林床には嶽登山道と同様にマルバマンサク、オオバクロモジ、タムシバ等が目立ち、ササはクマイザサが主体です。進行方向右手には赤倉沢の急斜面を見ながら高度を稼いでゆきます。ブナは標高約1200mまで生育するものの、このルートでは標高約900mの伯母岩付近と、鬼の土俵を過ぎた標高1100mから1200mの間に、本州の亜高山針葉樹林の要素であるコメツガが比較的多く見られることが特徴です。これより高くなるとダケカンバが優占する他にオガラバナ、ミネヤナギやミヤマハンノキも混生する低木林になります。赤倉沢の源頭部を右に眺めながら赤倉御殿で尾根に出ると、かつての扇ノ金目山からのコースと合流します。巌鬼山のピーク手前に位置する大鳴沢の源頭でミチノクコザクラの生育する雪田を超えて、岩木山本峰に登る標高1500mころからハイマツもちらほら生育し、やがて岩礫の山頂に到達します。

写真2　西側の松代町若松付近から見た岩木山（2014.10.30）

二つの登山道沿いの樹木分布でもっとも際立った違いはコメツガのあるなしで、嶽登山道付近には生育しない一方で、赤倉登山道沿いは分布し、またこれ以外に旧追子森登山道にそった追子森の山頂付近と西法寺森の西側斜面、扇ノ金目山からの旧登山道にそった尾根の西斜面の標高約1150mから1350m付近、および百沢登山道付近の標高約1200mから1300mに分布しています（写真2）。コメツガ以外では、嶽登山道ではホツツジが少ない傾向があります。また、赤倉登山道ではヒメアオキがあまり見られませんが、これは、尾根筋のやや乾燥した部分であることが原因なのかもしれません。しかし、こうした違いはあるものの、両登山道とも標高約1100mまでは山地帯のブナ林、1200mからはダケカンバが主体でコメツガが一部で生育する亜高山帯になります。したがって、その境界は1150mあたりと考えられます。また、山頂付近のごく限られた部分が、ハイマツやコケモモ等も生育するいわゆる高山帯になりますが、それは標高約1500mより上部と考えて良いでしょう。

東アジアの植生分布と気候との関連性を研究した吉良[13]は、終戦後間もない時期に暖かさの指数と寒さの指数を用いて整理しています。暖かさの指数（Warmth index; WI）は積算温度の一種であり、月平均気温が5℃を超える月について、平均気温から5℃を引いた値を1年間積算した値です。

暖かさの指数	気候帯と植生帯
15℃・月未満	寒帯ツンドラ
45〜 15℃・月	亜寒帯常緑針葉樹林
85〜 45℃・月	冷温帯落葉広葉樹林
180〜 85℃・月	暖温帯常緑広葉樹林（照葉樹林）、
240〜180℃・月	亜熱帯広葉樹林

海岸にそって日本を南から北上してゆくと、鹿児島県南端までが亜熱帯林、東北地方南部までが暖温帯林、関東から北海道（根室、知床を除く）までが冷温帯林、根室知床～千島方面が亜寒帯林になります。これらの植生は、地球上で緯度に伴って帯状に変化する気候条件に対応した分布をしており、植生帯として水平分布します。

　水平分布に対して、各地の山岳では標高の上昇に伴って植生が急激に変化して、垂直的な変化も生じます。温度の低下率は0.55～0.6℃/100mなので、各地の気象観測所のデータを標高によって補正し、日本各地における植生の垂直分布もまとめられています。図5は、吉良の図を簡略化して地方ごとに代表的な山だけを取り出すとともに、著者の観察から北海道の状況を加筆したものです。水平分布の説明では触れませんでしたが、おもに本州中部の山間部には、夏には暖かくて温度的に暖温帯常緑広葉樹林の分布可能領域であっても、冬の寒さが厳しいためにシイやカシのように常緑の葉をつける種は分布できない領域があって、暖温帯でありながら落葉広葉樹が優占する暖温帯落葉広葉樹林が成立します。その場合の寒さの程度は、月平均気温が5℃を下回る月について、5℃から各月の平均気温を引いた値を1年間積算した寒さの指数（Coldness index; CI）で示され、マイナスをつけた値とします。

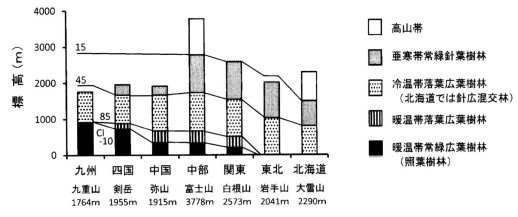

図5　日本の植生帯の垂直分布の緯度による変化（吉良[13]を改変した）

　この図では、たとえば本州中部の富士山では標高約400mまでは暖温帯常緑広葉樹林、約800mまでは山地の暖温帯落葉広葉樹林（丘陵）、約1700mまでは冷温帯落葉広葉樹林（山地）、2800mまでが亜寒帯常緑針葉樹林帯（亜高山）、さらにそれより上が高山帯であることがわかります。また、北に行くほど寒くなるので各植生帯の分布標高が低下し、たとえば暖温帯の森林は東北地方南部が北限となって、岩木山の位置する青森県北部では海岸からブナを中心とした冷温帯落葉広葉樹林が分布します。さらに九州、四国、中国、関東と東北には十分に高い山がないので、高山帯はほぼ分布しないようにみえます。

　ところで、この全国的な垂直分布と岩木山の植生分布とを比較すると、図3と4に示した岩木山におけるブナ主体の山地帯の森林と亜高山帯の森林との分布境界が1150m付近にあることは、岩手山における境界線とほぼ一致しています。しかし、亜高山帯と高山帯の境界に関しては、東北地方全体で眺めると約2100mなので岩木山には到底ないように見えるものの、実際にはぐっと低い約1500mに境界があって、北海道の大雪山なみでした。このように、実

際に個々の山を見た場合には、その山その山の条件で垂直分布は変化します。岩木山の場合は、津軽平野にそびえる独立峰であることから強風や積雪の影響を受けやすく、山々が連なった山岳での標準的な垂直分布と異なっているものと考えられます。また岩木山が火山であることから、度重なる火山噴火も影響している可能性もあるかもしれません。

3．おもな植物群落の特徴

最初に述べたように、岩木山の植生の分布状況は最新の1/25000スケールの植生図が環境省のウェブペイジで閲覧可能ですので、まずはご覧になってください。ネット環境など整っておらん、という方々には誠に恐縮ですが少し我慢していただき、あとで主要部分の植生図をご覧にいれます。最初に、環境省植生図で岩木山の図幅に示されている各群落の凡例を一括します。凡例を抽出したのは山麓を一周するネックレスロードの内側を対象にしていますが、一部では湯段地区に見られる湿地群落を示す群落も含めました。また右側は、あとで示した植生図で使用している群落名です。

自然植生
 1．高山低木群落　　　　　　　　　　　高山低木群落
 2．コケモモーハイマツ群集　　　　　　ハイマツ群落
 3．高山ハイデおよび風衝草原　　　　　高山ハイデと風衝草原
 4．雪田草原　　　　　　　　　　　　　雪田草原
 5．コメツガ群落　　　　　　　　　　　コメツガ林
 6．ダケカンバ群落　　　　　　　　　　ダケカンバ林（自然植生）
 8．ササ群落（Ⅱ）
 9．チシマザサーブナ群団　　　　　　　ブナ林（自然植生）
 16．ジュウモンジシダーサワグルミ群集　サワグルミ林
 19．ハンノキーヤチダモ群集
 20．ヤナギ高木群落（Ⅳ）
 21．ヤナギ低木群落（Ⅳ）

代償植生
 24．ブナーミズナラ群落　　　　　　　　ブナ林（代償植生）
 25．オオバクロモジーミズナラ群集　　　ミズナラ林（代償植生）
 27．ウダイカンバ群落
 28．ミズナラ群落（Ⅴ）　　　　　　　　ミズナラ林（代償植生）
 29．オニグルミ群落（Ⅴ）
 31．ダケカンバ群落（Ⅴ）　　　　　　　ダケカンバ林（代償植生）
 32．アカマツ群落（Ⅴ）
 33．ササ群落（Ⅴ）
 34．ススキ群団（Ⅴ）
 35．伐採跡地群落（Ⅴ）

その他
 44．スギ・ヒノキ・サワラ植林
 46．カラマツ植林
 47．ニセアカシア群落

h．ゴルフ場・芝地
　　　e．果樹園
　　　b．水田雑草群落
　　　k．市街地
　　　i．緑の多い住宅地
　　　r．自然裸地　　　　　　　　　　　自然裸地

　ここで示されている群落の区分は専門的であってやや難解な部分がありますので、少し説明を加えます。植生学においては、自然植生とは人間の影響を受けていない植生を示し、代償植生とは人間の影響を被ったあとの二次的な植生を指します[14]。字面では自然植生と代償植生との違いははっきりしているような印象を受けるかもしれませんが、両者を区分することは必ずしも容易ではなく、群落によってはどちらか判然としない場合もあります。さらに、植生図として図示する場合には群落の境界が必要になりますが、その判定にも困難性がつきまといます。たとえば岩木山のブナ林としては、標高の高い部分に自然植生のチシマザサーブナ群団が分布し、より標高の低い部分には代償植生であるブナーミズナラ群落が分布するので、両者の境界を明示しなければなりません。しかしもちろん、現地に境界線が引かれているわけではないので、おもに航空写真を判読することによって区分されているのです。

　環境省植生図を理解する上でもう一つ重要な点があります。上の群落名一欄を注意深く見ると、「群落」の他に、「群集」や「群団」という表現もあります。群集と群団は、植物社会学的に定義されて、その分類体系上に位置付けられた植物群落に対して命名されているものです[14]。この２つのうちでは群集がもっとも基本的な植生単位であり、特定の種のグループによって特徴づけられており、このような種群を表徴種群と呼びます。たとえば上で触れた代償植生のオオバクロモジーミズナラ群集であれば、その表徴種はチシマザサ、ナナカマド、トチノキ、ヒメアオキ等７種であり[15]、かならずしも群集名になっている種ではないことにも注意が必要です。また、表徴種の判定には量の多い少ないは重要ではなく、特定の群集に対する忠実度で判断されます。つまり、特定の群集に特徴的に生育することが重要なのです。これに対して群落は一般的な名称であり、通常は量的に多い種、すなわち優占種によって区分されます。

　さらに、複数の群集は種類組成の共通性によって統合されて、これもまた表徴種によって特徴づけられる群団にまとめられます[14]。つまり、植生の分類体系上、群団は群集の一つ上位の植生単位であるということです。岩木山の例でいえば、日本海側における自然植生のブナ林であるチシマザサーブナ群団は以下のように６群集から構成されています[16]。

　　　　チシマザサーブナ群団　　　チシマザサーブナ群集
　　　　　　　　　　　　　　　　　ヒメアオキーブナ群集
　　　　　　　　　　　　　　　　　ユキツバキーブナ群集
　　　　　　　　　　　　　　　　　クロモジーブナ群集
　　　　　　　　　　　　　　　　　マルバマンサクーブナ群集
　　　　　　　　　　　　　　　　　ホツツジーブナ群集

さらに群団は同様にオーダー、クラスへと統合されます。クラスは植物社会学における最上位の植生分類単位であり、以下のように気候帯に対応した植物群落に相当します。さらにクラス域とは、それらのクラスの植生が分布する地域を示します[14]。

　　　　トウヒ-コケモモクラス　　　高山帯、亜寒帯針葉樹林
　　　　ブナクラス　　　　　　　　冷温帯落葉広葉樹林
　　　　ヤブツバキクラス　　　　　暖温帯常緑広葉樹林

以上を前提として、野外で使いやすいように環境省植生図を少し改めたものが図6です。この図に示されている主な群落をこれから解説します。

(1) 高山低木群落、ハイマツ群落、高山ハイデと風衝草原、雪田群落

写真3　赤倉御殿付近より見た岩木山山頂と北側斜面
（2014.9.3）

これらの群落は、いわゆる高山植生です。高山低木群落とハイマツ群落では、どちらにもハイマツが生育しており、前者にはその他にミネヤナギ、ダケカンバやミヤマハンノキがともに生育しているのに対して、後者はハイマツが単独で優占している部分に相当します。写真3は赤倉御殿付近から見た岩木山の本峰と北斜面上部ですが、中央の尾根筋に濃い緑に見えるのがハイマツ群落、それより上部の尾根筋に高山低木群落が分布しています。周囲はほぼダケカンバ林ですが、中央から左下に降りる尾根の左側に草原のようにみえるのはササ群落であり、ハイマツ群落、高山低木群落とササ群落の外周の形と位置関係は環境省植生図によく示されています。

　高山ハイデと風衝草原は、前者が山頂付近の風衝地や巨岩上に生育するごく背の低い低木から構成される群落であり、後者は岩木山で初めて記載されたムツノガリヤス[7]を中心とした草本から構成され、ミチノクコザクラの生育地でもあります。雪田草原は、遅くまで積雪が残ることによって生育期間が短い一方で水には恵まれた場所、たとえば大鳴沢源頭部、山頂直下の東側斜面や大舘鳳鳴小屋下の種蒔苗代周辺などに成立します。これらの群落は互いにパッチ状に入り混じって分布するので、図6では一括して表示しました。また、高山ハイデ、ハイマツ林、雪田群落の組成例を表1に示しました。

　なお高山帯という名称とは裏腹に、岩木山を含めた日本の山々の上部は、本場ヨーロッパの高山帯とは少々異なっており、特にハイマツ群落は気温ではなく、強風と多雪によって維持されている群落であることがこれまでの研究から明らかになっています[17]。日本の山岳上部では冬期にあまりに強風多雪なので森林が比較的低い標高から成立できなくなり、そこから上は景観的には高山帯のようにみえるのです。種類組成的にヨーロッパの高山帯に対比できるのは風衝地群落、高山ハイデや雪田群落などの限られた群落であり、日本のいわゆる高

山帯では、これら本来の高山植生要素とハイマツ群落などが混在していると考えることが妥当です。

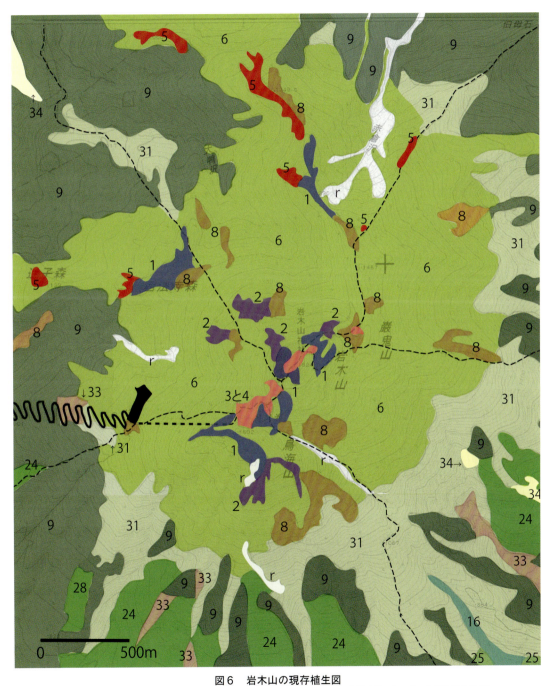

図6　岩木山の現存植生図
（環境省　1/25000植生図　岩木山と十面沢の図幅を一部改めた。図中の番号は154ページの凡例番号を示す）

(2) ダケカンバ林

ダケカンバはブナやミズナラと同じ落葉広葉樹ですが、温帯性の種ではなく、千島列島、カムチャツカ半島などの北方に分布の本体がある亜寒帯性の種です[18]。したがって、日本の本州中部から北海道東部の山岳の亜高山域に生育するダケカンバは、南のはずれです。ダケカンバを含むカンバ属は典型的な陽樹であり、明るい開けた場所では旺盛な成長を示すものの、森林内などの暗い環境では生育できず、山火事後や放棄農地等にいち早く森林を作ります。成長が速い種は、一般に細胞の強度などにコストをかけられないので材強度に乏しく、菌害などにも弱く、寿命も短くなる傾向があります。シラカンバはその典型であり、寿命は100年に届きません。

しかし、ダケカンバはカンバ属の中では少し異例の種であり、亜高山域で初期の二次林を形成することが多いものの、分布域の本場では大きな直径の個体になって、広い面積で優占します。カムチャツカ半島等では、大小のダケカンバが共存する森林がしばしばあって（写真4）、そこではダケカンバが長い期間にわたって世代交代を繰り返していると考えられています[18]。

ダケカンバ林は岩木山の亜高山領域でもっとも広く分布しています。この領域では本来は常緑針葉樹が優占しますが、岩木山ではコメツガがわずかに生育するものの、本州の常緑針葉樹林を代表するアオモリトドマツはほぼ皆無です。また図6にあるように、標高の高い部分では自然植生のダケカンバ林が分布する一方で、おもに北東～東～南～南西側では、800m付近まで代償植生のダケカンバ林とされています。

岩木山のダケカンバ林は、カムチャツカのダケカンバ林とは異なって、同じような直径の個体が生育しています。標高の高い部分では樹高が低く、直径も細くて幹が曲がりくねり、厳しい環境によって著しく生育が制限されている様子がうかがわれます。岩木山

表1　高山ハイデ、ハイマツ林、雪田植生の組成例

プロット番号	14-01	86	87	14-24
群落高（m）	0.65	1.0	2.0	0.85
調査面積（m²）	1	25	20	1
イワウメ	3			
イワヒゲ	2			
ミヤマハンノキ	2			
ハイマツ		5	5	
チシマザサ		+	3	
ナナカマド		+	+	
ゴゼンタチバナ			1	
カクミスノキ			1	
イワナシ			+	
アカミノイヌツゲ			1	
タニギキョウ		+		
ハナヒリノキ			+	
シラネワラビ		+		
エゾミヤマカタバミ		+		
タケシマラン		+		
ミネカエデ			+	
マイヅルソウ		+	+	+
ミネヤナギ		+		
ミヤマワラビ		+		
ムツノガリヤス				3
ミチノクコザクラ				3
シラネニンジン	+			2
ネバリノギラン				1
ゴゼンタチバナ				+
オオバショリマ				+
イブキゼリ				+
イトキンスゲ				+

注：表中でそれぞれの種の量を示す数値は優占度の階級値を示しており、5；被度75%以上、4；75%未満50%以上、3；50%未満25%以上、2；25%未満10%以上、あるいは10%未満だが非常に多数、1；10%未満、あるいは被度は低いが多数、+；ごくわずか、であることを意味する。プロット86とプロット87は齋藤信夫さんのデータによる。

写真4　カムチャツカ半島南部、アパチャ付近のダケカンバ林（2015.7.17）

で公表されているダケカンバ林の組成データはほとんど存在しないことから、森林管理署に許可をいただいて現地での調査を行った結果を表2に示します。これらの調査地では群落高が2.5mから3.5mであり、いずれも低木林です。ダケカンバが上部で優占するほかにナナカマドが混生することが多く、林床にはコヨウラクツツジ、ミヤマホツツジ等のツツジ科やオガラバナ、ヒロハツリバナ、ウコンウツギといった低木種が比較的多いほかに、シラネワラビ、マイヅルソウ等が生育していました。

(3) コメツガ林

コメツガは九州から東北地方北部の亜高山領域に生育する種であり、青森県のこの地域一帯が分布の北限です。東から西に向かって、八甲田山系の石倉岳、赤倉岳、前岳と城ヶ倉渓谷の周辺、岩木山、白神山地の尾太岳と茶臼山付近に生育していることが知られています[19]。コメツガは本州中部では亜高山常緑針葉樹林の限られた立地にまとまって生育しており、おもに尾根筋で岩礫が多く、比較的乾燥しやすい場所で群落を形成する傾向のある種です。岩木山でも扇ノ金目山への尾根筋や赤倉尾根、追子森周辺、西法寺森周辺と百沢登山道付近の亜高山域に生育しています（図6）。

表2 ダケカンバ林の組成例

プロット番号	14-02	14-03	14-06
標高 (m)	1550	1550	1440
群落高 (m)	2.6	2.5	3.5
調査面積 (m²)	25	25	25
低木層			
ダケカンバ	4	5	4
ナナカマド	2		2
草本層			
オガラバナ	3		1
コヨウラクツツジ	2	2	3
ミヤマホツツジ	2		
ハリブキ	1		+
ナツハゼ	1		
シラネワラビ	2	3	
マイヅルソウ	2	1	
ツバメオモト	+	+	
ナナカマド		3	
ウコンウツギ		1	2
ヒロハツリバナ		2	1
イブキゼリ		1	
ムツノガリヤス		2	
タニギキョウ		+	
ミヤマワラビ		+	
ノリウツギ			1
オオバスノキ			1
ムラサキヤシオ			1
コガネギク			1
ツルツゲ			1
アカミノイヌツゲ			1
ヒメノガリヤス			1
ハクサンシャクナゲ			+
アクシバ			+
ダケカンバ			+
シノブカグマ			+

追子森の頂上周辺のコメツガ林は、下方ではプロット14-15のように高さが12mほどあって森林の様相を示しますが（写真5）、頂上付近では、この表に示した扇ノ金目山付近（14-05）や赤倉尾根の群落（14-17）と同様に、低木林化しています（表3）。林床にはコヨウラクツツジ、ミネカエデ、オオカメノキなどの低木種やツル性のツルツゲ等が比較的まばらに生育し、シノブカグマがどこでも目立っています。

全国的に見れば亜高山帯の森林の主体は本州ではアオモリトドマツ（オオシラビソ）とシラビソ（シラベ）であり、北海道ではトドマツとエゾマツです[1,14]。さらに、本州では積雪の多い日本海側ではアオモリトドマツが優勢で、シラビソは積雪の少ない太平洋側に偏ります。青森県の亜高山領域では八甲田山のようにアオモリトドマツが主体となるの

写真5 追子森頂上下方のコメツガ林 (2014.9.20)

表3　コメツガ林の組成例

プロット番号	14-15	14-05	14-17
標高（m）	1090	1370	1150
群落高（m）	12.0	5.5	4.0
調査面積（m²）	100	25	25
亜高木層			
コメツガ	4		
低木層			
コメツガ		4	5
ミネカエデ	2		1
ダケカンバ	1		
ナナカマド	1		2
草本層			
シノブカグマ	2	3	1
ツルツゲ	2	2	1
コヨウラクツツジ	2	1	2
ハリブキ	1	1	+
ミネカエデ	2		1
ムラサキヤシオ	1		
ハクサンシャクナゲ			1
オオカメノキ		1	+
カラスシキミ			1
マイヅルソウ		1	1
コメツガ	1	1	
アカミノイヌツゲ	1	2	
ホソバトウゲシバ	2		1
ツルアリドウシ			1
クマイザサ			1
ツルアジサイ			1
ヒメタケシマラン		+	
スゲ sp	1	1	
ナナカマド	+	+	
アクシバ	1	+	
ツルシキミ		1	+
ツバメオモト		+	+
オガラバナ	1	+	
ハイマツ		+	
ミヤマワラビ		+	
ヒロハツリバナ		+	
ウスノキ	+		
ゴゼンタチバナ	+		
ハクサンシャクナゲ	1		
イチイ	+		
ヒメモチ	+		
コガネギク	+		
タケシマラン	+		
ウスバサイシン			+
ナツハゼ			+
マルバシモツケ			+
アオダモ			+

ですが、すでに述べたように岩木山では分布しません。もっとも、実はアオモリトドマツがごくわずかに生育していることは広く知られており[7]、スカイラインの終点、8合目のレストハウスの裏側に数本が生育しています。施設拡張にともなって数が減ってしまい、現在では1本が見られるだけですが、これらが天然のものなのか誰かが植えたものなのは、現在でもわかっていません。

　岩木山を含めた青森県西部の山々にアオモリトドマツが欠落するのは、北日本の日本海側全域の傾向と同様であり、かつては積雪の多さによって針葉樹が分布しにくいとされてきました。しかし近年では、そのことに加えて、氷河時代からの植生の分布変遷と種類組成の組み合わせの変化も重要な要因だったと考えられるようになっています。また、岩木山の亜高山域に常緑針葉樹が少なく、ダケカンバが徐々に樹高を低くして高山帯に移行するので、高山に類似しているという意味で偽高山とよばれることもあります。これらの2点を理解するには専門的な論文を読む必要がありますが、『新編弘前市史』[7]に短くまとめられているので、参照してください。

（4）ブナ林

　ブナ林は、東北地方の低地を代表する植物群落です[1,14]。日本国内にいるとブナ林は落葉広葉樹林の代表に見えますが、世界的に見ればブナ林は特殊な環境に生育していることに注意が必要です。ブナ林の分布の本場は日本海側の多雪地域であり、積雪によって維持されている森林なのです。世界でブナ属の樹木が分布するのはヨーロッパ、北アメリカ東部、および日本を含む極東アジアの3地域ですが、日本のブナ林ほど積雪の多い場所は他にないのです。白神山地のブナ林が多雪地域を代表する生態系としての価値を評価されて世界自然遺産に登録されたことも、よく知られています。またブナは最大で450年に近い樹齢の記録がある、長命な種です[20]。

　東北地方の自然植生としてのブナ林には日本海側のチシマザサーブナ群団と太平洋側のスズタケーブナ群団があり[15]、この2タイプは積雪の多い少ないに対応していて、前者が岩木山に分布します（図6）。環境省植生図で、この地域の自然植生のブナ林が群集レベルでは

表4　ブナ林の組成例
（プロット番号のMYは文献[12]の表8より抽出した）

プロット番号	14-18	MY-1	MY-2	14-20
標高(m)	980	880	860	850
群落高(m)	15	18	16	21
調査面積(m²)	400	400	400	400
高木層				
ブナ	5	4	5	5
高木層				
ブナ		+	+	2
ホオノキ			+	
低木層				
ブナ	1			
ハウチワカエデ	+			
タムシバ	+			
オオカメノキ	+			
草本層				
チシマザサ	1	3	2	
ミヤマシキミ	1	+	1	1
ウスバサイシン	+	+	+	
オオカメノキ	2	+	+	1
ツルアジサイ	1	+	+	
ハウチワカエデ	1	+	+	
ツクバネソウ	+	+		
クマイザサ	5			3
ムラサキヤシオ	1			
コヨウラクツツジ	1			
シノブカグマ	2			
ハクサンシャクナゲ	1			
ノリウツギ	1			1
ヒメモチ	1	1		1
ヤマウルシ	+		+	+
ヤマソテツ	+			
ミネカエデ	+			
ナナカマド	+			
マイヅルソウ	+			
ヒメタケシマラン	+			
シシガシラ	+			
アカミノイヌツゲ	+			
シラネワラビ		2	1	
コミヤマカタバミ		1	1	
ツルリンドウ		+	+	
タチシオデ		+	+	+
ブナ		+	2	+
タムシバ		+	3	1
オオバクロモジ		1	1	2
ホオノキ		+	+	
コシアブラ		+	+	+
イタヤカエデ		+	+	
ユキザサ		+	+	1
タニギキョウ		+	+	
ウワミズザクラ		+		
ヒメアオキ		+		
コケイラン		+		
トチバニンジン		+		
ホウチャクソウ		+		
エゾユズリハ			1	
イワガラミ			+	
ミズキ			+	
ツタウルシ				1
ヤマモミジ				+

写真6　**自然植生のブナ林**（追子森中腹　2013.11.2）
組成調査地点とは異なることに注意

写真7　**代償植生のブナ林**（赤倉神社付近　2014.9.23）
組成調査地点とは異なることに注意

なくチシマザサ-ブナ群団とされているのは、この群団に含まれる群集としてチシマザサ-ブナ群集やヒメアオキ-ブナ群集等が分布すると考えられるものの、図示する場合にそこまで詳しく図示しないことを意味しています。どの群集に相当するかを明らかにするために本来はアウフナーメ資料が必要ですし、群集まで区分した場合には境界を決めなければなりませんが、広範囲に植生図を作成する場合にはそこまでの精度が望めない場合は多々あるのです。

さらに低標高域には代償植生のブナ-ミズナラ群落も分布しています（図6）。環境省植生図の凡例解説によると、この地域のこの群落ではブナが優占することが多いと書かれているので、ここではブナ林に組み込んで説明しています。

表4に組成を示したブナ林では、左から3プ

ロットは自然植生と思われる一方で、右端は明らかに二次林です（写真6、7）。プロット14-18と宮脇らの調査から抽出した2プロットとでは、草木層でチシマザサからツクバネソウまでが共通するものの、それ以下では組成が異なっています。したがって、岩木山の自然植生のブナ林は組成分化によって複数の群集に区分できる可能性もありますが、それは今後の課題でしょう。代償植生であるプロット14-20では、組成が劣化している様子がよくわかります。

また、岩木山のブナ林は、近隣の白神山地と比較すると、全般に細い傾向があります。その主因としては、伐採によって条件のよい低標高域に生育していた太い個体が失われたことが大きいのでしょう[7]。しかし、自然植生と思われるブナ林でも細い個体が多く、しかも林床植生も概して単純で、白神のブナ林と比較すると生育する種数は少ないように見えます。これらには、岩木山が火山であることから、土壌が貧栄養であることが関わっている可能性があるかもしれず、これも今後の研究課題です。

（5）ミズナラ林

ミズナラは、日本の落葉広葉樹林においてブナに次ぐ重要な樹木です。北海道では400年を超える記録はざらにある長命な種であり、また重厚な材を形成します。ミズナラ材は、特に北海道産材が明治から大正期に家具材としてヨーロッパに大量に輸出された歴史を持っています。また、ウイスキーなどの樽材としても重要です。

岩木山ではミズナラ林は低標高域に分布するので、図6の範囲では下方にわずかにみえるだけです。岩木山のミズナラ林は、自然植生であるブナ林が伐採されたあとに、萌芽能力で勝るミズナラが優勢となった経緯があるとされています[7]。

組成調査を実施したのは弥生登山道の登山口からしばらく歩いた地点（写真8、表5）であり、森林上部ではミズナラが優占するもののアカイタヤが混生していて、また亜高木層や低木層にもブナ以外の落葉広葉樹が多種生育していました。高木層のミズナラでは

表5　弥生登山道沿いのミズナラ林の組成例

プロット番号	14-12	草本層（続き）	
標高（m）	340	ハイイヌガヤ	2
群落高（m）	22	リョウブ	1
調査面積（m²）	400	タチシオデ	1
高木層		オオカメノキ	1
ミズナラ	5	ミズナラ	1
アカイタヤ	1	ツルアリドウシ	1
亜高木層		エゾアジサイ	1
アカイタヤ	2	ヒメアオキ	1
ホオノキ	1	ハウチワカエデ	1
ハウチワカエデ	1	ホツツジ	1
低木層		ヒメモチ	1
アカイタヤ	2	ヤマウルシ	+
ナナカマド	1	ナナカマド	+
オオヤマザクラ	1	チシマザサ	+
ハウチワカエデ	1	ミヤマカンスゲ	+
オオバクロモジ	1	ウスバサイシン	+
リョウブ	+	ツノハシバミ	+
草本層		フジ	+
オオバクロモジ	3	イチヤクソウ	+
ユキザサ	3	コシアブラ	+
ハイイヌツゲ	2	ハリギリ	+
ウワミズザクラ	2	イヌエンジュ	+
		ワラビ	+

写真8　弥生登山道沿いのミズナラ林（2014.9.17）

たしかに直径が比較的そろっている傾向があり、さらに1か所から複数の幹が出ている個体が多くあって、萌芽再生したものと考えられます。また、ミズナラにも、それ以外の高木性の種にも枯れた細い幹が多く、自然の間引きが発生していることも発達途上であることを示す特徴と考えられます。低木層から草本層にかけてはオオバクロモジ、ハイイヌガヤ、リョウブ、オオカメノキなどの低木種が多数生育していることも、特徴の一つでした。

(6) サワグルミ林

サワグルミは、河川上流周辺や渓畔に生育し、洪水や土石流によって森林が破壊されたあとにいち早く侵入して森林を形成する、攪乱に依存して存在する樹木です[21]。このため、岩木山ではおもに山腹の渓流中部から山麓に向かって線状に長く連続して分布し、植生図上で目立つ群落です（図6）。北西側の白沢を渡る白沢大橋の近辺では確かにサワグルミがまとまって生育していることが道路からも確認できます。しかし、南麓の柴柄沢で行った調査ではヤマハンノキとオノエヤナギが生育しており、サワグルミは生育していませんでした。

岩木山のサワグルミ林は急傾斜の不安定な立地に生育していることから、限られた場所を除いてアクセスが難しい場所が大半です。このため、組成データがほとんどないことから、実態解明が必要です。

(7) その他の植生

岩木山には湿地も分布しています。図6に抽出した範囲外の環境省植生図では、湯段地区に湿地林としてハンノキ-ヤチダモ群集、水生植物群落としてヒルムシロクラスが図示されています。しかし、小規模で図示されていないものの、図6の範囲内にも長平登山道の中腹、標高1000m付近の池の周辺にはごく小規模のミズゴケ湿原があって、ミカヅキグサ、モウセンゴケ、ミタケスゲやタチギボウシ等も生育しています。また、北西部の笹森山と白沢を挟んで南側にある二子沼でも湿性植物が生育している記録があります[7]。

また、かつては草地がふもとに広く分布していました。この草地は採草目的で定期的に刈り取られることによって維持されていた半自然性の草地だったと考えられていますが、近年は土地利用目的で改変されたり、利用されなくなったために急激に森林に移行しているようです。特に規模の大きかった群落が長平登山道下部にありましたが、スキー場開発で多くが失われたとされています[7]。こうした場所はオキナグサ、キキョウ、オミナエシ等、全国的に数を減らしている草本植物のハビタット（生育場所）として重要でしたが、ほぼ失われた群落と言わざるをえないと思います。

これらの湿地や草地を、わたくしはまだきちんとは見ていません。これらは小規模であっても、岩木山のフロラの一角を占める植物のハビタットとして重要な群落です。特に草地は、全国津々浦々で等しく急激に消失しつつあることから、岩木山周辺での現状の確認が必要であるとともに、場合によっては保護策を講じることも考えなければいけないでしょう。

さらに、標高の低い部分にはスギ、カラマツ等の植林が広く分布しています。スギの分布北限が岩木山の西方の鰺ヶ沢町松代町にある土倉山であることはよく知られています[22]。一方、カラマツの北限は宮城県と福島県境付近なので、この地域のカラマツは北限よりはるか北方に植えられていることになります。しかし、北海道でも自然条件で定着することがごく

普通にあって、あたかも郷土樹木のようにふるまっています。これらの植林は全般に標高約500mより下方に作られていますが、西側の黒森〜追子森付近や北西側のナクアスキーリゾート側では、より高い800mほどの場所まで造成されています。こうした植林は自然植生ではないことからあまり注目されることがなく、調査例もごく少ないことから、調査が必要です。

4．将来の課題

　長々と述べてきましたが、岩木山の植生分布は、日本の標準的な植生分布に岩木山独自の特徴が加わったものであることをご理解いただけたかと思います。本稿の最後に、岩木山の植生研究の課題をまとめます。

　近年、地球上の多くの場所で急激に温暖化が進行しており、岩木山や、近隣でその一部が世界自然遺産にも指定されている白神山地でも例外ではありません。この地域のブナ分布適地は、温暖化に伴って今後急速に上昇、縮小し、シナリオによっては100年後には岩木山の山頂部周辺のみが分布適地になっている可能性も指摘されているのです[23]。そうであれば、ここで述べてきた種々の群落の分布もがらりと様子を変えるでしょう。特に、ブナ林よりも高標高域に分布する群落は、温度変化に敏感でしょうからブナ林以上に変化が速く、より高い場所に移動する余地も少ないので、影響が大きくなるのではないかと危惧されます。

　その一方で、そうはいっても、現在でも岩木山の山頂付近は、周辺に比べればはるかに標高が低い部分からハイマツなどが生育していました。それには厳しい山頂付近の環境が関わっているものと推察されますが、独立蜂であるがゆえに、低標高の部分では温暖化が進んでも、山頂付近では今後もしばらくは厳しい環境が続くのかもしれません。そうであれば、これらの場所の群落には、しばらくは大きな変化がないのかもしれません。

　また、群落が温度変化に敏感と書きましたが、よく考えてみると、温度変化に反応するのはそれぞれの種の個体であって、群落ではありません。群落は多くの種が集まって形成されるので、温暖化が進行した場合、群落を構成する種は種ごとに別個に反応するに違いありません。つまり、温暖化による群落の分布域の変化が起こったとしても、現存する群落がそのまま北方や高標高地へスライドするわけではないのです。おそらく種の組み合わせにも大きな変化が起こるはずですが、その内容を予測することは困難です。温暖化に起因する局所的な環境の変化や、個々の種の反応の実態は、あまりわかっていないのです。

　さらに近年になって青森県内に再分布しだしたシカが県西部にも進出し始め、2013年に西目屋村大秋地区に設置された自動撮影カメラで確認されて以来、確認情報は増え続けています。近年、日本各地で一時的に地域絶滅していたシカが再侵入し、植物群落に多大な採食圧を与えて大きな変化をもたらしています[24,25]。この地域でのシカの推移とそれによる植生被害もまた、予測がつかないことです。

　こうしたことから、植生学的な組成調査地点をまんべんなく設定してアウフナーメ資料を取り、継続的に調査を行って群落構成種の変化をモニタリングすることがなにより重要なのです。本稿ではおもに優占種、優占的な群落に注目してきましたが、それ以外のマイナーな種や群落も、生態系の重要な構成要素です。現在ではマイナーな存在であっても将来は増えるかもしれないし、反対にマイナーであるがゆえにわずかな環境変動で大きな変化が生じるかもしれないのです。生態系が多くの種から構成されていることを理解していただくために、

本稿ではあえて、各群落の調査地点の組成データをそのままの形で皆さんにお見せしました。現実の植物群落は、それぞれ特有の組成を持っているので、優占種だけに着目していたのでは生物多様性は守れないのです。したがって、こうした種すべてに注目した綿密なモニタリングが必要なのです。

　現在は高性能のGPS等によって位置情報が正確に取得できるので、ピンポイントで同じ地点ではなくとも、周辺を含めてほぼ均一な植生に調査地点を設定しておけば、数メートル精度で長い将来にわたって変化をモニターすることが可能になりました。このようなことは、ひと昔前には考えられなかったことです。こうした技術も活用して環境変動の兆候をいち早くつかむことは、今後のわたくしたちが生活してゆく上で、また自然に対して責任ある態度でふるまうためにも、不可欠なことなのです。今回の原稿を書くに際して組成調査を行った地点は限られていますが、今後も増やして将来に引き継ぐつもりです。皆さんも岩木山に登山する際に、個別の群落の特徴に目を向けるとともに、種ごとに別個に起こるであろう今後の変化の兆候にもアンテナを伸ばしていただければと思います。

　また、ここで述べたような植生調査は、用具としては紙と鉛筆と巻尺と植物図鑑くらい（最近はスマートフォンやコンパクトデジタルカメラにGPSがついていたりします）、費用は交通費とお弁当代だけ、あとはやる気と体力と時間さえあれば、どなたにでもできる健康的な調査です。精密機器を多用するわけではないチープな調査とはいえ、環境変動の兆候をつかみ、地域の自然を守ることに寄与できる、フィールドサイエンスの重要性と面白さをご理解いただければ幸いです。

　なお、文末になりますが、植生データを提供していただいた齋藤信夫さん、この地域の植生について種々のご教示をいただいている齋藤宗勝さん、並びに多数の文献をご教示いただいた弘前大学名誉教授の原田幸雄さんに心から感謝いたします。

【参考文献】
1）福嶋 司・岩瀬 徹（編著）（2005）：『図説　日本の植生』朝倉書店
2）池野成一郎（1894）：「奥州地方植物採取累記（前号の続）」『植物学雑誌』94　p502-505
3）飯柴永吉（1908）：「東北地方植物目録（其九）」『植物学雑誌』257　p231-232
4）志村永吉（1909）：「岩木山植物目録」『高山植物採取及び培養』p221-225
5）品川弥千江（1968）：『岩木山』東奥日報社
6）三浦章男（2008）：『岩木山・花の山旅』北方新社
7）太田正文・神 真南（2011）：「植物」『新編弘前市史　通史岩木地区』p28-72　弘前市岩木総合支所総務課
8）細井幸兵衛（1962）：「岩木山の森林植生と森林土壌」『林業技術研究集録』p46-54　青森営林局
9）勝俣 衛（1972）：「岩木山の植物景観について」『弘大地理』8　p31-36
10）青森県（編）（1977）：『青森県現存植生図』青森県
11）宮脇 昭・藤原一絵・奥田重俊（1970）：「津軽半島・岩木山・十二湖の植生」『津軽半島・岩木山自然公園学術調査報告』p1-40　日本自然保護協会
12）環境省（編）（1988）：『日本の重要な植物群落Ⅱ　東北版１』青森県・岩手県　大蔵省印刷局
13）吉良竜夫（1949）：『日本の森林帯』林業解説シリーズ17　日本林業技術協会
14）宮脇 昭（編）（1978）：『日本の植生』学習研究社
15）宮脇 昭（編著）（1987）：『日本植生誌　東北』至文堂
16）宮脇 昭・奥田重俊・藤原陸夫（編）（1994）：『日本植生便覧　改訂新版』至文堂

17) 増沢武弘（編著）(2009)：『高山植物学』共立出版
18) 沖津 進（2004)：『北方植生の生態学』古今書院
19) 舘脇 操・伊藤浩司・遠山三樹夫（1964)：「コメツガ林の群落学的研究」『北海道大学農学部演習林研究報告』23 p83-146
20) Nakashizuka T. and Numata M. (1982)：Regeneration process of climax beech forests II. Structure of a forest under the influences of grazing. Japanese Journal of Ecology 32 p473-482.
21) 佐藤 創（1995)：「北海道南部のサワグルミ林の成立維持機構に関する研究」『北海道立林業試験場研究報告』32 p55-96
22) 環境省（編）(1980)：『日本の重要な植物群落 東北版』大蔵省印刷局
23) 松井哲哉・田中信行・八木橋勉・小南裕志・津山幾太郎・高橋 潔（2009)：「温暖化にともなうブナ林の適域の変化予測と影響評価」『地球環境14』p165-174.
24) 梶 光一・宮木雅美・宇野裕之（編著）(2006)：『エゾシカの保全と管理』北海道大学出版会
25) 湯本貴和・松田裕之（2006)：『世界遺産をシカが喰う シカと森の生態学』文一総合出版

お山を登る人里植物や外来植物

齋藤 信夫

　岩木山は、とりわけ津軽地方に暮らす者にとって、無意識のうちに視界に入ってくる山です。岩木川が流れ下る津軽平野全域から、また、日本海の荒波に洗われる鰺ヶ沢町や津軽半島突端の中泊町から、そして世界自然遺産に指定された白神山地の山々の山頂などから、眺める場所により形は様々に変わったとしても、私達は岩木山の雄姿を眺めることができます。

　かつて、時間の流れが緩やかにとらえられていた時代の津軽の子ども達は「岩木山が見えなくなる前に」とか、「太陽が岩木山に沈む前に」家に帰るように躾られていたという話も聞きます。岩木山はそれほど、身近で、親しまれている山だったのです。そしてまた、そのような岩木山に登ることは憧れであり、登った者は同年代の仲間からも一目置かれていたようでもありました。時代が変わっても、岩木山は人々の心のよりどころになっていることに変わりはありません。

　このように人々の生活に密着していた岩木山ですが、岩木山に生育している植物についてはミチノクコザクラ、イワウメ、ミヤマキンバイ、ハクサンチドリなどの少数の種が観光用のパンフレットに紹介されている程度で、一般にはそれほど知られていません。そんな中で、『青森県史』[1] には次に示す四つの視点からの具体的な紹介があり、とても参考になります。それは、(1)岩木山の植物の垂直分布、(2)岩木山の山地帯の植物、(3)岩木山の偽高山帯の植物、(4)岩木山の高山帯の植物という視点です。(1)～(3)は植物の分布や生育場所という面からの紹介で、(4)は高山植物の紹介です。(4)には岩木山で確認される106種の高山植物が紹介されており、一般の人々の関心はきっとそこに集中していることでしょう。

　ところで、岩木山では旧暦8月1日に実施されているお山参詣をはじめ、山頂を目指す多くの人々の流れが昔から連綿と続いてきました。そのことは、少なくとも5本の登山道が山頂を目指して開設されていることからも明らかです。その流れは岩木山の西部裾野から8合目（高度1,200m付近）まで伸びる全長9.8kmの津軽岩木スカイラインが1965年（昭和40年）に開通してからますます盛んになりました。

　皆さんもご存じの通り、時の推移や環境の変化とともに、身の回りには、以前は生育していなかった植物が見られるようになるものです。森林の伐採跡に生える植物は森林だったときとはまるで違います。頻繁に人に踏まれている場所に生える植物も周辺の野原の植物とはまるで違います。そしてまた、人の移動にともない植物の侵入・移動も生じます。そのようなことから、山麓から岩木山山頂へとつながっている道沿いには、本来岩木山に生育していなかった植物が見られるようになります。その変化は、人々が意識しているかいないかには関係のない、自然界の節理と言えます。

　山頂へと向かう人々の流れが続いてきた結果、山頂では、雨、風、気温、土壌、水分などの環境条件が厳しい場所でも生育できる、本来はそこに生育していなかったはずの植物も生育場所を確保するようになってきています。しかし、今までの岩木山に生育する植物の紹介

は、もともと岩木山に自生していた植物が中心で、人里植物や外来植物の侵入・定着にはあまり触れられていませんでした。以前にも増して人々の往来が激しくなっている今、本来は岩木山に生育していなかったはずの植物のことにも関心を寄せていくことが、岩木山の自然を後世に引き継いでいくためには大切なことと思います。そのような意味から、この項では、岩木山では、人里植物や外来植物がどれくらいの高度にまで生育するようになっているのかを、代表的な数種を例に示したいと思います。それは、本来の、あるいは将来の岩木山の植物的自然を考えるためは欠かせない視点、作業で、場合によっては、岩木山のお山としての景観を守るため、また、もともと自生している植物を保護するために、進出してきた人里植物や外来植物の駆除対策を講じる必要も出てくる可能性だってあるかも知れないからです。

1　植物の種子散布について

本題に入る前に、植物が分布を広げる際の重要な手段である、種子や果実の形態と散布の特徴について概観します（表1）。植物が種子や果実を散布するときの基本的な形態には次の5つのタイプがあると言われています。

先ずは風や水に運ばれるタイプ（D1）。このタイプの植物の種子にはタンポポの仲間のように冠毛があったり、またカエデの仲間のように風を利用できる翼がついています。

二つ目は動物や人間にくっついたり食べられたりして運ばれるタイプ（D2）。このタイプの植物の種子には動物や人間に付着するための針や鈎があったり、粘着性があったり、また、鳥や獣に食べられても消化されないようになっていたりします。オオバコの種子は水に濡れると表面に粘着性の物質が形成され、人間の靴や車にくっついて運ばれるのでD2に含まれます。ですから、山の中でオオバコを見かけたら、昔その場所を人が通った可能性があると考えても、それほど間違いではないとも言われています。

表1　種子や果実の散布の仕方

記号	散布の仕方	種子や果実の特徴	例
D1	風や水	風や水を受けやすいように、冠毛、翼、袋状の膜などがある。	タンポポの仲間、カエデの仲間、マツの仲間、ハス
D2	動物や人間	体にくっつくような針やとげがある。粘る液体を出す。食べられる。	オオバコ、ヤマブドウ、コスモス
D3	機械じかけ	種子が機械的にはじかれる。	ゲンノショウコ、カタバミ、ホウセンカ、スミレの仲間
D4	重力により落下	自然に落下する。	トチノキ
D5	種子を作らない	体の一部から新しい個体が作られる。	ヤマノイモ、ヒガンバナ

三つ目は種子を機械的に飛ばすための仕掛けが備わっているタイプ（D3）です。このタイプの植物は種子が入っていた殻をぱちんと割って種子を飛ばします。

四つ目は重力によって自然と落ちるタイプ（D4）です。

五つ目は種子や果実を作らずに体の一部から新しい体を作るタイプです（D5）。そうは言っても、それぞれの散布タイプは絶対的なものではなく、散布された後に違う散布法で新たな場所に運ばれるという移動の仕方も当然可能です。

2　人間の活動と植物の分布域の拡大

　中部山岳国立公園の上高地や石川県白山などでは、本来は人里にしか生育していなかった植物（人里植物）や外国から入ってきた植物（外来植物）が高山帯や亜高山帯に分布を広げていることが問題になり、それらの植物を除去するための対策が真剣に講じられています。同様の問題は全国各地の標高の高い山岳でも発生しており、対策が急がれています。その理由は、人里植物や外来植物が高山帯や亜高山帯に侵入することにより、高山植物の生育場所を占領して高山植物が生育できなくなったり、雑種を作ったりする恐れがあると考えられているからです。事実、石川県の白山では高山植物であるハクサンオオバコと人里植物のオオバコの自然交雑種が報告されています。このような人里植物や外来植物の高所への侵入は、すべて、人間の生活活動がもたらした生態系への悪影響の身近な例と言えます。

　本来生育していなかったはずの植物が生育するようになるきっかけには、人間の活動そのものが大いに関係している場合があります。例えば、種子が人間の衣服や工事用車両、観光バスなどに付着して運ばれたり、工事用の土砂や機材に紛れこんで運ばれたり、そして緑化用の吹きつけ資材として運ばれたりすることなどが考えられますが、緑化目的以外の活動は意図的ではありません。だからこそ、不必要な種子の移動が行われないように人間が気をつけることで、分布の拡大阻止が可能となる場面が多いように思われます。

3　人里植物や外来植物について

　岩木山山頂のような標高の高い場所へと人々が出かけるのは、平地では見られない植物や動物に出会えるという期待以上に、日常とは違う自然景観の中に身を置きたいという願望や、山頂に立ったときの爽快感、達成感を味わうことを求めているからではないでしょうか。せっかく苦労して辿り着いた場所に日常と同様の景観が広がり、自分の家の庭先に生えている植物と全く同じものが広い範囲に生えていたとなれば、きっと気落ちしてしまうことでしょう。ですから、高い山の上に人里植物や外来植物が勢いよく、それも広範に生育しているという状況になることは、景観上も人間の心理的な側面からも避けるべきことと考えます。

　それでは、岩木山での人里植物や外来植物の実態はどうなのでしょうか。これまではそれらの植物の岩木山における分布の実態や動向についてはあまり言及されたことはないように思います。どのような人里植物や外来植物が、どこに、どの程度分布しているのかについての基本的な情報を欠いているのは、決して良いこととは言えません。今後も岩木山の植物的景観を保全・維持するためには、現在の状況を把握・記録し、手だてを考えるという流れを保ちながら、最良と思える対策をたてて、未来へ引き継いでいくことが大切と言えるでしょう。

　今回は2014年の調査資料から、表2のように人里植物としてオオバコ（写真1）とスズメノカタビラの2種、外来植物として外来タンポポ類（写真2）、ブタナ（写真3）、ニセアカシア（写真4）、クロバナエンジュ（イタチハギとも言う　写真5、6）などの4種について紹介します。調査場所は図1の嶽登山道、百沢登山道、津軽岩木スカイライン（以後スカイラインとする）です。嶽登山道は高度1,200m以高にも続くととらえています。また、百沢登山道のスタート地点は百沢スキー場、終点は種蒔苗代からの斜面を登り切った鞍部までとしているため、百沢登山道の高度は1,400m付近までとしています。記録の仕方は、嶽登山

道と百沢登山道では当該植物とともに生育している植物も記録し、スカイラインは当該植物の目視記録となります。登山道調査は6月中旬〜7月上旬に実施しました。

写真1　登山道のオオバコ

写真2　鳥海山へ向かう登山道沿いの外来タンポポ類

写真3　ブタナの花

写真4　ニセアカシアの花（巨木の森付近）

図1　調査対象3ルート　　　　（Mapion地図データに加筆）

表2 主な植物の確認高度（m）　　○：確認　　（○）：リフト沿い

オオバコ

高度（m）	嶽登山道	百沢登山道	スカイライン
1,600-1,699	○		
1,500-1,599	○		
1,400-1,499	○	○	
1,300-1,399	○		
1,200-1,299	○	○	○
1,100-1,199	○		○
1,000-1,099	○	○	○
900-999		○	
800-899		○	
700-799		○	
600-699	○	○	
500-599		○	
400-499	○	○	○
300-399		○	
200-299			

スズメノカタビラ

高度（m）	嶽登山道	百沢登山道	スカイライン
1,600-1,699	○		
1,500-1,599	○		
1,400-1,499	○	○	
1,300-1,399	○		
1,200-1,299	○		○
1,100-1,199			○
1,000-1,099		○	○
900-999			○
800-899			
700-799			○
600-699			
500-599			○
400-499	○		○
300-399		○	
200-299			

外来タンポポ類

高度（m）	嶽登山道	百沢登山道	スカイライン
1,600-1,699	○		
1,500-1,599	○		
1,400-1,499	○	○	
1,300-1,399	(○)		
1,200-1,299	○		○
1,100-1,199			○
1,000-1,099		○	○
900-999			
800-899			
700-799			○
600-699			○
500-599			
400-499	○		
300-399		○	
200-299			

ブタナ

高度（m）	嶽登山道	百沢登山道	スカイライン
1,600-1,699			
1,500-1,599			
1,400-1,499			
1,300-1,399			
1,200-1,299			
1,100-1,199			○
1,000-1,099			○
900-999			
800-899			○
700-799			
600-699			○
500-599			○
400-499	○		○
300-399		○	
200-299			

ニセアカシア

高度（m）	嶽登山道	百沢登山道	スカイライン
1,600-1,699			
1,500-1,599			
1,400-1,499			
1,300-1,399			
1,200-1,299			
1,100-1,199			
1,000-1,099			
900-999			
800-899			
700-799			○
600-699			
500-599			○
400-499			
300-399			
200-299			

クロバナエンジュ

高度（m）	嶽登山道	百沢登山道	スカイライン
1,600-1,699			
1,500-1,599			
1,400-1,499			
1,300-1,399			
1,200-1,299	○		
1,100-1,199			
1,000-1,099			
900-999			
800-899			
700-799			
600-699			
500-599			
400-499			
300-399			
200-299			

※リフトの終点から山頂までの部分は嶽登山道に含めています。

写真5　クロバナエンジュの花

写真6　クロバナエンジュの果実

（1）人里植物

1）オオバコ

　オオバコは空き地、畦畔、路傍、畑、グラウンドなどの、人間に踏みつけられることの多い場所に広く生育していて、地理的には日本全土に分布しています。さじ型の葉を地際に集中させ、花は花茎の先に穂のように集まっています。子どもだった頃に花茎を絡ませて引き合い、切れたか切れないかを競う遊びをした方もいるのではないでしょうか。オオバコはまさに人里植物の代表種と言えます。ここで扱うオオバコにはセイヨウオオバコが混ざっている可能性もありますが、ここではすべてオオバコとして扱っていることを断っておきます。

　岩木山でのオオバコの分布はどうなっているでしょうか。散布の仕方は前述のようにD2です。嶽登山道と百沢登山道では少し違っていました。つまり嶽登山道では高度700m～1,000m未満にオオバコは確認できませんでした。オオバコが確認できなかったその高度では、登山道は立派なブナ林の中を通っていて、ブナの落葉で覆われれていることが多かったのです。それに対し、百沢登山道では1,100mや1,300m付近で確認できなかったものの、生育量にかなりの差はありながらも連続的に確認できました。高度1,100m付近で確認できなかったのは、調査時の登山道がまだ残雪に覆われていて地面が見えなかったことが原因だった可能性が高いかも知れません。嶽登山道に含まれる8合目の駐車場から山頂にかけてはリフトと並行する登山道や大館鳳鳴高校の避難小屋周辺（写真7）、また、第一おみ坂を登り切ったあたりの、かつて売店があった平坦地、そして山頂にもオオバコは生育していました。特に山頂ではトイレや山

写真7　大館鳳鳴高校ヒュッテ前登山道脇のオオバコ

写真8　山頂避難小屋周辺のオオバコや外来タンポポ類

頂避難小屋入り口付近に集中して見られました（写真8、9）。2つの登山道と比較してスカイライン沿いでは量的にも多く、ほぼ連続的に生育していました。

2）スズメノカタビラ

スズメノカタビラはオオバコとともに前川[2]が史前帰化植物に含めた植物で、畑地、住居周辺の空き地、歩道脇、グラウンドなど、人間の生活域に普通に見られる小型のイネ科植物です。北国においても季節に関係なく花を咲かせています。史前帰化植物とは、稲作が日本に伝わってきた頃に栽培植物と一緒に日本に入ってきた植物とされています。

岩木山でのスズメノカタビラの分布はどうなっているのでしょうか。嶽登山道では入山地点で見られるものの、ミズナラ林やブナ林を通る登山道沿いには現れませんでした。それでも、8合目の駐車場（写真10）から山頂までは、点々と出現していました。百沢登山道では入山地点で見られるものの、標高700m付近と1,000m付近以外には現れていません

写真9　山頂避難小屋周辺の植物の様子

写真10　8合目駐車場付近の礫が敷かれた場所のオオバコやスズメノカタビラなど

でした（標高1,400m付近は嶽登山道に重なる）。百沢登山道で確認されたその高度は、それぞれ姥石、焼止避難小屋に相当し、休憩する人の多い、開けた場所でした。スカイラインでは連続的に確認できます。スズメノカタビラの種子散布は基本的にはD4ですが、小さいために登山者の靴底に付着して運ばれる可能性はとても高いと考えられます。それでも嶽登山道では登山道入り口から少し上の、高度500m付近から8合目の駐車場までの間では確認できないことから、たとえ種子が運ばれ発芽したとしても、生育にはオオバコと違った要因が必要と言えるのでしょう。

長田[3]は「稈の下部がねて発根するタイプのスズメノカタビラがあり、そのタイプは帰化したものと思われる」と記述しています。大村・渡邉・中山・野上[4]によると石川県の白山では高山の環境に適応したスズメノカタビラの定着が示唆されています。岩木山山頂のスズメノカタビラはどういうタイプなのでしょうか、興味のあるところです。

(2) 外来植物

外国から侵入してきた外来植物は弘前市周辺でもかなりの種類を数えることができます。今回は環境省[5]が要注意外来生物（植物）リストにあげた84種の中から外来タンポポ類、ブタナ、ニセアカシア、クロバナエンジュを取り上げます。ここで取り上げた外来タンポポ類は一般的にセイヨウタンポポやアカミタンポポと呼ばれるタンポポですが、環境省のリストでは「そもそも日本に侵入しているタンポポ類は未同定の複数の種と考えられる」と記載

されているので、それに従っています。また、要注意外来生物とは「特定外来生物被害防止法による規制の対象外であるが、すでに日本に持ち込まれ、生態系に悪い影響を及ぼす恐れのある生物」と規定されています。

上記の4種の植物の現状を述べる前に、8合目駐車場から鳥ノ海噴火口近くに向かうリフト設置斜面に見られる植物に触れます。観察は6月です。リフトはナナカマド、ダケカンバ、ミヤマハンノキなどが覆う斜面を帯状

写真11　8合目駐車場からのリフトの斜面（6月）

に切り拓いた場所に設置されています。リフトに乗りながらその斜面で目についた植物を簡単にメモしたところ、コウゾリナ、スギナ、ナガボノシロワレモコウ、アキタブキ、ヤマブキショウマ、ヌカボシソウ、ノコンギク、ミネヤナギ、ミヤマキンバイ、ハクサンチドリ、ミヤマアキノキリンソウ、ミヤマガラシ、イブキゼリモドキ、ミヤマワラビ、エゾニュウ、ミヤマメシダ、マイヅルソウ、マルバシモツケ、ハルガヤ、外来タンポポ類、カモガヤ、シロツメクサ、フランスギク、セイヨウノコギリソウなどを確認できました（写真11）。まさに、低地の植物、高地の植物、外来植物などがごちゃ混ぜになっています。リフトが設置された当時や、その後の斜面の補修などで、緑化用として、主として外来植物の吹きつけが行われ、その後に人里の植物や高地の植物が侵入して、今のような景観となったのでしょうか。この景観がこれからどのように推移していくかを記録するためのモニタリング調査が行われれば、将来に向けた岩木山の植物的景観管理に大いに役立つと思われます。

1）外来タンポポ類

タンポポの仲間の種子は基本的には風に飛ばされて運ばれるD1です。ですから、うまく風に乗れば、山を越え丘を越え、元の生育場所からはかなりかけ離れた場所へと種子が運ばれる可能性が多分にあります。まさにタンポポは種子散布においては落下傘部隊です。嶽登山道及び百沢登山道の両方において、外来タンポポ類は登山口から8合目の駐車場付近までの登山道沿いにはほとんど生育していないことが分かります。嶽登山道はミズナラ林やブナ林の林下を通り、百沢登山道はそれらの林に加え沢沿いを通る登山道です。冠毛で空中を漂う種子散布の方法では、林の中や水で削れやすい場所にはなかなか侵入できないのでしょうか。それとも、侵入できたとしても発芽・生育が抑えられてしまうのでしょうか。そんな中、百沢登山道では1,000ｍ付近に確認できます。その地点は焼止（やけどまり）避難小屋近辺で、周辺の樹木が薄くなっており、開かれた場所です。8合目の駐車場ではタンポポの仲間は再び出現し、山頂にかけて点々と生育しています。スカイラインの道路脇では連続的に確認できます。

ところで、リフト終点から鳥海山へ向かう

写真12　鳥海山への登山道のエゾタンポポ

登山道沿いには外来タンポポ類とともに、時折、在来種であるエゾタンポポも見かけます（写真12）。その場合、外来タンポポ類は土が露出し、明らかに登山者に踏まれていると思われる場所に生育していますが、エゾタンポポはムツノガリヤスやヒメスゲなどに混じり、土の露出からは少し脇に逸れた場所に生育しています。日本に生育する外来タンポポ類の8割は在来種との雑種だといわれますが、岩木山の場合、外来種と在来種、そして雑種の関係がどのようになっているかは分かりません。鳥海山へ向かう登山道沿いで外来タンポポ類とエゾタンポポがすぐそばに生育しているという事実は大変興味深い問題を投げかけてくれます。

２）ブタナ

ブタナもタンポポと同じように種子が風に運ばれるD1です（写真13）。最近、春から夏にかけて、定期的に草刈りが行われている道路法面（のりめん）や土手、草地などが、タンポポに似て黄色の花を咲かせているものの、茎が枝分かれしている野草で埋め尽くされている光景を見る機会が多くなりました。その植物がブタナです。岩木山の近辺では百沢から嶽へ向かう「東北自然歩道」沿いにブタナがとても目立ちます。この自然歩道では毎年、歩道周辺の背の高い雑草を刈り取る作業が初夏に行われます。刈り取りは生長しようとする植物の出鼻を挫（くじ）く作業ですが、地面近くに多くの葉を集中させているブタナにしてみると、日光を独り占めしようとする背の高い野草が刈り取られるわけですから、地面近くの自分の葉に多くの日光が当たるチャンスが到来することを意味します。まさに、ブタナにとって、人間は暮らしやすい環境を提供してくれる動物で、大いなる味方なのです。そのため、草刈りが行われた後にブタナは勢いよく茎を伸ばし、群れて花を咲かせ、その結果、さらに分布を広げることになるのです。

写真13　冠毛をつけたブタナの種子

写真14　スカイライン脇のブタナ

そのようなブタナは嶽登山道と百沢登山道では登山道入り口周辺で確認できるだけで、登山道を登っていっても目に入ってきません。一方、スカイライン沿いでは標高1,200m近辺までほぼ連続的に生育していることが確認できました。それぞれの確認地点とも個体数は多くはありませんがブタナは確実にスカイライン沿いに岩木山を登っていると言えるでしょう（写真14）。この植物の種子散布型はD1ですから、風で散布されます。種子は風に乗りさえすればさらに高い場所へと運ばれることになります。発芽や生育の温度条件がどの程度なのかは分かりませんが、標高1,200mから山頂にかけて進出する可能性は否定できません。

３）ニセアカシア

ハリエンジュともいわれるこの樹木は北アメリカ原産で、荒れ地の緑化木として明治時代に日本に導入されました。ただ、導入後の逸出ははなはだしく、伐採跡地、放棄水田、河川堤防、道路の法面、湿地など、立地の乾湿を問わず多様な場所に侵入し、他の樹木を寄せ付けないほどの優占林を形成します。岩木川沿いでも上流域の西目屋村から弘前市周辺を経て十三湖の河口付近まで多くの優占林が確認できます。この植物は伐採されてもいつの間にか切り株から萌芽し、根からも普通

写真15　巨木の森周辺のニセアカシア　右上に花
写真左下奥に「巨木の森」の看板が見える

に萌芽します。そしてまた、種子でも分布域を広げることができます。ある報告では20m四方の面積に生えていたニセアカシアはすべて根でつながっていたということもあります。さらに、根からは他の植物の侵入を阻止する化学物質を出すために、ニセアカシアの林は人里によく見られるミズナラの林に比べると一緒に生えている植物は少なく、生えている種が限定される傾向があるともいわれます。一方、ニセアカシアは良質の蜜を産出するため、養蜂家はニセアカシアの花季を追って日本列島を北上するといわれます。種子散布は基本的には自然に落ちるD4です。

岩木山ではスカイライン沿いの標高500m域と700m域にニセアカシアを確認しました。いずれも道路沿いで、森林が伐採されたり立地が攪乱されたりしているところです。特に、スカイラインの27番カーブ付近の「巨木の森（775m）」の向かいでは花を咲かせている個体も確認され、生活環（ライフサイクル）を確立しているようにも見られます（写真15）。ニセアカシアの種子は登山者の靴底に付着して運ばれるには大きすぎ、工事車両や運搬された土砂などに紛れ込んで運ばれたと考えるのが妥当でしょう。

4）クロバナエンジュ

この植物は北米原産で、根茎の土壌固定力が高いということから、道路法面、砂防、護岸他の緑化植物として大正時代初期に導入されたマメ科の夏緑低木です。種子散布は基本的には自然に落ちるD4です。繁殖力が旺盛で、種子以外でも、根や切り株からの萌芽が可能で急速に分布域を広げています。岩木川河口付近のヨシ原でも広範にわたって単一の群落を形成しています。山岡[6]は「保護地

写真16　8合目駐車場法面のクロバナエンジュ

域である亜高山・霧ヶ峰の1,500m地帯まで侵入していて原植生を破壊しつつある」と述べています。岩木山ではスカイラインの8合目駐車場山側の切土斜面に見られます（写真16）。植栽でしょうか。霧ヶ峰での指摘からも、岩木山では8合目駐車場を起点として種子が拡散し、沢沿いや登山道沿いにクロバナエンジュが生育するようになる可能性は否定できません。8合目周辺は本来、ナナカマド、ミヤマハンノキ、ダケカンバなどの樹木が広く覆う場所な

ので、景観的にはそれらの樹木を中心とした森作りに移行させるような管理が重要と思えます。そのためにもモニタリング調査が必要と言えるでしょう。

4　オオバコと一緒に生えている植物達

これまで数種の人里植物や外来植物について、岩木山ではどれくらいの高度まで確認できるかを見てきました。ただ、考えてみると、それらの植物は単独で生育しているわけではありません。一緒にやってきたかも知れない人里植物や外来植物、そして本来そこに生育していた野生植物達とともに集団を形成して（群落を形成して）生育しているはずです。そのような視点から、高い山の上に分布するようになったオオバコがどんな植物と一緒に生育しているのかを、嶽登山道と百沢登山道の高度1,000m以上から山頂に至る39地点から得た資料をもとに考えてみましょう（表3）。調査は登山道脇に設置した50cm×50cmあるいは1m×1mの調査枠内に生育している植物をすべて記録する方法で行いました。表中のローマ数字（Ⅰ、Ⅱ、Ⅲ、Ⅳ、Ⅴ）は39地点のうち何地点で確認できたかを表し、確認した場所が多いほど大きな数字となっています。Ⅴが確認した場所がもっと多く、Ⅰが最も少ないことになります。

オオバコの集団は大きくA、Bの2つのタイプに分けられました。Aのタイプには12地点が含まれます。このタイプはミヤマハンノキ、ダケカンバ、ナナカマドなどの林の中を通る登山道や、沢筋の大きな岩の上、時々水に浸るような沢沿いの登山道、また、登山道の階段周辺などに見られ、人里植物や外来植物がほとんど存在しないタイプです。このタイプではオオバコはミヤマアキノキリンソウ、ヒメスゲ、ミヤマトウバナ、ノウゴイチゴなどの、昔から岩木山に生育していたと思われる植物とともに生えていることになります。それに対し、Bのタイプには27地点が含まれます。このタイプは日当たり良好で、人に踏まれやすい平坦地あるいは傾斜の緩やかな斜面に見られることが多く、オオバコは外来タンポポ類、スズメノカタビラ、シロツメクサなどの人里植物や外来植物と一緒に生えています。オオバコの勢力が弱いときには外来タンポポ類を含む3種のどれかの勢力が強くなり、その様子は人里周辺の道端に見られる群落（路傍群落）と極めて似ています。さらに、このBタイプには出現回数は少ないもののハルガヤ、カモガヤ、ヘラオオバコ、オランダミミナグサ、フランスギクなどの外来植物も生育

表3　オオバコと一緒に生えている植物

群落のタイプ	A	B	出現回数	備考
調査枠数（個）	12	27		
平均出現種数（種）	7.5	7.9		
オオバコ	Ⅴ	Ⅴ	2	人里
外来タンポポ類	・	Ⅳ	1	外来
スズメノカタビラ	・	Ⅳ	1	人里
シロツメクサ	・	Ⅲ	1	外来
ミヤマアキノキリンソウ	Ⅲ	Ⅱ	2	山地
ミヤマトウバナ	Ⅱ	Ⅰ	2	山地
ヒメスゲ	Ⅱ	Ⅰ	2	山地
ヌカボシソウ	Ⅱ	Ⅰ	2	山地
ヤマブキショウマ	Ⅱ	Ⅰ	2	山地
ハクサンボウフウ	Ⅱ	Ⅰ	2	山地
ノウゴウイチゴ	Ⅱ	Ⅰ	2	山地
ズダヤクシュ	Ⅱ	Ⅰ	2	山地
ミノボロスゲ	Ⅰ	Ⅱ	2	人里
ハルガヤ	Ⅰ	Ⅱ	2	外来
アキタブキ	Ⅰ	Ⅰ	2	山地
マルバシモツケ	Ⅰ	Ⅰ	2	山地
イブキゼリモドキ	Ⅰ	Ⅰ	2	山地
コナスビ	Ⅰ	Ⅰ	2	人里
チシマザサ	Ⅰ	Ⅰ	2	山地
アマニュウ	Ⅰ	Ⅰ	2	山地
ムツノガリヤス	Ⅰ	Ⅰ	2	山地
ヌカボ	Ⅰ	Ⅰ	2	人里
マイヅルソウ	Ⅰ	Ⅰ	2	山地
ハガクレスゲ？	Ⅰ	Ⅰ	2	山地
エゾニュウ	Ⅰ	Ⅰ	2	山地
タニギキョウ	Ⅰ	Ⅰ	2	山地
ミヤマキンバイ	Ⅰ	Ⅰ	2	山地
ツボスミレ	Ⅰ	Ⅰ	2	山地
トボシガラ	Ⅰ	Ⅰ	2	山地
カラマツソウ	Ⅰ	Ⅰ	2	山地

＊AあるいはBだけに生育し、確認回数が少ない種は省略
＊高度1000mから山頂までの間
＊人里：人里植物、外来：外来植物、山地：山地〜高山帯に生育する植物

していることが分かりました。要するに、岩木山の高度1,000m以上には、山頂も含めてBのタイプの群落、つまり、オオバコを含む人里植物や外来植物で賑わう群落が発達している箇所が多いということが言えるようです。ちなみに、Bのタイプの群落は植物の群落を分類する立場からは、セイヨウタンポポーオオバコ群集とされる路傍群落(ろぼうぐんらく)の典型的なものと言えます。

　ところで、嶽登山道では高度700m～1,000m未満の登山道沿いにはオオバコやシロツメクサを確認できないにもかかわらず、高度1,200m付近に相当する8合目駐車場以下の高度1,100m～1,200mには、それらやハルガヤなどを確認できます。この事実は、駐車場から下にはBタイプの群落が存在し、その群落を構成する植物の種子は駐車場から供給された可能性を意味していると考えられます。また、百沢登山道では高度700m台の姥石(うばいし)、高度1,000m台の焼止避難小屋周辺だけにオオバコ、スズメノカタビラ、シロツメクサ、ハルガヤなどが出現するBタイプの群落が発達しています。両登山道における事実を考慮すると、人里植物や外来植物が分布域を拡大するには、まず、生活環（ライフサイクル）を完結できる場所に定着し、そこを最初の分布センターとして、そこから改めて周囲に分布域を拡大していくというようなパターンがあるような気がします。

おわりに

　今回は岩木山を、数種類の人里植物・外来植物の生育の現状という側面からとらえました。取り上げられた植物の他にも、例えば、シロツメクサ、ハルガヤ、カモガヤ、コウリンタンポポ（写真17）、フランスギク、ヘラオオバコ、ニワゼキショウ（写真18）などの外来植物は岩木山でもかなり広い範囲に見いだされます。最近人里周辺で特に目につくようになってきているオオハンゴンソウ、オオアワダチソウなどの大型外来植物の資料は今回は集めませんでしたが、岩木山周辺でもきっと分布を広げているような気がします。

　人々の往来が多くなり、人為による植生の変化が現在も続いていることなどを考えると、これからも、本来は分布しないはずの多くの植物が岩木山に侵入してくることでしょう。

　岩木山には今回対象とした3コースの他にも登山道があり、そちらではどのような状況なのかを把握する必要も出てくるでしょう。

　岩木山における人里植物・外来植物の現状に多くの人々が関心を向け、本当に自然豊かな

写真17　スカイライン脇のコウリンタンポポの花

写真18　スカイライン脇のニワゼキショウの花

「ふる里のお山」を後世に伝え続けていくことが、「お山」に対する基本的な心構えとなるものと考えます。

【引用文献】
1）青森県（2003）:『青森県史自然編生物』p840
2）前川 文夫（1943）:「史前帰化植物について」『植物分類・地理 13』 p274-279
3）長田武正（1989）:『日本イネ科植物図譜』平凡社　p759
4）大村匡弘・渡邉修・中山祐一郎・野上達也（2009）:「高山帯に侵入したスズメノカタビラ（*Poa annua L.*）の生育特性と分布」『日本雑草学会』KAKEN(20090412)
5）環境省（2009）:『要注意外来生物（植物）』
6）山岡文彦（1978）:『帰化植物100種－最も身近な帰化植物100種の渡来、形態、生産地、分布』ニューサイエンス社　p128

岩木山のコケ植物

太田 正文

　研究を目的として、岩木山で初めてコケ植物を採集したのは、フランス人宣教師、ウルバン・フォーリー（Urbain Faurie 1847-1915）です。彼は、1873年（明治6）、日本で近代植物学がようやく始まったころに来日し、コケ植物を含めたおびただしい数の植物を欧米の研究者に送って、日本のフロラ（植物相）の解明に貢献しました[1]。長い間青森を拠点としていたフォーリーは、岩木山にも何度となく訪れ、彼の採集品に基づいた新種のコケ植物も記載されています。今年は、フォーリーが没してからちょうど百年目になりますが、彼が採集してから今日まで、岩木山のコケ植物相の解明はあまり進んでいないのが実情です。

　コケ植物は、形態や生態がバラエティに富んでいて大変面白いのですが、大きさはせいぜい数センチで、観察するにはルーペ等の補助具が必要です。種類数は大変多く、日本では今のところ1700種ほどがあるとされ[2]、県内ではこれまでに600種ほどが記録されています[3,4]。その中には種の同定が難しい種類が沢山あって、光学顕微鏡の使用は不可欠です。こんな扱いづらい対象であるために、研究する人はほんのわずかしかいませんでした。

　ここで、コケ植物とは何か、について確認しましょう。コケ植物はおもに陸上に生え、葉緑体を持つ隠花植物（花をつけず、分裂・胞子・無性芽等で繁殖する植物）です。昔は小さくて花を咲かせない植物の俗称として「こけ」の名が使われていました。今でも「～コケ」と呼称される植物の分類群は多岐にわたっていて、例えばモウセンゴケやサギゴケは種子植物門、エゾノヒメクラマゴケやウチワゴケはシダ植物門の植物です。また、菌類と藻類の共生体である地衣類は、ほぼ全て「～コケ」という和名で呼ばれます。本文で扱うコケ植物（以後単にコケとも書く）は、植物分類学上のコケ植物門（蘚苔類）の植物のことで、セン類（蘚綱）、タイ類（苔綱）、ツノゴケ類（ツノゴケ綱）の3綱に属する植物のことです。

　最近になってエコツーリズムが盛んになってくると、コケ植物は自然の生態系の中でもっとも基本的で重要な要素であって、ミクロの艶やかな世界を演出する主役としてクローズアップされてきました。水分に恵まれ、原生的な自然であればあるほど、ますますコケ植物が魅力ある観察対象となってきたのです。例えば奥入瀬では、NPO法人奥入瀬自然観光資源研究会の河井大輔氏らが中心となって観察会、研究会、調査を重ね、コケ植物の魅力をアピールしてきました。その効果があって、奥入瀬渓流は、2013年に日本蘚苔類学会の選定による「日本の貴重なコケの森百選」に選ばれ、コケガールなる人々も現れ、話題を呼んでいます[5]。

　岩木山は標高1625m、県内では最も高い山ですが、山体はあまり大きくありません。それでも、中腹以上では自然がよく保たれ、ミズナラ林からブナ林へと移行し、崩れやすい幾本かの沢も存在します。標高1200m付近の森林限界以上には偽高山の低木林が広がり、その上の高山帯へと続きます。ブナ林と偽高山低木林の境目付近には、小さなミズゴケ湿原も存在します。このように、様々な植生帯に伴った多様な生態系を持つ岩木山には、それぞれに応

じた多様なコケ植物相が見られることは確かです。

　この小文では、筆者が観察した岩木山の数ヵ所のコケ植物を紹介します。また、「3．フソウツキヌキゴケの正体」の項では、コケ植物の研究の煩雑さの一端を紹介します。この機会にコケ植物に興味を持たれ、岩木山を訪れて新たな魅力を発見し、わからないところは参考図書に挙げた本を見ながら観察していただければ幸いです。

1．岩木山神社

　岩木山神社は津軽地方の主要な観光スポットの一つで、多くの観光客で賑わうところです。意外かもしれませんが、ここはコケ植物を気軽に観察できる、もってこいの場所でもあります。

　駐車場を出て、最初の大きな鳥居をくぐると、長い石畳の参道が続きます。途中、参道の左側に出雲神社という小さなお宮があって、お堂横の地面にはゼニゴケ（写真1）がびっしりと生えています。ゼニゴケは、コケ植物のタイ類の代表として教科書に取り上げられ、庭先にも生えるなじみ深いコケです。雄株（おかぶ）と雌株（めかぶ）があり（雌雄異株（しゆういしゆ））、雄株にはすり鉢形をした無精芽器（むせいがき）も付いていて、観察するには面白いコケです。

　参道をさらに登ると、正面に大きくそびえる門（楼門）が近づいてきます。楼門の手前、左袖には、おみくじを扱う売店（守札授与所）があり、その反対右側の奥に、茅葺（かやぶ）き屋根の立派な構えをした社務所があります。

　まず、右側の社務所をのぞいてみましょう。苔（こけ）むした石段を登ると、社務所の前庭にアカマツ、スギ、サワラ、ヒノキ、トウヒ、イチイ、ドイツトウヒなどが木陰を作る芝生が広がっています。芝生の比較的日当たりのよいところにはハイゴケ（写真2）、エゾスナゴケ（写真3）、適度な日陰にはコツボゴケ、フロウソウ（写真4）、トヤマシノブゴケ（写真5）、シッポゴケ（写真6）、マルバハネゴケ（写真7）などが生えています。この庭ではとくにシッポゴケ

写真1　ゼニゴケの雌株と無精芽器

写真2　ハイゴケ

写真3　エゾスナゴケ（赤いのは蒴）

写真4　フロウソウ

写真5　トヤマシノブゴケ

写真6　シッポゴケ

写真7　マルバハネゴケ

写真8　禊所（手水舎）

写真9　アオハイゴケ

が純群落をつくって大きく広がり、絨毯のように敷き詰められているところが目立ちます。たまたま筆者が社務所の玄関横で群生するオオスギゴケを見ていたとき、岩木山神社の禰宜でいらっしゃる須藤廣志さんがおいでになって、コケ庭の話をされていました。この社務所の庭をいつかコケ植物で覆いたいとのことでした。

コケ庭と言えば、苔寺として有名な京都の西芳寺のことが頭に浮かびます。西芳寺には、ここにもあるオオスギゴケやコツボゴケをはじめとして、ホソバオキナゴケ、ヒノキゴケなど、119種のコケが生えていて（web site「京都と寿司・朱雀錦」による）、日本的なわび・さびを感じさせる優雅で落ち着きのある日本庭園となっています。

高木他[6]によると、コケ庭で大切なのは、日照、湿度、通風、基盤土を整えることだそうです。そのために、下枝が高いところにつき、しかも適度な量の枝葉があるカエデのような落葉高木を植えたり、水はけを良くするために盛り土をしたり、西日を防ぐとともに通風を遮って湿度を保つための塀を作ったりする必要があるそうです。そういった条件に最大限配慮して、比較的短時間で作り上げたのが、箱根美術館のコケ庭で、1952年（昭和27）に造営されてから、ほぼ40年後の1994年（平成6）には、130種ものコケ植物が生育する非常に多様性の高い、しかも美しいコケ庭になったといいます。

今年（平成27年）の5月は雨が少なくて、新緑の5月24日に訪れたときにはコケ植物はカラカラに乾き、多くのコケはくしゃくしゃに縮んでいました。しかし、そういうときでも水辺のコケはもちろん生き生きと生育しています。

参道を登ったら、大抵の人は参拝前に、楼門の右奥にある禊所（手水舎）（写真8）で手と口を清め、ついでにのどを潤すでしょう。禊所の水は岩木山の伏流水（湧き水）であり、温度は年中15～16℃、夏は冷たく冬は暖かで、コケ植物の生育に適しています。しぶきがかかる石壁だけでなく、池底の岩面にもびっしと生えているのはアオハイゴケ（写真9）です。全体が黒ずんだ暗緑色ですが、新しく伸びた枝葉は鮮やかな緑色で、葉先についた空気の泡が銀色に輝いています。山間の渓流の湿った岩や水中の岩に普通に見られるセン類で、大きな群落を作ることから、岩場の水中セン類の代表と言えます。次の週に禊所のアオハイゴケの写真を撮ろうと思って訪れたら、コケはすっかり取り除かれていました。一般の人にとって、禊所という清めの場所では、コケ植物はマイナスイメージになるのだなと思いました。

アオハイゴケと同じように水中に生え、やや透き通るような青みを帯びた緑色で、平べったいので、一見して別種だとわかるコケが見つかります。これはフジウロコゴケ（写真10）で、山間の水辺に生える、こちらはタイ類の代表とも言えるものです。葉の形と葉の茎への付き方がアオハイゴケとは全く違っていて、先が丸く、茎の両側に幅広く平行に付いています。水中にあるとき、葉の間には隙間がありますが、水を離れて生育すると瓦状（頂端にある葉の後方が、次の葉の前方上に来る）に浅く重なります。

写真10　フジウロコゴケ

　禊所から流れた湧き水は、境内の隅を通る小さな水路を流れていきます。水路の周囲には豊富な水分のおかげでジャゴケ（蛇苔）（写真11）やクモノスゴケが生えています。ジャゴケは湿った暗い庭先にもよく生えますが、見た目がその名の通り蛇の鱗のようなので、嫌われることが多いコケです。最近の研究で、これまで1種として扱われていたジャゴケは、オオジャゴケ、ウラベニジャゴケ、タカオジャゴケの3種類に区別されています。このうち、ここの水路にあるような、大型で水辺に生えるものはオオジャゴケのようです。水辺から離れ、葉の裏側が紅色をしていればウラベニジャゴケだと思いますが、この二つは区別が大変難しいようです。タカオジャゴケは前二者に比べると細身で、つやが弱く、色がやや薄いのですが、これも並べて比較したとき初めて分かるものであり、慣れないと判断が難しいものです。どのタイプのジャゴケにも独特の臭いがあり、松葉や松茸の臭いだという人もいます。

写真11　ジャゴケ

　クモノスゴケは、水辺や湿った土の上に生える幅4〜6ミリの葉状体のタイ類です。体の中央部に盛り上がった脈（中肋）があって、先端は細くなることがあります。葉状体の翼部が狭くなって、ほとんど中央脈だけになった部分からはたくさんの仮根が生え、そこから新しい葉状体が伸びて広がります。和名は、どんどん周囲に広がっていく様子を、蜘蛛の巣に見立てたのでしょう。

写真12　ホソバオキナゴケ

　このように、乾燥が続いても水路の周辺には水分が充分あると見え、近くの杉の根元にはホソバオキナゴケ（写真12）がびっしりとついています。このコケは京都の西方寺など、コケ庭によく用いられるコケです。葉が白っぽく見えるのは、透明細胞という、空気が入る細胞の層があるためです。

写真13　ホソバミズゼニゴケ

　水の流れが速く、水滴が飛散するようなところには、タイ類のホソバミズゼニゴケ（写真13）が、立ち上がった鱗のように葉状体をびっしりと重ねて生育しています。雌雄異株で、雄株は秋遅くになると葉先が細かく分枝することがあります。それが裂片となって無精芽に

なります。見た目が全く変わるので、同じコケとは思えません。

禊所の水がたまる池の外壁面には、葉状体タイ類が2種類へばりついています。一つはジャゴケ、もう一つは葉身の幅がジャゴケよりせまくて色が淡く、鱗模様が目立たない種類です。よく見ると、立ち上がった雌器床の形が陣笠を思わせるジンガサゴケ（写真14）でした。

禊所の背後は石組みの壁で、それを右に回り込むと壁の下部にオオトラノオゴケ（写真15）が生えています。このコケは、日陰の岩や木の根元などの雨水がしたたり落ちるようなところに普通に生える大型のコケです。一般にコケ植物は、乾くと縮れて形が変わってしまうことが多いのですが、このコケは乾いてもしわが寄らず、形があまり変わりません。名前を漢字表記すれば、「大虎尾蘚」で、勇ましい感じがします。こんなふうに形を動物の尾に見立てた名前のコケには他にも、キツネノオゴケ、ネズミノオゴケ、キジノオゴケなど沢山あります。さらに、あるグループのコケは、そこに属する全ての種が動物の尻尾のようだというので、シッポゴケ科と名付けたグループもあります。

写真14　ジンガサゴケ

写真15　オオトラノオゴケ

禊所と楼門に隣接する地面には、様々なコケが棲み分けしながら薄いマット状に生育しています。優占しているのはチョウチンゴケ科のコツボゴケ（写真16）です。このコケには植物体が直立している直立茎と匍う形の匍匐茎があります。近縁のツボゴケと非常によく似ていますが、ツボゴケは雌雄同株なのに対し、コツボゴケは雌雄異株です。

ここのコケのマットには、コツボゴケに加えトヤマシノブゴケ、コバノチョウチンゴケ、エダウロコゴケモドキなどのセン類に加え、マルバハネゴケ、ツボミゴケ属、アカウロコゴケ属、ツキヌキゴケ属のタイ類などが生育しています。小さな面積ですが、十種を超えるコケ植物が着生基物の違い、水分量、光量など、微妙な条件の違いによって棲み分けしているのでしょう。今後詳しく調べてみたいところです。

写真16　コツボゴケ

楼門の左側にある通用門近くの地面には、トサカホウオウゴケ（写真17）の群落があります。トサカホウオウゴケを漢字で書くなら「鶏冠鳳凰蘚」となり、「葉の先に鶏冠（とさか）のような鋸歯がある、鳳凰の尾羽根のようなコケ」といった意味です。ホウオウゴケ属のコケは大小様々な種類がありますが、大きさが違ってもどれも構造が同じなので、すぐその仲間だとわかります。葉が茎の左右に鳥の羽根状に扁平に並ぶこと、葉の基部が背翼と腹翼に分かれ袋状になり、アヤメの葉のように茎と葉を抱いていることです。こんな構造のコケ植物は他になく、これまで分類学上

写真17　トサカホウオウゴケ

1目1科1属とされていました。日本には50種ほどが分布し、南方には大変種類が多いのですが、県内には他に数種あるだけです。

石段を登って楼門をくぐるとすぐに次の門（中門）がありますが、その手前を右に行くと、しめ縄で囲ってある斎場の一角（写真18）があります。その地面は鮮やかな黄緑色のエゾスナゴケにおおわれ、実にきれいです。斎場横の石垣にはエビゴケ（写真19）が生育しています。

写真18　エゾスナゴケの生える斎場（いつきば）

さて、おみくじの売店（守札授与所）の少し下にある百沢温泉に抜ける小道に入ってみましょう。今から五十年ほど前には、その道の奥にセリ科のシャクの白い花が群生する広場があって、ウスバシロチョウやサカハチチョウなどが舞っていたものでしたが、今はスギの木立が成長して、薄暗い空間となっています。道に入ったすぐのところに石碑と石臼の形をした岩が、昔と変わらずあって、苔（こけ）むしています。

写真19　エビゴケ

石臼には、雨水がたまっていて、水中と側壁にウキゴケ（写真20）が生育しています。ウキゴケは、かつて田んぼやため池などに沢山見られましたが、土地改良や農薬の影響等で近年めっきり少なくなり、準絶滅危惧種になったとして環境省のレッドデータブック（RDB）に載せられていました[7]。筆者が最初にこの石臼で本種を見つけたのは2002年（平成14）で、当時は県内2・3カ所でしか確認されていないときでしたから[8]、こんな小さな石臼の水たまりにもあったのかと驚いたものです。それから13年経過しても相変わらず生育しているところを見ると、ウキゴケは案外強靭（きょうじん）な種かもしれません。その後になって、全国の低地に広く生育することが確認され、最新のRDBからは除外されています[9]。

写真20　ウキゴケ（石臼の中）

この石臼の縁にはクサゴケが沢山の蒴（さく）（コケの花のように見える胞子体）をつけて生えていました。

2．岳（嶽）（だけ）

岳（嶽）は温泉保養地として古くから親しまれてきたところで、岩木山山頂への登山道の起点でもあるので、多くの人が訪れます。筆者は、次項に述べるフソウツキヌキゴケ（写真21）を探すために何度か訪れましたので、そのとき観察したものを紹介します。

写真21　フソウツキヌキゴケ

写真22　コケが生育する岳の登山道

まず、「山のホテル」の横を通り、稲荷神社を経て山頂に至る登山道を歩きます。標高約470mにある稲荷神社の境内の地面にはコヒシャクゴケが見られました。このコケの属するヒシャクゴケ科のコケは、葉が背片と腹片の二つに折りたたまれていて、大小二枚の葉が重なっているように見えます。そして、どの種でも背片の方が小さくなっています。日本には約25種があり、植物体の大きさや色、葉形や葉縁の鋸歯の違いによって区別されます。近くには同じヒシャクゴケ科のマルバコオイゴケも地面に生えていました。和名のコオイ（子負）とは、小さい方の背片を親に負われた子に見立てたものです。

岳の集落から上はミズナラの二次林となっています。ミズナラ林の中は落葉が堆積し、一見してコケの着生には適しません。その上、低木層や草本層の階層が混んでいて照度が足りないため、林内にコケ植物はあまり見られません。わずかに、倒木上にヒラケビラゴケ、樹皮が落ちた倒木にヒメテングサゴケ、エダウロコゴケモドキなどが見られたぐらいでした。

登山道を外れた東側に、沢（湯ノ沢）にかかる堰堤(えんてい)があります。堰堤下の急な谷斜面はブナ・ミズナラで覆われ、湿った地面にはヒロハホラゴケモドキ、ミズゴケの一種、オオバチョウチンゴケなど多様なコケ植物が生育していました。残念なことに、2015年の堰堤の改修工事の際、樹木が伐採され、植被が崩落して、コケ群落は消失しました。

さて、目的がフソウツキヌキゴケでしたので、安定して地面が露出している場所を探す必要がありました。あちこち歩き回るうち確実に地面が露出しているのは、登山道やその脇の

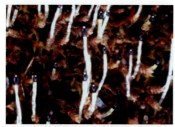
写真23　イトウロコゴケ

写真24　ホソバコオイゴケ

路頭だと気づきました（写真22）。そんな踏み固められた硬い土でも、条件に応じた各種のコケ植物が生えているのです。

目につくのは、チャボホラゴケモドキ、トサホラゴケモドキ、タカネツキヌキゴケ、フソウツキヌキゴケのツキヌキゴケ属のコケです。これらは、土の硬さや水分条件などの微妙な環境の違いで棲み分けしているようです。この中で最も普通なのはフソウツキヌキゴケですが、このコケは岳が基準産地（type locality：新種の基準となる標本を採集した戸籍のような場所）であるにもかかわらず、最近まで正体不明の種とされてきたものです。次の項にそれが解明された経緯を書きました。

登山道の土は、踏みつけによって固く締(し)まっていますが、それでも道の脇にはコケで緑色に染まっているところがあります。踏むと滑るようなその緑の土をルーペで拡大して

見ると、糸状の細かいコケ植物が見えます。それは、アカウロコゴケか、イトウロコゴケ（写真23）で、後者は、2006年に古木達郎博士によって新種として記載されたものです[10]。古木氏の記載論文には、岳産の標本が副基準標本（isotype：正基準標本（後述）以外の基準標本）の一つとして使われています。

そのほか、登山道にはホソバコオイゴケ（写真24）、ジャゴケ、マキノゴケ、トサカホウオウゴケ、ケチョウチンゴケ、クモノスゴケ、ホソバミズゼニゴケなどが生育していました。

3. フソウツキヌキゴケの正体

ここで、先に述べたフソウツキヌキゴケの正体が解明された顛末を紹介します。それにはまず、U. フォーリー（1847-1915）のことから始めなければなりません。

フォーリーは、日本の植物界に多大な影響を与えた偉大な植物採集家であり、ことにコケ植物（蘚苔類）については、まだ日本人による研究が始まらない頃に、膨大な採集品を欧米の研究者に送って、日本のコケ植物相の解明に大きな足跡を残した人です。1873年（明治6）に来日してから、1915年（大正4）に台湾で病死するまでの約42年間、彼の植物収集は日本全国はもとより海外にまで及んでいます。その間の半ば以上を青森県で過ごしているので、岩木山には何度も訪れたと思われます。

フォーリーが採集したコケ植物のうち、セン類は、主としてフランスのカルドー（I. Cardot）に、タイ類はドイツのステファニー（F. Stephani）に送付されました。とくにステファニーは、フォーリーの採集品をもとにして、日本からおびただしい数の新種を発表し、フォーリーに献名した学名も数多く見られます。このことが一層フォーリーの採集熱をあおったことと思われます[11]。

当時、日本産のタイ類の大半を記録したステファニーでしたが、しばしば記載内容が正鵠をえてなく、正体不明の種も多いのです。そのうちの一つに、岩木山の岳を基準産地とするフソウツキヌキゴケ（*Calypogeia japonica* Steph.1924）[12] がありました。

フソウツキヌキゴケは、フォーリーが岳で採集した標本に基づいて、ステファニーが1924年に新種として記載したものです。ところが、その後この種に関する報告や論文が出ることもなく、そのうえ正基準標本（holotype：命名者が論文で指定した、その種の基準となる唯一の標本）も紛失していました。そこで、1966年に、タイ類研究の第一人者であった井上浩博士は、植松栄次郎が採集してステファニーが同定した標本を新基準標本（neotype）として指定したのです[13]。しかし、そのときの分類学的検討が不十分であったようで、その後も不明種として扱われてきたのです。

基準産地である岳には、ステファニーが新種記載したフソウツキヌキゴケそのものが、まだ生育している可能性が十分にあります。だから、岳にあるすべてのツキヌキゴケ属（*Calypogeia*）を精査すれば、正体が明らかになるかもしれません。そう考えたのは、タイ類の専門家、千葉県立中央博物館の古木達郎博士でした。そこで古木博士は、当時青森県立郷土館の学芸員であった筆者に対して、岳でのツキヌキゴケ属の採集を依頼してきたのです。それは1999

写真25　トサホラゴケモドキ

写真26　タカネツキヌキゴケ

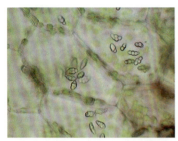

写真27　タカネツキヌキゴケの油体
（粒の連なりかブドウの房状）

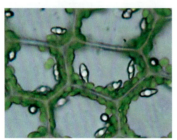

写真28　フソウツキヌキゴケの油体
（瞳のような眼点がある）

年の秋でしたが、2000年の冬になってようやく雪の下から、それとおぼしきものを探し当てることができました。

　このとき岳で採集できたツキヌキゴケ属（Calypogeia）は、以下の4種でした。チャボホラゴケモドキ（C. arguta）、トサホラゴケモドキ（C. tosana）（写真25）、タカネツキヌキゴケ（C. neesiana subsp. subalpina）（写真26）、ツクシホラゴケモドキ（C. tsukushiensis）です。これらの中にフソウツキヌキゴケが隠れている、つまり、4種のうちのどれかがフソウツキヌキゴケそのものに違いありません。であれば、その4種と、1966年に井上が定めた新基準標本とを詳しく比較して、一致するものを見いだせばいいことになります。

　果たせるかな、詳しい比較検討の結果、4種類のうちのツクシホラゴケモドキの特徴が、フソウツキヌキゴケのものとよく一致し、両者は同種であることがわかったのです。

　ツクシホラゴケモドキは、1958年に尼川大録（あまかわたいろく）によって九州から新種として記載されています[14]。井上博士がフソウツキヌキゴケの新基準標本を定めたのは1966年のことでしたから、当然、ツクシホラゴケモドキとの比較検討も行っていました。しかし、そのときの検討は不十分だったようで、腹葉や細胞の形態に関する記述には誤りがあることがわかったのです。それが混乱を引き起こす原因でした。

　さらに、もう一つ混乱の原因として、ステファニーの記載には、油体（ゆたい）（oil body）（写真27、28）の記述がなかったことです。油体というのは、タイ類の細胞に存在する精油成分を含む構造物で、形態や色、個数が種によって一定しており、種の同定に有効なものです。しかし油体は採集した後、標本が乾燥すると揮発、消滅してしまいます。

　ステファニーは、フォーリー没後9年目の1924年にフソウツキヌキゴケを記載したのですが、油体については知るよしもなかったのだと思います。

　もし、フォーリーが顕微鏡観察を行って、油体の形態をステファニーに知らせることができていたら、尼川もツクシホラゴケモドキを記載することはなかったはずです。そして、その後の混乱もなかったでしょう。というのは、ツクシホラゴケモドキは、眼点のある油体（写真28）を持つことが最もわかりやすい特徴とされていたからです[13]。今回、これはもともとフソウツキヌキゴケの特徴であることが明らかになったのです。

　結果として、ツクシホラゴケモドキ（C. tsukushiensis Amakawa 1958）は、フソウツキヌキゴケ（C. japonica Steph. 1924）の同種異名であり、命名された期日が早いフソウツキヌキゴケ（C. japonica）の方が正式な名称として残りました[15]。和名は1930年に飯柴によって命名されたもので[16]、昔、中国で日本を指す言葉であった「扶桑（ふそう）」を意味しており、学名の種小名であるjaponicaに由来しています。

4. 西芳寺森下方の小さな
　　ミズゴケ湿原

　八甲田山では、高い標高の山域に大小様々なミズゴケ湿原（高層湿原）があって、多くのミズゴケ類や貧栄養に適応した多様な水生植物が見られます。一方、岩木山では、かつて裾野に広大な湿地帯が存在し、湿性植物も豊富だったのですが、開発によってそれらはほとんど姿を消しました。また単独峰である岩木山には、高い標高域に大きな湿原はありません。ただ例外的に、山頂から北西にあるピークの西芳寺森（1288m）の下方、標高1000m付近に、ミズゴケ類が生育する小さな湿原（写真29）があります[17]。

写真29　山頂から見た小さな湿原

写真30　サンカクミズゴケ

写真31　ミヤマカギハイゴケ

　長平の登山道を、途中スキー場のゲレンデを通ってブナ林の中をしばらく登ります。急にブナの樹高が低くなった辺りで湿原に至ります。湿原の周囲にはブナのほか、ダケカンバ、ミネカエデ、ナナカマドが低木状に生えており、アカミノイヌツゲ、ハクサンシャクナゲなどもあって、この辺りが高木の生育限界（森林限界）であり、偽高山帯への移行付近であることがわかります。

　湿原は上下二段になっていて、狭い上段と広がりのある下段に分かれています。上段には、サンカクミズケゴケ（写真30）が一面に生育し、場所によってはその中にモウセンゴケが群生しています。上段の西の奥に池があり、周囲にヨシ、オニナルコスゲ、オオカサスゲなどが生え、水中や池の周囲にミヤマカギハイゴケ（写真31）が群生しています。

　上段から下段に向かって小さな流れが注ぎ込み、その付近の腐植土上にカギハイゴケ、クモノスゴケ、ヤナギゴケが生えています。段を下りるとミズバショウ群落があり、その先に下段の湿原が広がっています。

　下段の湿原には、サワギキョウやクロバナロウゲが群生し、全体がミズゴケ湿原になっています。北側はヨシに覆われ、南側にミツガシワが群生し、池塘も見られます。池塘の周囲に生育するミズゴケ類にはサンカクミズゴケ、ウロコミズゴケ、ヒメミズゴケなど数種あり、一部にはムラ

写真32　ムラサキミズゴケ

写真33　オオミズゴケ

写真34　シダ植物のホソバトウゲシバ

写真35　地衣類のツメゴケの仲間

写真36　カサゴケ

写真37　地衣類のチズゴケの仲間

サキミズゴケ（写真32）やオオミズゴケ（写真33）がつくる微隆起（ブルト）が見られます。これらが発達し、ミズゴケ類の遺体が積み重なって、全体が時計皿状に盛り上がってくれば、高層湿原になりますが、現状ではまだそこまで発達していないようです。しかしながら岩木山では唯一の貴重なミズゴケ湿原であることには間違いなく、大切にしたいものです。

5．偽高山帯から高山帯

　東北地方には、高山帯の下側に亜高山帯がある山とない山があります。亜高山帯がある山では、亜高山帯特有の常緑針葉樹（主にアオモリトドマツ）が生えます。たとえば八甲田山では、標高が1000mからアオモリトドマツが増えてきて、標高1400m位まで森林帯を形成します。そこは霧が発生しやすく、幹や枝葉、倒木を含めた着生基物が豊富にあるので、コケ植物も豊富に見られます。

　一方、岩木山は亜高山帯がない山です。つまり、アオモリトドマツの樹林帯がなく、それに代わって標高1200m前後からダケカンバ、ミネヤナギ、ミヤマナラ、ミヤマハンノキなどが低木状に生え、いわゆる偽高山になっています。そこは森林構造が貧弱で、亜高山帯と比較すればコケ植物も貧弱な世界です。それでも岩木山では一通りの典型的な高山性のコケ植物を観察できるので、コケ植物の基本を学ぶことができる適地と言えます。ここではスカイライン終点駐車場から山頂に至る登山道沿いで観察していきましょう。

　標高約1240mの駐車場から登山道を登っていくと、林下には高さ15cmほどの、まるで巨大なスギゴケのようなホソバトウゲシバ（写真34）が群生しています。最初はコケかと思ってぎょっとしますが、シダ植物の一つです。さらに目をこらして登っていくと、カブトゴケ（兜ごけ）やツメゴケ（爪ごけ）（写真35）といったおもしろい形の「こけ」に目を引かれますが、名前はコケでも、地衣類（菌類と藻類の共生体）という全く異なる分類群の生物です。その辺りの地面を丁寧に見ていくと、ようやくコケ植物であるカサゴケ（写真36）のかわいい姿が現れます。葉が茎頂で四方に広がって傘のようになる様子から、和名の由来がすぐにわかります。

　低木林を抜けて視界が開けると、すぐに溶岩が露出し、

植被のない鳥ノ海噴火口に出ます。この先は山頂まで、岩だらけの道を進むことになります。登山道沿いにある大きな岩の平坦面には、黒や黄色の模様がついています。黒い方は、高山特有の蘚類であるクロゴケか、低地にもあるホソバギボウシゴケです。クロゴケは蘚類としては珍しく蒴が四つに裂けるという特徴があります。黄色い方はチズゴケの一種であり、これは地衣類の仲間です（写真37）。

写真38　タカネスギゴケ

　表面に凹凸があって半日陰になる岩の壁面には、暖かそうなきつね色の帽をかぶった蒴をもつタカネスギゴケ（写真38）が一面に生育しています。また、岩の隙間や地面との境目などにはハラウロコゴケ、コアミメヒシャクゴケ、タカネミゾゴケなどが生育しています。

　ややへこんだ岩の平坦面に、葉先が白く、まるで霜が降りたように見えるシモフリゴケ（写真39）が生え、さらに岩の基部や低木林下の腐木にはオゼヒシャクゴケ、腐植質がたまるような地面にはミヤマスギゴケ、フトゴケ（写真40）、オオフサゴケ、イワダレゴケ（写真41）、ダチョウゴケなどが見られ、亜高山帯以上に特有のコケ植物を一通り楽しむことができます。

写真39　シモフリゴケ

写真40　フトゴケ（中央）とミヤマスギゴケ

写真41　イワダレゴケ

　謝辞：千葉県立中央博物館の古木達郎博士には多くの種について同定していただいた上に、内容の監修もしていただきました。拙文を終えるに当たり衷心より感謝申し上げます。

【引用文献】
1）佐藤圭一郎（1970）：「偉大な植物採集家ウルベン・フォーリー神父　－来日の歴史的背景とその生涯－」『鏡陵　2』　p35-68　青森県立弘前高校鏡ヶ丘刊行会
2）岩月善之助編（2001）：『日本の野生植物コケ』平凡社
3）太田正文（2003）：「文献に基づく青森県産タイ類・ツノゴケ類チェックリスト」『青森県立郷土館調査研究年報　27』　p79-92　青森県立郷土館
4）柿崎敬一（1999）：『青森県産蘚類目録』　p31　自刊
5）河井大輔（2014）：『日本の貴重なコケの森 奥入瀬渓流コケハンドブック』　p99　奥入瀬フィールド研究所
6）高木典雄他（1996）：『コケの世界－箱根美術館のコケ庭』　エム・オー・エー美術・文化財団
7）環境庁（2000）：『改訂・日本の絶滅のおそれのある野生生物9　植物Ⅱ（維管束植物以外）』p429　(財)自然環境研究センター
8）太田正文（2003）：「青森県コケ植物分布ノート（2）」『青森自然誌研究　8』p85-88

9）環境省（2015）：『レッドデータブック2014 －日本の絶滅のおそれのある野生生物－ 9 植物Ⅱ（蘚苔類、藻類、地衣類、菌類）』p580　ぎょうせい
10）古木達郎（2006）：「日本産タイ類ツボミゴケ科アカウロコゴケ属の新種」『蘚苔類研究　9（3）』p73-77
11）井上浩（1972）：「日本の蘚苔類研究史（Ⅰ）」『自然科学と博物館39（9-10）』p158-170
12）Stephani, F. (1924)：「*Calypgeia*, Raddi.」『Species Hepaticarum 6』p447-452. Herbier Boissier, Geneve.
13）井上浩（1966）：「日本産 *Calypogeia* 属の問題点」『植物研究雑誌41巻5号』p134-140
14）尼川大録（1958）：「日本産苔類報告（8）」『J. Jpn. Bot. 33』p338-343.
15）古木達郎・太田正文（2002）：「フソウツキヌキゴケの分類学的研究」『蘚苔類研究　7（12）』p381-384
16）飯柴永吉（1930）：『日本苔類総説』p94　植物学同志会
17）太田正文・神真波（2011）：「第2節　植物」『新編弘前市史　通史編　岩木地区』p28-72　弘前市

【参考図書】
井上浩（1969）：『くらしの図書館シリーズ　こけ－その特徴と見分け方』北隆館
服部新佐・岩月善之助・水谷正美（1972）：『原色日本蘚苔類図鑑』保育社
長田武正（1974）：『カラー自然ガイド　こけの世界』保育社
井上浩（1980）：『原色コケ・シダ』家の光協会
井上浩（1986）：『フィールド図鑑コケ』東海大学出版会
高木典雄他（1996）：『コケの世界－箱根美術館のコケ庭』エム・オー・エー美術・文化財団
岩月善之助編（2001）：『日本の野生植物コケ』平凡社
秋山弘之（2002）：『のぎへんのほん　コケの手帳』研究社
中村俊彦・原田浩・古木達郎（2002）：『野外観察ハンドブック　校庭のコケ』全国農村教育協会
岩月善之助・伊沢正名（2006）：『山渓フィールドブックス　しだ・こけ　新装版』山と渓谷社
野口彰（2011）：『日本産蘚類概説（復刻版）』北隆館
河井大輔（2014）：『日本の貴重なコケの森 奥入瀬渓流コケハンドブック』奥入瀬フィールド研究所

岩木山周辺の微小菌類について

田中和明・原田幸雄

1. 岩木山周辺におけるこれまでの菌類研究

　肉眼で子実体を確認することのできる大型のキノコ類とは異なり、いわゆる「カビ」と呼ばれる微小菌類については、その存在・分布範囲・発生時期など基本的な生態情報を把握することが非常に困難です。また、形態的特徴も微細で、顕微鏡による観察が必須なため種の同定が難しく、その研究は他の生物に比べ遅れているといえます。筆者らが所属する弘前大学農学生命科学部の植物病理学教室では、植物に寄生する微小菌類の研究をこれまで継続的に行ってきました。特定の地域に生息する微小菌類を重点的に調査し、インベントリー（戸籍情報）を把握することは、基本的ではありますが、まだ発展途上である菌類研究の分野においては、重要課題であるといえます。照井・原田は、青森県各地のインベントリー調査を行っており、岩木山周辺に生息する微小菌類についても1975年にリストを公表しています[1]。そこでは3綱・9目・11科にわたる131種の微小菌類が、岩木山に分布する種として記録されています。しかしその後、この地域における微小菌類インベントリーに関するまとまった情報はありません。本稿では筆者らがこれまで収集してきた菌類標本をもとに、岩木山周辺における菌類（大型キノコ類をのぞいた植物寄生性の微小菌類）について概要を述べます。

2. 菌類研究における標本の役割

　筆者らの研究室では、これまで約3万点以上にもおよぶ植物寄生菌類の標本を収集してきました。当研究室の菌類標本庫はIndex Herbariorumという世界中の植物・菌類標本庫の情報を集めたデータベース[2]に登録されており、HHUF (Herbarium of Hirosaki University, Fungi)のアクロニム（略語）で認識されています。既知種として同定した菌の標本はもちろん、新種発表に用いた重要な基準標本（タイプ標本）も収蔵しており、国内外の研究者から借用願いがあった際には、標本の貸し出しに応じています。

　新種記載時の証拠となる標本を、乾燥させ（時にはホルマリン処理をし）最適な状態で標本庫に収めることは、植物・菌類・藻類命名規約上の重要な要件とされており、このルールに反した場合、その新種記載は無効となります。このように、標本は後の再検討を可能にする学術研究の証拠品として、重要な意味を持ちます。従来は形態的特徴を把握するための、伝統的な分類学的研究に標本が用いられてきました。さらに近年では、乾燥標本からもDNAを抽出し、分子系統学的な研究も可能となったことから、以前にも増して標本の重要性が高まっています。多数の標本から情報を蓄積し、精度の高いデータベースを構築することで、特定の種がどの程度の範囲に分布し、発生シーズンはいつか、といったような生物多様性の研究にも用いることができます。しかし残念ながら、HHUFに所蔵されている全ての菌類標本について、その情報をデータベース化することは、現時点でまだできていません。

3．標本から読みとる岩木山の微小菌類

前述のように肉眼で確認することができない微小菌類については、特定の地域に生息する種を短期間で把握することは困難です。そこで、岩木山周辺から採集された菌類標本の情報を優先的にデータベース化し、そこからこの地域における菌類インベントリーの把握を試みました。その結果、11綱・23目・41科・87属・177種におよぶ計673の菌類標本を見いだすことができました（表1）。

表1　岩木山で採集された微小菌類標本データの概要

	標本数	綱	目	科	属	種
卵菌類*	7	1	1	1	2	3
ツボカビ門	2	1	1	1	1	1
子のう菌門	177	6	15	22	52	52
担子菌門	487	3	6	17	32	121
計	673	11	23	41	87	177

＊クロミスタ界に所属する生物ですが、ここでは微小菌類として扱いました。

高等菌類とよばれる子のう菌門（26.3％）および担子菌門（72.4％）の標本がほとんどを占めていることが分かります。子のう菌門では22科にわたる多様な菌類種が収集されているものの、種数が52種と少ないことから、種同定まで至っていない標本が多いものと読み取れます。子のう菌門ではキンカクキン科（43標本；子のう菌門標本の約24％）、ウドンコカビ科（26標本；同14％）、バッカクキン科（17標本；同9.6％）の所属菌が主要な構成メンバーでした。一方、担子菌門では、121種の菌について487標本を収集していることから、1種につき複数の標本を収集しながら詳細に研究してきたことが伺えます。なかでもプクキニア科に所属する菌類については273標本と担子菌門標本の半数以上を占めており、主要な属である *Puccinia* 属では46種（215標本）が収集されています。次いで多い科としては、メランプソラ科（36標本；担子菌門標本の約7％）、コレオスポリウム科（35標本；同約7％）、フラグミジウム科（24標本；同約5％）、ミクロネゲリア科（20標本；同約4％）が続きます。これらはいずれも絶対寄生性のさび菌類であり、重点研究課題とされてきたことが分かります。

4．岩木山菌類リストに新たに追加される種

岩木山周辺で採集された菌類標本673点について、1975年の照井・原田による岩木山菌類インベントリーに関する報告[1]と照らし合わせた結果、表2に示す81種が新たに岩木山微小菌類リストへ追加される種であることが分かりました。分類階級や学名はさておき、「菌類和名」を見て頂くと、どのような微小菌類が岩木山で発見されているのか、その概要が分かると思います。

これらの中から特徴のある菌を少し紹介します。*Cercosporella aesculi* はトチノキに褐斑病を起こす菌として、1976年に原田・香月により新種記載されました[3]。トチノキの葉に黄褐色の病斑を形成し（図1）、10月初旬頃には病斑部の裏側に病原菌の胞子塊が白色粒状となって現れます（図2）。この病原菌の研究は、岩木町で採集された菌類標本をもとに進められ、

表2　岩木山微小菌類リストに追加される種

Ⅰ．卵菌類（クロミスタ界）

Plasmopara viticola（エビヅル・ヤマブドウべと病菌）

Ⅱ．ツボカビ門

Synchytrium minutum（クズ・ウスドヤブマメ赤渋病菌）

Ⅲ．子のう菌門

Asterosporium asterospermum（ブナ）
Bactrodesmium betulicola（シラカバ）
Cercospora achyranthis（ヒカゲイノコヅチ）
Cercospora fraxini f. longispora（アオダモ）
Cercosporella aesculi（トチノキ褐斑病菌）
Chlorociboria aeruginascens（ロクショウグサレキンモドキ）
Ciboria shiraiana（クワ実菌核病菌）
Cristulariella moricola（ツルアジサイ環紋葉枯病菌）
Dinemasporium japonicum（チシマザサ）
Erysiphe actinostemmatis（ミヤマニガウリうどんこ病菌）
Lachnellula occidentalis（カラマツ）
Leotia lubrica（ズキンタケ）
Lophiostoma arundinis（ヨシ）
Massarina clionina（沈水木本植物）
Monilinia aucupariae（ナナカマド葉腐病菌）
Monilinia fructigena（リンゴ灰星病菌）
Monilinia kusanoi（ウワミズザクラ幼果菌核病菌）
Monilinia mali（リンゴモニリア病菌）
Mycovellosiella deightonii（ウチワドコロ）
Oidium drummondii（クサキョウチクトウうどんこ病菌）
Ovulinia azaleae（ツツジ花腐菌核病菌）
Phaeosphaeria elongata（ススキ）
Phyllachora sasae（チシマザサ黒やに病菌）
Phyllactinia guttata（ハンノキうどんこ病菌）
Phyllosticta ampelicida（ツタ褐色円斑病菌）
Podosphaera longiseta（ウワミズザクラうどんこ病菌）
Pseudoplectania nigrella（クロチャワンタケ）
Ramularia puerariae（クズ裏黄円星病菌）
Rebentischia typhae（ツルヨシ）
Septoria chrysanthemi-indici（キク褐斑病菌）
Setoerysiphe rodgersiae（ヤグルマソウうどんこ病菌）
Triplosphaeria cylindrica（チシマザサ）
Typhulochaeta japonica（ミズナラうどんこ病菌）
Tyrannicordyceps fratricida（ヒメバッカクヤドリタケ）
Uncinula adunca（バッコヤナギうどんこ病菌）
Uncinula hydrangeae（ノリウツギうどんこ病菌）

Ⅳ．担子菌門

Aecidium dispori（チゴユリさび病菌）
Aecidium mori（クワ赤渋病菌）
Caeoma asnaro（アスナロさび病菌）
Caeoma makinoi（ウメ変葉病菌）
Caeoma radiatum（ウワミズザクラ変葉病菌）
Coleosporium clematidis-apiifoliae（ボタンヅル葉さび病菌）
Coleosporium solidaginis（アキノキリンソウさび病菌）
Coleosporium yamabense（アキタブキさび病菌）
Endocronartium sahoanum（ハイマツ発疹さび病菌）
Helicobasidium mompa（リンゴ紫紋羽病菌）
Melampsora arctica（マルバヤナギ葉さび病菌）
Melampsora capraearum（バッコヤナギさび病菌）
Melampsora epitea（ネコヤナギ葉さび病菌）
Melampsora itoana（ミヤマカタバミさび病菌）
Melampsora microspora（ヤナギ類さび病菌）
Melampsora populnea（ヤマナラシ葉さび病菌）
Moesziomyces bullatus（イヌビエ黒穂病菌）
Nyssopsora asiatica（コシアブラさび病菌）
Phakopsora artemisiae（オオヨモギさび病菌）
Puccinia caricis-petasitidis（サドスゲ・フキさび病菌）
Puccinia cnici-oleracei（ヨモギさび病菌）
Puccinia cognata（ヤマアワさび病菌）
Puccinia patriniae（オトコエシさび病菌）
Puccinia phragmitis f.sp. polygoni-thunbergii（ヨシさび病菌）
Puccinia porri（ネギさび病菌）
Puccinia shikotsuensis（ウラジロタデさび病菌）
Puccinia tiarellicola（ズダヤクシュさび病菌）
Puccinia tokyensis（ミツバさび病菌）
Pucciniastrum fagi（ブナさび病菌）
Sporisorium neglectum（キンエノコロ黒穂病菌）
Thekopsora hakkodensis（ハナヒリノキさび病菌）
Tranzschelia anemones（キクザキイチリンソウ褐さび病菌）
Uredo iyoensis（タチツボスミレさび病菌）
Urocystis trillii（エンレイソウ黒穂病菌）
Uromyces amurensis（イヌエンジュさび病菌）
Uromyces japonicus（ギョウジャニンニクさび病菌）
Uromyces sommerfeltii（アキノキリンソウさび病菌）
Uromyces trifolii-repentis（シロクローバー葉さび病菌）
Ustilago rabenhorstiana（アキメヒシバ黒穂病菌）
Ustilago spermophora（カゼクサ黒穂病菌）
Ustilago sphaerogena（イヌビエ黒穂病菌）
Ustilago striiformis（ナガハグサすじ黒穂病菌）
Ustilago trichophora（イヌビエ黒穂病菌）

* 学名はその後の研究の進展により変更されているものもありますが、ここでは元の標本情報のままとしました。
* 菌類の和名は、おおむね日本植物病名データベース（https://www.gene.affrc.go.jp/databases-micro_pl_diseases.php）に基づき記しました。また和名がない菌については、宿主植物名を示しました。

図1 トチノキ褐斑病の病徴

図2 トチノキ褐斑病病斑の裏面にみられる病原菌の胞子塊（白い点状部分）

図3 ヨシの麦角から生じたヒメバッカクヤドリタケの子実体

後述するとおり新種記載の根拠となる基準標本も岩木町産のものが指定されています。

図3は、ヨシの麦角に寄生する子のう菌門の子実体です。麦角は同じく子のう菌門の *Claviceps* 属菌がイネ科植物の小花に寄生することで形成される、菌の耐久性器官です。本来であればこのヨシの麦角からは、*Claviceps microcephala* の子実体が生じますが、本菌が形成した麦角にさらに重複寄生する菌が新潟県で発見され、*Cordyceps fratricida*（和名：ヒメバッカクヤドリタケ）として記載されました。この菌寄生菌は新種発表された後、ほとんど採集記録がありませんでしたが、原田らは岩木山周辺から本菌を見いだし、それまで知られていなかった本菌の生態的特徴を報告しています[4]。なお本菌については、のちに分類学的再検討がなされ、新属の *Tyrannicordyceps* 属へ所属が変更されました。この研究では、岩木山由来の標本から分離した培養株が、DNAの抽出や塩基配列データの取得に用いられています[5]。

5．岩木山をタイプロカリティとする菌類

照井・原田による岩木山菌類リスト[1]に、今回の標本整理から判明した種を追加すると、計212種の菌類が岩木山周辺から見つかっていることになります。しかしまだまだ研究不足であり、今後研究を進めることで岩木山から多くの新種が見つかるものと考えられます。種を記載する上で最も重要なホロタイプ（正基準標本）が採集された場所をタイプロカリティ（基準産地）といいます。現時点で岩木山をタイプロカリティとする菌種はまだ少ない状態ですが、以下の5種をあげることができます。

1）*Cercosporella aesculi* Y. Harada & Katsuki（1976）トチノキ褐斑病菌
2）*Erysiphe wadae* S. Takam. & Y. Sato（2003）ブナうどんこ病菌

3) *Puccinia patriniae-gibbosae* Miura（1913）マルバキンレイカさび病菌
4) *Puccinia phragmitis* f. sp. *polygoni-thunbergii* Y. Harada（1987）ヨシさび病菌（ミゾソバ系）
5) *Puccinia violae-glabellae* Miura（1913）オオバキスミレさび病菌

これらのうち、トチノキ褐斑病菌とヨシさび病菌のホロタイプは、それぞれ HHUF 4113（HU-711031；図4）および同17073（図5）として弘前大学農学生命科学部の標本庫（HHUF）に収蔵されています。

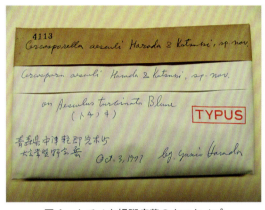 

図4　トチノキ褐斑病菌のホロタイプ　　　図5　ヨシさび病菌（ミゾソバ系）のホロタイプ

ブナうどんこ病菌（*Erysiphe wadae*）は、それまでブナから報告されていた *E. curvispora* とは形態的・分子系統学的に異なる種として2003年に新種記載されました[6]。この菌は青森・秋田・富山・福島・滋賀と比較的広い範囲から見つかっていますが、岩木山で採集された標本がホロタイプに指定され、国立科学博物館に保管されています。残念ながら岩木山由来の本菌の標本は HHUF にありませんが、今後の調査により収蔵できるものと思われます。

　新種記載の発表論文にはホロタイプや、その片割れ標本であるアイソタイプ（副基準標本）以外にも、標本が引用される場合があり、そのような標本はパラタイプ（従基準標本）と呼ばれます。パラタイプが採集された産地は、厳密にはタイプロカリティといえませんが、以下の２菌は岩木山由来の標本がパラタイプとされています。

1) *Dinemasporium japonicum* A. Hashim., G. Sato & Kaz. Tanaka（2015）
2) *Endocronartium sahoanum* Imazu & Kakish.（1989）ハイマツ発疹さび病菌

　Dinemasporium japonicum は最近新種発表された子のう菌門の１種です（図6）。ササ・タケ類、ススキ、ツルヨシや、腐朽木本植物など雑多な植物基質に腐生的に生じ、北海道・青森・鳥取・佐賀から報告されています。ホロタイプは弘前大学の千歳圃場から採集されていますが、岩木山の頂上付近からもパラタイプが２標本得られています[7]。ハイマツ発疹さび病菌は岩手県八幡平をタイプロカリティとしますが、岩木山からもパラタイプが得られており、筑波大学（TSH）に標本が納められています[8]。一般にパラタイプの産地はホロタイプの産地に比べ重要視されないことから、筆者らも情報を正確に把握できていません。実際に

はこれらの菌以外にも多くの種のパラタイプが岩木山から採集されている可能性があります。

6．今後の展望

本稿ではHHUFに所蔵されている標本データから、岩木山周辺における菌類インベントリーの把握を試みました。その結果、採集・同定してきた菌類に大きな偏りがあることが

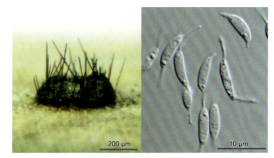

図6　*Dinemasporium japonicum* の子実体（左）とその胞子（右）

判明しました。これまで全世界で記載されてきた約10万種の菌類のうち、最も多様性が高いのは子のう菌門であり、全体の64.9%を占める約6万4千種が報告されています。一方、担子菌門は31.9%に相当する約3万1千種が記録されているにとどまっています[9]。岩木山から見つかっている菌類の構成群はこの状況と対照的であり、子のう菌門（26.3%）に比べると圧倒的多数が担子菌門（72.4%）に所属します。これは前述の通り、筆者の一人（原田）がサビ菌類の分類学的研究を重点的に行ってきた結果を反映していますが、同時に子のう菌門に所属する菌類の研究が不十分であることも伺えます。

岩木山で採集された子のう菌門のうち、標本数が多かったのは *Monilinia* に代表されるような重要な植物病原菌を含むキンカクキン科（24%）や、ウドンコカビ科（14%）でした。今後はこれら以外の分類群についても幅広く研究していくことで、岩木山における菌類多様性をより正確に把握できるものと思われます。

これまで岩木山周辺から多数収集されているサビ菌類やウドンコカビ類は、生きている植物上でしか生活できない絶対寄生菌であり、培地上に菌株として培養することができません。しかし現在筆者らは、これらの菌群以外について標本の収集を進めるとともに、純粋培養株の確立とその保存を積極的に進めています。培養株を得ることは、その菌の生活環を知ることにつながり、また塩基配列データの取得も容易になることから、分子系統解析による詳細な分類学的検討が可能となります。日本における菌類多様性研究は、先行する欧米の研究結果をもとに検討され、よほど顕著な形態的差異が認められないり、日本産の菌も欧米産の菌種と同種であると判断される事例が数多くあります。たとえば *Asterosporium asterospermum*（図7）という菌は、元来ヨーロッパブナ（*Fagus sylvatica*）から記載された菌類種ですが、その後日本のブナ（*F. crenata*）からも見いだされ、形態的な類似性を根拠に *A. asterospermum* と同定されています[10,11]。

しかし、筆者らが行った分子系統解析の結果から、日本産の本菌は、本家のヨーロッパブナ寄生種と異なる種であることが示唆されています。つまり日本産菌類の多様性は過小評価されている可能性が高いといえます。培養菌株からDNAを抽出し、塩基配列データに基づきこれまでの種同定を再検討することで、日本における真の菌類相が把握できる

図7　*Asterosporium asterospermum* の胞子。ヨーロッパブナ寄生種（左）とブナ寄生種（右）

ものと思われます。

　筆者らが分離・保存してきた培養菌株は約4000株におよびますが、これらは分類学的研究に用いられるだけではありません。弘前大学農学生命科学部の橋本勝教授の研究グループは、これらの培養株を未利用微生物遺伝資源として注目し、有用代謝産物の探査研究に用いています。これまでおよそ350菌株について検討した結果、多数の新規二次代謝産物が得られています[12]。現時点ではまだ発見されていませんが、今後の検討により岩木山由来の培養株からも医薬資源の開発につながるような新規有用代謝産物が見いだされるものと期待できます。

　謝辞：本稿は、弘前大学農学生命科学部の学部活性化推進助成「菌類標本庫のデータベース構築に向けたデータの整備（平成22、23、25、26年）」により支援された成果の一部を取りまとめたものです。標本データのデータベース化にあたっては、当研究室に所属してきた沢山の学生にご協力頂きました。この場を借りて御礼申し上げます。

【引用文献】

1) Terui, M. and Harada, Y.（1975）: A list of plant parasitic fungi collected in Aomori prefecture, Japan（6）Fungi collected in Mt. Iwaki and its vicinities. Bull. Fac. Agric. Hirosaki Univ. 24: p13-21

2) Thiers, B.（continuously updated）: Index Herbariorum: A global directory of public herbaria and associated staff. New York Botanical Garden's Virtual Herbarium. http://sweetgum.nybg.org/ih/

3) Harada, Y. and Katsuki, S.（1976）: A new species of *Cercosporella* on *Aesculus turbinata* Blume. Trans. Mycol. Soc. Japan 17: p286-288

4) 原田幸雄・田中和明・佐野輝男（2011）：ヨシの麦角に寄生するヒメバッカクヤドリタケ：分生子の形成と麦角への寄生性．冬虫夏草 31: p9-15

5) Kepler, R.M., Sung, G.H., Harada, Y., Tanaka, K., Tanaka, E., Hosoya, T., Bischoff, J. and Spatafora, J.W.（2012）: Host jumping onto close relatives and across kingdom by *Tyrannicordyceps*（Clavicipitaceae）gen. nov. and *Ustilaginoidea*（Clavicipitaceae）. Am. J. Bot. 99: p552-561

6) Takamatsu, S., Sato, Y., Mimuro, G. and Kom-un, S.（2003）: *Erysiphe wadae*: a new species of *Erysiphe* sect. *Uncinula* on Japanese beech. Mycoscience 44: p165-171

7) Hashimoto, A., Sato, G., Matsuda, T., Hirayama, K., Hatakeyama, S., Harada, Y., Shirouzu, T. and Tanaka, K.（2015）: Molecular taxonomy of *Dinemasporium* and its allied genera. Mycoscience 56: p86-101.

8) Imazu, M., Kakishima, M. and Kaneko, S.（1989）: *Endocronartium sahoanum*, a new stem rust fungus on *Pinus pumila* in Japan. Trans. Mycol. Soc. Japan 30: p301-310

9) Kirk, P.M., Cannon, P.F., Minter, D.W. and Stalpers, J.A.（2008）: Dictionary of the Fungi 10th edn. CABI, Wallingford.

10) Kobayashi, T. and Kubono, T.（1986）: Materials for the fungus flora of Japan（38）. Trans. Mycol. Soc. Japan 27: p29-32

11) Tanaka, K., Mel'nik, V.A., Kamiyama, M., Hirayama, K. and Shirouzu, T.（2010）: Molecular phylogeny of two coelomycetous fungal genera with stellate conidia, *Prosthemium* and *Asterosporium*, on Fagales trees. Botany 88: p1057-1071

12) Hirose, A., Kudo, S., Murakami, T., Tanaka, K., Harada, Y. and Hashimoto, M.（2014）: Lambertellin System, the mechanism for fungal replacement of *Monilinia fructigena* with *Lambertella corni-maris* without competitive inhibition on agar media. Bioorg. Med. Chem. 22: p2489-2495

岩木山の淡水棲プラナリア

石田 幸子

　プラナリアとは、扁形動物門渦虫綱に属する体が扁平な動物群の総称で、淡水のみならず、海水や陸上にも生息していますが、普通にプラナリアという時は、再生力の強い動物として良く知られている淡水棲の三岐腸類（腸が3つに枝分かれしているのでこのように呼ばれています）を指します。日本には、20数種が生息していますが、新生代に主として北方と南方経路を経て日本列島に移住し、南下あるいは北上して現在の分布を示していると考えられて

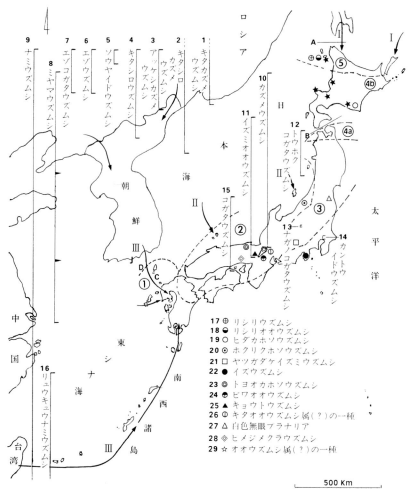

図1　本邦における淡水生プラナリアの種類と分布並びに推定される新生代の移住経路
（手代木・渡辺編「プラナリアの形態分化」1998年3月[3] 14頁から転載）

縦線(1-16)は種別とその生息範囲，局地的に生息する種は符号で示す。I～Ⅲ，アジア系属の新生代における移住経路。I，ロシア東部から。Ⅱ，中国東北部から。Ⅲ，中国南東部より陸橋経由。破線による①～⑤の区分は，プラナリア5種の地理的および垂直分布型を示す。　A：八田線。B：ブラキストン線。C：対馬海峡。D：朝鮮海峡。★，西谷により最近確認されたキタカズメウズムシの生息地。

います[1,2]。特にその原種のほとんどが北方からの侵入と推測されており、今でもその分布は、図1のように北海道に片寄り13種と一番多く、次いで多いのが青森県で7種が生息しています[3]（図1）。

　宮城[4]によりますと、氷河時代のヴルム氷期には海水面が130mも低下したため、津軽海峡が陸続きで、人類や動物は悠々と北海道と本州を往来することが出来たと考えられています。多くの地質学者は、津軽海峡や朝鮮海峡のようなわりあい水深の深い海峡では、その最後の陸橋は、約18,000年前にあり、それ以後は、北海道と本州と朝鮮とは決してつながることがなかったと考えています。この陸橋を渡ってプラナリアも本県に侵入して来たのです[1,2,3,4]。

1．青森県に生息するプラナリア

　図2に青森県に生息するプラナリア7種の写真を載せています。Aはナミウズムシで、日本列島ほぼ全域に分布しています（図1の9）ので、ナミ（並）ウズムシという和名が付けられています。

　プラナリアは体表にある繊毛で遊泳、移動するので遊泳中は水面に"渦"が起こります。眼ではその渦を見ることができないので、筆者は見ておりませんが、微細な粉末を加えるとその渦を確認することができるそうです。このウズムシ（渦虫）という和名は、ここに由来しています。

　ナミウズムシの体長は14〜30mmで眼は1対。体色は茶褐色〜濃褐色。頭部は三角形をしており、教科書等にプラナリアとして載っているのは普通この種で、再生力が強いので再生の実験材料としてよく用いられます。

　Bはミヤマウズムシで、ナミウズムシに次いで分布範囲が広いプラナリアです（図1の8）。もともと高山性のプラナリアでミヤマ（深山）というこの名が与えられていますが、青森県では平地でも冷水の湧泉で採集できます。体長は10〜20mmで眼は1対。体色は黒〜灰色。2本の長い耳葉（触角）が頭部の両端に伸びています。

　Cはイズミオオウズムシで、北海道では見られず本州の中部以北に分布し青森県が北限と思われていましたが、近年西谷や新村により奥尻島にも生息していることが確認されました[3]（図1の11）。体長は20〜30mmの大形種で、眼は1対。体色は濃黒色〜濃褐色。泉や湖沼に生息し湖沼から流れ出る小流でも見られる大形種なので、この名が与えられております。頭部前縁はやや突出し、この下部には吸着器官があります。不思議なことに、酸性の湖として知られる下北半島に位置する宇曽利山湖の4.5〜7.0mの湖底4カ所と、湖の北西側に流入する川にも本種が生息していることが、筆者の恩師である故手代木　渉弘前大学学長らにより1981年に報告されています[5]。尚、イズミオオウズムシによく似た未同定種が近年吉田により北海道の白老から発見されています[6]。

　Dはカズメウズムシで、本州の中部山岳地方から北海道の南部〜中部の山地に分布しています（図1の10）。体長は15〜25mmで褐色。成体では80〜200個の眼点（小眼）が馬蹄形に配列している多眼種です。この眼点数は体長と相関関係にあるのが知られています[7]。

　Eはトウホクコガタウズムシで、この種は弘前市紙漉町にある"御膳水"から手代木により発見され、学名（*Phagocata teshirogii*）に手代木の名前 *teshirogi* が付けられている種で、

図2 青森県に生息しているプラナリアの種類
A, ナミウズムシ（無性個体）B, ミヤマウズムシ（自切後尾部を再生した無性個体。再生された尾部の色が薄い）
C, イズミオオウズムシ（産卵直前の有性個体）C', (産卵直後の同一個体と産み出されたばかりの卵のう。約1ヶ月後10匹前後の仔虫が孵化して来る）D, カズメウズムシ（自切した直後の無性個体）E, トウホクコガタウズムシ（無性個体）E', 双尾のトウホクコガタウズムシ　F, キタシロウズムシ（無性個体）G, キタシロカズメウズムシ（有性個体）

青森県内と山形県の新庄市でしかまだ採集されていません（図1の12）。体長は約12mmの小形種なのでこの名が与えられています。体色は暗灰色〜灰褐色で眼は1対。頭部には突出した耳葉は無く、丸くなっています。E'の写真は、2004年秋に"御膳水"近くの個人宅の湧き水から採集させて頂いた中の1個体で双尾の奇形です。何らかの理由で傷ついた部位に尾が再生して、双尾になったものと考えられます。

　Fはキタシロウズムシで、この種は北海道と青森県に生息が限定しており、青森県が南限となっています（図1の4）。この種が本県にも分布していることは、青森県立黒石高校の生物クラブの調査（弘前大学文理学部生物学科出身の寺山一弥教諭の指導）で1967年に判明しました。体長は20〜25mmで体色は白色ですが、餌の色によって腸が色づいてみえます。眼は1対の個体が多いのですが、2〜3対あるいは対になっていない奇数の眼（3眼や5眼等）を有する個体も発見されます。

　Gはキタシロカズメウズムシで、日本列島では北海道と青森県に生息しており、青森県が南限になっています（図1の2）。この種が本県にも分布していることは、弘前大学文理学部生物学科出身の喜多勉教諭により、赴任先の下北半島で1956年に初めて発見されて判明し

ましたが、その後の調査により県内に広く分布していることが明らかになりました。驚いたことに、水深73〜94mの十和田湖底にも生息していることが1973年に発見されました[8]。体長は10〜20mmの白色多眼種なので、この名が与えられています。眼点数は成体で30〜160個で、採集地によって眼点数に変異がみられます。青森県内3地域と北海道の北見市から採集した4集団で調べてみた結果、眼点数の最高値は、夏泊半島39個、津軽半島78個、田代平高原127個、北見市158個でした[9]。眼点は孵化直後の仔虫では10個位しかありませんが、成長するにつれて増加し、体長と眼点数は相関関係にあるのがこの種でも知られています[7]。

2．岩木山に生息するプラナリア

　青森県に生息する7種類のプラナリアの内、1番標高の高い山地に生息しているのがカズメウズムシで、岩木山の南側百沢登山口（写真1）から登ると最後の水飲み場が錫杖清水（写真2）で登山者にとっては有り難い清水です。ここにカズメウズムシが生息していることが川勝らによって1967年に報告されています[10]。カズメウズムシは標高1,340mの錫杖清水から麓にある標高200mの岩木山神社境内（写真3）に至るまで分布しており、標高620m位から下にはミヤマウズムシも発見されるようになります。また標高525m位から下にはナミウズムシも見られます（図3）。

　岩木山ではこのようにトップにカズメウズムシ、次いでミヤマウズムシという順に出現しますが、この垂直分布は地域によって多少異なっております。隣の秋田県になると鳥海山ではミヤマウズムシが頂上近くのトップに出現し、次にカズメウズムシ、その下方からナミウズムシが見られ、鳥海山では岩木山に比べカズメウズムシとミヤマウズムシの関係が逆転しています[11]。近年筆者らが調査した白神山地でも岩木山と同じ傾向がみられました[12]。ところが中部地方および関東地方は、鳥海山の型になっています[13]。地域的に垂直分布の異なる理由として川勝は、それぞれの原種が日本列島に侵入してきた時期と移住の経路によって現在の地理的分布の土台が築かれ、他方、それぞれの種の生息水温範囲の違いに

写真1　岩木山南側百沢口登山路出発点

写真2　岩木山南側百沢口登山路掲示板

写真3　岩木山神社お札売り場の前の流れ

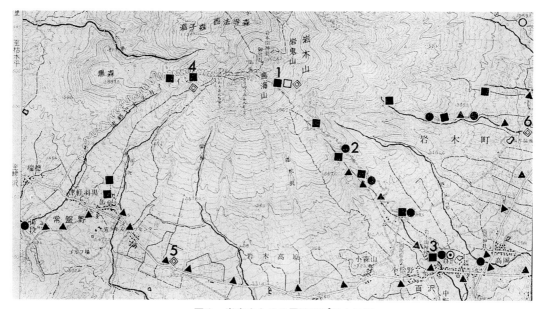

図3　岩木山とその周辺のプラナリア
（手代木・石田「採集と飼育」第42巻1号1980年1月[19] 41頁から転載）
▲ナミウズムシ　■カズメウズムシ　◇キタシロカズメウズムシ　●ミヤマウズムシ
◉イズミオオウズムシ　○キタシロウズムシ　□無眼のプラナリア（5万分の1地形図弘前の一部使用）

よって地域的な分布型のパターンが維持されていると考えています[1,2,13]。日本のプラナリアは、前述したように新生代に主として北方から、そして一部が南方経路を経て日本列島に移住し、南下あるいは北上して現在の分布を示すようになったと考えられています（図1）。ナミウズムシは南方経路を経て移住し北上した種で、ミヤマウズムシは北方経路をとらず、朝鮮半島から隠岐島など今の日本海経路で移住し、一部が北上し、一部は南下したと考えられています。近年筆者達は、中国と北朝鮮の間にそびえている長白山（白頭山）のプラナリアを調査する機会がありましたが、興味深いことにミヤマウズムシに似ている2種類（*Phagocata sibirica, Phagocata* sp.）しか発見できませんでした。この *Ph. sibirica* は、今迄ロシア領内でしか発見されていなかった種で、中国にも生息していることが筆者達の調査により初めて明らかになりました[14]。もう1種の *Phagocata* sp. は、ミヤマウズムシとは外見的に少し異なり、18S rRNA 遺伝子*、核型**、体の内部構造も少し異なるので[14,15,16]、新種か否か現在分類学者に同定を依頼しているところです。カズメウズムシは日本固有種なので、原種はシベリアからサハリンあるいは千島列島を経由して北海道に移動してきたと考えられており、カズメウズムシは、北海道から本州に南下した種と推測されています[1,2]。岩木山と鳥海山における2種の垂直分布の違いは、両県の地質学的な相違と関連があるか否かについては不明ですが、興味深い事実です。

　岩木山やその周辺では、上記3種の他にキタシロカズメウズムシ、イズミオオウズムシ、

---

*　18S rRNA 遺伝子：リボゾームを構成するRNA遺伝子の一つ。あまり変異しないので系統進化の「ものさし」の一つとして使用されている
**　核型：染色体を並べて数及び形態を表したもの

キタシロウズムシも採集されており、青森県に生息している7種類の内6種類も生息していることが知られていますが、トウホクコガタウズムシはまだ岩木山では発見されていません（図3）。

　珍しい発見として、筆者らは、1978年10月20日に岩木山の錫杖清水からカズメウズムシのほかに少数のキタシロカズメウズムシと眼の無いプラナリア2個体を採集しました。その後筆者らは1991年夏にも錫杖清水を再度調査しましたがカズメウズムシしか見つけることができませんでしたので、キタシロカズメウズムシと無眼プラナリアは、当時たまたま発見された貴重なプラナリアと言えるでしょう。この無眼プラナリアは、体色はやや淡いですが外形はカズメウズムシによく似ていました（図8 III）。プラナリアにおける種の同定は外形的な特徴の他に体の内部構造、主に交接器官の構造を調べることによって決定されます。成体になったプラナリアは、普通有性個体となり、雌雄同体動物なので、1個体の体の中に1対の卵巣と多数の精巣や卵黄腺を有し、交接器官を備えるようになりますが、この無眼プラナリアは無性個体で交接器官は保持していませんでした。その為カズメウズムシの無眼個体なのか新種のプラナリアなのか、種の同定はできませんでしたが、次項で詳しく述べたように、染色体を調べることにより染色体突然変異を起こしたカズメウズムシであることが判明致しました。

　日本における無眼プラナリアの採集記録は、姫路市の井戸から発見されたヒメジメナシウズムシ（ヒメジメクラウズムシ）が有名です[17,18]。これは、地下水生種で体長は13mm、細長い円筒状の体形で頭部は円く触角を欠き、管状の吸着器官を有しているとのことです。また、手代木と筆者は、1979年10月11日に福島県を調査中に桧原湖畔で、洞穴からの細い流れ（写真4）から小形のカズメウズムシと、体がほとんど

写真4　白色無眼プラナリアを採集した桧原湖畔の洞穴からの細い流れ

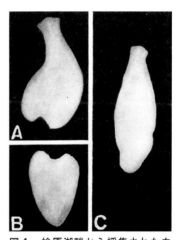

図4　桧原湖畔から採集された白色無眼プラナリア
（手代木・石田1980[19]から転載）
AとB、咽頭後方で自切した個体A、その前部片 B、後部片 C、後部からの再生体（再生14日目）

白色で眼の無いプラナリア2個体を採集しました。この白色無眼のプラナリアは共に無性個体で、1個体が2週間後に咽頭の後ろで2つに自切（分裂）しました。約2週間後には、その後部片から頭部が再生し、前部片からは尾部が再生してそれぞれ元通りに近い形に戻りましたが、再生した頭部に眼は再生されず、やはり無眼のままでした[19]（図4）。この桧原湖畔で発見した無眼プラナリアは、体が扁平で円くて短い触角を有し吸着器官を欠くことから、明らかにヒメジメナシウズムシとは異なっています。この貴重な白色無眼のプラナリアは、残念ながらまもなく死んでしまい、染色体その他を調べる機会を逃しましたが、多分これまでに知られていない地下水生のプラナリアと考えられます。1996年の夏に手代木先生が再度その地を訪れた時には、道路が整備されていて、その洞窟を見つけることは残念ながらでき

なかったそうです。

3．岩木山に生息するカズメウズムシの染色体多型

青森県内に生息するプラナリア7種の染色体数は、

ナミウズムシが $n=8, 2n=16$（種々の倍数体、異数体、混数体も見られます）

ミヤマウズムシが $n=18, 2n=36$

イズミオオウズムシが $n=14, 2n=28$

カズメウズムシが $n=3, 2n=6$（種々の倍数体、異数体、混数体も見られます）

トウホクコガタウズムシが $n=12, 2n=24$

キタシロウズムシが $n=8, 2n=16$

キタシロカズメウズムシが $n=21, 2n=42$

と、手代木研究室によって調べられています[20]。

しかし、カズメウズムシに関しては、基本的には $n=3, 2n=6$ですが、生息地により著しい染色体多型を示すことが、手代木研究室および共同研究者達により明らかにされています[3]。

図5は、1991年までに明らかにされたカズメウズムシの染色体の核型変異（A～Q）を模式的にまとめたもので、図6は、それらの核型を有するカズメウズムシの採集地点（1～45）を示しています[21]。北海道（1～7）は、基本的な核型A（2n=6）の大・中・小の3対の染色体からなる核型を有するカズメウズムシしかこの時点では採集されていませんでしたが、青森県（8～16）では、AからJ、OからQまでの13種類もの核型を有するカズメウズムシが採集されています。八甲田山大岳・八甲田清水（8）や奥入瀬渓流（11）から採集されたカズメウズムシは、2n=6の核型Aを有していましたが、不思議なことに岩木山（Mt. Iwaki）では、BからJまでの核型変異を起こしたカズメウズムシが採集され、基本的な核型A（2n=6）を有するカズメウズムシは発見されていないのです。錫杖清水（13）からは、BからHまでの核型を有するカズメウズムシが採集されていますが、核型D、E、F、G、H、Jを有するカズメウズムシは岩木山にのみ生息し、他地域ではまだ発見されていない珍しい核型です。その中でも特にF、G、

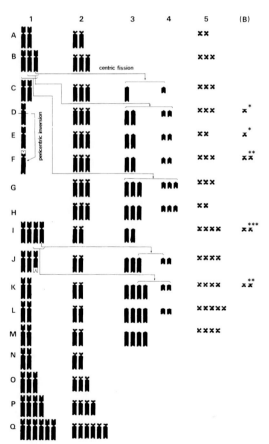

図5　カズメウズムシ新生細胞の核型の模式図
(Teshirogi *et al.*, 1991[21])

各々の核型を有する個体の採集地は、図6に示されている。
B：B-染色体　＊：0～1のB-染色体を持つ　＊＊：0～2のB-染色体を持つ　＊＊＊：0あるいは2 B-染色体を持つ

岩木山の淡水棲プラナリア

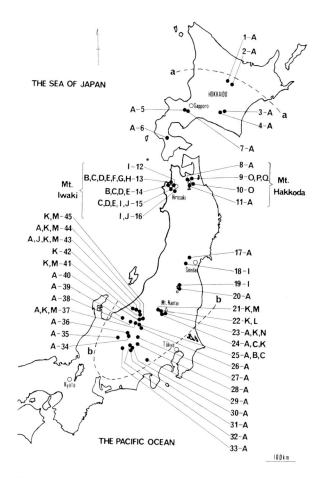

1～7（北海道）1：上川。2：層雲峡。3：日勝峠。4：日高町。5：中山峠。6：鉛川。7：空沼岳。
8～16（青森県）8：八甲田大岳。9：田代平高原。10：蔦沼。11：奥入瀬渓流。12：弥生。13：錫杖清水。14：岩木スカイライン。15：岩木山神社。16：座頭石。
17と18（宮城県）17：作並。18：笹谷峠。
19と20（福島県）桧原。
22～24（栃木県）22：金精峠。23：地獄沢。24：龍頭ノ滝。
28と29（山梨県）28：八ヶ岳。29：御坂峠。
21と25（群馬県）21：清水橋。25：鹿沢。
26，27，30～41，43～45（長野県）26：小瀬。27：八千穂高原。30：北沢峠。31：スーパー林道。32：入笠山。33：駒ヶ岳。34：和田峠。35：白骨温泉。36：武石峠。37：鳥居峠。38：聖山。39：鬼無里。40：御飯岳。41：山田温泉。43：野沢温泉。44：鳥甲山。45：万座温泉。
42（新潟県）天水山。

図6　日本におけるA～Qの核型（図5）を有するカズメウズムシの地理的分布
a-a, 分布北限線　　b-b, 分布南限線

Hの核型を有するカズメウズムシは、錫杖清水でしかまだ発見されていません。錫杖清水で発見された無眼プラナリア2個体の染色体を調べた結果、2個体とも核型Fを有していることが判明しました。この核型Fの由来は次のように考えられています。核型Bは、核型Aの3倍性（3x=9, x=3）に当たり、核型Aから染色体の倍加により派生したと考えられます。この核型Bのみ有している3倍体のカズメウズムシは、調べた中では17個体ありました。この核型Bを有するカズメウズムシの内、第1染色体の1本がcentric fission（動原体開裂）という構造変異により分離し、第3染色体と第4染色体が生じて核型Cが派生し、核型Cの内もう1本の第1染色体が更に分離して、核型Dが派生したと考えられます。核型Eは、核型Dから小染色体が1本欠失し、第5染色体が2本になったものです。無眼プラナリアの核型Fは、核型Dの第1染色体と比較して短腕が半分欠けて短くなっており、逆に長腕がやや長くなっているのが注目されます（図7）。これは、核型Dの第1染色体がpericentric inversion（含動原体逆位。動原体の下部で切断され、逆転してからくっついた）を生じて二次的に派生した核型と推測されます。核型GとHは、核型Bの第1染色体が3本とも分離して3本の第3染色体と3本の第4染色体が生じたと考えられ、核型Hはその

図7　無眼プラナリア新生細胞の染色体像
(手代木編著「プラナリアの生物学」1987年6月[20] 173頁から転載)
矢印は、B−染色体を指す。

内の第5染色体の1本が欠失したものです。この核型GとHのみを単独に有する個体はまだ発見されておらず、他の核型とのいろいろな組み合わせとなって同一個体に複数の核型が混在した混数体となっています[22]（表1）。他に核型Bから核型Fを示す新生細胞（分裂細胞）も混在していろいろな組み合わせを有する混数性となった混数体のカズメウズムシも多数生息している点が、岩木山集団の著しい特徴です。このような混数体は、岩木山集団が基本的には3倍性であるため、有性生殖では無く無性生殖（分裂）によって増殖していることと密接な関係があると考えられます。表1に岩木山集団127個体の染色体多型を個体毎に丹念に調べあげた結果が示されています。これを見ると、個体によってその核型が異なり、1つの核型しか見いだされない個体から5つの異なる核型も見いだされる混数体まであり、しかも体に占めるその核型の比率が種々異なっていることがわかります。標高の高い錫杖清水の個体が一番変異が多く、次いで岩木スカイラインの個体、岩木山神社の個体の順に変異が少なくなっています。ここで注目して欲しいのは、無眼プラナリアで見いだされた核型Fは他個体にもみられますが、他の核型も併せ持つ混数体の場合には無眼とはならないことです。つまり、核型Fのみ単独で有する個体だけが染色体突然変異により無眼となると考えられます。

　岩木山神社の多くの個体や、弥生で採集された個体は、標高の高い錫杖清水や岩木スカイラインで採集された個体では見いだされない核型Iを有しています。この核型Iは、第1染色体と第5染色体が4本あることから4倍性と考えられますが、第2染色体が4本あるべきところが2本しか無く、代わりに第3染色体が2本あることから、仮に4倍性としても二次的変化をかなり受けていることになります。これら核型Iを有する個体は成体になると有性個体となり、卵や精子を形成する際の減数分裂第1分裂においては正常な6対の二価染色体が観察されることから、4本の第1染色体と4本の第5染色体の間で分化が生じて、かなり2倍体化（$2n$化）していることが示唆されています[22]。核型Jは、核型Iから変異した派生型と考えられる核型でこの核型を有する個体は岩木山神社では1個体しか見いだされませんでしたが、座頭石（図6の16）でもこの核型Jを有する個体は見いだされています。尚、この核型Iを有するカズメウズムシは、宮城県や福島県（図6の18と19）でも見いだされることから、岩木山集団に見られた核型B~Hの分化とは別に、この核型Iは独立に核型Aから生じたと考えられます。

　近年筆者らは、白神山地の世界自然遺産地域を調査し[12,23]、核型A（$2n=2x=6$）や核型I（$2n=4x=12$）を有するカズメウズムシ、更に核型Iから派生した6倍性の核型（$2n=6x=18$）を有する6倍体も1個体見いだしました。また、核心地域のクマゲラの森から許可を得て採集させて頂いたカズメウズムシからは、クマゲラの森特有の特異的な核型も見いだされましたが、岩木山集団で観察された核型B~Hは、白神山地では発見されませんでした。

　図5の核型K~Qは、岩木山ではまだ発見されていない核型で、核型K~Mは4倍性の核型Iからの派生型と考えられており、これらの核型を有するカズメウズムシは栃木県、群馬

表1 岩木山のカズメウズムシにおける染色体多型と混数性

採集地点（標高）	核型	混数体における核型の比率	調べられた細胞数	個体数 混数体でない個体	個体数 混数体	個体数 計
錫杖清水 (1,320m)	B		63	17		17
	B/D	1:1	12		1	1
	B/E	1:1	24		3	7
		2:1	9		1	
		3:1	8		1	
		4:1	5		1	
		12:1	13		1	
	B/F	1:4	10		1	4
		2:7	9		1	
		3:2	15		2	
	B/H	3:2	10		1	1
	B/C/E	3:1:3	7		1	1
	B/D/E	1:1:2	8		1	4
		1:1:4	6		1	
		2:1:1	4		1	
		7:1:2	10		1	
	B/D/E/F	3:1:1:2	7		1	1
	B/E/F/G/H	4:3:2:1:1	11		1	1
	C/E	1:1	8		1	1
	C/F/G	3:4:1	8		1	1
	D		13	3		3
	D/E	1:1	30		4	6
		1:5	6		1	
		4:3	7		1	
	D/E/F	1:1:1	6		1	1
	E		57	21		21
	E/F	1:1	6		1	1
	F		4	2		2
岩木スカイライン (800m)	B		28	4		4
	B/E	2:1	6		1	2
		3:1	4		1	
	C		7	1		1
	D/E	1:2	30		6	12
		1:3	8		1	
		1:5	18		3	
		2:3	15		2	
岩木山神社 (200m)	C		6	1		1
	D/E	1:2	21		4	6
		1:4	5		1	
		2:3	10		1	
	I		62	19		19
	J		4	1		1
弥生 (200m)	I		19	8		8

核型B〜Jは、図5における核型B〜Jに対応している。

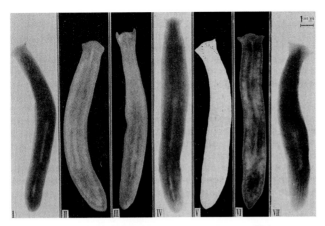

図8 種々の核型を示すカズメウズムシの写真
(手代木・他1981[21]から転載)
Ⅰ, 核型Aを有する個体(宮城県作並から採集 図6の17) Ⅱ～Ⅶ, 青森県内からの個体 Ⅱ, 核型Bを有する個体(錫杖清水から採集)
Ⅲ, 核型Fを有する無眼個体(錫杖清水から採集) Ⅳ, 核型Iを有する個体(座頭石から採集)
Ⅴ, 核型Iを有する白色(アルビノ)個体(岩木山神社から採集)
Ⅵ, 核型Iを有し、白斑が見られる個体(岩木山神社から採集)
Ⅶ, 核型Oを有する個体(田代平高原から採集)

県や長野県に生息しています。

核型NからQは、核型A($2n=6$)の小染色体(図5の第5染色体)が欠失した後、いろいろな程度に倍数化(3x, 4x, 6x)したと考えられており、これらの核型を有するカズメウズムシは、八甲田山の田代平高原(図6の9)に生息しています。これらの核型の内核型Oが最も普通に見られ、蔦沼(図6の10)でも核型Oのカズメウズムシが見いだされています。尚、核型N($2n=4$)を有する混数体のカズメウズムシは、八甲田山以外に栃木県の地獄沢(図6の23)でも見いだされていましたが、核型Nのみを単独で有するカズメウズムシは発見されていませんでした。ところが、1995年に北海道南部の様似町アポイ岳で西谷により初めて発見されました[3]。採集された38個体の内1個体だけが核型Oで、残りの個体は全て核型Nのみを有するカズメウズムシであったそうです。更に、この$2n=4$の個体から産卵された卵嚢からは仔虫が産まれたことから、欠失した小染色体上には生存上不可欠な遺伝子は座上していないと西谷は考えています。

図8に種々の核型を示すカズメウズムシの写真を載せました。採集地や核型によっても外形に若干の違いが認められますので、川勝らは福島県の桧原湖畔、宮城県の作並、青森県の岩木山神社、座頭石、田代平高原の5カ所から採集したカズメウズムシの交接器官を調べてみました[24]。交接器官の構造の精査は、種を同定するのに必要なことです。その結果、交接器官の構造に地方的変異が見出されました。しかし、その後の更なる研究により、カズメウズムシは種変異(species transformation)しつつある種ではありますが、まだ種内の変異レベルにあり、厳密な定義での亜種レベルには達していないと報告されています[25]。

4. 岩木山神社のプラナリア

岩木山神社の境内やお札売り場の前(写真3)には錫杖清水(標高1,320m)に端を発した清らかな水が流れており、そこには夥しい数のプラナリアが生息しています。図3の3の地点が岩木山神社で、多数のミヤマウズムシ、カズメウズムシが短時間で採集できます。まれにイズミオオウズムシやナミウズムシも採集でき、時々白色(アルビノ)のカズメウズムシ(図8Ⅴ)

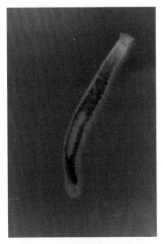

写真5 岩木山神社で採集された白色(アルビノ)ミヤマウズムシ

や白色（アルビノ）のミヤマウズムシ（写真５）も採集されることがあります。このアルビノのカズメウズムシは、キタシロカズメウズムシの見間違えでないということは、染色体を調べることによっても核型Ⅰを有するカズメウズムシであると確かめられています[22]。

　岩木山神社は弘前大学から車で30分程の所にあり、多数のミヤマウズムシを短時間で採集できたので、手代木先生の時代から研究材料として使わせて頂いてきました。研究室では細胞、組織特異的モノクローナル抗体をプラナリアでは世界に先がけて1990年に作製しましたが、材料の確保が容易である為に、この岩木山神社のミヤマウズムシがその研究材料として使用されました[26]。

　このように岩木山神社のお札売り場の前の流れには、無数のミヤマウズムシが生息していましたが、1996年の春や1999年の秋に訪れた時には、カズメウズムシは多数生息しているのを確認できたものの、ミヤマウズムシは１匹も見いだすことができませんでした。「何故あれほど無数にいたミヤマウズムシが突然姿を消してしまったのか？」その疑問に対して思い当たることが１つだけあります。そのミヤマウズムシが見いだせなくなった時に目にした光景は、そのすぐ上の所にニジマスが放流され、それに伴って参拝客が投げ入れた多数の小銭でした。多分、そのニジマスの排泄物や小銭から流れ出た金属イオンによってそのすぐ下流の水質が変わってしまったものと推測されます。しかしながら、近年、またミヤマウズムシが徐々に出現し、昨年（2014年）訪れた時には以前と同じほど無数に見いだすことができ、一安心致しました。これは、ニジマスの数が減り、小銭も古い物ばかりのようなので（写真６）、新たに投げ入れられる小銭が少なくなった為に徐々に水質が改善されたためではないかと推測されます。

写真６　岩木山神社お札売り場の上流
（2015年６月撮影。アルビノのニジマスと投げ込まれた小銭が見える）

　「では何故カズメウズムシが影響を受けなかったのか？」という疑問が湧いてくるに違いありません。それはミヤマウズムシがカズメウズムシよりずっと水質に敏感な為であり、カズメウズムシまでもが影響を受ける程の汚染にはなっていなかったと考えられます。筆者らはビスフェノールＡという環境ホルモン（内分泌撹乱化学物質）を使ってプラナリア６種の感受性を調べてみました[27]。ミヤマウズムシは、３ppmの濃度から他の５種（カズメウズムシ、トウホクコガタウズムシ、ナミウズムシ、リュウキュウナミウズムシ、イズミオオウズムシ）より先に死に始め、一番ビスフェノールＡに対して弱いことが判明致しましたが、６ppmの濃度以上になるとカズメウズムシもミヤマウズムシと同じような傾向を示しました。これはビスフェノールＡという試薬を用いての実験ですが、ミヤマウズムシは多分カズメウズムシよりも水質の汚染に影響され易いプラナリアであると推測されます。

　清らかな冷水でないと生存できないプラナリア達が、岩木山から姿を消すことがないよう願っております。

〈本稿で触れた淡水棲プラナリアの最新の和名と学名の対照表[28]〉
日本産　ナミウズムシ　　　　*Dugesia japonica* Ichikawa et Kawakatsu, 1964
　　　　リュウキュウナミウズムシ　　*D. ryukyuensis* Kawakatsu, 1976
　　　　ミヤマウズムシ　　　　*Phagocata vivida*（Ijima et Kaburaki, 1916）
　　　　トウホクコガタウズムシ　*Ph. teshirogii* Ichikawa et Kawakatsu, 1962
　　　　カズメウズムシ　　　　*Seidlia auriculata*（Ijima et Kaburaki, 1916）
　　　　キタシロカズメウズムシ　　*Polycelis*（*Polycelis*）*sapporo*（Ijima et Kaburaki, 1916）
　　　　イズミオオウズムシ　　*Bdellocephala brunnea* Ijima et Kaburaki, 1916
　　　　キタシロウズムシ　　*Dendrocoelopsis lactea* Ichikawa et Okugawa, 1958
　　　　ヒメジメナシウズムシ　　　*Sphalloplana* sp. 2
外国産　*Phagocata sibirica*（Zabusov, 1903）
　　　　Phagocata sp.

【引用文献】
1) Kawakatsu, M.（1965）: On the ecology and distribution of freshwater planarians in the Japanese islands, with special reference to their vertical distribution. Hydrobiologia 26:p349-408
2) Kawakatsu, M.（1967）: On the ecology and distribution of freshwater planarians in the Japanese islands, with special reference to their vertical distribution.（Revised edition）Bull. Fuji Women's College (5) :p117-177
3) 手代木　渉・渡辺憲二編著 （1998）:『プラナリアの形態分化―基礎から遺伝子まで―』共立出版 東京
4) 宮城一男編著 (1972) :『日本列島と青森県』東奥日報社 青森
5) Teshirogi, W., Sasaki, S. and Kawakatsu, M.（1981）: Freshwater planarians from Lake Usoriyama-ko and its lake-side area, the Shimokita peninsula, in north Japan. Sci. Rep. Hirosaki Univ. 28:p84-96
6) 吉田　渉・石田幸子（2001）:「北海道本島におけるオオウズムシ属プラナリアの発見」『日本動物学会東北支部　平成13年度大会』（秋田大学）
7) Aikawa, M. and Shimozawa, A. (1991): The multiple eyes of *Polycelis*. 1. Relation between the number of eyes and body length. Hydrobiologia 227:p257-262
8) Kawakatsu, M., Teshirogi, W. and Tokui, T.（1976）: Record of a freshwater planarian, *Polycelis sapporo* (Ijima et Kaburaki, 1916), from the bottom of lake Towada-ko in north Japan, with a note on the southern limit of distribution of this species. Physiol. Ecol. Japan, 17（1/2）:p477-483
9) 手代木　渉・石田幸子・山崎　博 （1978）:「青森県産淡水棲プラナリア，キタシロウズムシとキタシロカズメウズムシの再生能，特に北海道産との比較検討」『動物学雑誌』87（3）:p262-273
10) 川勝正治・手代木　渉・八木橋元一 （1967）:「青森県西部（弘前市・岩木山及び十二湖地域）の淡水産プラナリアの生態」『日本生態学会誌』17（1）:p34-41
11) 手代木　渉・今野良裕・藤井　信・川勝正治 (1978):「秋田県及び青森県西南部海岸地域の淡水産プラナリアの生態調査報告」『弘前大理報』25:p40-58
12) 石田幸子・吉田　渉・西谷信一郎・手代木　渉（2004）:「白神山地の淡水棲プラナリア1.二水系（赤石川・笹内川）の生息調査並びにカズメウズムシの核型」『白神研究』1 :p36-41
13) 川勝正治（1977）:「プラナリア―その生態と分布―」『遺伝』10月号:p13-24
14) Yoshida, W., Lu, L., Sasaki, C. and Ishida, S.（2013）: The first record of two freshwater planarians（*Phagocata sibirica*, *Phagocata* sp.）from Changbai water system in China. SHIRAKAMI-SANCHI 2:p1-8
15) Nishitani, S., Lu, L., Yoshida, W. and Ishida, S.（2014）: Further research of two freshwater planarians

(*Phagocata sibirica, Phagocata* sp.) from Mt. Changbai water system in China. *SHIRAKAMI-SANCHI* 3:p1-5

16) Wagatsuma, K., Lu, L., Nishitani, S., Yoshida, W. and Ishida, S. (2015): Morphological comparison of *Phagocata* sp. from Mt. Changbai water system in China with *Phagocata vivida* in Japan. S*HIRAKAMI-SANCHI* 4 :p27-33

17) 川勝正治（1966）:「日本産淡水棲三岐腸類既知種の総覧」『日本生物地理学会報』24（2）:p9-28

18) 川勝正治・手代木 渉・杉野久雄・他（1978）:「プラナリアの採集・飼育・観察・実験」『教材生物ニュース』30 :p427-442

19) 手代木 渉・石田幸子（1980）:「岩木山と桧原湖畔から無眼種プラナリア」『採集と飼育』42（1）:p40-43

20) 手代木 渉編著（1987）:『プラナリアの生物学―基礎と応用と実験―』共立出版 東京

21) Teshirogi, W., Ni-imura, F. and Ishida, S. (1991): Further survey of chromosomal polymorphisms in the freshwater planarian *Polycelis auriculata*. Hydrobiologia 227:p147-156

22) 手代木 渉・石田幸子・長谷部清美（1981）:「淡水棲プラナリアの一種、カズメウズムシ *Polycelis auriculata* の染色体多型」Jpn. J. Genet. 56:p469-481

23) 西谷信一郎・吉田 渉・石田幸子（2005）:「白神山地の淡水棲プラナリアⅡ. クマゲラの森とその隣接地域に生息するカズメウズムシの染色体変異」『白神研究』2 :p16-22

24) 川勝正治・手代木 渉・石田幸子（1980）: Morphological variation of the copulatory apparatus of a Japanese freshwater planarian, *Polycelis* (*Seidlia*) *auriculata* Ijima et Kaburaki, collected from five localities in the Tohoku region, Honshu, Japan. Sci. Rep. Hirosaki Univ. 27:p130-146

25) Kawakatsu, M., Yamada, T., Murayama, H. and Naoki, Y. (1991): Geographical distribution of *Polycelis* (*Seidlia*) *auriculata* in Japan. Hydrobiologia 227:p355-363

26) Shirakawa, T., Sakurai, A., Inoue, T., Sasaki, K., Nishimura, Y., Ishida, S. and Teshirogi, W. (1991): Production of cell- and tissue-specific monoclonal antibodies in the freshwater planarian *Phagocata vivida*. Hydrobiologia 227:p81-91

27) Sugiyama, D., Okano, D., Fukushima, M., Ohmori, S., Niinuma, K., Yoshida, W. and Ishida, S. (2008): Effects of bisphenol A on the freshwater planarians. Bull. Fac. Agric. & life Sci. Hirosaki Univ. 11:p1-19

28) 川勝正治（1998）:「扁形動物門・ウズムシ綱（渦虫綱）」『環境庁編 日本産野生生物目録 無脊椎動物編Ⅲ』p19-22

岩木山に関わる農業水利施設と農道
—"自然"と"ひと"とのかかわりの視点から—

船越 和幸

　本書は岩木山を科学することをテーマとしていますが、拙稿では、岩木山と緊密につながる岩木川を一体的にとらえ、そこに生きた先人たちが営々と築いてきた取水堰(しゅすいぜき)や水路、ため池などの農業水利施設と農道に関するいくつかのトピックを紹介していきます。

1．岩木山と岩木川

　一般的には、「父なる岩木山、母なる岩木川」といわれています。
これとは逆に、「母なる岩木山、父なる岩木川」を提唱した人がいます。『岩木山信仰史』をはじめ民間信仰を追求した郷土史家の小舘衷三です[1]。
　小舘は『津軽ふるさと散歩』[2]で次のように書いています。

> 岩木山は「女子山(おなごやま)」で、祭神(さいじん)も女神(じょしん)であるし、形も「おっぱい」を伏せたような形をしているし、母なる大地、動かないでどっしりしている山。これに対し、川は男性のように自由自在に流れ、走り回る。

　どちらの解釈が妥当かは興味深いテーマですが別の機会に譲ることとして、これら2つの見方から、岩木山と岩木川とは、性別をこえて一体的な関係、あるいは両者でひとつのカテゴリーを形成している、と推測できるのではないでしょうか。この仮説は、この地に住む人びとが営々と培ってきた信仰と水にまつわる歴史をたどることによっておぼろげながら明らかにされると思われます。
　岩木山や岩木川は豊かな自然に恵まれ、見るものの気持ちを穏やかに和ませてくれます。岩木山は、四季折々に美しく変化しますが、神の山として人びとから厚く信仰されてきました。また、生命の源である水の恵みを与えてくれる一方で、噴火や土砂崩れ、洪水や水不足など周辺住民を脅(おびや)かすものとして、恐れられてきました。人びとは、岩木山と岩木川からもたらされた多くの恵みと何度も繰り返される災いを受けてきました。
　この地域では、長い年月をかけて、自然と人とのかかわりが深まってきたように思われます。そのひとつとして農業が挙げられます。豊かな水源を生かして米づくりが広がり、地形や気象条件を利用したりんごづくりが基幹作物となりました。
　そこで、農業を通じて人びとが岩木山や岩木川とどのように関わってきたか、そしてその関係がどのように変化したかについて、本稿で取り上げる取水堰・農業用水路やため池、農道などについて解き明かしたいと思います。
　ここで注目する施設は、人が生きていくうえで必要な食料を得るために先人たちが試行錯誤を繰り返しながら、知恵と努力によって作られてきました。同時に、多くの施設には、不思議な信仰や伝説があり、いまなお語り継がれています。
　冒頭で、岩木山と岩木川を一体ととらえる、と書きましたが、岩木山に降る雨水やわき水などが岩木川に流れ込んでいることもその理由のひとつです。それらの流水はいくつもの取

水堰から引き込まれ、飲料水や農業用水などに利用されています。

岩木川の利水については、『岩木山を科学する』所収の工藤明による「岩木川の水環境」で、流域面積に比して農地面積が多いことなどの特徴を含めて詳しく書かれています[3]。

本稿では、岩木川から水を引くための取水堰と、そこから農地へ水を運ぶ幹線用水路について歴史的な背景をたどりながら解説していきます。

岩木川流域の農地は約7万3,000ha あります。一級河川の岩木川は、流域面積に対する農地面積の割合が大きいといわれています。このうち約6割を占める約4万3,000ha の水田では、稲の生育に必要な大量の農業用水が岩木川からの取水によって確保されています。

岩木川を流れる水を利用するためには、川を堰止めて水路に取り込む取水施設（専門用語で頭首工）が必要であり、かつての岩木川の上流域には木材と石で作った取水施設が12ヵ所ありました。岩木川上流で取水された用水は、流れ下るにつれて何度も分水され毛細血管のように緻密に張り巡らされた水路を通って旧稲垣村（現在のつがる市）の水田まで送られています。

岩木川流域の新田開発は、津軽藩直営の御蔵派と民間の小知行派によって進められました。四代藩主信政の時代には藩直営の御蔵派が本格化していきます。藩の記録によると、二代藩主信枚が新田開発の拠点として木造の亀ヶ岡に城を築こうとしたのですが、一国一城の制により断念したことが記されています。このことからも、津軽藩では、新田開発を最重要施策として進めていたことが分かります[4]。

数多くの取水施設を有する岩木川が津軽平野最大の川ですが、これらの施設はいつ頃築造されたかはよく分かっていませんが、米づくりに不可欠な用水の確保が新田開発とほぼ同時期に施されたことは想像に難くありません。取水量が不公平にならないよう各堰の作り方が決められ、番水制が早くから実施されたといわれています。それぞれの取入口で十分な水を確保することが難しかったので、水争いが絶えなかったようです。

これらの堰は、四角に組まれた木材に石礫を詰めるなど簡易な構造だったので、洪水があるたびに壊れたり流されたりしました。米づくりに必要な水を確保するため、取水堰の修復が何度も繰り返されました。多くの恵みを与えてくれる岩木山と岩木川は、時に大きな災難をもたらす元凶にもなっていました。

また、岩木山麓一帯には、わが国最大のりんご地帯が広がっています。明治時代初めに始まったりんご栽培は、岩木川流域における2千年の歴史を誇る稲作と並ぶ重要な農作物にまで発展しました。140年のりんご生産の歴史は、品種改良や病害虫対策をはじめ、選定・選果や貯蔵など各生産段階で技術革新を繰り返してきました。さらには、園内から消費地に至るアクセスの改善等流通に至るまで、時代の変化に柔軟に対応することで、消費を拡大してきました。ここでは、その一例として、広域農道に注目していきます。

2．岩木川一番留の杭止堰 ―人柱となった祭神川崎権太夫―

岩木川で一番留といわれた最上流の取水施設が杭止堰です。上岩木橋の上流約3km地点（旧岩木町如来瀬大久保平）にあるこの堰の直下流に杭止神社があり、川崎権太夫を祭神として祭っています。この人こそ、長く語り継がれてきた人柱伝説の主人公です。

郷土史家の船水清は『新津軽風土記 わがふるさと』に詳しく書いています[5]。

文明4年（1472）頃の春、水を引こうと取入口にきてみると、前年秋の大水で岩木川の上流からたくさんの土砂が押し流され取入口をふさいだことがわかった。田植えを目前にひかえていたため、ただちに復旧工事にかかったが、折からの豪雨で水量が多く、積み重ねた石俵や土のうも、一夜のうちに流されてしまった。徹夜の復旧作業も激流とのたたかいではいかんともすることができない。

写真1　杭止神社（本殿：弘前市如来瀬）
（杭止堰土地改良区提供）

　このありさまを見かねた水神さまの神官、川崎権太夫は祈願をかけたが、そうしているうちに田植えの時期が切迫し、一日も猶予できない状態となった。そこで権太夫は、一身を犠牲にして神にささげ、みずから人柱となって、この工事を完成させようと決心した。

　旧暦4月26日の早朝、権太夫は水垢離をとって身を浄め、白装束をつけ、白馬に乗って作業場に向かった。連日の復旧工事に疲れはてた農民の前に進み、「われは一身を神にささげ、この堰を守護する念願なり。わが身が川底に沈まば、ただちにその上に杭をうち、石俵を積まれよ。わが身死すとも魂魄は生きて永世変わらず堰を守ろう」と告げ、激流の渦巻く川中に進んだ。

　そして、驚き、かつためらう人々を励まして、川底に身を伏せた。こうして権太夫は尊い人柱となったのである。この犠牲によってさすがの難工事も、またたく間に完成し、取入口はその後のどんな大水にもこわれることがなくなったという。村民たちは人柱によるものと深く感謝し、権太夫を水神さまに合祀して、ねんごろにとむらった。

　川崎権太夫は水神として語り継がれ、昭和37年（1962）には杭止神社を建立するに至りました（写真1）。神社の神官は、代々権太夫の子孫が務めており、現在、21代目の川崎孝裕がその任に当たり、春の満水祈願祭や秋の収穫感謝祭の祭事を執り行っています[6]。

　現在、杭止堰土地改良区が杭止堰頭首工（写真2）や幹線用排水路など基幹的な施設を管理しています。

　以下に杭止堰土地改良区の概要（2014年時点）を示します[7]。

　　受益面積：499ha
　　組合員数：887人
　　役職員数：理事8人、監事3人、総代30人、職員2人

　参考までに、津軽には藤崎堰の堰八太郎左衛門安高にまつわる人柱説話がありますが、藤崎堰は岩木川支流の浅瀬石川からの取水堰であることから、詳細な記述は別の機会に譲ります。

写真2　杭止堰頭首工
（杭止堰土地改良区提供）

3．岩木川統合頭首工と土淵堰 ―広大な西津軽の水田をうるおす農業水利施設―

(1) 岩木川統合頭首工

　津軽地方における農業の歴史をたどっていくと、米づくりの歴史を知ることができます。初代津軽藩主津軽為信の時代には、この地域の水田は1万ha足らずでしたが、二代信枚のときに藩令の制定によって新田開発は重要施策となり、四代信政の時代には新田が飛躍的に開発され、水田面積は3倍以上に増えました。

　水田を開発する際、農業用水を確保するため、岩木川から水を引く取水堰と水田まで水を運ぶ水路が作られました。

　ここでは、岩木川上流11ヵ所の堰を統合した岩木川統合頭首工と、頭首工から取水された用水を流す土淵堰について記述していきます（表1）。

　昭和33年（1958）の夏、津軽地方は連続して大水害に見舞われました。これにより岩木川上流域の取水堰が甚大な被害を受けました。ほとんど全ての取水堰が跡形もないほど流された、と当時の記録に残されています。津軽藩による直営で作られた施設とはいえ、水の分配では様々な争いがおこり、厳しい規制が強いられていたこともあって、この壊滅的な被災は、最上流の杭止堰とその下流11ヵ所の統合堰に再編される契機となりました。

　一般的に、取水施設は、水利用の恩恵を受ける農家が土地改良区などの組織を作り、費用と労力を出し合って施設を管理してきました。岩木川上流には12ヵ所もの取水施設があり、11ヵ所の施設は、最上流の杭止堰から下流7kmの間に集中しています。こうした状態で農業用水

表1　岩木川上流の取水堰（昭和33年夏まで）

取水堰名	面積(ha)	左右岸別	構造
杭　止	290.2	左　岸	大玉石積
長　瀬	278.5	左　岸	大玉石積
半兵衛	45.0	右　岸	玉石積
二　階	199.8	右　岸	木工沈床続枠
熊　嶋	63.9	左　岸	〃
藤　代	115.0	左　岸	〃
長十郎	13.3	右　岸	〃
青女子	470.0	左　岸	〃
大久保	112.0	右　岸	〃
萢　中	30.6	左　岸	〃
清の袋	104.1	右　岸	〃
土　淵	4,710.15	左　岸	〃
計	6,432.55		

（青森県津軽地区かんぱい※災害復旧事業概要書から転載）
※かんがい排水の略、原文のまま使用

写真3　岩木川統合頭首工（国営岩木川左岸農業水利事業　完工記念誌より）

を適正に分配していくことは容易ではありません。これらの施設が作られた藩政時代から取水堰の設置方法を規定する決まりがありました。

上流から3ヵ堰については石留その下流7ヵ堰は蛇籠留、最下流にある土淵堰は俵留とすることが定められ、統合頭首工ができるまで発効していました。堰堤を玉石や蛇籠で作るのは、川水を全量取らずに下流に流すことができたからでしょう。

青森県がまとめた『岩木川頭首工統合誌』によれば、当時、目屋ダムの建設計画の進捗に合わせ、国や県などが農業関連する取水施設の統合を目指していた時期でもありました。長年にわたって渇水時の水利調整が難しいなど多くの課題に直面していました。皮肉にも、昭和33年（1958）の大水害で甚大な被害を受けたことによってこれら取水堰の統合が一気に実現に向かいました[8]。

前述した杭止堰などを含め12の取水堰は、農林省と青森県を事業主体として災害復旧事業が実施されることになり、杭止堰を単独で、それ以外の11ヵ堰を統合して鉄筋コンクリートによる頑丈な2つの頭首工が3年を要して完成しました。これにより昭和35年に完成した目屋ダムの貯水が有効に活用されるようになりました[8]。

洪水と渇水に繰り返し見舞われながら半世紀にわたって供用されたことにより、改修の必要が生じたことから、平成24年（2012）に岩木川統合頭首工が一新され（写真3）、目屋ダムは貯水容量が3.6倍となる津軽ダムに更新されます（平成28年度完成の見通し）[9]。

岩木川統合頭首工は、最大で毎秒約22立方メートルの用水を取水します。もう一つの川といわれるこの用水は左岸幹線用水路を通って、土淵堰用水路へと流れていきます。

写真4　土淵堰用水路
（西津軽土地改良区HPより）

(2) 土淵堰

土淵堰は西北津軽の広須・木造・金木の三新田と呼ばれる地域の水田4,900haに用水を運ぶ水路です。取水してから、向外瀬付近を通り、岩木川沿いに北上して、中崎、小友を経由して鶴田町野木まで長さ約20kmにも及ぶ長大な用水路です（写真4）。その起源は、正保元年（1645）3代津軽藩主信義の時代とされています。当時は岩木川上流域で最も下

流に位置し、藤代村船水で取水されていました[10]。

　最下流の取水堰という立地条件から、必要水量の確保には相当の困難があり、時には水争いさえ起こりました。数条の水路（場所によっては10条以上）が並行している水路は、津軽平野の奇観ともいわれ、この光景を地理学者の籠瀬良明は「多条並列かんがい水路」と命名しました。かつて土淵堰下流の西北津軽一帯には珍しくない光景でした。また、当時の水田は「腰切り田」や「乳切り田」と呼ばれるほど底なし沼のように水はけが悪く、農作業は過酷な重労働でした。

　こうした状況を打開するために、様々な改善が行われました。そのひとつが、用水の確保が大変だった西津軽下流地域で定着した排水を用水に利用する仕組みでした。

　また、岩木川左岸地域全体の抜本的な用排水改良を目的として昭和19年度（1941）から国営西津軽の業水利事業が実施され、以後、国営西津軽第二農業水利事業と国営岩木川左岸農業水利事業が実施されました。さらに、昭和45年（1970）から県営西津軽大規模ほ場整備事業に着手し、1万ha余りの水田において大型農業機械による米づくりができるようになりました。

　津軽の米づくりは洪水と渇水、冷害など自然との闘いの歴史であると同時に、用排水に関するきめ細かいルールが作られ、独自のアイディアなどが生まれました。

　平成6年（1994）に、青森県立郷土館で『稲生川と土淵堰展―大地を拓いた人々―』と題する特別展が開催されました。土淵堰は、三本木原の稲生川と並んで青森県を代表する農業用水路です。この展覧会は、津軽平野を縦断する土淵堰の変遷をとおして、わが国有数の米作地帯を支え続けてきた先人たちの知恵と努力を秘めた足跡を知る貴重な機会となりました[11]。

4．鬼が作った用水路（鬼神堰と鬼神横堰＝水が低い方から高い方へ流れる逆さ堰）

　岩木山を南側から眺めると3つの峰（頂）が見えます。

　中央の最も高い頂が岩木山、南西の頂が鳥海山、北東の頂が巖鬼山と呼ばれています。これらの峰はすべて信仰の対象となっています。いわゆる岩木山信仰といわれるもので、「お山参詣」をみても分かるように、かつてのようなにぎわいが薄らいでいるとはいえ、津軽の全域に広く浸透しています。その他にも岩木山にまつわる多種多様な信仰の様態が見られます。そのひとつに鬼伝説があります。

　津軽に住むといわれるおおぜいの鬼の首領が巖鬼山をすみかとしていた逸話があります。巖鬼山は赤倉山とも呼ばれ、そこに住む鬼が鬼沢に伝わる鬼神伝説の主役となっています。

　伝説と信仰と地誌が渾然と記されている『岩木山縁起』（1811年　土岐貞範）に次のような記述が残されています。

　　……北に赤倉嶺あり、木客（普通はきこりのことであるが、ここでは山に住む妖怪）が棲む也。鬼、お経を読んで行くとだまって去って行くが、そうでないと、害を加えた。この麓の鬼沢という村に逆流溝という用水路があるが、昔、村人が畑で耕していると木客が出て助けてくれた。さらに水が少ないのを見て、溝を作ってやろうと、云ったので、翌日行ってみると清水がこんこんと流れていて、以来、麓の下流の農耕が大変助かった。そこでこの木客を赤倉の鬼神大権現に祭ったという[12]。

　岩木山の東麓で、弘前市の中心部から北西約10kmのところに鬼沢があります。その集落

写真5　鬼が一夜で作ったといわれる鬼神堰
（鬼沢楢木土地改良区提供）

の中央に鬼神を祭る鬼神社があります。ここの鬼は大人（おおひと）ともよばれ、この地域に恵みをもたらしてくれることから、鬼沢では"鬼は外、福は内"の豆まきをする風習がないなど、村に恵みをもたらした鬼を大切に守っています。

そのような善い鬼が一夜にして作った用水路は、鬼神堰（写真5）と鬼神横堰と名付けられ、鬼沢集落の東側を流れる前萢川沿いの水田につながれ、水不足が解消されたといわれています。これらの用水路は低い方から高い方に水が流れるように見えることから、逆さ堰（逆流溝）ともいわれています。鬼神堰は長さ3.7km、鬼神横堰は4.4kmあり、鬼沢楢木土地改良区によって維持管理されています。

これら水路の水源は岩木山の沢水を貯める奈良寛ため池（ならかん）です。このため池は昭和8年（1933）、当時鬼沢村長だった奈良寛一郎（おにざわならのき）が先頭に立って鬼沢楢木水利組合（現在は鬼沢楢木土地改良区）によって作られました。その後、現在の高さ15m、長さ255mの堤防に拡張され、最大25万㎥の貯水が可能になりました。ため池の周辺には遊歩道が整備され水辺を散策できるようになっています。その一画には、かつてのため池の改良の完成を記念して建てられた石碑には333人の氏名が刻まれ、先人の功績が残されています。

鬼沢地区には、鬼神伝説とともに古くから伝わる伝統芸能や風習が数多く残されています。鬼を祭る鬼神社（写真6）では、旧暦5月29日の例大祭をはじめ、旧正月に水垢離（みずごり）を行う裸参りや五穀豊穣（ごこくほうじょう）を願う七日堂祭（なのかどうさい）などが行われています。さらには、鬼の土俵、鬼の腰掛け柏が現存しています。

写真6　鬼神社拝殿
（鬼沢楢木土地改良区提供）

同地区には、こうした鬼神伝説とともに大切に継承し続けていることがあります。津軽で最大の百姓一揆といわれた約200年前に起こった「民次郎一揆」（たみじろういっき）です。22才の若さで鬼沢村の代理庄屋を務めていた藤田民次郎は、津軽の農民を窮状（きゅうじょう）から救うため、津軽一円の農民を先導して津軽藩に直訴（じきそ）し、捕らわれて斬首（ざんしゅ）されました。罪人である一方で、凶作と重税に苦しむ農民を自らの命をかけて守った民次郎は、鬼沢の誇りとしていまなお語り継がれています。民次郎の命日である11月26日には、多くの村人が鬼神社に隣接する龍味庵（りゅうみあん）の墓前を訪れて、故人の冥福を偲んでいます[13]。

鬼沢地区では、歴史と伝説にこだわったむらづくり活動が地域ぐるみで行われています。その活動で重要な役割を果たしているのが鬼楢土地改良区です。同改良区は、鬼が一夜で作った水路や水源となっている奈良寛ため池を含む農業水利施設の維持管理しているほか、国の制度を活用するために設置された自得環境保全会（じとくかんきょうほぜんかい）による活動を行っています。

同保全会は平成26年度（2014）全国農林水産祭むらづくり部門における天皇杯を受賞しました。その受賞理由は次のとおりです。

　　　地域農業との関わりが深い歴史と伝説を文化的資源として継承し、農業生産、環境保全活動、食育活動、文化・交流活動等と融合させ、地域が一体となって地域資源を活用した農村の活性化につなげているものであり、全国におけるむらづくりのモデルになり得る事例である[14]。

　過疎化や高齢化などの課題に直面するわが国における多くの農村において、鬼沢地区の活動がモデルケースとして注目されています。また同地区では、農産物のブランド化やグリーンツーリズムへの取り組みなど外部への積極的な働きかけが当面の目標となっています。こうした活動を続けながら、鬼伝説や民次郎の偉業を次世代に受け継いでいくことを目指しています。

5．廻堰大ため池（愛称：津軽富士見湖）—水面に映る岩木山と鶴の舞橋

　弘前市中心部から約25km北西に、青森県内で最も大きい農業用ため池である廻堰大ため池があります。

　水面に映る岩木山は四季を通じて美しく、絶景を堪能するために多くの人びとが訪れます。ため池は、湖や沼とは異なり、堤防や貯水・取水施設などが人工的に作られた農業用施設で、わが国には約20万ヵ所あり、その約70％が江戸時代以前に作られたものといわれています。ため池は西日本に多く分布しており、都道府県別では、兵庫県の約4万3千ヵ所を筆頭に、広島県、香川県の順となっています。その理由として、年間を通じて降水量が少ないことや利用できる河川が少ないことなどが挙げられます。

　青森県には約1千4百ヵ所の農業用ため池があり、稲作に必要な水を確保し、供給するために役だっています。

　廻堰大ため池は、津軽平野のほぼ中央で北津軽郡鶴田町にあり、江戸時代前期の万治3年（1660）、津軽藩4代藩主津軽信政が岩木山を水源とする白狐沢からの自然流水による貯水池であったものを、地域の農業用水確保のために堤防を築かせたのがはじまりといわれています。

　その後、数多くの改修を重ね、現在の堤防は昭和35年（1960）に完成しました。その規模は、堤防の長さが日本一で4,178m、岩木山の北東麓約18平方kmから注がれる水など最大で1千百万tの農業用水を貯水することができるようになりました。満水時には水面が280haの広さで、対岸まで2kmにもなり、壮大な水辺空間を見せてくれます。ここで貯められた水は、ため池に隣接する水田約400haに供給されるほか、いわゆる木造新田地帯の水田約6,500haに補給用水として活用されています。前述の岩木川統合頭首工や土淵堰とともに、国・県営かんがい排水事業岩木川左岸地区における用水計画において重要な施設となっています。

　廻堰大ため池は3百数十年もの長きにわたって休むことなく農業用水を供給してきました。こうした長い歳月を経過してきたなかで、ため池とその周辺に野鳥や水生生物が生息するようになり、豊かな生態系が形成されました。言い換えれば、人々がため池を利用してきたことによって、自然が作られたといえるでしょう。

写真7　津軽富士見湖に映る岩木山と鶴の舞橋（鶴田町提供）

　現在、廻堰大ため池は、廻堰大ため池土地改良区と西津軽土地改良区が管理しています。
　二つの団体は、用水を利用する農家によって組織され、経費を出しあって運営されています。
　また、廻堰大ため池は、津軽富士見湖の愛称で呼ばれており、鶴にこだわったまちづくり展開する鶴田町では、「津軽富士見湖周辺整備構想」を策定し、地域活性化の拠点に位置づけ、湖畔に富士見湖パークや丹頂鶴公園などの整備を進めてきました。その一環として、平成元年（1989）から農業水利施設高度利用事業（事業主体：青森県、のちに水環境整備事業に移行）に着手しました。この事業を活用して、ため池周辺に堤防の緑化や木橋などの施設が計画されました。その際、事前に生物の調査が行われ、155種の鳥類と30種類の魚類・甲殻類などの生息が確認されました。これら生物の営巣や産卵場所など生息環境を確保した整備計画が策定され、そのなかに総ヒバづくりの木橋が組み入れられました。ため池の水利用に支障を来さないよう冬期間だけに限定して工事が行われ、4ヵ年を要して平成6年（1994）に完成しました。3連アーチ木橋としては日本一の長いこの橋は、公募で鶴の舞橋（写真7）と名付けられました。鶴の舞橋をはじめとするため池周辺の整備により、来訪者が大幅に増加し地域の活性化に繋がりました[15]。

　これまで紹介してきた農業水利施設は、受益農家が労力と経費を負担して維持管理されてきました。しかしながら、農業農村を取り巻く情勢が厳しさを増していくにつれて、農家が減少し高齢化が顕著になり、そうした傾向が維持管理体制の弱体化をもたらし、施設の正常な機能低下につながっているのが現状です。こうした課題を乗り越えていくためには、行政や地域住民、さらには都市住民をも巻き込んだ新たな活動の仕組みが有効です。そのような体制づくりを進めながら、農業生産と地域振興とを目指していくことが大切です。

6. 岩木山麓に広がる日本一のりんご園を貫く広域農道

　青森県のりんごは明治8年（1875）、当時の内務省から青森県庁に贈られた3本の苗木からはじまったといわれています。岩木山の西麓から東南麓に広がるりんご園は、生産量日本一を誇る最大の生産地です。この団地を貫くのが、通称アップルロードと呼ばれる全長約

22kmの広域農道です。

利用者にとって道路は全て同一ですが、その利用目的によって一般道路と農道に分けられます。

一般道路は、市街地や住民の居住区域と社会経済上の拠点などを結ぶ、利用者を特定しない産業道路であり生活道路です。

一方、農道は農業の振興を図る地域において受益地を特定し、農産物の搬出・出荷や市場への輸送をはじめ、年々大型化する農業機械や肥料など農業資材等の搬入など、農業利用を主目的に整備された特定の道路です。

写真8　アップルロードから見た岩木山
（青森県　中南地域県民局地域農林水産部提供）

青森県のように水田やりんご園など農地が広く分布する農業地域では、農作業を主目的とする幅4m程度の狭い農道から、大規模な農業団地と集出荷施設や消費地を結ぶ広い幅の農道まで多くの農道が整備されてきました。

本章で取り上げる広域農道は大型車の通行を想定した最も幅の広い農道です。

広域農道は、農林水産省が昭和44年に創設した国庫補助事業で最も基幹的な農道を整備するもので、正式には「広域営農団地農道整備事業」といいます。

岩木山麓におけるりんご生産において、防除をはじめ多くの農作業における機械化が急速に普及しており、その大型化が進んでいます。また、高品質なりんごの周年出荷を可能にするために、形や色、糖度などを識別する調整や鮮度を保ちながら長い期間の貯蔵を可能にする施設が建設され、大型車による市場・消費地への輸送が定着しました。こうした変化に伴い、域内や近隣の幹線道路への交通網の整備が急務となっていました。そこで、地元の強い要望を受けた青森県では広域営農団地の整備構想を策定し、本構想に基づいて農林水産省から採択を受け昭和46年に弘前南部地区広域営農団地農道整備事業に着手しました。9ヵ年を要して広域農道が完了しました（写真8）。

同地区における事業完了時の事業概要は次のとおりです[16]。

　　　　道路延長：21,727m（橋梁4ヵ所を含む）
　　　　区　　間：県道3号弘前岳〜鰺ヶ沢線百沢から国道7号線石川まで
　　　　道　路　幅：6m
　　　　事　業　費：34億9千3百万円
　　　　　　　　　同上負担割合：国65%　青森県24.3%　市町村10.7%
　　　　　　　　　　　　　該当市町村（事業実施時）：弘前市、岩木町、相馬村
　　　受益面積：7,531ha
　　　　　　　　　内訳：（単位ha）りんご園：4,739、水田2,163、普通畑629
　　　受益農家戸数：6,081戸

アップルロードの愛称で呼ばれる弘前南部地区広域農道の完成によって、りんご生産にかかる作業効率の改善や輸送コストの低減など事前に算定した投資効果が達成されました。

さらに、事業着手前の試算を上回る効果も明らかになりました。
　昭和60年（1985）に国と県が行った調査によると、アップルロードにつながる支線農道の新設が7路線であったのに対して、35路線が新設されました。このことは、基幹的な機能をもつ広域農道による恩恵をフルに享受するために支線道路網の整備が想定以上に進んだものと思われます。域内道路網の整備は、新たに1,600ha余りのりんご園の造成にも波及しました。また、24ヵ所を想定していた選果貯蔵施設が33ヵ所も新設されました[17]。
　これらのなかで最大の施設が河東リンゴセンターです。このセンターは日本一の規模を誇るりんご選果貯蔵調整施設として、平成7年（1995）にアップルロードのほぼ中央に建設されました。ここでは、オートメーション化された5つのラインと糖度や酸度などを判別する高度光センサーで1日にりんご80tを選果し、最大で5千tをＣＡ冷蔵することができます。このセンターから国内はもとより、東南アジアなど海外にも大型トラックに積載された高品質の弘前りんごが周年で計画出荷されています。
　りんごの国内消費が停滞している状況で、東南アジアを中心とした輸出量の伸びは、りんご農家のみに止まらず地域経済に及ぼす影響が大きいだけに期待を集めています。
　一方で、アップルロードの存在からいくつかの問題が想定されます。アップルロードは農道として新設され、岩木山麓に展開する広大なりんご生産地帯の大動脈として十分に役立っていますが、この地域の生活産業道路として多くの一般車に活用されています。前述の農業投資効果測定調査で行なわれた交通量調査によると、農業関係車両が計画時点の台数より少なかったのに対して、一般車両は計画時点の約12倍が走行していたことがわかりました。こ

の結果だけでアップルロードを総合的に評価することは適正を欠くものと思われますが、2009年の事業仕分けの対象となり、十分に論議されないまま、農道整備事業が従来の制度を廃止する結果となったことを明記しておきます。
　岩木山麓には、愛称やまなみロードと呼ばれる広域農道があります。正式な事業名は津軽中部地区で県道と国道を結ぶ26km余りの道路です（写真9）。
　津軽中部地区公益営農団地農道整備事業の概要は次のとおりです[18]。

写真9　岩木山とやまなみロード
（青森県　中南地域県民局地域農林水産部提供）

　　　道路延長：26,573m（橋梁8ヵ所を含む）
　　　区　　間：県道31号弘前〜鰺ヶ沢線独狐から国道101号鰺ヶ沢町北浮田まで
　　　道 路 幅：6m
　　　事 業 費：113億4千8百万円（実施期間：昭和55年度〜平成14年度）
　　　　　　　　同上負担割合：国65%　青森県24.3%　市町村10.7%
　　　　　　　　　　該当市町村（事業実施時）：弘前市、鰺ヶ沢町
　受益面積：8,440ha　内訳：（単位ha）りんご園：4,739、水田2,163、普通畑629
　受益農家戸数：6,255戸

公共事業をめぐる議論が久しく続いています。その代表的な存在が道路といえますが、なかでも、農道はいわゆる"事業仕分け"の結果、従前の事業制度が廃止となりました。

　道路の必要性は費用対効果のみの指標で評価できないことが論じられてきました。公共投資の妥当性は、止めどなく過疎化の進む農山村における定住対策や農業などの産業振興では、投資効果に加えた新たな要因を評価する基準が必要ではないでしょうか。このテーマは賛否いずれも多くの紙幅を要するのでこれ以上の記述は別の機会に譲ります。

　モータリゼーションの進展と同時に農業分野における機械化が急速に普及していった時期に、岩木山麓に作られた2地区の広域農道は、当地の2大作物であるりんごと米の生産振興と公共交通の利便性に乏しい地域の生活改善に重要な役割を果たしてきました。こうした機能を今後とも維持していくため、これらの農道は新たな事業制度を活用して、平成19年度から全線で改修が進められています。

7．おわりにかえて

　岩木山は、四季折々の季節感に満ちた姿を見せてくれます。アップルロードややまなみロードを岩木山に向かって走っていくと、息をのむような美しい景色を幾度となく見ることができます。

　また、土淵堰から分水された岩木川左岸の下流域では、見渡す限りの水田が地平線にまで広がっており、山岳部とは対照的に壮大な景色に遭遇します。

　津軽人の原風景にもなっているこうした景色は、津軽藩による新田開発と明治時代から始まったりんごづくりへの弛まぬ努力によって作られたことを再認識することが大切であると思われます。

　農村景観や田園風景は、見る人に安らぎやなごみを感じさせ、日本人のこころのふるさとといわれたりします。長い歳月をかけて人は自然の驚異や恵みと調和しながら、地域それぞれに風土を形成し、多様な文化が構築されてきたのではないでしょうか。

　本稿では、岩木山と岩木川に関わる主要な農業水利施設と農道に限定して、その由来や背景などを含めておおまかにみてきました。これらに共通するものに「土地改良」あるいは「農業土木」といわれる専門分野があります。司馬遼太郎は、農業土木の起源を稲作と同じくすると推論していますが、取水堰、水路、ため池、農道はすべてこの領域に入ります。

　「農業土木」には、農地の開拓・開墾や改良なども含まれます。岩木山については、山麓の環状道路の沿線を中心に大規模な農地開拓プロジェクトが行われ、畑地やりんご園が造成されました。これらのことについては『岩木山を科学する』で武田共治と山谷秀明が詳細に報じています[19, 20]。水や地形など自然の要素を活かしながら、食料を生産する装置（仕掛け）を作り出し、改良を重ねてきた「農業土木」は独自の文化が醸成されたといえないでしょうか。

　河童やメドツなど青森県の水神信仰を詳細に調査した広瀬伸は『水虎様への旅』で農業土木を文化としてとらえ、次のように論じています[21]。

　　農業水利施設は伝説を生み出す場の一つであり、地域の中に確固とした場を持っていると同時に、伝説はしばしば施設を維持し、利害を調整していく教育やコミュニケーションのメディアとなってきた。

こうした見方から、次世代に向けたメッセージとして、

> 用水配分をめぐって形成された「公」と「私」の間に存在する「共」の世界は、今後も農業土木文化が生んだ一つの資産となっていくだろうと思う。そこに生じる人的組織、情報の共有形態環境や社会に関する倫理など、ここから派生する諸問題は、混迷する現代にあって、新たな光を受けて輝くことだろう。

広瀬の論旨には、単に当事者である農業従事者だけの問題に止まらず、都市住民にとっても重要な示唆を読み取ることができます。

フランスの社会学者オギュスタン・ベルクはセザンヌの絵画と松尾芭蕉の一文を引き合いにして、"田園を物理的に整備したのは農民であるにもかかわらず、それを風景として発見したのは都市住民である。"と述べています[22]。

岩木山と岩木川は津軽人にとっての田園風景の象徴です。

岩木山と岩木川を眺めるとき、また、日々の食事の折々に、食材の成り立ちに思いを馳せ、美しい農村風景の奥底に、幾重にも重なり合って埋もれた歴史を読み取り、先人の息づかいと足跡を感じながら、農業や農村をより深く理解していく姿勢を持ち続けていきたいと思います。

【引用・参考文献】

1) 小舘衷三（2000）:『岩木山信仰史』北方新社　p112-124
2) 小舘衷三（1984）:『津軽ふるさと散歩』北方新社　p157-158
3) 工藤明（2014）:「岩木川の水環境」『岩木山を科学する』刊行会編　北方新社　p109-129
4) 東北農政局西津軽農業水利事業所（1981）:『西津軽』p8-15
5) 船水清（1963）:『新津軽風土記わがふるさと（一）』陸奥新報社　p263-265
6) 杭止堰土地改良区編（1980）:『杭止堰土地改良区の栞』p11-20
7) 杭止堰土地改良区（2014）:『杭止堰の概要』p2-4
8) 青森県農林部土地改良第一課（1979）:『岩木川頭首工統合誌』p53-60
9) 東北農政局津軽農業水利事務所（2014）:『国営岩木川左岸農業水利事業　完工記念誌』p1-9
10) 土淵史編纂委員会（1958）:『青森県土淵史』土淵堰普通水利組合　悪水路普通水利組合　p8-18
11) 青森県立郷土館（1994）:『稲生川と土淵堰〜大地を拓いた人々〜』p1
12) 土岐貞範（1811）:「岩木山縁起」（前出『岩木山信仰史』p173-178）
13) 須藤水甫（1986）:『義人藤田民次郎伝』義人藤田民次郎伝刊行会　p73-120
14) 自得地区環境保全会（2015）:『平成26年度（第53回）農林水産祭むらづくり部門天皇杯受賞記念誌』p11-12
15) 北地方農林水産事務所（2003）:『農業土木学会上野賞受賞記念鶴の舞橋記録集』p23-42
　　青森県農林水産部農村整備課・青森県鶴田町・青森県土地改良事業団体連合会
16) 青森県中南土地改良事務所（1991）:『県営広域営団地農道整備事業弘前南部地区概要書』
17) 東北農政局計画部地域計画課（1986）:『農業投資総合効果測定調査報告書　県営弘前南部地区』
18) 青森県中南土地改良事務所（1991）:『県営広域営団地農道整備事業津軽中部地区概要書』
19) 武田共治（2014）:「岩木山麓の「入会」「開拓」「開発」について」（前出『岩木山を科学する』所収）p48-59
20) 山谷秀明（2014）:「岩木山をめぐるりんご栽培の展開」（前出『岩木山を科学する』所収）p182-196
21) 広瀬伸（1999）:『水虎様への旅—農業土木文化の時空—』青森県農林部農村計画課　p173-175
22) オギュスタン・ベルク（1995）:『日本の風土性』日本放送出版会　p68-73

岩木川流域水田の土地改良事業と米づくり

鳴海勇蔵

　津軽平野の農業は、岩木山麓とその周辺に園地が広がるりんごとともに、米が大きな柱となっています。弘前市の砂沢遺跡や田舎館村の垂柳遺跡から弥生時代の水田の跡が見つかっており、米づくりは、明治の初めに植えられたりんごの歴史140年をはるかにしのぐ2000年もの長きにわたります。

　その水田は、現在、およそ4万haもの規模で、岩木川水系の流域に展開し、多くの農業者が日々、岩木山を見上げつつ耕作しているのですが、その造成が大きく進んだのが藩政時代です。

　しかし、岩木山からの伏流水も流れ込む岩木川などから引き込む水利（かんがい排水）施設の整備や、ほ場区画の整形・拡大などにより近代的な水田に生まれ変わっていくのは、土地改良法が施行された昭和24（1949）年以降となっています。

　また、水田の整備とあいまって、米づくりは品種改良や生産技術の向上、農業機械の開発・導入が進み、生産力は大きく高まり、津軽平野は全国有数の穀倉地帯となっています。そうした中で、近年は、米の消費減退に伴う他作物への転換、全国的にみると際立った良食味品種が見られない、米価が低落傾向にある、などの課題を抱えています。

　本稿では、全国でもトップレベルの生産力を有するまでに至った岩木川水系流域の水田とかんがい排水施設に関して、歴史の流れの中での整備状況、そして米づくりの姿を概述します。

　なお、岩木川は白神山地を源流とし平川や浅瀬石川、十川、小田川などの支流と合流しながら津軽平野を北上して十三湖に注ぐ一級河川で、その水系流域は弘前市、五所川原市、黒石市、青森市（旧浪岡町）、つがる市、平川市、大鰐町、藤崎町、板柳町、鶴田町、中泊町（旧中里町）、西目屋村、田舎館村の6市5町2村となっており、鰺ヶ沢町と深浦町は含まれませんが、岩木山から発する河川もあることから本稿における統計上では、この2町を含める場合もあります。

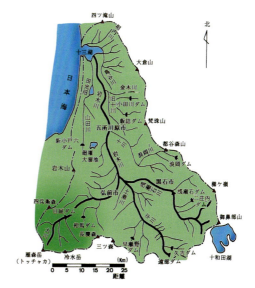

図1　岩木川流域図
（『岩木山を科学する』[1] から引用）

1．藩政時代の開田と苦難の米作り
(1) 初期の開田は民の力

　藩政時代は、各藩の勢力が米の石高とみなされたように、米が経済の中心であり、藩財政

を支える源となっていました。このため、津軽藩は新田開発と農業水利施設の整備に力を注ぎました。新田開発は、藩政初期には岩木川水系の中でも比較的標高があるために取水が容易な上流部の平川や浅瀬石川沿岸で行われました。この時代の藩の開田方式は、開発費を投入しないで下級藩士や、地主、百姓に開発許可を与え、開田後は3年から10年の間、課税を免除し領地として認めるなどといった奨励策でした[2,3]。

また、米づくりには水が必要です。その利用は川に堰を設けてせき止め、水位を高めて水田に水を引くか、溜池を設けてそこから取水していくという方法でしたが、藩政時代では資材が不十分で技術も今とは格段の差がありました。

(2) 信政時代に本格的な開田

それでも、第4代藩主信政の治世時代には、廻堰大溜池（鶴田町）や長大な土淵堰（現弘前市船水から現鶴田町野木までの用水路・野木で分水し西津軽を潤す）、五所川原堰、藤枝溜池（旧金木町）といった大掛かりな水利施設が整備されました。さらに、アシガヤの生い茂る広大な湿原となっていた岩木川中下流部では岩木川の堤防工事や屏風山地域への防風林造成などで水害や風害を防ぎながら、五所川原、広須（旧柏村）、木造、金木、俵元（五所川原市）など地域の名称を冠した新田が次々に開発されていきました。

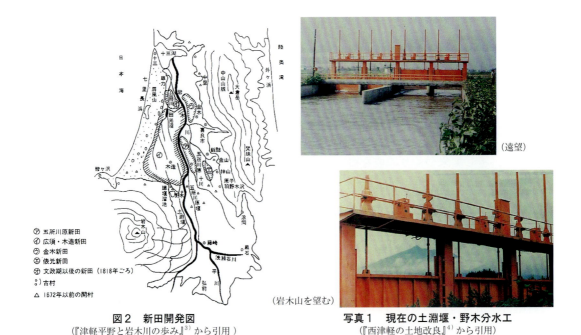

図2　新田開発図
（『津軽平野と岩木川の歩み』[3]から引用）

写真1　現在の土淵堰・野木分水工
（『西津軽の土地改良』[4]から引用）

この新田開発では、かんがい用水路と排水路の整備が不可欠であったことから、これまでの藩の奨励策では限界とされ、藩直営での開発手法を取り入れ、組織体制を定め、資金も提供することにしました。特に人足の確保が重要となり、人寄せ役を決めて、家屋の建築材や、農具、食料を与えるなどの優遇策を講じて、藩内に加え秋田や山形方面からも移住者を募りました[3]。信政の時代、徳川幕府は8代将軍徳川吉宗の治世下で、吉宗自身が熱心な新田開

発奨励者であったことも大きく影響したものと考えられます。新田開発と水利施設の整備で石高は1592年の太閤検地の4万5000石から1687年の津軽新田検地水帳では23万9000石（推計水田面積は2万3900ha）となり、95年の間に5倍以上に増加したのでした[5]。この津軽藩の新田開発石高は、北陸の新発田(しばた)藩と共に全国の双璧をなしたともいわれています。

　その後も逐次、開田は進みましたが、この信政治世時代のような集中的で大規模な例はみられておらず、1872年（明治5年）の国の調査では34万石（推計水田面積は3万4000ha）とされ、200年弱で1.4倍に増えたのみでした[5]。現在の津軽（中南および西北地域の合計）の水田面積が約4万haとなっていることからすれば、今日の津軽の水田は、信政の治世下にほぼその姿が形づくられたとみられます。

表1　津軽平野の検地石高の推移

西暦年	和暦年	調査等名	検地石高	対比 ①	対比 ②	推計水田面積(ha)	津軽藩主
1592	文禄元年	太閤検地	45,000	100	18	4,500	為信
1645	正保2年	津軽知行高帳	87,000	193	36	8,700	信義
1687	貞享4年	津軽新田検地水帳	239,000	531	100	23,900	信政
1872	明治5年	地租改正準備調査	340,000	755	142	34,000	―

注）1. 対比欄の①は1592年の石高を100、②は1687年の石高を100とした比較
　　2. 推計水田面積は、10石（1.5t）を1haとして換算
　　3. 笹森新一：『あおもり農業1月号』「岩木川水系の農業水利」[5] から整理

(3) 洪水・飢饉で困窮

　こうして藩政時代は、水利施設を造成しながら、水田を開発し米の生産力を高めたのでしたが、その生産の内実は、極めて苦しいものでした。春は雪解け水で岩木川が氾濫し、田植前の水田が冠水し、夏秋には大雨や台風で津軽平野の多くが水浸しになるなどの洪水がたびたび生じました。こうした洪水は稲のみならず、取水口や用水路の決壊など水利施設にも大きな被害を与え、米づくりは用水確保に追われたのでした。その復旧の際は、工事の成功を祈願して、激流の川に飛び込み人柱となる、という悲劇さえ起きています。さらに米づくりの死命を握る水については、取水や用水施設が災害での破壊だけではなく、もともと不足しているために村同士の水争いが生じたのです。この水争いを防ぐために、徐々にルール化はなされていきますが、一気に解決は見ずに、近代的な水利施設が整備される昭和年代まで水争いが続くところもありました。

　また、津軽藩が新田開発に取り組み始めた頃から、米作りの大敵となる低温傾向となり冷害、凶作がたびたび襲ってきました。1780年代に3年続いた天明飢饉では、餓死者が8万1700人余、10年間に7回もの凶作に襲われた1830年代の天保飢饉では餓死者が3万5600人という記録が残っています[6]。まさに阿鼻叫喚、地獄絵図のような生活に陥ったとみても過言ではないでしょう。それでも、どれほど生活が困窮しようとも、藩政時代の農民たちは、米づくりの灯りを消すことなく、朝に夕に岩木山を仰ぎ見ながら、水田、水利施設の維持と米の生産技術の向上に努め、今日の全国有数の穀倉地帯の先鞭をつけたことには変わりないものと考えられます。

そして、すべての人々が喜ぶ豊作を祈願して、村々から岩木山を目指してのお山参詣に代表されるように、米づくりにゆかりのある祭祀を行ってきたのです。

2．美田に作り変えるほ場整備事業
(1) ほ場整備の停滞と開田ブーム
　藩政時代の中期以降は、それほど大がかりな水田開発がみられませんでした。これは、災害や冷害などが頻発したため、開発した水田や整備した水利施設の維持だけに多くの労力を費やさざるを得なかったためという見方がなされています。

　さらに、明治期に入ってもなおその傾向は続きました。近代的な工事手法が整えられつつありましたが、複雑な用排水系統と不整形な小区画水田、それに加えて機械力の利用を阻害する岩木川下流部の「腰切田」とも称される低湿地がゆえの排水不良、という劣悪な土地条件下にあり、こうした環境を解消するためには、大面積を有していた不耕作地主では調達できない莫大な資本投下が必要となっていたことによるものです。

　明治32(1899)年に区画整理のために制定された耕地整理法は、明治38(1905)年には改正され、ほ場の整備とともにかんがい排水工事も対象になりましたが、岩木川水系での取組みは、小面積単位で行われたのみでした。岩木川水系に展開する広大な水田の本格的な改良は、戦後の食料難を経て、国と県とによる大規模事業への着手まで待たなければなりませんでした。

　その一方で、戦後の食料不足に対応して、国が米の保護政策を講じ増産を目指したことで空前の開田ブームが起き、全国津々浦々で農業者個々の力による開田が進みました。ただ、昭和30(1955)年の大豊作などもあって食糧の需給は緩和していくと同時に、発展著しい他産業に比べて農業の立ち遅れが目立つようになりました。この事態を克服するねらいで、国は昭和36(1961)年、我が国農業の道標となる「農業基本法」を制定しました。基本法の柱は、畜産3倍果樹2倍のふれこみとなった「選択的拡大」それに「生産性の向上」「構造改善」の3つの施策でした[7]。このうちの生産性向上と、構造改善を目指して、昭和24(1949)年に制定された土地改良法に基づき、多額の社会資本を投入しての水田の整備とかんがい排水を柱とする土地改良（現在は農業基盤整備）事業が進められることになります。

(2) 本格的な「ほ場整備」行われる
　そもそも水田の整備は、農業の生産基盤である水田を栽培技術の水準に合わせて作り替える区画（ほ場）の整理と、新たな水田開発の二つの手法があります。岩木川水系の水田の整備は、戦後間もなくスタートした国営の十三湖地区干拓事業による干拓（水田開発）を皮切りに、水系の上流に位置する中南地域は主に不整形区画を整備する区画整理事業で行われ、また水系の中下流に位置する西北地域は、かんがい排水事業とセットの形で、30a区画を基本とするほ場整備事業（「区画整理」から「ほ場整備」への事業名称の変更は昭和38(1963)年）が進んでいきます。西津軽地区で行われたほ場整備事業は、五所川原市など7市町村の約1万haにも及ぶ我が国有数の大規模事業でした。この地区は、軟弱な地盤の湿田が多く用排水系統が複雑で非合法な用水慣行も残されており、さらに加えて米余り現象に対応して、米以外の作物の生産が可能な汎用化水田に作り直さなければならない、という難題がありま

した。

　事業を担った県の機関は、様々な調査研究と実験を行いながら地元関係者の理解を得て着実に事業を進め、昭和45（1970）年の着工から数えて25年目の平成6（1994）年に614億円の事業費ですべての計画が完成しほぼ30a区画に整形された広大な美田が誕生しました[4]。この工事は難題の解決手法が見事であったとされ、実施した県の機関は昭和54（1979）年度の農業土木学会賞に輝くほどでした[8]。

写真2　西津軽地区の整備水田
（『青森県土地改良史』[8]より）

　岩木川水系の水田で、ほ場整備事業として実施された面積は、平成26年（2014）度で全体の9割以上に達しており、機械化体系に合った水田がほぼ形づくられています。さらに近年は、これまで標準とされた30a区画のほかに、50aから1haもの大区画水田の整備も始まっており、26（2014）年度では1,780haとなっています。大型機械を駆使した作業効率の高い営農システムが徐々に広まってきており、労働時間の大幅な短縮にもつながっています。

表2　岩木川水系のほ場整備状況（平成26（2014）年度末現在）

地域	水田面積①	区画の大きさ毎のほ場整備水田（ha）				整備割合③＝②÷①（％）	未整備水田④＝①－②（ha）
		50a以上（大区画）	30a以上50a未満	30a未満	計②		
中南	12,158	547	7,003	4,307	11,858	97.5	301
西北	25,640	1,241	17,858	3,602	22,701	88.5	2,939
計	37,798	1,788	24,861	7,909	34,559	91.4	3,240

注）1．青森県農村整備課提供データから加工整理
　　2．西北地域には鰺ヶ沢町と深浦町は含まず

表3　ほ場整備率と稲作労働時間（10a当たり時間・％）

区分	昭和40（1965）年		昭和50（1975）年		昭和62（1987）年		平成22（2010）年	
	数値	対比	数値	対比	数値	対比	数値	対比
労働時間	161.3	100	90.7	56	57.8	36	26.5	16
ほ場整備率	6.5		28.1		50.4		63.5	

注）1．労働時間は農林水産省調査の青森県結果など
　　2．ほ場整備率は20a以上区画整備済み面積を水田面積（耕地面積統計）で除す
　　3．対比は、昭和40（1965）年を100とした比較

3．かんがい排水事業による用排水システムの整備

（1）洪水も干害も引き起こす岩木川

　元青森県知事竹内俊吉は長尾角左衛門が著した『岩木川物語』で、こう書いています。「岩木川は遠い昔から豪雨のたびに洪水氾濫を繰り返した。家を呑み、田畑を荒し、人命を奪った。流域の住民は幾たびか塗炭の苦しみを味わいつつ、洪水を呪ったが、岩木川の恩恵を忘れることがなかった。豪雨の氾濫は憎いが、4万町歩の灌漑を思えば岩木川はありがたい存

在であった」[9]。

　このように、岩木川は流域の農業者にかんがいを通じて豊かな恵みをもたらし、その一方で壊滅的になるほどの災厄ももたらしたのでした。ゆえに人々は岩木川に複雑な思いを抱きつつも、岩木山が崇め奉られる存在ならば、家計に生活に恩恵を与える有難い「母なる川」として受け止めてきたと考えられます。

　岩木川水系は、津軽山地、奥羽山脈、白神山地、岩木山などの山地に囲まれ、その傾斜は、岩木川本川、平川、浅瀬石川の3川合流地点よりも上流区域では傾斜が1/280から1/700と急なため、洪水流出が短時間に集中しやすく、これより五所川原までの中下流域は1/700から1/4100、さらに下流部は1/4100から1/5800と極めて緩くなります。上流部では滝のように流れ中下流部では水平状態となり、さらに加えて流れ込む十三湖の出口が異様に狭くなっているため、古くから水害が頻発しています[3]。藩政時代には3.5年に1回の頻度で洪水が発生したとされています。

　一方では、河川からの取水施設や用水路の未整備に起因する用水配分上の問題も絡んでかんがい用水が不足し、干害被害も大きな問題となっていました。この被害を防ぐには、ダムを築造して不足水源の確保、反復水利用のためのポンプの設置、溜池を有効利用する溜め換え、などが必要とされました。

(2) 国営による大規模かんがい排水事業の実施

　こうした課題を克服するために、名君とされる4代藩主信政が新田開発とともに水利施設を整備したのですが、以降の凶作、飢饉に加え、複雑極まる水利慣行などから戦後までは本格的なかんがい排水工事はなされないまま経過しました。その大規模かんがい排水事業は膨大な資金を投入する必要があったため、国営で取り組むことになり、ようやくにして昭和18（1943）年、西津軽地区で始まりました。岩木川から取り入れた水のほか、岩木山麓の河川から流れ込む水を適切に利用するために昭和44（1969）年までに藩政時代に造成された土淵堰や廻堰（鶴田町）の改修、新小戸六ダム（旧森田村）の造成、岩木川と並行して十三湖に注ぐ山田川の排水整備といった事業を行いました。昭和40年代に入ると西津軽地区では第2期事業がスタートし、揚排水機や排水路が整備されていきます。昭和40年代から50年代にかけて、平川地区、浪岡川地区、浅瀬石川地区、津軽北部地区、岩木川左岸地区、小田川地区と銘打ったかんがい排水事業が膨大な事業費で順次実行され、ダム、頭首工（川からの取水口）、用排水機場、基幹的な用排水路などの水利施設は近代的な装いに衣替えしていきます。

　このような国営のかんがい排水事業は現在もなお続いており、平成25年度に完了した岩木川左岸（弘前市、五所川原市、つがる市、鶴田町の4市町）のほか小田川（五所川原市、中泊町）、平川（弘前市、五所川原市、平川市、大鰐町、田舎館村、板柳町、鶴田町の7市町村）、津軽北部（五所川原市、つがる市、中泊町の3市町）の4地区がいずれも2期目として3地区合わせた約630億円もの事業費で、老朽化したダムや頭首工（川からの取り入れ口）、幹線用排水路などの改修を主目的に整備が行われています。

　こうした国営という大規模なかんがい排水事業のほかに、県や市町村により、比較的小規模なかんがい排水事業が行われてきており、昭和33（1958）年、岩木川で大洪水が発生し、

写真3　国営平川地区早瀬野ダム
(『青森県土地改良史』[8] から引用)

写真4　国営五所川原頭首工
(『青森県土地改良史』[8] から引用)

写真5　国営下車力（つがる市）排水機場
(『青森県土地改良史』[8] から引用)

多くの頭首工が流出しさらに秋の台風で傷口を広げたことから、11あった頭首工を統合した岩木川統合頭首工が完成しました。これにより複雑だった水利慣行がかなり解決をみるようになります。この統合頭首工が手本となり、その後も平川や浅瀬石川、鰺ヶ沢町の赤石川水系で頭首工の統合が進みました[3]。

このような投資と創意工夫した工法で米づくりの基幹をなすかんがい水は、必要なときに必要な量を取水する仕組みが確立され、排水改良工事の進展とあいまって岩木川水系水田における米の増収と安定生産に大きく貢献してきたのでした。

4．生産技術の改良と品種の更新
(1) 米づくり技術が発展

戦後、土地改良事業の進展に合わせるかのように、米づくりの技術が急速に改善していきます。青森県の米づくりは、戦前、単収（一般的には10a当たり収量）は全国の最下位グルー

プに属していましたが、藤坂5号や、レイメイ、アキヒカリに代表される耐冷、多収品種の開発と作付拡大、苗半作といわれるように米づくりで大事な丈夫な苗作りのための保温折衷苗代技術や、深さ10cmの土壌に肥料を施して多収を可能とする深層追肥技術の普及、施用が簡単で生育をコントロールできる肥料や適切な病害虫防除が可能となる農薬の開発、といったことで新技術が広まり、さらにはトラクターや田植機、コンバインなど大型機械が開発普及して稲の生育ステージに応じた適期での効率作業

写真6　ほ場整備された水田でのコンバイン収穫
（『西津軽の土地改良』[4]から引用）

が可能になってきました。この大型機械化体系の導入は、機械メーカーの技術開発力に加え、ほ場整備事業により機械の効率利用が可能になったことが大きな要因になっています。

　また、米づくりは安定生産のためには、春の田植前に水を入れて耕起するいわゆる代掻きの時期と、稲が栄養成長から生殖成長に切り替わる7月半ば以降に多くの用水を必要とし、さらに低温時にも稲体を保護するために水田を水で満たす必要があります。土地改良事業によってかんがい排水体系が整備されたことで、気象条件にも応じたきめ細かい水管理が可能になっていきます。

　このような米づくり技術や農業機械の発展と土地改良事業の進展により、昭和40年から50年代半ばにかけて津軽平野の米の収量は2俵半近くも増収し、昭和46（1971）年、47（1972）年、53（1978）年、54（1979）年には青森県が単収日本一を達成するという快挙を後押しすることになります。

表4　米の10a当たり収量

区　分		昭和40、41年平均		昭和53、54年平均		増加分
		収量①(kg)	県全体比(%)	収量②(kg)	県全体比(%)	②－①(kg(俵))
岩木川水系	中南	520	112	659	109	139 (2.3)
	西北	478	103	630	104	152 (2.5)
	計	496	107	641	106	145 (2.4)
県全体		464	100	606	100	142 (2.4)

注）1俵は60kgとして計算した

(2) 増収から良食味へ

　昭和50年代に入ると、米の生産力が消費量を大幅に上回るという米余り現象が構造化し、各県は次第に多収系品種よりも良食味品種への転換を進めていきます。岩木川水系の中でも、中南地域は県内では良質米生産に最も適した気象、土壌条件にあったことから、次第に米づくりにおける食味意識を高めていきますが、地域に合う、コシヒカリやササニシキのような優れた食味を持つ品種が登場しない時代が続きます。また西北地域は米の流通上、政府買い上げが主体となっていることもあって増収意欲は衰えず、その分、食味の改善は遅れることになります。米は一般的に収量と食味は反比例することが多いとされているのです。その結果、津軽の米は値ごろ感のある米として買い入れる実需者が多い半面、全国的な米の食味の

評価面では大きく立ち遅れることになります。

そうした中で、県の試験研究機関では良食味品種の開発を懸命に行い、昭和63（1988）年に「つがるおとめ」、平成8（1996）年には「つがるロマン」という良食味品種をデビューさせて、先行的に中南地域を主体に品種特性にあった収量水準を目指した栽培を奨励しました。こういった努力はあったものの、県産米の食味評価は、かつて県産米の後塵を拝した北海道産米に劣るという事態にさえなりました。

表5　中南地域を作付主体にした良食味品種の青森県における普及状況

品種名	奨励品種採用年	最大作付年		
		年次	面積(ha)	県シェア(%)
ムツホナミ	昭和48(1973)年	昭和50(1975)年	9,770	12
むつかおり	昭和56(1981)年	昭和57(1982)年	6,610	9
むつほまれ	昭和61(1986)年	平成6(1994)年	52,150	78
つがるおとめ	昭和63(1988)年	平成7(1995)年	6,360	10
つがるロマン	平成8(1996)年	平成18(2006)年	28,860	58

注）1．最大作付年データは、「つがるロマン」以外は青森地域センター調査結果。「つがるロマン」は農家からの種子申込数量からの推計値
　　2．奨励品種採用年は、県が積極的に導入を図る品種として採用した年

5．米づくりの行方

(1) 米は厳しい環境下

岩木川水系を母とする津軽平野における米づくりは、先述したようにおよそ2000年前から延々と続いてきており、人々は水田を開き、その区画を広げ整え、かんがい排水施設を整備し、さらに消費者の要望に合う品種の導入や、稲の生育ステージに合わせた施肥体系、大型機械を駆使した作業などにより、藩政時代には想像もできないような米づくりシステムを確立してきています。

しかし、それを担う農業者には米づくりの発展を素直には喜べないという感情が広がっています。その最たる理由は、コメ消費の減少に伴う生産調整（いわゆる減反）の強化と、米価の長期低落傾向、それに他県に比べて良食味品種の導入が遅れていることです。

生産調整は、昭和45（1970）年から始まり米づくり農家に大きな苦渋を与えることになりました。全国的に消費量を大幅に上回る生産力構造になったことから、ある面、やむを得ない措置ではあったのですが、米づくりに長年慣れ親しみ、栽培技術があり、機械も装備していることから、多くの農家で思い切った転作営農に踏み込めなかったのです。米の消費の落ち込みを受けて、国、県、農業団体では懸命な消費拡大対策を講じていますが、長期低落傾向が続いており、今日でもなお消費の底がいつになるか見極めがつかない状況です。

対策としては、輸出に振り向けることや、水田の機能を活かし家畜のえさになる飼料米生産に切り替えること、さらなる転作に取り組んでいくことなどが必要となっています。

米価の低迷に対しては、生産コストの軽減で対応していくことが重要な方法です。そのためには、機械がフル活用できる水準まで経営規模を拡大していく必要があり、国、県では農地の橋渡しをする農地中間管理機構という組織を設けて、この組織で農地を借り入れて、担い手が作業しやすい環境となるよう、農地を極力まとめて配分する手法を開始しています。

（2）新品種に大きな期待

コシヒカリのように食味が極めて良好な品種は特Ａと位置づけられており、県の試験研究機関が開発した「青天の霹靂（へきれき）」という品種が平成26（2014）年に本県で初めてこの特Ａにランクづけられました。この品種の食味の良さを生かすために、県では平成27（2015）年から気象や土壌条件から図3のように津軽平野の一部の市町村に限定した生産を進めています。その成果は平成27年の秋に出ますが、全国トップレベルの食味を発揮して、岩木川水系が張り巡らされた津軽平野が生み出す最高品種として評価を得ていかなければなりません。

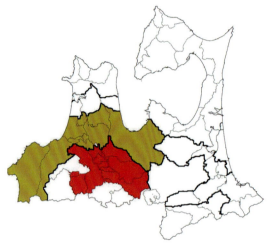

■ 津軽中央地帯（山間冷涼地帯を除く）
青森市（旧浪岡町）、弘前市（旧弘前市、旧相馬村）、黒石市、平川市（旧平賀町、旧尾上町）、藤崎町（旧藤崎町、旧常盤村）、田舎館村、板柳町

■ 津軽西北地帯
青森市（旧青森市）、五所川原市（旧五所川原市、旧金木町）、つがる市（旧木造町、旧森田村、旧柏村、旧稲垣村）、鰺ヶ沢町、深浦町（旧深浦町、旧岩崎村）、鶴田町

図3　水稲特Ａ品種「青天の霹靂」の県設定作付地帯
（青森県農林水産部提供）

津軽の米の産出額は、米価の低迷や、生産調整などで減少傾向にありますが、依然として農業産出額の3割、西北地域に至っては5割近くを占め、産業活動の大きな柱として、地域に元気を与える役割をもっています。それだけに、規模拡大、そして良食味品種の作付拡大を通じて、岩木川水系の整備された水田において2000年にもわたっている米づくりの伝統を次代に引き渡していかなければなりません。

表6　米の産出額（平成18（2006）年）

区分	岩木川水系（億円）			県全体 ④（億円）	岩木川水系の シェア（％） ⑤＝③÷④
	中南地域①	西北地域②	計 ③＝①＋②		
農業全体	708	540	1,248	2,885	43.2
米	116	252	368	589	62.5
米のシェア	16.3	46.7	29.4	20.4	―

注）　1．青森地域センター資料を加工しているが、平成19（2007）年以降地域別調査データがないため、平成18年値を用いた。
　　　2．平成25（2013）年の県全体では、農業が2,835億円、米が508億円と米は落ち込んでおり、岩木川水系流域も同様の傾向とみられる。

６．水田が持つ農業生産以外の多面的な役割
（1）水田は極めて多くの役割

昭和36（1961）年に制定され、時代に合わないとされつつ40年近くも続いた農業基本法に代わり、平成11（1999）年、我が国の農業の方向を示す基幹法である「食料・農業・農村基本法」が制定されました。法律では「食料の安定供給の確保」「農業の持続的発展」「農村の振興」そして「多面的機能の発揮」の４つの理念がうたわれています。

その多面的機能の発揮を代表するのが水利施設を伴った水田です。かんがい排水するための水路網と水田は農産物の生産以外にも実に大きな役割があることが評価されており、常に健全な形で持続していくことが求められています。

水田の多面的な役割について、農業生産以外を列挙すると、次のようになります[10]。

① 降雨を蓄えることによる洪水の緩和
② 地下水のかん養
③ 二酸化窒素の吸収など大気の浄化機能
④ 稲が窒素分を吸収することによる水質の改善
⑤ 貯水による気候の緩和
⑥ 地すべりと土壌浸食の防止
⑦ 雑用水、防火用水、融雪用水の提供
⑧ 水域ネットワークによる生きものの生息域の保全
⑨ 人々の癒しとなる水辺空間の形成
⑩ 水遊び、魚とり、散歩道などが可能となるレクリエーション空間
⑪ 稲穂がそよぐ美しい景観の保持
⑫ 貴重な魚類や、水鳥、渡り鳥の生息・繁殖地

また、米づくりはかつて田植をはじめ多くの共同作業が行われ、それがお山参詣、裸参り、さなぶり（田植祭り）、二十三夜信仰、稲荷信仰などの形で農村集落の文化や伝統行事につながっています。また、安定生産が何より求められることから、豊凶を占う神事が岩木山神社や、平川市の猿賀神社で行われ、人々の豊作への祈りを強くしており、米づくりは地域の形に大きく関わっています。

（2）健全な水田を次代へ

岩木川水系の水田用水は、山地に降り注いだ雨が一部は地下浸透した水も含め、流れ込んだ河川や、溜池、そして排水の再利用などを水源とし、最後に河川水となって海に注ぎこみ、再び蒸発して降雨となるように循環形態となっています。青森県では、重要な農林水産業施策として、山・川・海をつなぐ「水循環システム」の再生・保全を打ち出しており、このような水循環システムを基にした「きれいな水の確保」と「生態系に配慮した水田用排水施設の維持」は、多くの人たちが関与していく時代となっています。

21世紀は、水と土の世紀ともされ、それを担う岩木川水系のかんがい排水施設と水田は長い年月をかけて人々の営みの中で形成維持されてきたものです。先人たちが水利施設の整備や、水田の開発・区画拡大にいかに努力してきたかをかみしめながら、岩木山に見守られる豊かな津軽の水田は、稲をはじめとする作物の栽培を通じて、健全な姿で次代に引き継いで

いかなければならないのです。

【引用文献】

1）「岩木山を科学する」刊行会（2014）：「岩木川の水環境」『岩木山を科学する』北方新社　p109
2）青森県歴史教育者協議会・青森県地理教育研究会・青森県国民教育研究所（1984）：『青森の地域研究』青森県歴史教育者協議会・青森県地理教育研究会・青森県国民教育研究所　p27
3）建設省東北地方建設局青森工事事務所・東北建設協会（1999）：『津軽平野と岩木川のあゆみ　岩木川治水史』建設省東北地方建設局青森工事事務所　p1、80-81、268
4）西農村整備事務所（1996）：『西津軽の土地改良（大規模ほ場整備事業の実績）』西農村整備事務所　p169-192、326
5）笹森新一（2007）：「岩木川水系の農業水利」『あおもり農業1月号』青森県農業改良普及会　p19
6）福士貞蔵（1951）：『津軽平野開拓史』五所川原町公民館　p214-215
7）岸康彦（1996）：『食と農の戦後史』日本経済新聞社　p135
8）青森県土地改良史編纂委員会（1989）：『青森県土地改良史』青森県農林部　巻頭写真、p444
9）長尾角左衛門（1986）：『岩木川物語』国書刊行会　巻頭
10）青森県農村整備課（2004）：「明日の青森の農村を考える」『あおもり農業2月号』青森県農業改良普及会　p22

岩木山麓開発の歩み
―昭和期の農牧場開拓から観光開発へ―

宮 本 利 行

　津軽平野の独立峰岩木山は、山麓に暮らす人々の生活にさまざまな形で恵みを与えてきました。そのさらなる恵みを得るため山麓の開発が本格的に行われるのは、明治維新で近代日本が誕生してからになります。明治政府は国づくりのモデルを欧米列強に求め、「富国強兵」と「殖産興業」を政策の柱にしました。殖産興業政策は鉱業・製糸業・製糖業・大規模農牧業など全国で展開されました。青森県では三沢谷地頭（やちがしら）の広沢牧場など大規模農牧場経営が主流で、岩木山麓常盤野（ときわの）地区では農牧社が開かれました。牧場経営には弘前士族が携わり、社長は後の第五十九国立銀行初代頭取となる大道寺繁禎、副社長は後の青森市長となる笹森儀助が就任し、岩木山麓の農牧場開拓が始まりました。

　清国やロシアといった大国との戦争を経験し、また、産業革命以降の経済成長で欧米列強の仲間入りを果たした日本は、1910年代に入ると生活水準の向上とともに人口が増加すると、食糧の増産が必要となってきました。そのため政府は、農地開拓政策に取り組むことになりますが、広大な山麓を持つ岩木山は開拓地域として期待されました。

　筆者は2010（平成22）、2011（平成23）年に刊行された旧岩木町（現弘前市）の歴史編さんに執筆委員として関わりました。ここでは編さん過程で得られた資料や調査で岩木山麓を踏査した成果を中心に、昭和期における日本の開発政策と岩木山麓開発の関係を明らかにしたいと思います。

1．岩木山麓の開拓
（1）昭和戦前・戦中の弥生開拓

　昭和に入ると東北地方は、昭和恐慌によるデフレ不況や1931（昭和6）年・1934（昭和9）年の大凶作など相次ぐ災害に襲われ、疲弊していきました。こうした東北地方の状況に対し、1934（昭和9）年の第六十六帝国議会において、政府は東北振興を国策として取り上げるべく、東北振興調査会を設置しました。これは内閣総理大臣の監督の下、各関係省・帝国議会議員・東北6県知事、そしてあらゆる分野の有識者が東北地方振興策の重要事項を調査・審議するものでした。1936（昭和11）年、東北振興調査会から内閣東北局が設置されました。内閣東北局は25項目にわたる東北振興第1期総合計画を立案します。それは港湾の修築・治水事業・工業振興施設の整備などで、その中に開墾事業がありました。開墾事業は、東北地方の人口増加と耕地面積の不足、さらに農家経済の安定を目的としたもので、東北地方集団農耕地開発事業と国営開墾事業からなりました。東北地方集団農耕地開発事業は1936（昭和11）年度から3カ年計画の東北6県各地区で実施されました。青森県では船沢村弥生（現弘前市）、蔵館村駒木台（現大鰐町）、横浜村豊栄平（とよさかたいら）（現横浜町）、六ヶ所村弥栄平（いやさかだいら）、大深内村豊ヶ岡（現十和田市）の5地区が指定されました[1,2]。

　指定された船沢村は、入植者を募集し、数回にわたる選考を行い、36名の移住者を決め

ました。そのうち船沢村の出身は21名で、その他は他村の出身でした。開拓地となった弥生地区は、岩木山麓の東側寄りに位置します。1936（昭和11）年9月、36名の入植者は北津軽郡金木町（現五所川原市）の青森県立金木修練農場で一週間の農業訓練を受けてから開拓事業に従事することになりました。まず、青森県集団農耕地船沢開発事務所と称する共同宿舎を建設しました。それから開拓工事、道路工事、水路工事、宅地造成などに従

写真1　弥生開墾碑（2007年7月25日撮影）

事していきました。各工事は班別で行われることが多く、冬期間は雪をかき分け、吹雪の中の作業となりました。作業が終わると山へ暖房の薪を取りに出かけ、また、食糧や資材を運搬しました。それから開拓地と村を結ぶ道路に敷くために砕石し、それを運搬しました。電気は通っておらず、夜はランプの明かりの下で生活しました。

　開拓事業は1938（昭和13）年度に終了する計画でしたが、1937（昭和12）年に日中戦争が勃発したことで、物資や労働力が不足し、竣工は1940（昭和15）年10月となりました。1936（昭和11）年の入植時地番は中津軽郡船沢村大字中別所字平山でしたが、開拓事業竣工後の1940（昭和15）年12月から大字弥生字弥生平と変更になり、新たな集落が誕生しました（写真1）[前掲2]。

(2) 昭和戦後の耕地開拓政策

　日本は第2次世界大戦の敗戦で、満州・樺太などからの引揚者や戦地からの復員軍人で人口が増大しました。また、戦時下の供出や労働力不足で食糧生産は乏しく、さらに敗戦国のため食糧輸入は困難な状況にありました。そのため政府は失業者救済と食糧増産政策を喫緊（きっきん）の課題とし、耕地開拓に取り組みました。1945（昭和20）年11月、政府は「緊急開拓事業実施要領」を閣議決定します。基本方針は「終戦後の食糧事情及び復員に伴う新農村建設の要請に即応し、大規模なる開墾・干拓及び土地改良事業を実施し、以て食糧の自給化を図ると共に、離職せる工員、軍人その他の者の帰農を促進せんとす」と記されました。事業実施の目標は、5カ年間で155万haの耕地開拓と100万戸の入植者を図ることとされました。開墾地には、軍用地・国有林・民有林などの土地が充てられました。

　1947（昭和22）年10月、政府は新たに「開拓事業実施要領」を定めます。タイトルから「緊急」の文字が消され、これまでの引揚者収容と食糧増産という緊急開拓にかわって、国土資源の合理的発展の見地から開拓事業を進めて、土地の農業利用増進と人口収容力の安定的増大を図り、新たな農村建設に寄与することを目的としました。つまり本来の開拓事業に移行したのです。

　同年12月、農業協同組合法が公布されると、全国で農業会が解散され、農業協同組合の設立が進みました。すると入植者の共同組織で、開拓行政の受け皿だった開拓帰農組合や開拓団は、開拓農業協同組合として法人化されました。そして各県に県連合会が設立されると、1948（昭和23）年10月、全国開拓農業協同組合連合会が設立されました。なお、開拓者が必要とする短期資金は開拓農協を通じて融資されましたが、1950（昭和25）年2月、開拓信用

基金制度が、その後は開拓融資保証制度が制定されました。こうして開拓者に対する開拓資金の融資制度が整えられました[3,4]。

政府の政策を受け、青森県は緊急開拓委員会を設け、1946（昭和21）年1月、5カ年計画で4万haの耕地開拓、入植者6670戸を目標に開拓事業を開始します。同年4月、経済部に開拓課が新設され、耕地課とともに開拓事業を担当することになりました。また、同年11月には農地部が設けられ、その中の農地課も事業を担当することになりました。青森県下の入植地は県下全域にわたりました。多くの入植者は、営農による生産が上がらず、定期的に交付される開拓補助金や営農資金による生活を余儀なくされました。入植地に通ずる道路などは、入植後数年してから完成することが多く、それまで生活物資は人力に頼って運ばざるを得ませんでした。また、住宅建築の補助金が入植者全員に交付されるまで何年もかかったので、粗末な住居での生活が続きました。

入植地の立地条件は、社会的・自然的に千差万別でした。県全体の開拓地を比較すると、農地開発の遅れていた上北・下北両地方の立地条件は比較的良好でした。一方、米とりんごで農地開発の進んでいた南津軽郡は、残された土地から開拓地が選定されたため、立地条件は良くありませんでした。こうした差があるにも拘わらず、開拓行政の補助はほぼ一律だったため、条件の良くない地域の開拓者は苦しい生活を強いられました[5,6]。

(3) 岩木山麓の開拓集落

戦後、岩木山麓における開拓地は、広大な山麓の未開発地域における国有林や民有採草地などに形成されました。そこで戦後に誕生した岩木山麓開拓集落のいくつかを紹介しましょう。

湯の沢

湯の沢の開拓地は、岩木山東側裾野に位置します。この地は国有林地の所属替えによる1946（昭和21）年入植の緊急開拓事業地区にあたります。入植者は南津軽郡竹舘村（現平川市）出身の満州開拓青少年義勇軍引揚者たちでした。各戸当たりの配分面積が少なく、生活環境も良好でないことから、離農する者が多く、杉山地区に住居を移転して通い耕作を行うようになりました。

杉　山

岩木山東側裾野の標高約250mに位置する杉山は、国有林地の所属替えによる開拓地でした（写真2）。1947（昭和22）年から近隣高杉村農家の二、三男を中心に入植が行われました。各戸あたりの配分面積が少なかったため、農外収入で生計を維持する者が多くなりました。農作物はりんご栽培が中心となっています。また、岩木山麓開拓事業によって配分された造成農地で牧草栽培を行い、酪農を始めた農家もありました。

写真2　杉山集落（2010年7月31日撮影）

上弥生

岩木山東側裾野の標高約250mに位置する上弥生は、戦前の集団開拓地である弥生集落の山麓側にありました（写真3）。1945（昭和20）年から船沢・大浦・猿賀・東目屋・岩木の各村引揚者や復員軍人らが入植しました。その中から後にブラジルへ移住した者もいました。岩木山麓国営事業に伴い、造成農地の配分を受けたことで規模が拡大しました。主要農作物はりんごと野菜でした。

写真3　上弥生集落の和の象徴として1955年に創建された大山祇神社（2010年7月31日撮影）

小森山

岩木山南側百沢温泉から西方約2kmの標高約350mに位置する小森山は、県道に接していました（写真4）。この地区は地元百沢集落民の所有地でした。1950（昭和25）年から東目屋村国吉集落の二、三男が入植しましたが、耕地は石礫が点在する傾斜地で劣悪でした。その後、岩木山麓大規模開墾事業に伴い、造成農地の配分を受けたことで規模が拡大しました。主要農作物はりんごで、観光開発も進みました。

写真4　小森山開墾碑（2010年7月28日撮影）

嶽農場

岩木山西側嶽温泉から西方約2kmの標高約450mに位置する嶽農場は、県道に接していました（写真5）。開拓地は国有林地の所属替えによるもので、樺太（サハリン）からの引揚者の中で、一時千年村原ヶ平（現弘前市）の兵舎跡に住んでいた者が入植しました。入植者の多くは寒冷地農業の経験者で、大豆・小豆・なたね・ジャガイモ・えん麦などを栽培し、酪農を行う者も出てきました。営農振興計画による道路の整備や営農施設の整備が

写真5　嶽農場（2010年7月31日撮影）

行われ、岩木山麓開拓による既入植増反地の配分や離農跡地の再開墾なども行われました。

瑞穂

岩木山西側津軽羽黒集落西方の標高380～480mに位置する瑞穂は、県道に接していました。1949（昭和24）年、樺太などの引揚者が常盤野に国有林地の払い下げを受けて入植しました

（写真 6）[7]。

　開拓地に作付けした作物は大豆・なたね・小豆などが中心で、トウモロコシは食用品種のモチキミと飼料用のデントコーンが栽培されました。1955（昭和30）年、常盤野のトウモロコシ栽培は、弘前の種苗店から紹介されたクロスバンタムという新品種を栽培するようになりましたが、この品種はこれまでのより甘みが強かったため、栽培面積が拡大されていきました。

　栽培されたクロスバンタムは弘前市の商店街で直売されましたが、次第に青森市にも販売先を広げていきました。また、仲買人を介さずに岩木山頂へ向かう道路の入り口で屋台を開き、ゆでたものを販売したり、嶽温泉街の商店で販売しました。そして1960年代半ばになると販路が確立されていきました。こうした販路拡大の結果、常盤野のトウモロコシは「嶽きみ」として知られるようになりました。1970年代半ばになると、嶽きみの栽培は同じ常盤野の枯木平や嶽農場に広がっていきました（写真 7）。

写真 6　瑞穂集落（2010年 8 月 1 日撮影）

写真 7　嶽きみ畑（2010年 8 月 1 日撮影）

　1983（昭和58）年、常盤野を 1 つにまとめる岩木高原野菜生産組合（現岩木町高原野菜生産協議会）が設立されました。これを契機に「嶽きみ」の栽培面積はさらに拡大され、常盤野農家の主要農産物となりました。こうして嶽きみは、岩木山麓の沿道や嶽温泉街で販売されるおいしいトウモロコシと評判になり、岩木山南麓の名産品になりました。2007（平成19）年、嶽きみは特許庁の地域団体商標に登録され、名実ともに地域ブランドとなりました[8]。

（4）岩木実験農場

　1953（昭和28）年、6000戸を数えた国内の入植戸数は、1954（昭和29）年には4100戸、1955（昭和30）年には3000戸と減少していきました。これにともない政府の予算も縮小し、大規模開拓は困難になりました。そこで資金不足を克服するため、世界銀行から融資を受けることになりました。しかし、世界銀行は融資にあたり、大規模な国営開墾を実施し、入植者の経営規模増大を勧告しました。そのため政府は、これまでの開拓事業から大型機械を導入して開墾・営農を行う新しい開拓方式を実施しました。この方式はパイロットファーム（実験農場）と名づけられ、根釧パイロットファーム（北海道根室支庁）と上北パイロットファーム（青森県上北郡）の 2 地区で計画され、1956（昭和31）年から入植が開始されました[前掲4]。

　岩木山麓の大規模開発が検討されたのは1956（昭和31）年からです。青森県は地元市町村長・農業委員会・農業協同組合などに呼びかけて、岩木山麓地帯が特定農地開発地域に指定され

るよう運動します。さらに弘前市を中心に山麓の五市町村が「岩木山麓開発期成同盟会」を結成し、地域指定・計画の促進などの運動を行います。その結果、1957（昭和32）年度に特定農地開発地域の指定を受けました。その後、弘前市に岩木山麓調査事務所が設置され、本格的な調査が行われました。

　1960（昭和35）年、農林省は全国5カ所（北海道、青森県、兵庫県、長野県、大分県）を指定して、開拓地大規模機械化実験農場を設置します。その目的は、大型トラクターを中心とする大型農業機械を導入して牧草を栽培し、家畜を飼育する農場を設置し、省力経営の実現を意図したものでした。

　青森県においては、岩木山麓開発計画が進んでいたこともあり、山麓の百沢地区が指定されました。そこで、農林省の開墾地大規模機械化実験農場設置要項にもとづき、青森県から岩木町高屋集落の農家が実験農場の事業主体となるよう要請され、希望者40名が採用されました。採用条件は次の4点でした。①専業農家で耕作反別が80a以上あること。②出資義務に応じた年間労働力の提供が50名程度確保できること。③責任感と協調性があること。④進取研究心を持っていること。これらの農民は農場経営を目的とする有限会社を組織し、斎藤栄二を場長に、そのほか4名が専従となりました。

　1960（昭和35）年8月19日、有限会社岩木実験農場が開場しました。農場の開墾を始めると、予想以上の石礫の多さで除去作業に手間取りました。農場経営は1961（昭和36）年4月から専従者が宿舎に住み、本格的に開墾作業が開始されました。開墾は最新式の農業機械で行われましたが、岩石にあたって農機具が破損することで作業能率が下がったり、修理費用が増大しました。また、土地が強酸性だったため、土地改良に中和剤が大量に投与されました。多くの課題を克服した1965（昭和40）年から経営は安定し、全国5カ所の実験農場で唯一の黒字経営を達成しました。大規模農場には見学者が殺到し、農場長がその対応に忙殺される時期もありました。こうして1968（昭和43）年2月、実験農場は所期の目的を達成し、8年間の実験期間を終了しました。なお、1969（昭和44）年6月28日、NHKの番組「明るい農村」に農場経営のようすが放映されました。

　実験期間終了後、岩木実験農場は有限会社津軽環境牧場と改称して経営を継続しましたが、1975（昭和50）年8月の集中豪雨で岩木山南麓一帯の後長根沢などの渓流で土石流が発生したことで、農場は全滅しました。

2. 岩木山百沢土石流災害

　1975（昭和50）年8月6日未明、前日の夜半から津軽地域に降っていた雷雨を伴う集中豪雨により、岩木山麓南側一帯の後長根沢など6渓流で大規模な土石流が発生しました。その中の蔵助沢で発生した土石流は、百沢地区を襲い、人家17棟を押し流して全壊させ、22名の人命を奪う大惨事を引き起こしました。

　前日の8月5日午後、寒冷前線が津軽海峡付近を通って日本海に伸びていました。一方、上空では沿海州方面にあった寒気が北日本に近づいていたことで、大気の層が不安定となり、雷雨の起きやすい気象となっていました。午後9時40分、雷雨注意報が大雨・雷雨注意報に切り替えられた頃、雷鳴が激しくなり、降雨が断続的になりました。翌6日1時35分、降雨が一層激しくなり、大雨警報が発令されたことで、岩木町は非常事態に備えて関係職員を召

集しました。また、警察官や消防団員も出動し、連携を取りながら河川の警戒を始めました。激しい降雨は3時から5時までの2時間で、76mmの降水量を記録するほどでした。3時30分頃、突如、岩木山蔵助沢谷頭直下の標高1460mの右岸山腹斜面が崩壊滑落しました。その土砂は下流に向かい、多量の土砂、礫、水を加えて大規模な土石流となり蔵助沢沿いの人家を押し流したのです。

写真8　百沢地区を襲った土石流の跡
（『写真でみる弘前の災害』大橋耕造　より）

5時40分、現地に岩木町長を本部長とする岩木町災害対策本部が設置され、自衛隊、県警機動隊、消防団が一体となり、行方不明者捜索を最優先に、被災者の救助と復旧作業が行われました。被災者の避難場所は百沢小学校となり、食料や生活必需品を供給しました（写真8）。

8月11日、土石流被害で亡くなった22名の御霊を弔う合同神葬祭が百沢小学校の講堂で執り行われました。神祭場には犠牲者の遺骨や遺影が安置されました。

写真9　災害復旧工事後の蔵助沢（2007年7月30日撮影）

土石流災害後、蔵助沢は危険区域として砂防区域に指定され、国が買収して災害復旧工事が行われました（写真9）。被災者住民は百沢の県道から三木柳地区へ通じる町道沿いに集団移転することになりました。1976（昭和51）年4月から移転団地造成工事が始まり、7月には工事が完了、11月30日、住宅団地完工式が行われました。

復旧工事は災害後2年を経て完了しました。岩木町は工事が完了した蔵助沢地区に散策道

写真10　示現堂（2007年7月30日撮影）

や広場を設け、土石流の惨事を忘れないために、上流から流れてきた巨石を配置しました。さらに町長が中心となり、住民が協賛会を結成して、「示現堂」と名づけた礼拝堂と慈母観音像を建立しました（写真10）。

3．岩木山麓の観光開発

1955（昭和30）年、岩木・大浦・駒越の三村が合併して誕生した岩木村は、1961（昭和36）年に町制施行しました。岩木山麓の観光開発が構想されたのは、岩木町が誕生した高度経済成長期でした。それは1964（昭和39）年の東京オリンピック開催を控え、海外からの観光客増が見込まれ、全国的に観光開発が活発になっていた時期でした。さらに1975（昭和

50）年、岩木山麓を襲った百沢土石流災害で破壊された農牧場開拓地を元に戻すことが困難になったことが、観光開発に拍車をかけました。

そこで以下では、岩木山麓の観光開発計画と観光資源の整備について述べたいと思います。

(1) 新全国総合開発計画における津軽地域総合開発計画

1966（昭和41）年、青森県長期経済計画の方向に沿って津軽地域総合開発計画が策定されました。この計画は青森県が策定した地域開発の方向性を示すもので、1975（昭和50）年までの10カ年で計画されました。この中の観光開発は、地域住民への保養の場、青少年の心身を鍛える場、レクリエーションの場を提供することが目的とされました。

津軽地域の観光地には、十和田八幡平国立公園から黒石・大鰐・碇ヶ関温泉郷、岩木山麓から津軽平野一帯に広がるりんご園の景観があげられました。特に独立峰として津軽の岩木山を取り巻く地域は、弘前藩に関わる史跡・名勝・重要文化財、風俗・行事・民謡の無形民俗的なものなどの観光資源があることで、開発が進められました。

1969（昭和44）年、新全国総合開発計画（新全総）が策定されると岩木山麓開発計画は具体化していきました。東北地方で岩木山麓地域は、栗駒・磐梯山麓地域とともに高原リゾート都市建設が計画されました。

(2) 岩木山南麓開発構想

1974（昭和49）年、岩木山南麓に大規模都市公園建設が構想されました。これは国立公園など自然保護のために指定される自然公園とは別に、自然の有効利用を主眼にした公園でした。この構想は、1975（昭和50）年に岩木山南麓を襲った百沢土石流災害で拍車がかかりました。

岩木山南麓開発計画が具体化するのは、1982（昭和57）年頃からです。この計画は岩木山麓総合開発調査をはじめ、これまで多面的に提案されてきた開発プロジェクトを、山麓地域の一体的開発という視点から再整理し、岩木山麓地域開発の基本的方向を定めたものです。それは岩木山の知名度と広大な山麓を利用した、観光開発を推進することにありました。

まず、岩木山南麓開発の目標は次のとおりです。
①首都圏を中心とした大都市圏の観光客を誘致するために広域的観光拠点を形成する。
②岩木山麓の観光資源は、春から秋の行楽シーズンが中心で冬の観光資源が乏しい。そこでオールシーズンの観光地をめざす。
③これからの観光は、「見る」観光から「参加する」観光へ、「団体旅行」から「家族・グループ旅行」へと変化しつつある。そこで自然資源・歴史資源・観光施設などの組み合わせによって、総合的な観光レクリエーション地域を形成する。
④岩木山麓は岩木町・弘前市・鰺ヶ沢町・西目屋村・鶴田町の五市町村にまたがっているため、各市町村の観光開発が競合せず、相乗効果が期待できるよう連携と分担を図る。

次に、開発拠点は嶽・百沢・弥生の三地区となりました。
①嶽は若者向けの野外スポーツ拠点として、スキー・ハンググライダー・モトクロス・テニス・乗馬・射撃などヨーロッパスタイルのスポーツ広場を整備する。また、嶽温泉に加え、温泉付き別荘分譲地、ペンション、オートキャンプ場を整備する。

②百沢は中高齢者向けの保養センターとし、温泉会館や温泉療養所の建設、桜並木・自然散策路・屋内レクリエーション施設を百沢温泉街に整備する。
③弥生は女性や子どもを対象とした、工芸品・農作物加工・もぎ取りなどの体験型レクリエーション施設を整備する。

　1985（昭和60）年以降、東北自動車道開通や青森空港ジェット機就航が予定され、さらに東北新幹線盛岡以北が着工されました。高速交通体系が整備され、首都圏と直結したことで、観光客の増加が見込まれました。そこで計画されたのが岩木山南麓開発でした[前掲7]。

（3）温泉の開発

　岩木山麓には百沢、三本柳、嶽、湯段の4つの温泉があり、山麓の人々が湯治に利用していました。以下ではこれら温泉の歴史と開発について述べましょう。

百沢温泉

　江戸時代から温泉の湧出が知られており、百沢寺（ひゃくたくじ）の住職が「しのびの湯」と称して入湯したといわれています。しかし、温度が低かったため温泉として発展しませんでした。

　高度経済成長期となり、信仰の地だった百沢に鎮座する岩木山神社や高照神社が観光の地として注目されると、観光客が宿泊する旅館に温泉を引くため、1957（昭和32）年、岩木町が中心となってボーリング泉源の開発が行われました。

写真11　百沢温泉（1960年頃　中園裕氏提供）

　温泉は岩木町温泉事業条例に基づき、岩木町が維持・管理しました。温泉の供給は、貯湯槽から分湯で行われ、利用には町長の許可が必要でした。利用料金は供給量毎分18ℓにつき、120万円と定められました。泉質は重炭酸土類泉で、効能は神経痛・リウマチ・痛風などとなっています（写真11）。

三本柳温泉

　百沢温泉より1kmほど南方に位置します。温泉は1805（文化2）年に発見され、佐藤又右衛門が湯治場を設けたとされます。

　1843（天保14）年の「延命柳の湯因縁記」に三本柳温泉の由緒が記されています。悪戸村（現弘前市悪戸地区）の農民だった万左衛門が、大晦日の夜に三本柳方面に紫雲がたなびくという霊夢を見ました。そこから湧き出る湯で沐浴すると持病が完治しました。延命地蔵が安置されている地蔵森から湧き出た温泉のため「延命柳の湯」と名付けられました。

　その後温泉の温度が低くなってきたため、1954（昭和29）年から1958（昭和33）年にかけてボーリング泉源の開発が行われました。

写真12　三本柳温泉
（1960年頃　中園裕氏提供）

現在はたんぼの中に一軒の温泉旅館が建っています。泉質は含石膏弱食塩泉で、効能は神経痛・リウマチ・痛風などとなっています（写真12）。

嶽温泉

百沢温泉から西へ7kmほどのところに位置します。温泉は1674（延宝2）年、百沢村（現弘前市百沢）の野呂長五郎がシトゲ森で薪を取っていたとき、狐に握り飯を盗まれました。長五郎はその狐を追いかけた際、狐が逃げ込んだ鳥海山薬師嶽下から湯が湧き出しているのを発見したといわれます。長五郎が湯小屋を建てた湯の沢が嶽温泉発祥の地となりました。温泉発見のきっかけとなった狐は温泉守り神として、稲荷神社の祭神として祀られています。

現在の場所に温泉が移ったのは1796（寛政8）年です。その後、嶽には旅館が12軒できました。岩木山に近い高い方を上並、低い方を下並といわれます。温泉は各旅館の中央部に湯の沢の泉源から引き湯した共同浴場で、各旅館に内湯はありませんでした。

写真13　嶽温泉
（1955年頃　青森県史編さん資料）

その後、百沢に温泉が開発されたことで温泉客が減少したため、1959（昭和34）年にボーリング泉源の開発が行われました。この開発で全旅館に内湯が完備されました。泉質は含土類酸性硫化水素泉で、効能は神経痛・リウマチ・糖尿病・婦人病などとなっています（写真13）。

湯段温泉

嶽温泉から西南へ1kmほどのところに位置します。温泉は1724（享保9）年、賀田村（現弘前市賀田）の柴田長兵衛という人物が発見したとされます。また、その昔、ある老人が湯に入りたいといい、木葉を集めて持っていた錫杖を突くと湯が湧いたといわれます。そのため温泉は「木の葉の湯」と呼ばれるようになりました。この錫杖を突いた人物は弘法大師だとの伝説があります。

湯段温泉には本家の長兵衛旅館や別家の湯段の宿などがあり、1960（昭和35）年にボーリング泉源の開発が行われました。泉質はアルカリ性弱食塩泉で、効能は皮膚病・泌尿器病・胃腸障害などとなっています。

写真14　湯段温泉（1960年頃　中園裕氏提供）

1950～1960年代、観光開発が全国的に展開されると、これらの温泉はボーリングにより泉源が開発され、岩木山麓の重要な観光資源となりました（写真14）[9]。

（4）津軽岩木スカイライン

岩木山は青森県の最高峰で、独立峰としてその裾野の美しさから「津軽富士」と称されています。津軽地域は岩木山の見えるところと述べても過言でなく、岩木山は津軽の人々にとって「信仰の山」となっています。

　岩木山の登山口は百沢口や嶽口などがあり、登山道の幅は1m足らずで勾配が険しく、山頂まで徒歩で3時間半ぐらいかかるため、登山は困難をともないました。しかし、登頂達成後に山頂から眺める津軽平野・七里長浜・世界遺産の白神山地・八甲田連峰などの絶景は、苦労して登頂したものだけに与えられる特権でした。

写真15　津軽岩木スカイライン
（1967年8月27日　青森県史編さん資料）

　1960年代、高山地帯を周遊する観光道路のスカイラインが全国的に整備されました。富士山の5合目まで登ることのできる富士山スカイラインや富士山の絶景を堪能できる箱根・芦ノ湖スカイラインなど、全国に40カ所以上の道路が整備されました。

　1962（昭和37）年6月、こうしたブームに乗って、弘南バス会社が岩木山のスカイライン建設工事を始めました。1965（昭和40）年8月25日に完成した道路は「津軽岩木スカイライン」と名づけられ、全長9.8km、69のカーブがあり、岩木山の8合目まで登ることができるようになりました。そこから9合目の鳥の海（鳥海山）までリフトがあり、さらに徒歩40分ほどで山頂まで登ることが可能となりました（写真15）。

　こうして岩木山は、老若男女を問わず気軽に登頂が可能になり、多くの観光客は山頂からの絶景を堪能できるとともに、岩木山の雄大な自然に触れる機会を持てるようになりました。また、ふもとの百沢・嶽・湯段の温泉は入浴する下山客で賑わいをみせるようになりました。津軽岩木スカイラインは、岩木山を「信仰の山」であるとともに、「観光の山」にもしました[10]。

(5) 岩木山スキー場

　岩木町が岩木山にスキー場建設を計画したのは、青森県が第22回国体冬季大会の誘致を決め、1962（昭和37）年6月に岩木町議会がスキー競技開催の誘致を決議してからです。

　国体誘致が決議されると、町は青森営林局に国定スキー場指定の陳情書を提出し、スキー場建設運動を開始します。スキー場に適する場所の大半が青森営林局の管理する国有林地だったからです。スキー場区域決定のため、営林局と協議を重ね、1964（昭和39）年2月に林野庁から国定スキー場に認可されました。同年9月、第一リフトの建設に着工し、12月、陸運局から認可が下りると、翌1965（昭和40）年元旦に開場しました。

　岩木山スキー場は青森県内では大鰐・八甲田に次ぎ、温泉のあるスキー場となりました。

(6) 岩木山観光りんご園

　1974（昭和49）年8月3日、岩木山が眺望できる岩木町百沢字寺沢に岩木山観光りんご園が開園されました。この観光りんご園は、岩木町五代の農村青年研究グループが中心となり、

地元のりんご生産者約50名が参加して開園されたものです。運営は株式会社青研が中心となりました。約10haのりんご園は弘前市から岩木山神社や津軽岩木スカイラインへ通じる観光ルートの途中にあったため、多くの観光客が来園しました。

観光りんご園は、観光客にりんご狩りを体験してもらい、青森りんごの美味しさを知ってもらうことで、りんごの消費拡大につなげ、消費動向のアンテナショップとすることがねらいでした。開園当初は、小さな売店のよう

写真16　岩木山観光りんご園
（2007年7月30日撮影）

なものでしたが、広く知られるようになると旅行社がツアーの日程に組み入れるようになり、入園者が増加しました。また、開園の期日は最も観光客で賑わう弘前ねぷたや青森ねぶた祭りに合わせて、7月下旬としました。そのため極早生品種の「ビスタベラ」や「ジャージーマック」が取り入れられました。その他栽培品種は9月中旬を過ぎると「つがる」、10から11月にかけては「レッドゴールド」、「世界一」、「北斗」、「むつ」、「王林」、「ふじ」などが収穫され、真夏から積雪の時期までりんご狩りができるようになっています。

1994（平成6）年、株式会社青研は、有限会社岩木山観光りんご園に商業権を譲渡しました。園内の栽培品種は最新品種からかつての品種まで40品種ほどになりました（写真16）。

（7）津軽カントリークラブ

岩木山南麓にゴルフ場開発の構想が出たのは、1970（昭和45）年、弘前市内の財界人やゴルフ愛好者が津軽カントリークラブを結成し、岩木山麓に18ホールの本格的なゴルフ場の造成を計画してからです。そしてその造成地として岩木実験農場跡地が候補にあがりました。岩木実験農場は1968（昭和43）年に実験期間が終了し、その後津軽環境牧場となって農場経営を継続していましたが、経営難に陥っていました。そこで農場をゴルフ場に転

写真17　津軽カントリークラブ
（2007年7月30日撮影）

用する計画が持ち上がったのです。この計画に高原リゾート構想を打ち立てていた岩木町は積極的でしたが、青森県は農地開拓のため国費を投資した土地をゴルフ場に転用することは、本来の目的と異なるため許可しませんでした。

こうした状況下、1975（昭和50）年8月の岩木山百沢土石流災害で、牧場や牧草畑が土石で埋まり、農地としての復旧が絶望的になりました。その後、青森県議会土木公営企業常任委員会が被災地を調査し、都市公園にすることが妥当だと判断してから岩木山麓広域都市公園構想が打ち出されました。

1981（昭和56）年、開発事業の障害となっていた農地転用問題が解決すると、岩木山南麓

観光開発会社が津軽カントリークラブ建設を認可されました。この会社は、土石流災害で放置されていた岩木山南麓地域162haに13億4000万円を投資し、ゴルフ場、スポーツランド、キャンプ場、森林公園、観光牧場など一大レジャー施設を建設し、その経営を目的として設立されたものです。企業形態は岩木町を主体にした公私共同企業で、代表取締役には岩木町長が就任しました。

1984（昭和59）年7月25日、津軽カントリークラブ百沢コースがオープンし、岩木山麓南側開発の中心事業となったのです（写真17）。

(8) 世界一の桜並木

1985（昭和60）年、岩木町は町制施行から30周年を迎え、その記念事業の一つとして、岩木山麓南側の百沢から常盤野に至る約6kmの県道沿いに、桜の記念植樹を企画しました。町は植樹実施にあたり、町民に広く参加を呼びかけるとともに、将来は桜並木を観光名所に位置づけました。この年の10月6日、ボランティアで参加した約300人の町民が、各自スコップを持参し、約1000本のオオヤマザクラ3年木の苗木を県道沿いに6m間隔で植樹しました。植樹を終えると参加者は自分の名前を書いたプレートを記念につけました。

1986（昭和61）年10月4日、岩木町職員による植樹祭が行われました。この植樹は岩木町を緑あふれる町にするため、毎年行っているもので、この年で22回目でした。例年はスギやヒバを植樹していましたが、前年に合併30周年を記念してオオヤマザクラの苗木を植樹したことから、この年はこれに合わせて100本の桜の苗木を植えました。当初、桜並木を延長する計画はありませんでしたが、桜並木が4kmほどに伸びたころから世界一を目指そうとの意見が上がったことで、町も観光岩木の新名所と考えるようになりました。

1987（昭和62）年10月31日、3年目を迎えた桜の植樹は、町職員の手で、200本の苗木が植樹されました。これで百沢から嶽温泉までの桜並木は6.5kmとなりました。

1988（昭和63）年5月29日、「岩木山麓に世界一の桜並木を」をキャッチフレーズに、1000本の桜の苗木が植樹されました。植えられたオオヤマザクラ5年木は、「日本桜の会」から提供されたもので、桜並木は総延長8.5kmとなりました。

植樹イベントは1995（平成7）年まで継続され、さらに1997（平成9）年10月19日の植樹祭で200本が追加され、総延長約20km、植樹された桜は6500本になりました。

こうしてできた桜並木の沿道は、1991（平成3）年度から1996（平成8）年度にかけて「並木のみち整備事業」で整備されました。これは青森県が環境美化対策事業の一環として、岩木町の主要道である弘前～嶽～鰺ヶ沢線沿いの松並木や桜並木の保存と遊歩道の整備を目的としたものでした。整備区間の宮地～百沢、百沢～常盤野間の合わせて7.2kmは、車道が拡幅されるとともに、遊歩道にはあずまや・つり橋・水車・ベンチなどが配置され、訪れた観光客などの自然散策のコースとなりました[前掲7）]。

おわりに

日本経済は第1次世界大戦の特需景気で経済成長を経験すると、国民の所得水準が向上し、人口が増加します。そのため政府は不足する食糧の増産のため、農地開拓政策に取り組みます。東北地方においては凶作救済のため設置された内閣東北局が中心となりました。それは

東北地方集団農耕地開発事業と国営開墾事業でした。前者は青森県において5カ所が指定され、その一つが岩木山麓船沢村弥生地区でした。ちなみに後者には青森県三本木村（現十和田市）周辺の三本木原が指定されました。

　第2次世界大戦の敗戦後、戦災や占領地域からの復員で食糧不足が深刻になり、農地開拓は政府の喫緊の課題となりました。岩木山麓一帯は政府の施策を受け、青森県によって農地開拓が行われ、開拓集落が次々に誕生しました。さらに1960（昭和35）年になると政府のパイロットファーム（実験農場）に指定されました。

　しかし、1960年代から本格化する高度経済成長は、農業を中心とした第1次産業から鉱工業を中心とした第2次産業、流通やサービス業などの第3次産業へと産業構造が高度化されることで達成されていきました。また、高度成長による国民所得の増加と労働条件改善による余暇の増加は、レジャーブームを生みました。全国的なレジャーブームにおいて岩木山麓一帯は、農地開拓から観光開発へと舵を切り替えていきました。その契機となったのが1975（昭和50）年8月に発生した岩木山百沢地区の土石流災害でした。

　このように岩木山麓の昭和期における開発は、1960年代までは農地開拓、1960年代以降は観光開発と、政府の開発政策に沿って取り組まれたといえるでしょう。

【参考文献】
1）内閣東北局（1940）：「東北振興経過概要」国立公文書館
2）久保喜雄（1976）：『弥生開拓四十年史』
3）戦後開拓史編さん委員会（1977）：『戦後開拓史（完結編）』
4）開拓50周年記念事業会（1998）：『戦後開拓50年の歩み』
5）青森県（1976）：『青森県戦後開拓史』
6）青森県（2009）：『青森県史資料編近現代5』
7）弘前市岩木総合支所総務課（2011）：『新編弘前市史　通史編　岩木地区』
8）金子守恵（2001）：「トウモロコシにたどりつくまでに」『農耕の技術と文化』
9）陸奥新報（2014年6月16日付）：「津軽の街と風景5」
10）毎日新聞（2013年9月26日付）：「山川草木ことごとく⑤」

岩木山麓の戦後開拓のあゆみ
―「開拓者たち」の70年―

髙瀬 雅弘

　2015（平成27）年は、戦後70年というひとつの節目として、人々の意識に銘記される年です。同時にこの年は、「戦後開拓」70周年というもうひとつの節目でもあります。「開拓」ということばに、「戦後」を冠したこの用語は、あまりなじみのないものかもしれません。また、このことばをご存じの人々にとっては、「開拓」ということばそのものは広大な原野を切り拓くといった、どこか雄大なロマンを感じさせるのに対し、「戦後開拓」は重さや苦しさといったイメージを抱かせるのではないでしょうか。

　近代以降、膨張を続けた大日本帝国は、敗戦を機に急速に収縮します。そして拡張した版図から国内へと帰還した人々が、生きる道を求めて取り組んだのが「戦後開拓」でした。限られた国土のなかで、もともとは耕作されていなかった土地に鍬を入れ、山野を開墾するという作業は、現代の私たちの想像を超える苦難をともなうものでした。岩木山麓もまた、そうした人々の労苦が刻まれた地域のひとつです。岩木山麓の開拓については、『岩木山を科学する』の複数の論考で紹介・説明されています[1]が、ここでは戦後まもなく開始された「緊急開拓事業」によって開墾された開拓地、なかでも筆者がこれまで地域の研究者と共同で聞き取り調査を行ってきた鰺ヶ沢町山田野（やまだの）地区を中心として、自らの大地をつかもうとした人々の生活史の一端を捉えてみたいと思います。

1．戦後開拓の展開
(1) 戦後開拓の背景―戦災・復員・引き揚げ―

　戦後開拓は文字通り、戦後になって開始された開拓を意味しますが、その胎動は戦争末期から始まっていました。1944（昭和19）年には鰺ヶ沢町にあった陸軍山田野演習場の一部が食糧増産隊の耕作地として転用され、翌1945（昭和20）年には農兵隊と呼ばれる朝鮮人の兵隊が同地での開墾作業に従事していました。食糧増産隊は、戦後になると開拓増産隊と名称を変え、実質的な活動は引き継がれていきました。戦後開拓は、食べていくための開墾という意味では戦争末期の食糧増産の延長線上にあるといえます。

　一方、都市を中心に戦争は多くの人々から住居や仕事を奪いました。戦災によって家屋を喪失した人は約800万人[2]、失業者は約1,300万人[3]にのぼり、海外からの復員軍人や引き揚げ者は合わせて約700万人[4]、これに国内の軍人・軍属であった人々が加わります。青森県からも少なからぬ人々が旧満州・樺太へと渡っていました。そのなかでも大青森郷開拓団の戦後直後の引き揚げ行は、とりわけ過酷なものとして歴史に銘記されています[5]。そして命からがら帰国することができた人々は、息つく間もなく新たな生活手段を探さねばなりませんでした。

　こうした事態をふまえ、1945（昭和20）年11月に策定されたのが「緊急開拓事業実施要領」でした。その方針は「終戦後ノ食糧事情及復員ニ伴フ新農村建設ノ要請ニ即応シ、大規模ナ

ル開墾、干拓及土地改良事業ヲ実施シ以テ食糧ノ自給化ヲ図ルト共ニ離職セル工員軍人其ノ他ノ者ノ帰農ヲ促進セントス」というものでした。

　本来は長期的な視野に立って行われるべき開拓が、「緊急」に行われるということじたい、ある種の語義矛盾を孕んでいます。しかしそうした矛盾のもとであっても、人々は戦争によって直面した人生の危機を乗り切るべく、開拓に向かわざるをえなかったのです。

(2) 青森県の緊急開拓事業

　「緊急開拓事業実施要領」は、155万町歩の開墾と、100万戸の帰農の実現を期すものでした。未墾地の取得は、旧軍用地を含む国有地の開放を中心に進められました。1948（昭和23）年4月2日に各都道府県に通達された割当面積をみると[6]、青森県では4万1,000町歩のうち、旧軍用地は9,524町歩（23.2％）を占め、全国平均（14.5％）よりも高い値を示しています。

　「緊急開拓事業実施要領」を受け、青森県は開拓事業を開始します。県は1946（昭和21）年1月に緊急開拓委員会を設置し、5ヶ年計画で耕地造成4万町歩、自作農創設6,700戸という目標を決定しています。同年4月には経済部に開拓課が新設され、開墾建設部門を担当する耕地課とともに開拓の仕事を扱うようになるなど、行政の支援体制も整備されていきます[7]。ときを同じくして開拓増産隊本部が設置されます。開拓課内に経済部長を本部長とする増産隊本部が設けられ、開拓者への物資の配給、帰農者への食糧増産に向けた指導督励が行われることとなりました[8]。

　1947（昭和22）年10月、「緊急開拓事業実施要領」は改訂され、「開拓事業実施要領」となりました。従来の「離職セル工員、軍人其ノ他ノ者ノ帰農ヲ促進」という方向性は、「人口収容力の安定的増大」となり、翌年以降は入植者選定基準が作られ、質的改善が図られました[9]。このような動きを受け、青森県では1948（昭和23）年1月から開拓課を開拓用地、開拓計画、開拓指導の三課体制として、その充実を図っていきます。こうした変化は、それまでの戦災罹災者・復員者・引き揚げ者を中心とした「食糧問題」から、農家の非あととり対策、いわゆる「二三男問題」へと戦後開拓の目的が移っていったことを意味します。中央では、日本開拓協会等が「農村二、三男中央協議会」を設置し、二三男を対象とした入植が進められていきます。青森県でも1951（昭和26）年ごろから二三男対策としての入植が各自治体主導で行われていきました[10]。

(3) 開拓適地の選定と入植者の募集

　開拓用地の取得は、戦後の農地改革と並行する形で行われました。第一次農地開拓による「農地調整法」の改正により、農地開発営団、県、市町村等自作農創設事業団体が、知事の認可を受けて未墾地取得について土地所有者に協議を求める権利が認められました。これは自由取引による用地取得の手段でした。しかしこれだけでは計画通りの土地取得が困難であるため、「自作農創設特別措置法」に基づく国による強制取得、「農地法」に基づく知事による未墾地取得が進められます。この両法のもとで、国有林野の取得、所属替が行われました[11]。

　先にも述べたように、当初の開拓用地の中心となったのは、使用する者のなくなった旧軍用地でした。岩木山麓には陸軍山田野演習場をはじめとした軍用地が広がっており、まずこれらが開拓地に振り向けられました。併せて国有林の所属替も進められ、同心円状に戦後開

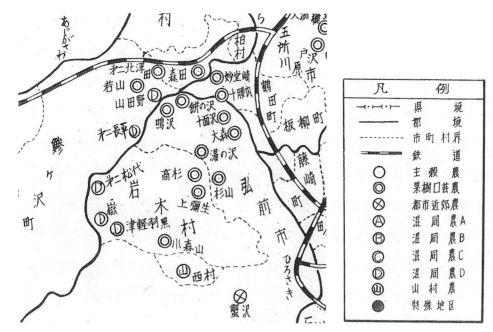

図1　岩木山麓の開拓地の分布
出典：青森県『昭和三十五年度　開拓地営農実績調査』

拓地が形成されていきます（図1）。

　開拓地への入植には、いくつかのパターンがありました。

　一つは縁故入植です。親族や知人のつてを頼って入植するというものです。もともと地域で所有していた入会地の開放や増反といった形で開墾が進められました。

　二つめは旧軍関係者を対象とした就職斡旋の一環としての入植で、戦後間もない1945（昭和20）年9月13日付の『東奥日報』紙には「軍人の職を斡旋　弘前師管区相談所」という見出しでその様子が紹介されています。1945（昭和20）年7月28日の青森大空襲の際、市内中心部で唯一焼け残った蓮華寺では、旧軍関係者への旧軍用地への入植の斡旋が行われました[12]。

こうした土地への入植は早くに行われたとみられ、終戦からひと月と経たない1945（昭和20）年9月4日付の『東奥日報』紙は、「山田野へ増産の鍬」という題で、山田野演習場への入植計画が進められていることを報じています（図2）。

　三つめは役場や新聞による一般募集、無縁故入植です。この場合、個人で申し込む場合と、引き揚げた後に旧兵舎等に仮住まいしていた人々が集団で入植する場合とがありました。戦後直後の青森駅では、引き揚げ者や復員者が乗っている列車や連絡船の到着する時刻に、駅のホームや連絡船待合室に向けて「外地引き揚げまた復員軍人の皆さんご苦労様でした。故郷の山野は、健在で皆さんの帰りを待っています。食糧増産に努力し祖国

図2　山田野への入植計画を伝える記事
出典：『東奥日報』1945年9月4日付

の再建に協力を望まれる方は、県庁経済部または各地方事務所か市町村農業会にご相談ください」という意味の放送を行っていました[13]。

　入植者の募集にはかなりの人々が殺到したようです。入植者の選考にあたっては、海外からの引き揚げ者が優先的に取り扱われ、本人の意志、家族構成、農業経験及び技能、資金等諸条件による審査が行われました[14]。そして「開拓事業実施要領」施行後の1948（昭和23）年度には、県内の入植戸数は3,000戸を超え、耕地面積は6,000haにもなっていました。しかし三本木（現十和田市）の旧軍馬補充部の牧草地跡といった恵まれた環境の土地を除けば、総じて生産は貧弱でした[15]。県によって実施された入植者選考においては、1949（昭和24）年までの5年間に選考を経て適格者とされたのは5,000戸以上でしたが、厳しい経営環境は多くの離農者を生みました。1948（昭和23）年度には、「入植者並びに増反者再確認取扱要領」が示され、これによって農業不適格者や土地・立木の取得だけを目的とした便乗入植者も排除されました[16]。

3．岩木山麓における開拓地の経営

（1）開拓地の環境

　岩木山麓の戦後開拓地は、羽黒・岳地区が標高400～500m、それ以外の地区は200～300mに位置しています。一部を除けばほぼ全体が傾斜地であり、水田耕作にも向いていません[17]。火山灰土壌の表土は膨軟、軽しょうといった特質をもっており、礫も多く含まれます。加えて地形も複雑で、直接農耕に適しているような土地はわずかでした。国有林の所属替によって開墾されるようになった土地は、木を伐採する必要があったうえに、根を掘り起こさなければならず、農耕を開始する以前に多大な作業負担を必要としました。気象条件も厳しく、1950年代後半の羽黒地区での観測によれば、月平均気温が20℃に達するのは7、8月のみで、初霜が下りるのが9月下旬、晩霜が5月下旬で、無霜日数は年123日、初雪は11月下旬、4月中旬頃まで根雪が消えず、積雪量は2mにも及びました[18]。

　開拓地の土壌に関しては「開拓適地」という判定を受けても、それがそのまま農業に適していることを意味したわけではありませんでした。陸軍演習場だった山田野地区（写真1）

写真1　陸軍山田野演習廠舎全景と岩木山
出典：歩三一岩手会編『歩兵三十一聯隊史』

では、兵士が駆け回っていたために、土地がコンクリートのように硬くなっており、なかなか土に鍬が刺さらず、土地を整備するのにもひと苦労でした[19]。

　肥料も十分ではなく、土を全部起こさずに一部を剥がしてひっくり返し、生えている草を腐らせて肥料にするという、「半開墾」という方法が採られました。そうした工夫をしても十分な収量を得るまでには相当の時間を要しました。また、旧兵舎（廠舎）の周りを耕作した人は、廠舎建設の際に用いられた砂利やコンクリート片にも悩まされました（写真2、3）。

写真2　今も遺る山田野演習場第九号兵舎
戦後は入植者住居・学校として使用された

写真3　演習廠舎跡から出た砂利
道路の敷砂利として活用されている

（いずれも2014年10月　筆者撮影）

　また、羽黒地区のように、機械を導入して開墾を行った結果、木の根と同時に表土まで剥ぎ取ってしまったために、下層部の重粘土のみが残り、乾燥すれば硬化し、雨降ればぬかるんでしまうような劣悪土壌になってしまった例もありました[20]。

(2) 入植者たち

　農業経営には、上記のような環境的要因の他に、農業に従事する人々の経験や技術、さらには耕作機械などを含めた資本といった要因が関わってきます。旧満州や樺太にて農業に従事していた人々はともかく、軍隊から復員した入植者のなかには、農業経験をまったくもたない人々も少なからずいました。なかには「ばれいしょは花が咲いたが一向に実をつけないので困った。今年は皆無作だ」との相談があったというエピソード[21]さえ残されています。じゃがいも（ばれいしょ）が土の中に実をつけることすら知らない入植者もいたのです。

　大きな希望を抱いて入植しながらも、厳しい環境と経験不足、さらには過剰な入植による配分面積の狭小さ、といった要因から、夢破れて離農する人々が多く生まれました。1945（昭和20）年から1955（昭和30）年までの入植者のうち、約3分の1が離脱していったという推計がされています[22]。

　開拓地の性格は、1949（昭和24）年ごろまでの緊急開拓期と、1950（昭和25）年ごろからの二三男対策期とで大きく二つに特徴づけられます。それは開拓地の成立時期の相違であると同時に、開拓地におけるコミュニティの相違を意味するものでした。二三男対策期の入植者たちが比較的旧来からの地縁的な結びつきを保ちながら入植したのに対して、緊急開拓期の入植者たちは出身地、前職、年齢構成なども様々で、新たな関係性を形作っていく必要が

ありました。

それゆえに多様な背景をもつ人々が集まって形成された開拓地では、内部で対立が生じることも珍しくありませんでした。岩木山東北麓裾野に位置する杉山地区に関する「この地区の特徴としてあげられるのは組合内部の紛争がほとんど無かったことと離農の少ないことである」[23]という記述は、裏を返せば各地において様々な対立があったことを示唆しています。

しかし開拓初期にみられた対立は、時間の経過とともに解消されていきます。現在の多くの開拓地では、一般農村と比べても遜色のない、あるいはそれ以上ともいえるような人々の強い結びつきがみられます。そこからは単に農業生産を行うだけではない、コミュニティづくりの努力があったことを窺うことができます。

(3) 開拓のための資本

緊急開拓期に岩木山麓に入植した人々の多くは、開墾にあたっての十分な資本や機械をもっていませんでした。開拓者に対する金融は、1948（昭和23）年になって「開拓者資金融通特別会計法」が成立したことによってようやく体系化されました。これにより一戸あたりの貸付額は、営農資金1万円、住宅資金7,500円からはじまり、1948（昭和23）年には営農資金の貸付枠は6万4,000円になりました[24]。

一方、農機具などは貧弱であり、多くが人力による開墾を余儀なくされました。そうしたなか、農地開発営団によるトラクター開墾が試みられます。1946（昭和21）年1月24日付の「緊急開拓農地開発事業委託要項」に基づき、地区面積50町歩以上の開拓地では建設工事、開田、開畑事業が農地開発営団、都道府県、市町村、農業会などに委託して実施されました。しかし、トラクターは陸軍の戦車改造品といった代物で、性能が悪く、開墾技術も幼稚で実績は上がらず、1947（昭和22）年10月以降はガソリンの配給も停止され、結局畜力開墾を余儀なくされました[25]。

山田野地区では元軍人の入植者が中心になって中古トラクターを購入したものの、故障が続いて失敗に終わり、元軍人に対する反発を招いたとされています[26]。

営農資金は本来農作業を行うために貸し付けられたものでしたが、実績が上がらないために、生活資金に流用されることがままありました。このことが入植者の負債をさらに大きくし、離農者を増加させる要因にもなりました。

(4) 開拓営農の推移

岩木山麓の開拓地では、当初は大豆、小豆、菜種、じゃがいもなどの栽培が行われました。しかし上記のような環境と技術の未熟さ、資本の不足といった要因から、失敗が続きます。筆者が聞き取りを行った山田野地区の入植者の場合、夫婦2人で必死に耕作した結果が、わずか大豆30kgだったということもありました[27]。親族の援助を得て何とかしのぐ、といった状態が数年続き、農家として自立するまでには相当な時間と努力を要したことがわかります。

表1　岩木山麓の開拓地一覧

町村名	地区名	組合名	入植年次	開拓者の属性	標高(m)	地区面積 1975年(ha)	戸当たり耕地面積 1960年(ha)	戸数 計画数(A)	戸数 1949年	戸数 1960年	戸数 1975年(B)	(B)/(A)(%)	組合 設立年月	組合 解散年月
鰺ヶ沢町	長平	和開	1952	二(縁)	200	111.3	3.7	20	―	20	19	95.0	1952.3	1973.2
	第二松代	西岩木	1952	二(縁)	250	195.0	2.8	27	―	22	21	77.8	1954.3	1973.2
	山田野	山田野	1945・46	引・復・戦(他)	120	445.7	3.3	79	78	74	46	58.2	1948.3	1974.7
	鳴沢	西建石	1947	引・復・戦(縁)	85	219.2	3.0	30	27	30	22	73.3	1948.9	1973.3
	第二北浮田	北浮田	1951	二(縁)	40	35.4	1.9	10	―	9	9	90.0	1949.1	1973.3
	若山	若山	1947	引・復(縁)	100	277.4	2.1	20	20	20	9	45.0	1954.1	1972.2
	餅の沢	餅の沢	1948	二(縁)	45	6.0	1.4	3	―	3	3	100.0	1950.1	1976.4
弘前市	蟹沢	蟹沢	1947	二(縁)	150	41.3	1.0	8	10	7	7	87.5	1948.5	1971.11
	十面沢	十面沢	1948	引・復(縁・他)	50	97.9	2.6	28	28	26	20	71.4	1948.7	1974.6
	十腰内	三日月	1945	引・復(縁・他)	50	109.0	2.7	34	36	32	18	52.9	1848.6	1974.3
	大森	七泉	1945	引・復(縁・他)	35	97.9	2.7	30	30	27	21	70.0	1948.8	―
	岩木山ろく	弘前開酪	1963	―	―	239.9	―	14			12	85.7	1964.8	
岩木町	岳	瑞穂	1949	引(他)・二(縁)	450	97.6	2.4	16		16	9	56.3	1949.1	1972.2
	津軽羽黒	津軽羽黒	1950	二(縁)	550	80.7	2.5	16	―		10	62.5	1954.2	1972.2
	上弥生	上弥生	1946	引・復・戦(縁)	280	133.7	1.2	64	70	57	43	67.2	1948.6	1972.1
	杉山	杉山	1947	二(縁)	280	66.8	1.6	26	26	26	26	100.0	1948.8	1972.3
	高杉	杉山	1947	引・二(縁)	280	50.8	2.0	16	16	16	7	43.8	1948.8	1972.3
	湯の沢	杉山	1945	引(縁)	250	19.7	1.5	8	8	8	3	37.5	1948.8	1972.3
	小森山	小森山	1950	二(縁)	280	47.8	1.5	10	―	10	10	100.0	1949.6	1972.1
	岩木南ろく	岩木	1962	―	―	197.8	―	14			14	100.0	1962.8	1973.3
相馬村	西村	西村	1950	―	300	25.1	1.6	7	―	6	0	0.0	1949.5	全戸離農
森田村	森田	森田村	1946	引・復(縁)	58	95.8	3.3	15	14	15	10	66.7	1948.5	1973.1
鶴田町	妙堂崎	共栄	1947	引・復(縁)	58	43.8	2.5	13	13	5	8	61.5	1948.6	1972.1

註：開拓者の属性欄の引は引き揚げ者、復は復員者、戦は戦災罹災者、二は二三男をそれぞれ示す。(縁)は地域の縁故のある入植者を、(他)は他地域からの入植者をそれぞれ示す。
出典：青森県農林部農地調整課『青森県戦後開拓史』、農林省農地局『昭和二十四年度　開拓地組合別営農概況』、青森県『昭和三十五年度　開拓地営農実績調査』、岩木町『岩木町史』に基づき作成。

　岩木山麓には表1のような開拓地が存在しています。入植開始年次は、引き揚げ者・復員者・戦災罹災者を対象とした緊急開拓と、二三男対策を目的とした開拓という質的相違とほぼ対応しています。一戸当たりの耕地面積は1.0haから3.7haまで、かなり幅があることもわかります。また、1975（昭和50）年度の当初の計画入植戸数に対する比率をみてみると、緊急開拓による開拓地の定着率の低さと、二三男対策による開拓地の定着率の高さがはっきりとした違いとなって表れています。
　ここにみられる変化は、開拓農業が日本農業の急激な変容にさらされていたことを反映しています。1949（昭和24）年時点の開拓地の主要な作物は、大豆、小豆、あわ、ばれいしょ、大根といったものでした。しかしこうした作物の生産だけでは経営は安定せず、県も開拓農

家への指導と新たな作物の奨励を行っていきます。菜種の生産に始まり、ビート（甜菜）の栽培も進められました。1963（昭和38）年には県の乳牛貸付事業も開始され、酪農も奨励されます。しかしこうした県の働きかけは、ただちに経営の成功を保障するものではありません。事業に応募して酪農を開始したものの、収益が上がらず、かえって負債ばかり大きくなってしまうような例も少なくありませんでした。

　山田野地区では、1953（昭和28）年、駐留米軍が旧演習場跡地を「岩木訓練場」として使用したいと日本政府に要求し、地元住民たちの必死の反発はやがて全県的な反対運動へと発展。結果として演習地としての接収は見送られます。しかし1960年代には、入植者の一部が農業に見切りをつけ、土地を売却することを考えて自衛隊誘致の陳情を始めます。結果として自衛隊は弘前に設置が決まるのですが、この一見矛盾しているかのような動きからは、開墾した土地への強い思いと開拓営農の難しさ・厳しさの間で葛藤する入植者の姿がみえてきます。

　1960年代半ばには、開田ブームが訪れます。この流れに乗って新たに水田を始める開拓農家も増加しました。しかし間もなく減反政策が始まると、再び転作を余儀なくされます。このように、多くの開拓農家は、一面においては「戦後農政のひずみ」を背負って生きてきたともいえます。

　一方では戦後開拓地の劣悪な条件を打開しようとする試みも行われました。時間を少しさかのぼって、1960（昭和35）年には旧岩木町百沢に農林省の「開拓地大規模機械化実験農場設置要項」に基づく「有限会社岩木実験農場」が設置されます。その目的は、大規模な酪農農場を設け、少数の稼働力による営農と、今後の開発方式の可能性を確認することにありました[28]。さらに1962（昭和37）年から1968（昭和43）年にかけて、「開拓パイロット事業」が実施されます。これらは開拓営農のモデルづくりと、共同化による経営の効率化を目指すものでしたが、その成果は当初の期待に背くものであったという評価がなされています[29]。全地域を一本化した酪農地域の形成という当初の理想は、開拓制度の改革によって資金調達や組織整備が困難になったこと、景気上昇にともなって果樹（りんご）が有望視されるようになったこと、開墾後の圃場が石礫のために畑作に不向きである、といった理由から、酪農、畑作、果樹の三営農形態に変更され、集団ごとに協業ないし個人経営となりました[30]。

　1970（昭和45）年から、開拓農政を一般農政に移行させる準備が進められます。実質的な措置は1972（昭和47）年度にほぼ完了し、農地開拓課が1974（昭和49）年度をもって廃止され、開拓農協も解散します。こうして、行政上の戦後開拓は終焉を迎えました。

4．開拓者たちの生活

（1）開拓地の生活環境

　戦後開拓地では、開墾作業を進めるのと同時に、住居をはじめとした生活環境の整備を行う必要がありました。敗戦後の資材不足と急速なインフレの進行のもとでの住宅整備は計画通り進捗しませんでした。

　「緊急開拓事業実施要領」の施行と同時に、住宅建設のための助成は定額100％補助とされましたが、1946（昭和21）年、1947（昭和22）年には補助率30％、残額70％は融資事業に改められます[31]。青森県でも一戸あたりの助成額は3,000円で、その名の通り「3,000円住宅」

が建設されます。しかし上述のような社会状況もあり、この金額では満足な住宅を建てることは難しかったようです。

　その点、旧陸軍演習場の兵舎が残されていた山田野地区は、比較的恵まれた事例といえるかもしれません。かつて兵隊たちが使っていた食器や家具も残されていました。しかし兵舎には台所や押し入れといった設備はなく、長い兵舎の建物を仕切り、長屋のようにして4、5軒ほどが住んでいたため、少なからず不便に感じられるところがありました[32]。

　また、たとえ雨露をしのぐことができても、入植者たちは自分の耕作地まで「通い開墾」を行わなければなりませんでした。山田野地区の場合、最も遠い人は旧兵舎の住居から8kmの道を歩いて通いました。「山田野兵舎から川越えて山。まず半日は、ゆうにあるなあ。半日よりちょっとあるかなあ」「大変だった、歩くのに。来るだけでも、朝、畑に着くまでで疲れてしまって」[33]というのが「通い開墾」を行っていた人々の実感するところでした。

　やがて、「通い開墾」の不便さを解消するために、入植者たちは耕作地の近くにそれぞれ住宅を建設するようになります。その際には旧兵舎が解体され、部材が転用されました。しかし掘っ立て小屋のような当初の住宅は、豪雪期には「冬に朝起きたら夜具の上に白い雪がいっぱい軒から入ってくる」[34]という有様でした。やがて山田野地区では、「八坪三三」（建坪8.33坪）と呼ばれる標準タイプの住宅が建設されていきました。

　道路や水道、電気といったインフラの整備も進みませんでした。山田野地区に電気が通ったのは、入植から4年あまりが経過した1949（昭和24）年の冬のこと（家によっては1951（昭和26）年）でした。こうした環境整備の遅れが、入植者の意欲を低下させ、離農を促す要因となったことがたびたび指摘されています[35]。第二松代地区の入植者の回想には、入植後「ランプ生活10年近く、米も背中で上げたのも約10年」[36]といった生活の様子が綴られています。「もはや戦後ではない」という流行語が生まれたのは1956（昭和31）年のことですが、終戦から10年以上が経過しても、開拓地の生活環境は整っていなかったのです。

（2）開拓地の女性たち

　安定した収穫が得られず、交通も不便であり、また岩木山麓という気象条件も厳しい環境のもとでは、入植者の医療・健康問題も大きな課題となっていました。青森県農地部開拓指導課は、アジア財団の援助により開拓地生活指導車「ひかり号」を導入し、1961（昭和36）年11月以降、巡回指導を実施しています。岩木山麓の各開拓地には、1962（昭和37）年5月、8月～11月に訪問した記録が残っています。「ひかり号」の指導内容は、保健衛生、生活指導、レクリエーションといったもので、併せて健康診断も行われました。

　この活動は多くの入植者たちに好意的に迎えられましたが、とりわけ女性たちにとって実りあるものと受け止められたようです。「ひかり号」の活動報告書の巻末には「ひかり号に寄せて」という文集が付されていますが、その執筆者のほとんどは女性です。とくに女性たちに歓迎されたのが、栄養ある料理の指導でした。上弥生地区の女性は「岩木山のふもとに住む私達の上にも光がさして来たような気がします」[37]という感想を述べています。開拓が男性を中心に進められる一方で、女性たちの多くは夫に付きそう形で入植をします。「こんな所で生活できるものか」というのが、開拓地にやってきた多くの女性たちの実感するところでした。彼女たちは、慣れない環境のもとで家事労働や子育てにも苦労を重ねていきました。

『陸奥新報』紙に1962（昭和37）年9月末から10月上旬にわたって連載された「開拓婦人の生活記録」[38]には、当時女性たちが直面した課題が綴られています。それらは①開墾作業の苦労、②自然条件の厳しさ、③インフラの未整備、④貧困、⑤家族の病気と看病、⑥子どもの出産、⑦子育て、といった点に整理することができます。男性たちによっても語られる①から④の点に対して、⑤から⑦までの3点は、女性が主として担わなければならない、固有の課題でした。

　とはいっても、開拓地の女性たちが「専業主婦」であったわけではありません。男性たちとともに開墾や農作業に従事していました。山田野地区では、夫とともに8kmもの道を「通い開墾」した人、農業未経験だった夫に代わって鋸で木を伐った人、鳴沢駅まで10kmもの道を歩いて、近隣の人々の分まで含めた配給米を取りに行った人など、生産労働においても中心的な役割を果たした女性の姿がみられます[39]。

　連載のなかでとくに印象的なのは、⑤家族の病気と看病、⑥子どもの出産に関する記述が多くみられることです。戦後開拓が進められていく1940年代後半は、第一次ベビーブームの時期とも重なります。しかし多くが山間僻地に立地する戦後開拓地まで足を運んでくれる助産師（産婆）はまれでした。したがって、正規の資格をもたない女性が赤ん坊を取り上げることも多くありました。

　医療や薬品が行き届かないなかで、重要な役割を担っていたのが開拓保健婦（開拓保健指導員）たちでした。鰺ヶ沢保健所で西津軽郡の15開拓地を受け持つことになった元指導員の女性は、初めて開拓地を訪れた際のことを、「こんな悪条件の土地に入植させた行政に対して激しい怒りを感じるとともに何かこの人達にして上げたいと思う気持で一杯」[40]だったと回想しています。当時の指導員のなかには、違法行為であると知りながら、目の前の苦しむ人をみて、やむにやまれず医療行為を行った、と回顧している人もいます。

　開拓地の生活をみるにつけ、指導員たちは医療面のケアにとどまらず、女性のグループ活動を積極的に支援するようになります。西津軽郡では、1960（昭和35）年7月に開拓農協婦人部協議会が結成され、各開拓地での婦人部の活動が活発に行われるようになりました。

　婦人部の活動拠点としての婦人ホームの予算が1960（昭和35）年に成立し、最寄りの公民館、保育所等までの距離が概ね6km以上あり、入植者を主体とした利用戸数が約50戸以上ある地区を対象に補助が行われました。また青森県は単独事業として、国の補助から漏れた地区を対象に1969（昭和44）年度から1975（昭和50）年度まで、婦人ホームの建設助成を行いました[41]（写真4）。少しずつではありますが、女性の地域活動や学びの場の環境整備が進められていきました。こうした環境の整備は、今も複数の開拓地においてみられる人々の強い結びつきの基礎になっています。

（3）開拓地の子どもと学校

　開拓地の女性たちは、生産労働と家事労働の両面において中心的な担い手でした。加えて多

写真4　和開地区の婦人ホーム
（2015年7月　筆者撮影）

くの入植者たちは実家を離れざるを得なかった引き揚げ者や二三男であったことから、日常生活において両親の力を借りることもままなりませんでした。

　子育てもまた女性たちにとって大きな課題でした。「仕事が忙しくて、そのまま投げっぱなし」にせざるを得ないのが、開拓地の母親たちの現実でした。学齢に達した後には、通学の不便さが悩みとなります。雪のない時期はまだしも、厳冬期に大変な思いをして学校に通う子どもたちを、母親たちは胸を痛めながら見守っていました。

　開拓地における小中学校分校の建設に対する補助制度は1946（昭和21）年に確立されました。この制度の補助対象は、入植者の子どもが通学するために必要な校舎の新築または増築と、へき地教育振興法に規定されるへき地分校に勤務する教員住宅を当該市町村が建設する場合です。補助条件は、新築の場合は最寄りの既設学校までの平均通学距離が概ね3km（中学校分校は6km）以上ある通学困難な開拓地とし、増築については児童数が増加して校舎が不足し、不正常授業を余儀なくされる場合、とされていました[42]。

　こうした動きのなかで、入植者たちの分校設立への願いは高まっていきます。山田野地区でもそうした声は次第に高まっていきました。鰺ヶ沢町立鳴沢小学校山田野分校の児童や両親、祖父母たちがまとめた『山田野の昔を語る』という書物[43]には、山田野開拓農業協同組合が中心となっての分校設立に至る過程が記録されています。

　西地方事務所長より山田野開拓農業組合に小学校分教場建設計画を提出するよう要請があったのは1951（昭和26）年1月のことでした。これ以降各関係機関との折衝が続けられていきますが、設置に至るまでは紆余曲折がありました。1953（昭和28）年7月には地域から設立陳情書が提出され、1954（昭和29）年4月、ようやく人々の願いがかなって山田野分校は開校します。

　1953（昭和29）年に旧中村（現鰺ヶ沢町）の二三男対策として、白沢山国有林・西岩木山国有林内での開墾が開始された第二松代地区では、1957（昭和32）年4月に鰺ヶ沢町立芦萢小学校第二松代分校が開校します。こちらは同年12月に芦萢中学校第二松代分校を併置する形となりました。そのあゆみは、『閉校記念誌　山望』[44]にまとめられています。

　鶴田町では、共栄地区の入植者の子どもたちが通学に苦労していたため、1959（昭和34）年2月に妙堂崎小学校共栄分校が開校します。児童5人、教員1人でのスタートでした[45]。

　へき地教育としての分校は、複式学級など、様々な制約をともないましたが、教師たちは工夫と努力を重ね、豊かな実践を重ねていきました。1969（昭和44）年に山田野分校に赴任したある教師は、当時を次のように回想しています。「へき地での教育は、学校だけが教育の場ではなかった。最初の頃は『先生、なして家庭訪問に歩いている

写真5　旧山田野分校校舎（現山田野集会所）
（2015年7月　筆者撮影）

写真6　旧第二松代分校校舎

写真7　旧共栄分校校舎（現共栄文化センター）

（いずれも2015年7月　筆者撮影）

の？』と聞かれもしたけれど、山田野の人たちと語り合うなかで多くのことを学び、そして分校の子どもたちに何を考えさせ、何を教えなければならないのかを知ることもできた」[46] その教師は、そこに「教育の原点」をみた、と述べています。

　そうした分校は、子どもたちだけにとっての場所ではありませんでした。山田野分校では、運動会や学芸会は、子どもだけでなく地域の大人たちも参加する行事でした。入学式や卒業式には、たった1人の児童のために地区の人が総出でお祝いをしていました。このことは学校が戦後開拓地という新たに生み出された地域社会において、コミュニティの中心的な存在であったことを教えてくれます。

　分校教育は、決して地域内に閉じられたものではありませんでした。西北地区では「分校教育研究会」が組織され、課題の共有や解決策の模索が検討されていました[47]。この分校研究会には教師だけでなく保護者も参加して、相互に訪問をするといった機会も設けられていました。

　その後少子化・過疎化の流れによって、1994（平成6）年に共栄分校、2002（平成14）年に山田野分校、2005（平成17）年には第二松代分校が、それぞれ閉校となりました（写真5、6、7）。しかしそれから10年以上が経った現在においても、分校教育の経験は、地域に住む人々にとっての幸せな思い出として記憶されています。

5．開拓の記憶を次世代へ

　戦後開拓地の歴史は、政策や制度上は1974（昭和49）年度をもって終わりを告げます。しかし、それぞれの開拓地に刻まれた人々の経験は、第二世代、第三世代へと受け継がれ、「開拓者」としてのアイデンティティは生き続けています。その意味では、戦後開拓は今もなお続いているといえるかもしれません。

　岩木山麓の戦後開拓地のうち、小森山、和開、山田野地区にはそれぞれ開拓記念碑が建てられています（山田野地区のものは分校の閉校記念碑）（写真8、9、10）。これらの記念碑は、最初の入植者たちの努力を刻むことで、開拓地のシンボルとなっています。

写真8　小森山地区の開拓碑
（2015年7月　筆者撮影）

写真9　和開地区の開拓碑（左20周年、右50周年）
（鰺ヶ沢町教育委員会提供）

写真10　山田野分校閉校記念碑
（2015年7月　筆者撮影）

　戦後の「緊急開拓」から70年近い時間が経過し、当時を知る第一世代は少なくなり、第二・第三世代へと移行しています。そうした時間の流れにおいても、開拓の記憶はしっかりと受け継がれています。

　開拓記念碑とは別の形で、山田野地区では開拓当初の記憶を記録する取り組みがなされました。先にも紹介した『山田野の昔を語る』は、第二世代・第三世代の人々が第一世代の物語に耳を傾けることから生まれました。2002（平成14）年に閉校となった旧山田野分校は、1960年代に建設された婦人ホームに代わって地区集会所として今日も利用され続けています。開拓地の分校は、ときに開拓の記憶を収集する場となり、そして現在は人々の記憶をつなぎとめ、喚起する場にもなっています。学校としての役割を終えた後も、「地域コミュニティの中心」としての意味は維持され続けています。

　岩木山麓にある戦後開拓地のすべてがこうした事例と同じような経過をたどったわけではないでしょう。しかし、かつては多くの開拓地で生じていた人々の対立は、地域での共通の体験と場の共有によって徐々に緩和されていき、今日もなお開拓地に住み続ける人々からは、むしろ強い絆の存在を感じることができます。

　戦後開拓地は、他の一般農村と同様の高齢化と人口減少に直面しています。かつては100

戸近い開拓農家で構成されていた山田野地区は、現在は当時のほぼ3割程度にまで戸数が減少しています。現在進みつつある第二世代から第三世代への移行が本格化するときには、その数はより少ないものになることが予想されます。

そうしたなかで、開拓地において蓄積された記憶を広げていくような取り組みも行われています。山田野集会所では、毎年3月に味噌づくりが行われています。この活動は、祖父母世代から子ども世代までが広く交流していた学校のあり方を踏襲しています。そして中心となっている第二世代の人々は、第一世代から受け継いだ食や生活に関する知恵を、より若い世代へと伝えていこうとしています。

毎年5月半ばから6月上旬にかけて、山田野の一帯は黄色い菜の花が見事に咲き誇ります。じゃがいもの連作被害を避けるために作付けされた菜の花と岩木山の風景（写真11）は、現在では県内外まで広く知られるようになり、訪れる人も多くなっています。一見のどかそのものにみえるこの大地は、かつて開拓農民たちが慣れない手つきで鍬を入れ、土を掘り起こし、やっとの思いでその手につかんだものでした。

岩木山は、麓を開墾する入植者たちのすぐそばにありました。にもかかわらず、人々はその頂きを見上げる暇もないほどに刻苦精励してきました。緑豊かな岩木山麓にも、多くの汗と涙を流し、歯を食いしばって生きてきた人々の営みの記憶が、今も静かに、しかし確かに息づいています。

写真11　毎年5月から6月にかけて山田野の大地は菜の花で埋め尽くされる
（2013年5月　筆者撮影）

【引用・参考文献】
1) 中園裕「岩木山麓の近現代史－岩木町史編さんの成果から考える－」、武田共治「岩木山麓の「入会」・「開拓」・「開発」について－」、山谷秀明「岩木山をめぐるりんご栽培の展開」（いずれも「岩木山を科学する」刊行会編（2014）：『岩木山を科学する』北方新社　所収）
2) 野添憲治（1976）：『開拓農民の記録－農政のひずみを負って－』　NHKブックス　p121
3) 若槻泰雄・鈴木譲二（1975）：『海外移住政策史論』　福村出版　p84
4) 戦後開拓史編纂委員会（1976）：『戦後開拓史』　全国開拓農業協同組合連合会　p32
5) 引揚援護庁長官官房総務課編（1950）：『引揚援護の記録』引揚援護庁
6) 前掲『戦後開拓史』　p96表2－3より算出。なおその構成は旧軍用地以外には、民有地68万2,330町歩（52.7%）、国有林24万4,827町歩（18.9%）、その他18万町歩（13.9%）である。
7) 青森県農林部農地調整課（1976）：『青森県戦後開拓史』　青森県　p5
8) 青森県農林部農地調整課（1965）：『戦後の開拓年表－開拓20年の歩み－』　青森県　p1
9) 前掲『戦後開拓史』　p312
10) 前掲『青森県戦後開拓史』　p127-128
11) 同上書　p72-73
12) 高瀬雅弘編・中田書矢・稲垣森太・村上亜弥（2014）：『山田野－陸軍演習場・演習廠舎と跡地の100年－』弘前大学出版会　p73
13) 前掲『青森県戦後開拓史』　p122
14) 同上書　p123
15) 同上書　p10
16) 同上書　p13
17) 石岡在正（1969）：「青森県に於ける戦後開拓地（その1）岩木山麓」『弘大地理』第5号　p47
18) 今井六哉・横山弘（1962）：「岩木山南麓開拓地の土地利用」『東北地理』第14巻4号　pp109-110
19) 前掲『山田野』　p77
20) 前掲「岩木山南麓開拓地の土地利用」　p111
21) 前掲『青森県戦後開拓史』　p391
22) 渡辺茂蔵（1959）：「戦後の開拓計画にもとづく新開集落について」冨田芳郎先生退官記念論文集刊行委員会編『開発に関する地理学的諸問題』古今書院　p107
23) 前掲『青森県戦後開拓史』　p398
24) 同上書　p15
25) 同上書　p14-15
26) 同上書　p390
27) 前掲『山田野』　p70
28) 前掲『青森県戦後開拓史』　p37
29) 同上書　p42
30) 同上書　p401
31) 前掲『戦後開拓史』　p215
32) 前掲『山田野』　p86
33) 同上書　p77
34) 同上書　p88
35) 前掲『青森県戦後開拓史』　p397
36) 同上書　p554
37) 青森県農地部開拓指導課（1963）：『青森県開拓地生活指導車巡回指導実績』　p107
38) この連載の存在については、前掲「岩木山麓の近代史」より教示を得た。連載のもとになっているのは1962（昭和37）年9月20日に弘前市中央公民館で開催された中弘地方の開拓婦人たちの生活体験発表会で報告された内容である
39) 高瀬雅弘（2015）：「戦後開拓地のライフヒストリー（4）－青森県鰺ヶ沢町山田野地区における女

性たちの地域性と共同性―」『弘前大学教育学部紀要』第113号
40) 前掲『青森県戦後開拓史』 p717
41) 同上書 p178-179
42) 前掲『戦後開拓史』 p216
43) 山田野の昔を記録する会編（1994）：『山田野の昔を語る』鳴沢小学校山田野分校
44) 鰺ヶ沢町立中村小学校・鰺ヶ沢第一中学校第二松代分校閉校記念事業実行委員会編（2005）：『閉校記念誌　眺望』鰺ヶ沢町立中村小学校・鰺ヶ沢第一中学校第二松代分校
45) 鶴田町誌編纂委員会編（1979）：『鶴田町誌』下巻　p463
46) 山谷信雄（1994）：「山田野に見た『教育の原点』」前掲『山田野の昔を語る』 p71
47) 青森県西北分校教育研究会（1971）：『分校教育の記録』西北分校教育研究会

岩木山麓産山菜における生産・流通の現段階と課題
―木村食品工業の事例を中心に―

石塚哉史

　周知の通り、青森県は津軽半島、下北半島、津軽地方、南部（県南）地方と広範囲に渡って多種多様な山菜栽培が確認できるだけでなく、尚且つ品質の良い山菜が多く採集されており、「山菜の宝庫」と称されています[1]。以前から、これらの地域における山菜の取引は、中山間地域に自生した山菜を採集（いわゆる「山どり」）したものを買い付けるという伝統的、独特な流通経路で産地から消費地へ渡っており、採集を担う者の参入障壁が比較的高くないことから、収穫期を中心とした季節的、副業的な農家の現金収入源としての役割を担っています。

　こうしたなかで、津軽地方の有力な山菜産地である岩木山麓産の山菜についてみていくと、関東地方を中心とした大消費地市場において一定程度の評価がなされているにもかかわらず、その実態については不明瞭な点が多いままであるといえます。岩木山麓一帯は、山岳丘陵地帯特有の昼夜の気温差（日較差）および肥沃な土壌という自然特性を有しており、「ぜんまい」、「わらび」、「うど」、「みず」、「細竹」、「ふきのとう」に代表される山菜の品目に加えて、「さもだし」、「しめじ」、「なめこ」等きのこ類が豊富に生育しているため、例年採集者が多く集まる地域として位置づけられます。雪解け後の時期に山菜採集が主目的である入山者が多く集まり、岩木山が賑わいをみせる様子は地域にとって季節の風物詩と表現しても過言ではありません。しかしながら、上述のように、岩木山麓の山菜が地域にとって重要な特用林産物であることは認知されてはいるものの、その生産・流通の現段階と課題については、関連資料が整備されておらず、未だに不明瞭な点が多いためにあまり言及されていません。

　そこで、本稿の目的は、青森県産山菜および岩木山麓産山菜の生産・流通の実態を整理し、その特徴と問題点を明らかにすることです。具体的には、前述の通り、岩木山麓産山菜流通動向を示した統計資料等が未整備であることを踏まえて、青森県内に立地する食品企業において筆者が実施した訪問面接調査の結果に基づいて検討していきます。

　なお、企業調査は、木村食品工業本社（青森県平川市）において2015年9月に役員を対象に実施しました。調査対象に木村食品工業を選択した理由は、津軽地域で有力な農産物加工企業であり、地場産食材の原料調達に積極的であるとともに、地域内での山菜加工品の取扱量が最大であるからです。

1．わが国における山菜生産・加工・流通関連研究の整理

　わが国における山菜の生産・加工・流通に係る農業経済学分野の主要な研究として、三井田（1974）[2]、丹野（1978）[3]、大久保（1998）[4]、吉澤・赤池・石栗（2000）[5]「農耕と園芸」編集部（2009a）[6]および（2009b）[7]、等があげられます。

　三井田（1974）は、山村集落における維持的要素を形成する要因を究明するために山菜の利活用方法とその効果について考察しました。考察の結果、越後山脈から朝日山地にかける

地域の典型的なゼンマイ生産が卓越した集落（新潟県朝日村、上川村、福島県只見村）を対象とした産地の生産実態を解明しました。それに加えて、ゼンマイ等の山菜が集落維持的な様相の形成にとって中枢的な要因となっていることを明らかにしました。今後の課題として、ゼンマイ生産に向けられる労働力の減少に対応する労働生産性の向上および流通体制の改善が必要であると述べています。

丹野（1978）は、秋季の山菜採集とその利用方法を解明するために住民と山地との関連性の分析を行いました。具体的には、山形県小国町におけるゼンマイ農家の調査事例から検討しました。検討の結果、①山村経済にとってゼンマイは生計活動を部分的に担っていることが評価できること、②ゼンマイ採集に従事する者は比較的高齢者に該当する世代であり、老齢化の進展が危惧される点を明らかにしました。

大久保は、山梨県内における山菜流通の実態と販路開拓の展望について「あくなしワラビ」の流通実態調査（卸売市場、加工業者、宿泊施設）、商品特性の把握、新規販売チャネル（農産物直売所、観光山菜園）の検討を行いました。検討の結果、「あくなしワラビ」は調理の簡便さという特性を有しているものの、消費段階での認知度が低いことが課題であると指摘しました。

吉澤・赤池・石栗（2000）は、栃木県内の農協、市場、農産物直売所での実態調査を通した山菜（山ウド、わらび）の生産・流通実態の分析から今後の市場開拓の方向について考察しました。考察の結果、栃木県における特用林産物の生産時期、特性および需給バランスを鑑みると、大規模な産地形成を進展させるよりも地域特性を活かした地産地消を推進する産地形成の必要性が高いと指摘しました。

『農耕と園芸』編集部（2009a）は、山菜類の市場動向を仲卸の視点から把握することを目的に、東京都中央卸売市場築地市場青果部の事例を中心に検討しました。その結果、山菜類の市場特性として、①嗜好品であるために景気動向の影響を受けやすい品目である点、②季節感、旬を楽しむことが前提として消費されている点を踏まえると、現在推進されている旬の喪失や周年化を目指した促成物は、全体の価値低下に繋がる問題を引き起こす可能性を有している点、を指摘しました。

『農耕と園芸』編集部（2009b）は、山梨県における山菜類の現状と栽培技術の展望について山梨県総合農業技術センター高冷地野菜・花き振興センターの取り組みについて検討しました。検討の結果、生産面では耐病性系統の導入や栽培技術の確立により、病害防除について一定程度の成果が得られている点を明らかにしました。前述の点を踏まえた今後の課題として、省力的品目として遊休地や耕作放棄地への導入を図るための作業負担が少なく比較的収益が期待できる生産技術の開発が必要であることを指摘しました。

以上の既存研究をみていくと、高度成長期以前に山菜は中山間地域の食材としての役割が強く、さほど経済的意義も見出しにくい食材と位置づけられていたため、当時の研究成果は稀少となり、不明瞭な点が多い状態であったといえます。

しかしながら、1970年代以降の高度経済成長期に代表される国民生活の向上に伴い、それ以前の情勢とは一転して山菜の地域性や旅行・観光等レジャーという視点での関心が高まったことにより、嗜好品や食材としての価値を見出せた結果、山菜産地と周辺集落との地域経済に関連する研究成果が蓄積されました。

その後の1980年以降は、中国産に代表される安価な輸入山菜の国内流通量が急激に増加したため、国産山菜に関連する研究は再度稀少となったものの、1990年代後半以降は高齢化が進展する中山間地域において、山菜が就労確保だけでなく、現金収入源になるという重要な役割を果たす特用林産物としての期待が高まったことにより、産地形成をはじめ、販路確保や消費拡大に関連する研究が行われました。

　さらに2000年代以降には、いわゆる「山どり」といわれた伝統的な生産・流通体系である採集ではなく、持続的発展に向けた安定した収量を確保する上での栽培技術の普及や展開に関連する研究が行われています。

2．岩木山麓産山菜における生産・加工・流通の今日的展開－木村食品工業の事例を中心に－

(1) 調査対象企業の概況

　木村食品工業（以下、煩雑さを省くため「木村食品」と省略）は、平川市に本社を有する1976年に設立された株式会社です。資本金9,000万円、従業員数421名（2013年3月時点）であり、主な事業内容は、山菜（缶詰、瓶詰、袋詰）、りんご加工品（ジュース、プレザーブ、シロップ漬缶詰）、冷凍食品（果実、野菜）、乾燥野菜（切り干し大根、乾燥りんご）等の加工・販売があげられます。

　製造拠点である加工工場は、青森県（平川市、弘前市）、および秋田県（大館市、南秋田郡五城目町）の北東北地方に属する2県3市・1町の4ヵ所に立地しています。山菜加工品の取り扱いについては、1976年に開始した水煮販売を契機として現在まで約40年間継続しており、県内有数の山菜加工を営む企業として位置づけることができます。

(2) 木村食品の山菜加工品における原料調達の展開

　木村食品による山菜加工の契機は、当初は海藻（昆布の醤油漬等）加工品を中心に取り扱っていた時期に市場からの山菜加工品（水煮）に対する要望を受けて開始し、現在まで継続しています。当初は、中国産原料を輸入し、加工を施した後、販売しましたが、1990年代以降の残留農薬問題、産地偽装等の中国産農産物・加工食品に代表される輸入食品を取り巻く事象の変化による影響から国産原料に回帰する実需者が表れています[8]。こうした実需者による国産原料を使用した山菜加工品のニーズが高まりつつある点を踏まえて、1993年以降から木村食品では自社製品における国産原料のシェアを高め、現在に至っています。

　調査時点の山菜加工品の原料構成は、国産原料30％、輸入原料70％です。最近の山菜資源の減少や担い手不足という国産原料の調達が困難な状況であるにも関わらず、一定程度の規模を維持しています*。

　次に、木村食品において取り扱う国産（日本産）山菜調達に関する特徴について見ていきます。表1は、最近の木村食品における国産山菜の調達量の推移を示したものです。取扱品目として、「ぜんまい」、「細竹」、「もうそう」、「わらび」、「ふき」、「みず」、「みずのこぶ」、「う

---

*　一般的に山菜加工を営む企業において、国産原料の使用比率が10％を超えていれば頻度の高い企業であるといわれています。山菜加工品の原料となる塩蔵野菜の輸入に関しては、石塚（1997）[9]、石塚・大島（1998）[10] を参照。

表1　最近の木村食品工業における国産山菜調達量の推移

(単位：kg、％)

		2013年			2014年			
		実　数	構成比①	構成比②	実　数	構成比①	構成比②	前年比
ぜんまい	生　鮮	2,993	0.6	2.0	4,035	0.8	3.0	134.8
	乾　燥	8,244	1.7	100.0	9,144	1.8	100.0	110.9
細竹	生　鮮	43,639	9.0	29.9	34,722	7.0	26.0	79.6
	缶　詰	11,680	2.4	8.8	3,950	0.8	2.3	33.8
もうそう	缶　詰	120,912	25.1	91.2	162,173	32.7	92.4	134.1
わらび	生　鮮	31,912	6.6	21.8	33,454	6.7	25.0	104.8
	塩　蔵	58,280	12.1	29.8	50,044	10.1	28.1	85.9
ふき	生　鮮	60,460	12.5	41.4	56,605	11.4	42.3	93.6
	塩　蔵	103,565	21.5	53.0	86,173	17.4	48.4	83.2
	缶　詰	11	0.0	0.0	9,320	1.9	5.3	84,727.3
みず	生　鮮	2,887	0.6	2.0	7	0.0	0.0	0.2
	塩　蔵	25,965	5.4	13.3	35,883	7.2	20.2	138.2
みずのこぶ	生　鮮	447	0.1	0.3	754	0.2	0.6	168.7
	塩　蔵	500	0.1	0.3	1,834	0.4	1.0	366.8
うど	生　鮮	3,804	0.8	2.6	4,095	0.8	3.1	107.6
	塩　蔵	7,263	1.5	3.7	4,042	0.8	2.3	55.7
合　計		482,562	100.0	100.0	496,235	100.0	100.0	102.8
	生　鮮	146,142	30.3	100.0	133,672	26.9	100.0	91.5
	乾　燥	8,244	1.7	100.0	9,144	1.8	100.0	110.9
	缶　詰	132,603	27.5	100.0	175,443	35.4	100.0	132.3
	塩　蔵	195,573	40.5	100.0	177,976	35.9	100.0	91.0

注1：構成比①は、合計に占める比率
注2：構成比②は、生鮮、乾燥、缶詰、塩蔵の加工形態に占める比率
資料：木村食品工業資料より作成

ど」の8品目を確認することができます。これらの8品目は、品目毎の特性や加工・消費段階での用途に応じて、生鮮以外にも乾燥、缶詰、塩蔵という形態で調達されており、単一品目であっても複数の形態による取引が確認できるので、多種多様な形態が存在していることが理解できます。

　また、2013年、2014年の数値をみていくと、木村食品による国産山菜の調達量は、概ね482～496tという500t弱の規模で行われています。形態別にみていくと、塩蔵、生鮮、缶詰の3形態がそれぞれ30％前後の比率を構成しています。乾燥は限定された数量であることが理解できます。形態別の取扱品目数をみていくと、生鮮が7品目（「ぜんまい」、「細竹」、「わらび」、「ふき」、「みず」、「みずのこぶ」、「うど」）で最も多く、次いで塩蔵5品目（「わらび」、「ふき」、「みず」、「みずのこぶ」、「うど」）、缶詰3品目（「細竹」、「もうそう」、「ふき」）、乾燥（「ぜんまい」）1品目のみとなっています。生鮮の品目数が多い理由として、前述の通り原料調達方法において採集による比率が高いことが影響を与えています。このことは、国内で有数の山菜産地として位置づけられる青森県に立地する食品企業である故の特徴を示しているとともに、木村食品が地場産山菜への取扱を推進する企業行動の表れであると理解できます。

　品目別の数量ベースで調達量の多い順にみていくと、「もうそう（缶詰）」（①2013年：25.1％、②2014年：32.7％）、「ふき（塩蔵）」（①21.5％、②17.4％）、「ふき（生鮮）」（①

12.5％、②11.4％）、「わらび（塩蔵）」（①12.1％、②10.1％）、「細竹（生鮮）」（①9.0％、②7.0％）の５品目が有力な山菜であることが表２から示されています。これら５品目の中でも、「もうそう（缶詰）」および「ふき（塩蔵）」、「ふき（生鮮）」への集中度は高く、前者は単一品目で30％程度、後者に関しては、複数の形態を合算すると30％程度であります。これら品目の集中度の高さは、３品目のみの数量を合算して推計すると全体の過半数を占めていることから、木村食品にとって重要な品目として位置づけられています。

さらに形態別の主力品目をみると、塩蔵は「ふき」（①21.5％、②48.4％）、「わらび」（①29.8％、②28.1％）、缶詰は「もうそう」（①91.2％、②92.4％）、生鮮は「ふき」（①41.4％、②42.3％）、「細竹」（①29.9％、②26.6％）、「わらび」（①21.8％、②25.0％）、乾燥は「ぜんまい」（①100.0％、②100.0％）です。各形態を通じて、上位品目への集中度が高く、比較的主力品目が複数に渡っていると確認できる生鮮であっても３品目で全量近くを占めています。取扱数量の多い塩蔵、缶詰に至っては１～２品目で同様の傾向を示しており、多品目の取扱があるものの、その実態は一部の品目への集中が顕著に表れていることが明確な特徴としてあげられます。

（3）木村食品における岩木山麓産山菜の調達および加工・流通の展開

木村食品が取扱う山菜における国産原料の調達先をみていくと、青森県70％であり、その中で岩木山麓産山菜のシェアは30％程度を占めています（「図１」参照）。品目別にみると、「ふき」、「細竹」、「わらび」が比率の高い状態です。

木村食品における青森県産山菜の調達は、①採集者による自社への直接持込、②産地商人からの買付の２形態となっています。山菜の総取扱量に占める構成をみると、採集者70～80％、産地商人20～30％となっており、前者による原料調達比率が著しいです。なお岩木山麓産山菜に関

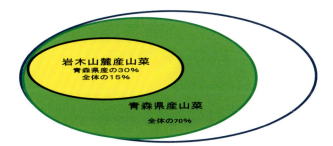

図１　木村食品工業における国産山菜調達先構成の概念図
資料：調査結果より筆者作成

しては、大半が前者による調達によって賄われていることが確認できます。採集者は年間の延べ人数で600～700人が確認されているものの、その多くは小規模・零細な収穫数量であり、安定した収穫量（収穫期間の販売額：20～30万円／月）を確保できる採集者は全体の10％弱程度と限定されています。採集者の属性をみると、その大半は50～60歳代の中高齢層の農家が半数近い状態です。こうした採集者からの原料調達のウェイトを高くしている要因は、数量確保の実現性が高くなるというメリットの存在によるものの影響が大きいと考えられます。

しかしながら、前述のメリットを享受するには、自社において、規格に適合する山菜の選別という煩雑な作業に従事するという必要条件が存在しており、その対応が企業側にとって大きな負担であり、山菜加工の特徴となっています。後者は、調査時点では２社との取引関係が構築されており、主に「ふき」を調達しています。調達時には、湯がき、皮むきの作業を施してあるために、加工する企業サイドにとって数量確保以外にも効率の良い部分が存在

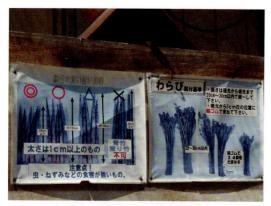
写真1　細竹・わらびの買付基準

写真2　採集者からの買付の様子①

写真3　採集者からの買付の様子②

写真4　買付けた山菜

しています。

　最後に、主要な原料調達方法である山菜採集の買付方法についてみていきます。まず、採集者は木村食品へ山菜を販売するために、採集後に自家用車等で平川本社へ持ち込むケースが主流となっています。持ち込む際の採集者による山菜の荷姿は、籠、リュック・サック、ビニール袋等多種多様なパターンが存在しています（写真1〜4を参照）。

　それに加えて、最近では、採集地域を明確にするため、（採集者が）自社に持ち込んだ際に、（木村食品の）買付担当者によって青森県内の山菜産地を示した地図に採取した地域を確認し、記録する作業を義務づけています。

　持ち込まれた山菜は、木村食品が規定する買付基準に応じて評価を行い購入金額が決定されています。「細竹」に関しては、虫やねずみによる食害がない点を前提として、長さ（23cm以下、23〜25cm、25〜28cm）、太さ（1cm以上）を中心に選定しています。同様に「わらび」をみていくと、長さ（20〜30cm）を中心に選定しており、品目によって基準が異なるようです。

　なお、木村食品で製造される岩木山麓産山菜加工品の主要な販路をみていくと、小売、生協、学校給食です。その中でも岩木山麓産の山菜へのニーズが高い販路として、生協の存在があげられます。一般的に量販店等と比較すると、国産原料への関心が高い消費者が購買層であるため、岩木山麓産山菜をはじめとする青森県産山菜への認知度が高く、重要な消費先

となっています。とりわけ、木村食品の役員を対象としたヒアリングによると、東北地方からの移住者や出稼ぎ者が多い関東地方に立地する生協においては上述の傾向が強く見受けられます。それに対して、業務用需要に関しては実需者の中心である食品企業・外食産業の購買意識が物量重視を志向した流通であるため、国産品よりも輸入品へのニーズが高い傾向が見受けられます。

　調査時点では、木村食品による岩木山麓産山菜加工品を対象とした消費市場でのプロモーション活動は特段行っていませんでした。こうした事象の背景には、過去に製品差別化を推進するため、他県産地の山菜とは別個の取り組みをみせた時期*も存在したのですが、現在の販路は国産、青森県産より細分化した産地へのニーズが活発ではなかったために、製造・販売サイドにまで明確な効果を産出することができなかった点が影響したことが指摘できます。

　しかしながら、岩木山麓産の山菜を定期的に購入する販路（産地にこだわりを持ち消費者を購買層としている生協等）には、食感**、味、風味***に関して他産地や栽培で調達したものと優位性が有すると高い評価を受けていることも実情です。したがって、今後はこの優位性のアピールをどのように利活用していくのかが、岩木山麓産山菜の生産・流通の持続的発展を図る上で克服すべき課題であるものと考えられます。

4．まとめにかえて－岩木山麓産山菜の生産・流通の課題と今後の展望－

　本稿では、岩木山麓産山菜における生産および流通の今日的展開について、木村食品の実態調査に基づいて検討しました。以下において、本稿で明らかになった点を整理するとともに、残された課題について示していきます。

　第1は、岩木山麓産山菜採集の担い手は、600～700人という不特定多数の採集者であることが明らかになりました。これら採集者の中で、長期にわたって調達相手として確認できるのは10％程度と限定されたものです。採集者の属性をみていくと、周辺地域に居住する中高齢層の農家であるケースが多いことが確認できました。このような採集者との山菜の取引規模は少量であるために、原料調達時に食品企業は規格の確認、選定という煩雑な作業を要することになりますが、事例企業では買付基準の徹底や産地確認等きめ細かな対応を図ることによって、安定供給を実現している点は地域資源の利活用を推進する上で評価すべき取り組みであるといえます。

　第2に、岩木山麓産山菜の市場での評価として、産地や商品への意識を有する消費者には、食感、風味を中心に高い評価を受けていることが確認できました。今後はこのような特性を幅広い消費者層に伝達していくことを検討する必要性が高まっていくものと考えられます。

　以上のように、生産・流通の面において、独自な展開を示している岩木山麓産山菜でありますが、中長期的な視野でみていくと若干の問題点も発生しています。具体的には、岩木山

---

* 　役員を対象としたヒアリングによると、2005年前後に木村食品は3～4年程度岩木山麓産山菜に焦点をあてたプロモーションに取り組んだ経験を有しています。
** 　栽培されたふきおよび他産地のふきと比較すると、繊維質が豊富であるために食感がやや堅めなことから、歯ごたえが存在することが特徴としてあげられます。
*** 味染みの良さおよび煮崩れがしにくく、調理に向いている点があげられます。

麓産の山菜採集に係る従事者は多く存在しているものの、その属性をみると中高齢者の比率が高く、中長期的な視点でみると調達量を確保するために対策を検討することが必要な段階に来ています。このような案件に関しては、採集者や企業という個々の組織で対応することは限界があることは容易に想定できます。したがって換言すれば、地方自治体や関連機関を含めた複数の機関が連携して、山菜という地域資源の存立条件と持続的発展を見直す機会を設ける時期が迫っていると考えられます。筆者はこれらの対策の成否が、岩木山麓における山菜生産の持続的発展を実現するためのポイントであると想定できるために今回同様の調査を多方面で継続して行っていくことを考えています。

謝辞：本稿の作成に際し、木村食品工業の木村勉会長、辻脇悟志執行役員をはじめ、職員の皆様にはご多用であるにも関わらず、調査対応および資料提供等の支援を賜りました。皆様にこの場を借りて謝意を申し上げます。

【参考資料および引用文献】
1）新田良雄（2009）：「青森県の山菜資源とその利用状況について」『特産情報』第31巻第3号
2）三井田圭右（1974）：「東北日本奥地山村におけるゼンマイ生産の実態とその集落維持的意義」『地理学評論』第47巻第7号
3）丹野正（1978）：「多雪地帯の山村における山菜収集活動について」『季刊人類学』第9巻第3号
4）大久保樹（1998）：「山梨県内における山菜流通の現状と販路開拓手法－あくなしワラビを事例として－」『関東東海農業経営研究』第89号
5）吉澤伸夫・赤池志保・石栗太（2000）：「栃木県における特用林産物の生産・流通と産地形成」『宇都宮大学農学部演習林報告』第36号
6）『農耕と園芸』編集部（2009a）：「仲卸から見た山菜類の市場動向について」『農耕と園芸』第64巻第6号
7）『農耕と園芸』編集部（2009b）：「山梨県の山菜生産の現状と今後について」『農耕と園芸』第64巻第6号
8）石塚哉史・相良百合子（2013）：「中国系食品企業における対日野菜輸出の現段階と展望」『農村経済研究』第31巻第1号
9）石塚哉史（1998）：「日本の漬物産業における塩蔵野菜輸入の現状」『農経研究報告』第29号（中国産食品における残留農薬問題等に関して）
10）石塚哉史・大島一二（1998）：「日系漬物企業の中国進出と原料調達の現状」『1998年度日本農業経済学会論文集』

執筆者一覧

(掲載順)

豊川 好司	弘前大学名誉教授（畜産学）
本田　伸	青森県立青森商業高等学校教諭（絵図史・境界論）
福井 敏隆	弘前市文化財審議委員長（歴史学）
瀧本 壽史	青森県立弘前高等学校校長（歴史学）
篠村 正雄	元東北女子大学教授（歴史学）
長谷川方子	日本民俗学会会員
岡田 康博	青森県企画政策部参事世界文化遺産登録推進室長（考古学）
小菅 正裕	弘前大学大学院理工学研究科教授（地震学）
佐々木　実	弘前大学大学院理工学研究科講師（岩石学）
島口　天	青森県立郷土館学芸主幹（古生物学）
齋藤 信夫	青森自然誌研究会（植生全般）
小原 良孝	弘前大学名誉教授（動物細胞遺伝学）
小山 信行	日本野鳥の会弘前支部支部長（応用昆虫学）
須摩 靖彦	釧路生物談話会副会長・元北海道釧路商業高等学校教諭
工藤　忠	板柳中央病院放射線科診療放射線技師長（津軽昆虫同好会）
佐藤 隆志	中南地域県民局地域農林水産部農業普及振興室主幹（津軽昆虫同好会）
櫛田 俊明	産業技術センターりんご研究所研究管理官（津軽昆虫同好会）
横山 裕正	産業技術センター本部事務局企画経営室長（津軽昆虫同好会）
石川 幸男	弘前大学白神自然環境研究所教授（植物生態学・年輪生態学）
太田 正文	日本蘚苔類学会会員・青森県立浪岡高等学校校長
田中 和明	弘前大学農学生命科学部准教授（植物病理学）
原田 幸雄	弘前大学農学生命科学部名誉教授（植物病理学）
石田 幸子	弘前大学農学生命科学部客員研究員・白神自然環境研究所研究協力員（動物発生学）
船越 和幸	特定非営利活動法人あおもりふるさと再生機構理事長
鳴海 勇蔵	公益社団法人あおもり農林業支援センター理事長
宮本 利行	青森県立百石高等学校教諭（日本経済史）
髙瀬 雅弘	弘前大学教育学部准教授（社会学）
石塚 哉史	弘前大学農学生命科学部准教授（食料経済学）

協力　津軽昆虫同好会、青森県写真連盟、津軽藩ねぷた村

岩木山を科学する 2

2015年12月5日発行

編　集　「岩木山を科学する」刊行会
　　　　　　　代表　豊川好司

発　行　㈲北方新社
　　　　〒036-8173　弘前市富田町52
　　　　電話 0172-36-2821　FAX 32-4251
　　　　http://www.onoprint.jp

印　刷　小野印刷所

ISBN978-4-89297-222-5 C0000